좁은 길로 간 사람들

(개정판)

엄두섭 저

좁은 길로 간 사람들(개정판)

엄두섭 저

초판 발행: 2024년 9월 12일

저자: 엄두섭

발행처: 은성출판사

ⓒ 2024년 은성출판사

등록: 1974년 12월 9일 제9-66호

주소: 서울 강동구 성내로3길 16(은성빌딩 3층)

전화: (031) 774-2102

팩스: (02) 6007-1154

http://eunsungpub.co.kr

e-mail: espub@naver.com

출판 및 판매에 관한 모든 권리를 본 출판사가 소유하고 있습니다.
출판사의 사전 서면 허락 없이 번역, 재제작, 인용, 촬영 등을 할 수 없음을 알려드립니다.

Printed In Korea

ISBN: 979-11-92914-41-1 03230

개정판 서언

이 책의 초판이 나온 지 40여 년이 지났습니다. 이제 개정판을 세상에 내놓게 되어 감회가 무량합니다.

이 책의 초판 내용은 엄두섭 목사님이 시무하시던 은성교회의 주보에 연재했던 것을 간추려서 한국에 기독교가 들어온 100주년에 맞추어 출판했던 것입니다. 본래 이 책의 원고는 정식 200자 원고지에 쓴 것이 아니라, 엄두섭 목사의 모든 원고가 그랬듯이, 쓰다 버린 이면지나 신문에 끼어온 광고지를 반으로 접어서 인쇄되지 않은 여지에다 일본식 약어 한자를 섞어서 깨알같이 쓴 것이었습니다.

이번 개정판은 이 책에서 다룬 인물 중 나중에 저자가 보완해서 남긴 유고로 보완했으며, 집필 이후에 확증된 다른 사실이 발견된 것을 수정했으며, 일부 고유명사, 인명, 지명 등 오늘날 표준어로 사용되는 것으로 교정했으며, 가끔 해당 사건이 발생했던 연월일이 잘못된 것을 바로잡았습니다.

40여 년 전, 이 책이 출판될 당시에 한국 기독교에서는 개신교 전통에만 충실했던 관계로 주류 기독교 전통에서 벗어난 한계인들, 즉 이현필, 이세종 등과 같은 인물에 대해 의심하고 배척까지 하던 때였습니다. 그리고 개신교 외의 기독교 전통 즉, 가톨릭이나 정교회 전통의 성인 성녀들과 수도사들에 대해서는 이단시(?)하여 다루지 않던 때였습니다.

이런 극히 개신교적 분위기 중에 저자 엄두섭 목사님이 시무하시던 은성교회의 주보에 이러한 사람들을 소개하는 글이 연재한다는 것은 큰 도전이었습니다. 은성교회 가까운 어느 교회 목사는 이단 교회라고 교단에 신고해서 실제로 '이단종교연구소'에서 조사까지 나와 조사했지만 '건전한'으로 결론이 내려졌던 시기였습니다. 필자 엄두섭 목사 뿐만아니라, 시무하시던 은성교회와 및 교인들까지 의심받았던 때였습니다

이러한 원고를 받아줄 출판사를 찾느라 고생고생하면서 발품 팔기를 수 없이 하다가, 결국 자비(自費) 출판이라는 조건으로 어렵게 출판한 것이 바로『좁은 길로 간 사람들』입니다.

이제 그 시대가 지나고 '기도원' 간판들이 '수도원'으로 바뀌고, 신학교에 영성학 과정이 생겨났으며, '수도생활' '영성생활'이라는 단어가 보편화되고, 개신교적 수도원 운동이 활발해지면서 실제 개신교 수도원이 여기저기 세워지고 있습니다.

시대적 선구자의 역할이란 이런 것입니다. 그러므로 이 책의 제3판, '좁은 길로 간 사람들'이 누군가에 의해 발간될 때는 '엄두섭목사: 한국 개신교 수도원 운동의 선봉자'라고 평가되고, 이 책 목차에 더해지기를 바랍니다.

2024년 8월
은성출판사 편집인

책머리에

한국에 기독교가 들어온 지 100주년이 됐습니다. 나는 이 찬란한 역사적인 해에 믿음의 빛과 신앙의 향기를 남긴 위대한 신앙인들의 생애를 간추린 한 권의 책을 기념으로 내놓습니다. 기독교 2천 년 역사 속에는 우리가 도저히 다 헤아릴 수 없는 수수만만의 인물이 마치 넓은 꽃밭에 백화 만발하듯 찬란하게 피어 있습니다.

그러나, 나는 기독교 인물사의 상식을 여러분에게 소개하려는 것이 목적이 아니고, 그중에서 신앙의 향기와 빛으로 실질적으로 우리가 본받을 만한 이를 백여 명을 골랐습니다.

인간은 모방성을 가진 동물이고, 특히 신앙생활은 모방에서 실제적 많은 격려와 고무를 얻습니다. 순교자 전기를 읽고 순교자들이 나오고, 성인 전을 읽고 성인이 생깁니다. 까다로운 신학적 이론이나 교리 논쟁보다 성인의 모방에서 우리는 더 큰 축복을 받는 법입니다.

아 책에 함께 수록한 『신앙의 기도』는 우리들의 기도보다는 차원이 높은 신앙인들의 기도에서 느끼는 감격과 아울러 우리들의 저급한 기도 내용을 그분들의 기도처럼 수준을 높여 보자는 의도도 있습니다. 신앙인들의 기도문은 기록으로 남겨진 것이 많지 않습니다. 그것을 찾아 모으느라고 무척 애를 썼습니다.

현실 한국 기독교처럼 종교의 교세가 너무 밖으로만 커지고, 비대해지고, 팽창하면 세속화되기 마련입니다. 그 속에는 타락, 부패의 분자들이 들끓기 마련입니다. 나는 선교 100주년을 맞고, 천만 명의 신자를 가진 한국 기독교에 대해서도 이런 징조와 걱정을 금할 길이 없습니다. 이 조그만 책에 실린 옛 신앙인들의 경건한 향기가 읽는 분들에게 깊이 심취되기를 기대합니다.

1985년 신춘에
운악산 수도원에서 엄두섭

목차

개정판 서언 / 3

책머리에(저자) / 5

서양편

    1. 아우구스티누스 / 13
    2. 누르시아의 성 베네딕도 / 17
    3. 클레르보의 성 베르나르 / 19
    4. 성 프란치스코 / 21
    5. 성녀 클라라 / 36
    6. 장 마리 비안네 / 49
    7. 임마누엘 스웨덴보리 / 51
    8. 니콜라스 그룬트비 / 55
    9. 도스토옙스키 / 58
    10. 레프 톨스토이 / 61
    11. 요한 프리드리히 오벌린 / 64
    12. 알버트 슈바이쳐 / 66
    13. 마르틴 니뮐러 / 68
    14. 야코프 뵈메 / 70
    15. 마이스터 에크하르트 / 73
    16. 히인리히 수소 / 76
    17. 마르틴 루터 / 79
    18. 얀 후스 / 83
    19. 니콜라우스 루트비히 폰 친첸도르프 / 85
    20. 로욜라의 이냐시오 / 88
    21. 알퐁소 로드리게스 / 91

22. 토마스 아퀴나스 / 94
23. 헬프타의 제르트루다 / 97
24. 요안나 프란치스카 드 샹탈 / 102
25. 엔다누스 / 104
26. 마르가리타 마리아 알라코크 / 106
27. 시에나의 성 카타리나 / 109
28. 젬마 갈가니 / 112
29. 소화 테레사 / 114
30. 마리아 콘솔라타 베트로네 / 119
31. 베네딕도 요셉 라브르 / 123
32. 십자가의 성 요한 / 140
33. 아빌라의 테레사 / 143
34. 폴리캅 / 145
35. 샤를 드 푸코 / 147
36. 블레이즈 파스칼 / 158
37. 장 칼뱅 / 161
38. 단테 알리기에리 / 164
39. 알칸타라의 성 베드로 / 167
40. 마담 귀욘 / 169
41. 올리버 크롬웰 / 172
42. 조지 폭스 / 175
43. 존 웨슬리 / 178
44. 데이비드 리빙스턴 / 181
45. 존 낙스 / 184
46. 존 번연 / 186
47. 허드슨 테일러 / 188
48. 조지 뮐러 / 190
49. 윌리엄 부스 / 192
50. 토마스 아 켐피스 / 195
51. 리마의 성 로사 / 197

52. 조셉 다미엔 / 199
53. 마르틴 데 포레스 / 201
54. 프랭크 버크먼 / 204
55. 랄프 리처드 카이탄 / 208
56. 드와이트 라이먼 무디 / 210
57. 찰스 피니 / 213
58. 클라첸 목사 / 215
59. 카타콤의 신앙인들 / 217

동양편

60. 대 안토니 / 223
61. 프란치스코 하비에르 / 227
62. 안디옥의 성 이그나티우스 / 230
63. 파코미우스 / 232
64. 구부로의 성 요한 / 237
65. 마더 테레사 / 239
66. 성 조시마스와 통회녀 / 246
67. 주상의 성자 시메온 / 250
68. 사두 선다 싱 / 254
69. 로버트 저메인 토마스 / 258
70. 영계 길선주 / 261
71. 주기철 목사 / 264
72. 백인숙 전도사 / 283
73. 박형룡 박사 / 285
74. 박의흠 전도사 / 287
75. 최봉석 목사 / 290
76. 김린서 목사 / 293
77. 손양원 목사 / 295
78. 박관준 장로 / 298
79. 최덕지 여사 / 301

80. 김익두 목사 / 303
81. 이용도 목사 / 307
82. 남강 이승훈 / 310
83. 고당 조만식 / 312
84. 방학성 목사 / 314
85. 방해인 / 317
86. 최용신 / 322
87. 김교신 / 324
88. 최흥종 목사 / 326
89. 도암 이세종 / 329
90. 맨발의 성자 이현필 / 333
91. 다석 유영모 / 348
92. 현동완 / 352
93. 강순명 목사 / 355
94. 김천자 수녀 / 373
95. 김종은 권사 / 375
96. 임순임 권사 / 377
97. 골뫼 정애 양 / 379
98. 노병재 집사 / 381
99. 김용기 장로 / 384
100. 성녀 줄리아 / 388
101. 마리 마들렌 수녀 / 391
102. 최희천 목사 / 394
103. 우치무라 간조 / 398
104. 가가와 도요히코 / 402
105. 후지이 다께시 / 427
106. 혼마 슌페이 / 430
107. 이시이 쥬지 / 432
108. 김현봉 목사 / 435

좁은 길로 간 사람들

서양편

1.

아우구스티누스

방탕아를 위한 어머니의 기도가 성자로 응답된 초기 신학자

　아우구스티누스(Aurelius Augustinus; 354~430)는 354년 북아프리카 타가스테에서 태어났다. 그는 젊은 시절에 방탕 생활을 하여 32세까지는 도덕적으로 방종했다. 청년 때부터 마니교에 빠져 예수를 안 믿었는데, 진실한 신자인 그의 어머니 모니카는 아들의 회개를 위하여 눈물을 흘리며 계속 기도했다.

　그가 이탈리아에서 수사학 교사로 있을 때, 밀라노에서 성 암브로시우스의 설교를 듣고 마음에 감동하였고, 또 이집트의 수도사 성 안토니의 이야기를 듣고는 자기도 그렇게 살아야겠다고 마음이 회심하기 시작하다가, 어느 날 정원에서 "성경을 펴 보아라."라는 어린이들의 노랫소리에 성경을 펴 읽으니 로마서 13장 13-14절 "낮에와 같이 단정히 행하고 방탕과 술취하지 말며 음란과 호색하지 말며 쟁투와 시기하지 말고 오직 주 예수 그리스도로 옷입고 정욕을 위하여 육신의 일을 도모하지 말라"였다.

　여기서 그는 하나님의 음성을 듣고 회개하고, 38년 부활절 전날 밤 암브로시우스에게서 세례를 받았다. 아들이 회개하는 모습을 보고 어머니 모니카는 안심하고 세상을 떠났다.

　아우구스티누스는 388년 아프리카 고향에 돌아가 금식과 기도와 자선 사업에 힘쓰면서 하나님을 섬기며, 몇 사람 동지들과 수도생활을 했고, 391년 힙포의 사제가 되어 목회하면서 수도원을 세우고, 경건한 규칙에 따라 공동생활을 하였다.

그는 여자들을 위한 수도원도 세웠으며, 35년간 사제로 생활하면서 이단과 싸우고, 죽는 날까지 연속 설교를 한 번도 쉬지 않았다. 그는 많은 책을 쓰는 중, 특히 유명한 『참회록』과 『신국』(神國)이 대표작이다.

429년 5월 약 8천 명의 반달족과 아라니 만족이 아프리카에도 침입해 들어와서 아우구스티누스가 살던 힙포 거리는 14개월 동안이나 포위되었다. 그 속에서 아우구스티누스는 지상 국가에 대한 실망과 영원한 하나님의 나라에 대한 동경 속에 『신국』을 쓰면서 430년 8월 28일 77세로 세상을 떠났다.

본래 건강치 못한 그는 누구도 자기 방에 출입 못 하게 하고 『참회의 시편』을 양피지에 크게 써서 벽에 붙이고, 그것을 누워서 읽으면서 눈물을 흘렸다.

어록

"사랑의 하나님을 품어라. 사랑으로 하나님을 품어라. 사랑만이 모든 착한 천사와 모든 하나님의 종들을 거룩한 띠로 결합하고 우리와 그들을 결합하고 우리를 하나님께 복종케 한다. 사랑으로 채워지는 일은 하나님으로 채워지는 일이다."

"하나님은 현재 이대로의 우리를 사랑하시지 않고 미래에 있을 우리를 사랑하신다."

"우리는 장소에 의해서 하나님께 가까이 가는 것도 아니오, 또는 장소에 의해서 하나님에게서 멀어지는 일도 있을 수 없다. 하나님께 가까이하는 일은 하나님을 본받는 일이요, 하나님에게서 멀어지는 일은 하나님을 닮지 않는 일이다."

"조물주는 등(燈)이 아니다. 피조물이 등이다. 피조물인 등불은 불멸의 빛에 관여하므로 점화(點火)된다. 피조물이 아무리 이성적이요, 지적이라 해도 결코 스스로 점화할 수는 없다. 다만, 영원의 진리에 관여할 때 점화된다."

기도문

나의 하나님! 당신께서 만일 내 안에 계시지 않으신다면, 나는 존재하지 않을 것입니다. 전혀 존재하지 않을 것입니다. 혹은, 돌려 생각해서 내가 당신 안에 있지 않다면, 나는 존재하지 않을 것입니다.

만물은 당신에게서 나와서 당신으로 말미암고 당신 안에 있습니다(롬 11:36). 진실로 그렇습니다. 주여, 진실로 그렇습니다. 내가 당신 안에 있는데 어디서 달리 당신을 불러 찾으리이까? 또 어디서 당신은 내 안에 오시겠습니까?

…

하나님! 저는 이제 당신만을 사랑하오며, 당신만을 따르오며, 당신만을 찾으오며, 당신만을 섬기겠사오며, 저는 당신 요구대로만 되기를 바라오니 대저 당신만이 홀로 올바르게 다스리시는 연고이니이다.

청컨대, 당신 바라시는 바를 제게 다 일러 주시고 명하시되, 제가 당신 소리를 들을 수 있게 저의 귀를 고쳐주시고, 열어주시고, 제가 당신의 눈길을 살필 수 있도록 저의 눈을 고쳐주시고 열어주소서!

…

내가 당신을 사랑하게 된 일은 너무 늦었습니다. 옛날부터 있으면서 언제나 새로운 아름다움이여, 당신을 사랑하게 된 일은 너무 늦었습니다. 보소서, 당신은 진작부터 내 안에 계셨습니다. 그런데도 나는 밖에 머물러 거기서 당신을 찾고 당신이 지으신 그 아름다운 것 속에 나는 추하게도 전락했습니다.

당신은 나와 함께 계셨는데 나는 당신과 함께 있지 않았습니다. 당신 안에 있지 않을 때는 전혀 존재할 수 없는데도 당신에게로부터 나를 멀리 갈라놓고 말았습니다.

당신은 나를 소리 질러 불러서 나의 귀머거리를 깨치셨습니다. 당신은 번갯

불같이 반짝이어서 나의 소경됨을 씻어 버렸습니다. 당신은 훈훈한 바람을 보내셔서 나는 단숨에 그것을 들이키고는 당신을 사모하여 몸부림칩니다.

당신을 맛보고 나서는 당신을 주리고 목말라 절망합니다. 당신이 내게 접촉하셨기 때문에 나는 당신의 평화에 마음이 불타오릅니다.

…

나의 주 나의 하나님이시여. 긍휼하심으로 저에게 말씀하옵소서, 내 영혼에 말씀하옵소서 "나는 너의 구원이라"(시 35:3)고 내가 들을 수 있게 말씀하옵소서.

주여, 저의 마음의 귀는 당신 앞에 있습니다. 이 귀를 열고 내 영혼에 말씀하옵소서. "나는 너의 구원이라"고요.

나는 이 소리를 뒤좇아가 당신을 붙잡으리다. 원하오니 당신의 얼굴을 내게 숨기지 마옵소서. 저는 죽으리다. 죽기 위해서가 아니라, 하나님의 얼굴을 뵈옵기 위해서…

나의 하나님, 저에게 당신을 주시옵소서. 저에게 당신을 되돌려 주소서. 저는 당신을 사랑합니다. 만일, 그 사랑이 아직 불충분하시다면 더욱더 세차게 사랑하리다. 저의 생명이 당신의 포옹 속에 뛰어 들어가 다시는 거기서 떠나지 않고, 당신 안의 은밀한 곳에 숨기소서(시 31:20).

2.

누르시아의 성 베네딕도

가시밭에 몸을 굴리면서 회개한 수도원장

　누르시아의 성 베네딕도(Sanctus Benedictus de Nursia; 480~547)는 480년경 이탈리아 중부 움브리아의 시골 누르시아(Nursia)에서 태어나 부유한 가정에서 성장했다. 열일곱 살에 법학 공부하려고 로마로 갔으나, 그의 눈에 비친 로마 거리는 부패 타락으로 환멸의 거리였다.

　민감한 그는 로마시가 천벌을 받을 것 같은 두려운 생각이 나서 공부를 중단하고, 로마를 떠나 동쪽 14km 밖에 있는 엔피데에 가서 경건하게 공동생활 하는 사람들과 얼마 동안 함께 지냈다.

　그 후, 다시 더 깊이 은둔하고자 수비아코 산 절벽 동굴에 들어가 숨어 기도 생활을 시작했다. 베네딕도의 거처를 아는 사람이라고는 그 산에 은둔해 사는 로마노란 늙은 수사 한 사람뿐이었다. 로마노 수사는 자기가 먹는 빵을 나누어서 끈에 달아 베네딕도가 기도하는 굴 앞까지 내려뜨리우고 종을 쳐 신호해 주면 굴속에 있던 베네딕도가 나와서 받아먹고는 또 혼자 기도와 명상에 잠겼다.

　3년이란 세월 동안 베네딕도는 동굴 속에서 침묵과 고독과 금욕생활을 계속하는 중에 젊은 그는 여러 가지 시험과 육욕의 유혹을 겪었다. 어느 날에는 동굴 밖에 아리따운 소녀가 나타나서 자기와 함께 화려한 로마시에 가서 결혼하여 재미있게 살자고 유혹하기도 했다.

기도하던 베네딕도가 그 소녀의 유혹에 마음이 움직여 굴 밖에 나가보니 소녀는 간데온데 없었다.

사탄의 시험인 줄 깨달은 그는 너무도 원통해서 그 자리에서 입고 있던 옷을 벗어버리고 곁에 있는 가시밭에 뛰어 들어가 몸을 굴리면서 애통하며 회개했다.

전신에 상처가 나고 피가 흐르면서, 기도하는 자기 속에 아직 정욕이 있는 것을 통회하였더니 그 후는 다시 그런 정욕이 동하지 않았다고 한다.

그 후 베네딕도는 529년 경에 몬태 카시노(Monte Gassino)에 수도원을 세웠다. 그의 명성을 듣고 수도하려 모여드는 사람들이 점점 많아지니 그는 자기 신령한 체험을 통해서 수도원 규칙을 만들었다. 이 규칙은 거룩한 규칙이라 해서 그 후 오늘날까지 동서양 모든 수도단체의 표준 규칙이 됐다. 그 규칙의 내용은 공동생활과 순종, 사유재산 금지, 평생 한 수도원에만 머물러 있을 것, 겸손할 것 등을 자세히 설명하여 명하고 있다.

베네딕도는 63세 때(547년경) 자기의 죽을 기한이 가까이 온 줄 깨닫고, 자기보다 먼저 세상 떠난 여동생 스코라스치카 성녀의 무덤 곁에 자기 무덤을 팠다. 그후 그는 중병이 들어 엿새 만에 자기 침상을 성당 안으로 운반케 하여 마지막 성찬을 받고 하나님의 은혜를 감사하며 여러 수도사를 축복하고, 두 손을 들고 기도하면서 그대로 운명했다.

3.

클레르보의 성 베르나르

기도의 능력자, 신비 체험을 통하여 내적 신앙을 간직한 대 설교가

클레르보의 성 베르나르(St. Bernard of Clairvaux; 1090~1153)는 시토회의 두 번째 창설자요, 십자군을 지지한 웅변가인 수도원장으로서 유창한 설교를 통해 제2차 십자군에 참여토록 독려했다. 그의 부친도 십자군에 종군하였다가 전사했다.

베르나르는 어려서부터 독실한 신앙을 가지고 수도원 생활을 갈망했다. 21세 때 영감을 얻고는 자기 자신을 전적으로 하나님께 헌신하기로 결심하고 속세를 떠나 수도생활을 하기로 결심했다.

1112년, 30명의 귀족 청년(자기 친형제 네 명도 포함)을 인솔하여 시토수도원에 들어갔다. 그의 수도원 생활은 엄격하고 철저하여 자기 수실(修室) 벽에 "베르나르야, 너는 무엇을 하려고 여기 왔느냐?"(*Ad Quid Venisti*)라고 써 붙이고, 스스로를 격려하면서 극단적 금욕과 육신 극복의 수도생활에 정진(精進)했다.

그 후, 그가 알프스 산 중에 있는 클레르보에 새로 세운 수도원은 조의조식(粗衣粗食)과 야외노동(野外勞動)과 생활 규칙이 엄격했다. 수도원 안에는 높은 종탑(塔)도 없고, 성화(聖畵)도 없고, 다만 그리스도의 화상(畵像) 한 장만 걸려 있었다. 본래는 "독충(毒蟲)의 골짜기"라고 부르던 그 산이 변하여 "클레르보"(광명의 골짜기)라고 불리게 되었다.

베르나르는 끊임없이 기도하여 그의 허리는 기도와 고행으로 구부러졌지만, 얼굴에는 광채가 났다. 그의 설교는 감동력이 커서 한 번 설교에 만 명의 청중이 능히 들을 수 있을 만치 불을 토하는 열변이었으며, 그는 기도해서 소경을 눈뜨게 하고, 벙어리를 말하게 하고, 앉은뱅이를 걷게 하기도 했다.

그는 기독교 사상 대 신비가(神祕家)로 깊은 신비 지경을 체험했다. 그의 감화력 있는 설교를 듣고는 많은 청년이 세상과 가족을 버리고 수도원에 몰려 들어갔기 때문에, 베르나르가 어디 가서 설교하게 되면 각 가정의 부모들은 자기네 자녀들이 그를 만나지 못하도록 감추기에 바빴으며, 젊은 아내들은 남편을 숨기려 애썼다.

베르나르는 전혀 내적(內的) 신앙인이었고, 수도원적인 인물이요, 신비주의적 경건의 대표자였다. 그의 주장은 신(神)은 단지 이지적(理知的)으로만 인식되는 것이 아니다. 사랑 안에서 경험되고, 감수(感受)되고, 감촉(感觸)되지 않으면 안 된다고 주장했다.

그의 사랑의 신비주의는 하나님과 우리와의 융합일치(融合一致, The Union with God)를 강조했다. 그래서 그는 성경 중에서도 특히 아가서를 사랑하여, 이 책을 이용하여 80여 편의 설교를 썼다. 그의 영향력은 너무도 커서 그의 유설(遊說)로 제2 십자군을 일으켰다. 유럽 모든 나라의 군주(君主), 귀족, 수도사들이 그에게 찾아와 정신적 지도를 받아서 움직였을 뿐 아니라, 정치적인 분쟁 문제도 그의 중재로 해결되었다.

4.

성 프란치스코

가난을 사랑하며 소유한 것 없이 기쁨과 감사로 살아간 위대한 성자

성 프란치스코(St. Francesco; 1182~1226)는 이탈리아 움브리아 지방의 아씨시의 유복한 상인의 아들로 태어났다.

그는 23세에 개종하여 45세에 임종했으니, 활동 기간은 22년이었다. 그는 기독교 전 역사를 통하여 가장 위대한 성인이요 종교적 천재이며, 종교적 낭만주의 운동을 일으킨 성인이다. 그는 사랑의 하나님만 노래하고, 자연을 사랑하고 모든 인간을 사랑했다. 당시 로마 교회도 부패 타락하고 있었으나, 그는 루터처럼 때려 부수는 개혁이 아니라 사랑의 개혁자였다.

독일 신학자 하르나크는 "프란치스코는 당시 다 무너져가는 로마 교회의 성벽을 아주 헐지 않고 그 성벽 밑에 조그마한 수도 거처를 지었다."라고 했다. 키는 작고 얼굴은 못났지만, 누구나 한 번 그의 갈색 눈을 바라보는 사람이라면 위로는 교황으로부터 아래로는 도둑과 살인 늑대, 새, 곤충들까지 그의 감화를 받았고, 그를 사랑했다.

교황 피오 11세는 그를 '또 하나의 예수', '예수 다음으로 추천할 분이다'라고 했다. 혹은 '나사렛 예수의 화신'이라고도 한다. 그리스도의 거울이다. 프란치스코의 감화를 받지 않은 사람은 한 사람도 없다. 교회는 성인을 기다리고 성인으로 유지된다. 프란치스코는 8백 년 동안 인종, 시대, 종파를 초월하여 전 세계 모든 사람에게 감화를 끼치고 있다. 이것이야말로 참 나사렛 예수

의 종교다.

성장

프란치스코는 이탈리아 아씨시의 부유한 포목 장사의 아들로 태어났다. 성격이 너그럽고 천진난만하고 단순했다. 젊은 시절에는 정열적이고 자유분방하였다. 이탈리아에는 음유시인들, 우리나라 각설이 비슷한 패였다. 그는 거리로 다니면서 노래 부르며 친구들과 먹고 마시며 돈 잘 쓰고 호탕하게 살았다. 22세 때 이웃 도시 페루자와 전쟁 때 기사로 출전했다가 포로로 잡혀 1년 동안 감옥살이하다가 풀려나 고향에 돌아왔다.

그 후 그의 성격이 변하여 옛 친구를 멀리하고 사색에 잠기고 우울해지다가 병중에서 인생의 허무함과 적막을 느꼈다. 어느 날 혼자 말을 타고 가다가 세상에서 제일 무서워하는 문둥병자와 마주쳤다. 처음에는 도망치려다가 뉘우치고 말에서 내려 필사의 용기를 내어 문둥병자에게 다가가서 그를 포옹하고 입을 맞춰 주었다. 이 사건은 병아리가 껍질을 깨고 나오듯 프란치스코가 자기의 한계를 극복하는 순간이었다.

23세 때 개종하고 아씨시 거리 구석에 있는 퇴락한 성 다미아노 성당 십자가 밑에서 기도하다가 영음을 들었다. "프란치스코야, 너는 내 집을 세워라. 내 집은 무너져가고 있다."라는 주님의 음성이었다. 처음에는 그가 기도하던 다미아노 성당을 수리하라는 줄 알고 수리하기 시작했으나, 결국 그의 사명은 침체하고 타락한 기독교를 수리하라는 하나님의 사명인 줄 나중에야 깨달았다.

1209년 성 맛디아 축일에 프란치스코는 교회 뒷자리에 앉아 있었다. 그날 예배 인도자가 마태복음 10장 5-15절의 "옷 두 벌을 가지지 말라 지팡이도 가지지 말고 발에 신도 신지 말라 지갑에 금이나 은이나 동전도 넣어서 다니지 말라 주머니도 가지고 다니지 말라"는 말씀을 봉독하는 소리를 듣다가, 프란치스코는 예수님이 직접 지금 이 자리에 나타나 자기에게 그 말씀으로 명령하신다는 영감을 받았다.

감격한 프란치스코는 당장 그 자리에서 그 말씀대로 실천했다. 부잣집 아들의 외투를 벗어 던지고 농부들이 입는 자루 옷을 입고 교회 마당에 굴러다니는 새끼줄을 주워 허리에 띠로 묶고 구두를 벗어 던지고 맨발로 나섰다. 감격스러운 마음으로 밖에 나가 아씨시 성문에 이르러 거기 모여있는 사람들에게 "형제들, 하나님께서 여러분을 축복하십니다."라고 했다. 그때 사람 중에 감동이 일어나면서 그중 몇 사람이 일어나 프란치스코를 따라나섰다. 그중에서 프란치스코의 첫 제자가 생겼다. 프란치스코는 그들을 중심으로 "작은 형제회"를 창설했다. 그의 교단의 시작이다.

프란치스코가 새로운 생애에 나섰을 때, 아들이 자기 생업의 후계자가 되기를 기대했던 아버지는 아들을 몹시 박해했다. 기도굴에 엎드려 있으면서 거지 같은 옷을 입고 머리를 길게 기르고 마을 아이들이 미치광이라고 쫓아다니며, 돌을 던져 놀림을 받는 아들의 변한 꼴을 본 아버지는 아들을 잡아다 지하실에 가두었다. 그 후 프란치스코는 아버지 집을 아주 나오면서 입고 있던 옷을 벗어 던지고 아버지께 "이제부터 나는 아버지의 아들이 아닙니다. 하늘 아버지의 아들입니다."라고 말하고 가출해 버렸다.

교단을 창설하고 초기에 프란치스코는 제자들과 같이 리보 도르또 움막에 거하며, 거기서 5리나 되는 아씨시 뒷산 스바지오 산 계곡에 있는 동굴에 들어가 세월 가는 줄 모르고 기도에 열중하다가 어느 날 바울의 고린도후서 5장 13-15절의 그리스도의 희생적 사랑의 강권하는 체험을 받았다. 그 사랑이 너무도 강렬하여 미칠 것 같아서 그는 기도하던 동굴에서 나와 아씨시 거리로 다니며 소리쳐 통곡하였다. 길에서 만난 사람들이 왜 우느냐고 물으면, 그는 손을 들어 하늘을 가리키며 "그리스도의 사랑이 나를 못 견디게 합니다."라고 하면서 흐느꼈다.

수도원이란 세상을 버리고 사막이나 깊은 산에 은둔해서 자급자족하며 수행하는 곳이다. 그러나 프란치스코는 그 이전의 다른 수도회처럼 세상을 버리고 사막이나 산중에 은둔하지 않았다. 그는 사람들이 사는 거리로 나가서 복음 정신을 실천하는 탁발 교단을 만들었다. 허름한 농부의 자루옷 한 벌이면 10년은 넉넉히 입을 수 있었고, 먹는 문제는 그릇을 들고 다니며 빌어먹었다. 신발은 필요 없었다. 벗으면 되었다.

탁발 교단

프란치스코와 제자들이 특별히 예수를 닮으려고 애쓴 것은 예수님의 "가난" 정신이었다: "공중의 새를 보라 들의 백합화가 어떻게 자라는가 생각하라 무엇을 먹을까 무엇을 마실까 무엇을 입을까 하지 말라".

맛디아 축일에 받은 마태복음 10장 5-15절의 말씀 그대로의 실천이었다. 그는 예수님의 청빈을 너무 사랑해서 가난을 여성화하여 '청빈 양'이라 부르고, 자기 아내는 "귀부인 가난"(Lady Poverty)이라고 했다.

> "오! 감미로워라. 가난한 내 마음에 한없이 샘솟는 정결한 사랑. 오! 감미로워라. 나 외롭지 않고 온 세상 만물의 향기와 빛을 피조물의 기쁨을 찬미하는 여기, 지극히 작은 이 몸이 있음을…"

프란치스코는 제자들에게 돈은 똥과 같은 것이니 만지지도 말라고 했다. 어느 날 부자가 돈주머니를 예배실에 몰래 던져 넣었다. 제자 한 사람이 그것을 발견하고 주워서 창문가에 올려놓고 프란치스코에게 보고했다. "이 사람아 돈에는 손을 대지 말라고 하지 않았었느냐? 왜 손댔어? 그 벌로 다시 가서 그 돈주머니를 입으로 물어다 큰길에 나가 말똥 위에 놓고 오너라."고 했다.

모든 수도회의 서원은 복음삼덕이라 하여, 수도사는 청빈, 순결, 순명해야 한다. 프란치스코는 철저히 순결 생활을 했다. 그와 그의 제자들은 독신생활을 했다. 독신으로 사는 남자 제자들로는 "제1회", 처녀들의 수도단체는 "제2회", 그 밖에 직장과 가정을 가진 이들이 프란치스코 정신을 따르는 재속 단체로 "제3회"를 만들었다. 수녀들은 탁발하러 나가지 않았고, 남자 형제들이 수녀들의 먹을 것까지 탁발해주었다.

형제들과 자매들 사이의 관계는 매우 엄격했다. 어느 해 사순절 때 프란치스코는 아씨시 산 조르죠 성당에서 설교를 했다. 그 날 아씨시 성주의 딸 클라라가 어머니와 함께 참석했다가 프란치스코의 설교를 듣고 너무도 감격했다. 그는 사람이 아니라 스랍 천사 같았다.

그 후 클라라는 프란치스코를 사모하여 종려 주일 밤에 가출했다. 그날 밤 뽀르치운꼴라 소성당 제대 앞에서 프란치스코는 클라라의 머리를 삭발했다. 프란치스코는 그녀를 남자들 곁에 두지 않고 멀리 다미아노 성당에 보내어 거기서 혼자 수도생활을 하게 했다. 후에 클라라의 여동생 아그네스도 언니를 따라 가출해 나왔다.

클라라가 프란치스코의 설교를 사모하여 와 달라고 간청해도 프란치스코는 가지 않았다. 마지못해 가는 날이면 사부께서 오는 것을 영접하느라고 부복해 있는 수녀들 가운데로 인사도 없이 지나가 미리 준비한 재로 마루에 원을 그려 놓고 그 가운데 선 채 남은 재로 자기 얼굴에 뿌려 스스로 검둥이가 되었다. 그러고는 "모든 것은 흙이다. 모든 것은 먼지요 재다. 나 프란치스코도 먼지요 재다" 하고는 인사도 하지 않고 떠나갔다. 인간의 육정을 끊으려 한 것이다.

그러나 프란치스코도 누구보다도 다정다감한 사람이었다. 눈이 밤새 소리

없이 내리는 밤, 혼자 있으려니 가정이 그리운 생각이 너무 간절해서 못 견뎌 밖에 나가 미친 사람처럼 눈사람 가족을 만들었다. 자기가 만든 눈사람들을 세워놓고 "이것은 내 아내다. 이것은 내 아들 딸이다."라고 하며 즐기다가 다음 날 아침 햇살에 녹아내리는 눈사람 가족을 보고 "어리석은 프란치스코야, 네 아내를 보아라. 네 아들딸을 보아라. 무엇으로 먹이며 무엇으로 입히랴"고 했다. 무척 인간미 있는 이야기다.

어떤 때 프란치스코 형제들과 자매들이 한자리에 모여 사랑의 만찬을 나누기로 했다. 그러나 그들 사이는 얼마나 순결했던지 음식도 먹기 전에 모두 영감에 취해 황홀 상태에 빠졌다. 그때 그 근방 아씨시나 이웃 마을 사람들은 멀리서 프란치스코 형제들이 있는 곳의 숲이 불에 타는 것을 보고 불을 끄려고 달려왔다. 그런데 화재가 난 데는 없고 다만 형제자매들이 둘러앉았는데 음식을 앞에 놓고도 먹지 않고 황홀에 빠져 있었다. 그들은 천사같이 순결했다.

프란치스코는 신학자가 아니요, 성직자도 아니요 평신도이다. 그는 그리스도의 희생적 사랑의 체험을 받은 뒤에 사랑의 하나님만을 증언했다. 하나님을 사랑하고 예수 그리스도의 사랑을 생각하고 통곡하고 자연과 산천초목과 금수와 곤충까지 사랑하고 모든 사람을 사랑했다. 태양을 형님이라 부르고, 달은 누님이라 불렀다. 풀섶에 우는 귀뚜라미도 누님이었다. 그는 "불"은 가장 아롱진 형제라고 부르고, 아궁이 불이 탈 때는 저절로 다 탈 때까지는 형제 불을 끄지 말라고 당부했고, 물을 누님이라고 부르면서 자기가 흘린 세숫물도 밟지 않았다. 범신론자라서 그런 것이 아니었다. 우주 만물 속에 하나님 사랑을 발견한 범재신론자였다. 그만큼 자연을 사랑했다. 말년에 죽음이 가까웠을 때도 기뻐서 "내 누님 죽음이여!"라고 불렀다.

이탈리아 굳피오에 살인 늑대가 나타났다고 해서 사람들이 문밖에 나가지 못했다. 사람들은 의논끝에 짐승도 감화시키는 성인 프란치스코를 불러왔다.

프란치스코는 늑대가 있는 곳에 찾아가서 "형제 늑대여!" 하고 불렀다. 늑대는 프란치스코 앞에서 순한 강아지같이 꼬리를 흔들며 앞발을 그의 무릎에 올려놓았다.

아씨시의 스바지오산 계곡 동굴, 프란치스코가 기도하던 카르체리 수도원 벽에는 프란치스코가 새들에게 설교하는 벽화가 있다. 어느 날 프란치스코는 제자 두 사람과 함께 베바냐 근처를 지나가다가 새들이 모여있는 것을 보고 가까이 가서 "공중에 나는 새를 보라. 주님이 너희에게 날개, 털옷, 먹을 것을 주심에 너희는 하나님께 감사하라"고 설교했다.

조금 더 가다가 알비아노 거리 입구에서 프란치스코가 많은 사람이 모인 데서 설교하고 있는데, 난데없이 많은 참새 떼가 몰려왔다. 새들이 지저귀는 소리 때문에 설교를 할 수 없어서 프란치스코는 설교를 잠깐 중단하고 손을 흔들며 새들을 향해 "오, 자매 새들아! 지금은 내가 설교할 차례니 내 설교가 끝나기까지 조용히 하나님 말씀을 들어 주오"라고 했다. 제비들은 조용해졌다. 이것은 거짓말이 아니다. 사랑의 법칙이다.

프란치스코는 제자들이 학문에 치중하는 것을 금했다. 프란치스코 자신도 겨우 글자나 읽는 정도이지 학자는 아니었다. 언젠가 제자 한 사람이 시편에 관한 책 한 권을 소유하게 허락해달라 했지만 허락하지 않았다. "네가 그 책을 가지게 되면 서가가 필요하고 서가가 있으면 책상이 필요하고 책상이 있으면 방이 필요하게 될 것이 아니냐? 그러니 아예 책을 가지려는 생각부터 버려야 하지 않겠느냐"라고 했다. 같은 시대의 수도단체인 도미니코 수도회는 학문을 장려했지만, 프란치스코는 지식이 들어가면 교만해지고 어린아이와 같은 천진성이 없어지는 것을 염려한 것 같다. 그것은 예수 그리스도의 태도와 같다.

말년에 프란치스코 교단에 지식 있는 제자들이 많이 들어왔는데, 그들이 결국 프란치스코의 정신을 거역하여 교단의 위기가 왔다. 그중에 프란치스코의 표면상 후계자 엘리야는 겉으로는 프란치스코를 존경하면서도 실제로는 그 청빈 정신을 거역했다. 그를 교단의 가롯 유다라고 평하는 이들이 있다.

말년

이탈리아반도의 중심을 흐르는 아르노강을 끼고 가면 병풍처럼 아펜니노 산맥이 해발 1천 미터 높이로 솟아 있다. 그중에서도 하늘에서 바위를 쏟아부었다는 봉우리가 있는데, 그곳이 베르나 산이다. 프란치스코는 말년에 특별한 목적을 세우고 입산 기도했다. 베르나 산 동굴에 들어가 40일 동안 특별 기도를 했다. 사람의 몇 길이나 되는 바위산 절벽 굴에서 제자들도 접근하지 못하게 하고 두 가지 제목을 두고 기도했다: "주여, 제가 세상 떠나기 전에 이 두 가지 제목에 응답해 주소서. 첫째는 당신께서 저를 위해 당하신 그 고난을 제 마음으로도 체험하고 제 육체로도 체험하게 해 주소서. 둘째는 당신께서 저를 사랑하신 그 불타는 사랑을 저도 당신을 향해 가지게 해 주소서."

그리스도의 고난에 대한 불타는 갈망이었다. 그 기도의 기간이 끝날 무렵, 어느 새벽에 스랍 천사가 여섯 날개를 치면서 그 앞에 나타났다. 천사의 날개 가운데 예수님 형상이 보였다. 그 순간 프란치스코는 손과 발에 격심한 통증을 느꼈다. 어느새 그의 몸에는 예수님의 다섯 성흔(聖痕)이 찍혔다. 두 손, 두 발, 옆구리에 오상이 생겼다. 기도가 이루어진 것이다. 기도를 마치고 산에서 내려오는 프란치스코는 영으로는 무척 기쁘고 가슴에 사랑이 불탔지만, 육신은 비참했다. 오상에서 계속 피가 흘러나와 붕대를 감아도 밖으로 배어 나왔다. 견디기 어려운 아픔이었다.

프란치스코는 좋은 음식을 대접받으면 음식에 재를 쳐서 맛을 없애고 먹었다. 걸식하고 조식함으로 인한 위궤양으로 평생 고생했다. 그가 일찍 세상을 떠난 것도 건강을 돌보지 않은 것과 관계가 있다. 프란치스코는 안질로 인해 몇 번 원시 방법으로 수술했지만, 결국 소경이 되었다. 밤에는 불면증으로 잠을 이루지 못했다. 그런 프란치스코를 자매 클라라는 자기 수녀원에 모셔다 간호했다. 프란치스코는 다미아노 수녀원 클라라의 작은 정원에서 요양했다.

여성들은 자기가 존경하는 위대한 성인을 만나게 되면, 어느새 자신도 성녀가 된다. 성녀 클라라는 존경하는 사부 프란치스코의 발 상처에 솜으로 버선을 만들어 신기고, 포도 넝쿨로 만든 침대에서 쉬게 하였다. 프란치스코는 밤이면 들쥐 떼가 들락거려 잠을 잘 수가 없었다. 다섯 상처에서는 계속 피가 흐르고 소화가 안 되는 처절한 고통 속에서 믿음의 딸이요 수도의 동반자 클라라의 극진한 간호를 받았다. 어느 날 프란치스코는 갑자기 영감에 사로잡혀 시상이 떠올랐다. 그는 입을 열어 즉흥적으로 유명한 "태양의 노래"를 불렀다. 이 노래는 중세 최대의 고전 시로 알려지고 있다.

> 지극히 높으신 주, 전능하시고 착하신 하나님!
> 오! 나의 주님, 만물들이 당신께 찬송을 드리니이다.
> 보시옵소서. 우리 형제, 저 우람한 태양의 찬송을…
> 온누리, 대낮을 주관하는 태양!
> 우리 하나님이 바로 그를 통해
> 우리를 비추고 계시는 것,
> 오! 태양은 너무도 눈부셔.
> 얼마나 찬란한 빛을 발하고 있는지요.
> 지극히 높으신 주여!
> 태양이야 말로 바로 당신의 모습이니이다.

프란치스코는 이 노래를 제자들에게 매일 부르게 했다.

중병이 들고, 눈동자 같이 아끼던 교단은 불평하는 제자들 때문에 위기가 왔다. 프란치스코는 제자 중 지식층의 불평과 반란 때문에 교단의 지도자직을 제자 엘리야에게 양보하고 그 앞에 부복해 순종을 서약했다.

프란치스코는 자기의 죽음이 가까이 온 줄 알고 자기가 지은 "태양의 노래" 끝에 한 절을 더 첨가했다.

> 오, 나의 하나님. 우리 자매인 육체의 죽음에 의해
> 당신은 찬송을 받으사이다.

그는 아직 45세에 불과했지만, 자기가 곧 죽을 것을 알았다. 임종이 가까왔을 때 그는 "오래지 않아 나는 먼지와 재 이외에 아무것도 아닐 것입니다."라고 하면서 먼저 자기 몸에 재와 먼지를 뿌리게 했다. 그는 시편 142편을 노래했다. 옷을 벗고 알몸으로 누님 대지 위에 직접 살을 대고 눕게 해달라고 했다. "흙이니 흙으로 돌아갈 것이니라"는 말씀대로 임종하는 그의 몸, 거룩한 상처는 진홍색 장미꽃 같았고, 육체는 우윳빛처럼 맑았다. 골고다 십자가에서 방금 내려오신 그리스도를 연상케 했다. 그의 시신은 조르지오 성당 지하에 안장되었다.

기독교 2천 년 역사에는 위대한 인물이 많다. 종교개혁자, 대신비가, 성인 성녀들. 그런데 런던의 존 웨슬리 기념교회에 가 보아도 방문객이 별로 없다. 제네바의 칼빈 기념교회에 주일 예배에 참석해 보니 교인이 겨우 2~3백 명밖에 안 되었다. 그러나 아씨시 성 프란치스코 무덤교회에는 놀랄 정도로 인파가 붐볐다. 넓은 주차장엔 차를 세울 데가 없었다. 전 세계에서 프란치스코 성인과 클라라 성녀를 사모하는 사람들이 매일 몰려든다. 베르나 산은 프란치스코가 성흔(聖痕)을 받은 곳인데, 무척 깊은 산인데도 사람들이 꽉 차서 호텔방을 얻기 어려울 정도였다.

프란치스코는 불과 22년이라는 짧은 기간 활동했지만, 성인으로서의 그의 감화는 8백 년 동안 전 세계 구석구석에 미치지 않은 데가 없다 그는 신학자

도 아니요, 성경학자도 아니요, 지식인도 아니요, 말 잘하는 사람도 아니다. 그러나 이 성인은 아직도 전 세계에 감화를 끼치고 있다.

유언

주의 이름으로 두 사람씩 나가 몸가짐을 조심하며 길을 가라. 특히 침묵을 지키고 아침부터 삼시과까지 마음속에 하나님과 속삭일 것이요, 게으르고 무익한 말을 서로 주고받는 일을 피하라.

여행할 때 거동은 은둔소나 수실에 있을 때와 똑같이 수도자 다워야 한다.

무엇을 묻는 사람에게 겸손하게 대답하라. 핍박하는 사람을 축복하고 모욕과 중상하는 사람에게 감사하라. 사람들을 회개시키기 위해 자기 안에서 자기를 통해서 말씀하시는 성령을 믿으라.

청빈은 우리들의 독특한 구원의 길임을 깨달아야 한다. 그것은 겸손의 누룩이요 완덕의 근원이기 때문이다. 청빈은 성경에 "그것을 사기 위해 우리 모든 밭을 팔지 않으면 안 된다."라는 밭의 감추인 보화이다.

형제들이 청빈에서 멀어지면 멀어질수록 세상도 그들을 버린다. 그러나 그들이 귀부인 청빈에 애착해 있으면 세상은 그들을 길러줄 것이다.

나는 모든 형제가 노동하여 정당한 일터에서 겸손하게 일하기를 바란다.

내 마음에서부터 사랑하는 형제들아, 무슨 명령을 듣거든 곧 순종하여라. 불가능하다 어떠하다고 이의(異意)를 말하지 말라.

위대하게 되고 싶은 사람은 모든 사람의 종이 되지 않으면 안 된다. 첫째가 되고 싶은 사람은 모든 사람의 꼴찌가 되지 않으면 안 된다.

평화를 설명할 때는 평화는 입술에만 머문다. 그러나 그것을 바로 마음에 품어야 한다.

자기 때문에 그 누구도 노엽게 하거나 분개하게 해서는 안 된다.

형제들의 유화함을 보고 모든 사람이 선과 화합에 인도되는 것을 느껴야 한다.

우리는 상한 자를 돌봐 주고 분열된 것을 화해 일치시키고 잘못 빠진 자를 돌아서게 하려고 부르심을 입었다.

악마의 것처럼 여겨지던 자가 그 어느 날에 예수 그리스도의 제자가 되리라.

병에 걸린 형제는 하나님께 화를 내거나, 자신이나 다른 형제들을 귀찮게 해서는 안 된다. 약을 사내라고 생떼를 써서는 안 된다.

땅에서는 죽게 마련인 이 육체의 병이 나으려고 지나친 욕망을 해서는 안 된다. 모든 일에 관대하고 하나님 뜻대로만 되고자 해야 한다.

사랑하는 형제들아, 자신의 연약성 때문에 염세증이 되거나 번뇌에 빠져서는 안 된다. 이 세상에서나 저세상에 가서도 "나"라는 졸렬한 종을 대신하여 모든 공덕을 돌려주실 것이다.

나는 형제들이 성경 배우기를 기대한다. 그러나 그것을 핑계로 기도를 등한히 해서는 안 된다. 기도를 쉬지 않았던 그리스도의 모범을 따르기를 바란다. 또 읽는 방법을 배우는 것보다 배운 바를 실행에 옮기는 일, 남에게도 실행을 권면하는 일에 전심하기를 바란다.

사랑하는 형제들이여, 우리 주 예수 그리스도께서 단순한 사람의 일을 통하여 하늘의 보화를 즐겨 나눠 주시는 일에 감사하라.

수도생활의 단순한 외관만을 의뢰하는 자, 지식을 자랑하는 자, 계속해서 게으른 자에게 화 있을지어다. 그들은 서원 때 약속한 십자가, 고행, 거룩한 복음의 준수를 고분고분히 실행하지 않기 때문이다. 그런 자들은 유혹을 이길 수 없다.

형제들아, 주께서는 세미한 음성으로 나를 부르시고 단순한 길로 나를 인도하셨다. 주께서는 나에게 우자(愚者)가 되라고 말씀하셨다.

예수 나의 주시여, 나의 축복이나 유언을 기억하시어 그들이 언제나 서로 사랑하고 서로의 어려움을 피차 잘 살펴볼 수 있게 하옵소서, 그들이 언제나 귀부인인 "청빈"을 사랑하고 높이게 해주옵소서.

안녕히! 자녀들아. 주님을 더욱더 경외하고 언제나 주님 안에 살도록 하여라.

기도문

[하늘에 계신]—당신은 천사나 성인들 속에 계셔서 그들을 비추시고 그들에게 자신을 보이십니다. 주여, 당신은 빛이신 까닭입니다.

[지극히 거룩하신 우리 아버지]—우리의 조물주, 속죄주, 구주, 위로의 주시여.

[이름을 거룩게 하옵시며]—우리가 당신은 확실히 알 수 있게 되도록, 그리고 당신의 은혜의 넓이, 약속의 길이, 영광의 높이, 심판의 깊이가 어떠함을 깨닫게 하옵소서.

[나라이 임하옵시며]—당신이 왕으로 우리를 은혜로 다스리시고, 그 나라에 들어가게 인도하옵소서. 하늘나라에서 당신을 직관하고 완전히 사랑하고 당신의 생명에 참여하여 한없이 영원히 당신을 즐길 수 있게 되리이다.

[뜻이 하늘에 이룬 것 같이 땅에서도 이루어지이다]—마음을 다하여 당신을 늘 생각하고, 영혼을 다하여 당신을 동경하고 바라고, 정신을 다하여 우리의 모든 의향을 당신께 향하고, 그리하여 만사에 있어서 당신의 영광을 구하고, 힘을 다하여 우리 영혼과 육신의 모든 힘과 감각을 다만 당신께 대한 사랑의 봉사에만 사용하고, 그 이외 어떤 일에도 사용하지 않고, 당신만을 사랑할 수 있게 하옵소서. 또 이웃을 내 몸과 같이 사랑할 수 있게 하옵소서. 힘을 다하여 모든 이웃 사람을 당신의 사랑 안에 인도하고, 그들의 해악을 내 것처럼 즐거워하고, 그들의 불행을 동정하고, 어떤 사람도 결코 중상하

지 말고 사랑하게 하옵소서.

[일용할 양식을]―당신의 사랑하시는 독생자 우리 주 예수 그리스도를.

[오늘날 우리에게 주옵소서]―주 예수 그리스도께서 우리에게 보이신 사랑과 우리를 위해 가르치소서. 행하시고, 참으신 것들을 기억하고, 이해하고, 존중하게 하옵소서.

[우리가 남을 사하여 준 것 같이]―우리가 아직 완전히 용서하지 않는다면… 주여, 원수를 완전히 용서하게 도와주소서.

[우리의 죄를 사하여 주옵소서]―말로 다 할 수 없는 당신의 자비와, 예수 그리스도의 고난 당하신 공로와, 지극히 거룩한 동정녀 마리아와 모든 성인의 전달로 우리 죄를 용서하옵소서.

[우리를 시험에 들지 말게 하옵소서]―은밀한, 혹은 명백한, 뜻밖의, 혹은 교활한 유혹에 빠지지 않게 하옵소서.

[우리를 악에서 구하옵소서]―과거, 현재, 미래의 악에서 구하옵소서. 아멘.

…

주여! 내 사랑의 사랑 때문에 황송하옵게도 당신이 죽으셨으니, 당신 사랑의 사랑 때문에 나도 죽을 수 있도록, 꿀과 같은 당신 사랑으로 내 마음을 달게 해주시고, 불같은 사랑의 힘으로 하늘 아래 있는 모든 것에서 내 마음을 빼내어 차지하소서.

…

지극히 높으시고 영광스러우신 하나님이여 내 마음의 어두움을 몰아내소서. 올바른 신앙과 굳은 희망을 주시고, 완전한 사랑을 주소서.

주님, 마음의 엇갈림 없이 당신의 뜻을 실행하도록, 당신 보시는 대로 만사를 보게 하시고, 당신을 알게 하소서. 아멘.

…

주, 하나님, 이 모든 고통을 당신께 감사하나이다.

내 주님, 당신의 뜻이라면 백 배의 고통을 더 주소서.

당신의 거룩한 뜻의 실행이 나에게는 충만한 위안에 되기에, 용서 없이 주시는 고통을 진심으로 받아들이겠나이다.

...

주여!
나를 당신의 평화의 사도가 되게 하소서.
미움이 있는 곳에 사랑을,
모욕이 있는 곳에 인내를,
불화가 있는 곳에 화목을,
오류가 있는 곳에 진리를,
의혹이 있는 곳에 믿음을,
절망이 있는 곳에 희망을,
어둠이 있는 것에 광명을,
슬픔이 있는 것에 기쁨을 심게 하소서.

5.

성녀 클라라

그리스도를 위해 모든 것을 버린 백합화같이 순결한 성녀

　성녀 클라라(Clare of Assisi; 1194~1253)는 1194년경 태어났다. 그녀는 꽃다운 18세 때 어느 날, 어머니와 함께 아씨시 산 조르지오 성당 사순절 예배에 참석했다가 거지 같은 청년 보베리오 프란치스코의 설교를 듣고 감격하여, 그의 모범과 가르침에 끌려 복음의 지극한 부름에 따라 살기로 결심하고, 그 아름다움, 재산, 신분, 뛰어난 재능과 세상에 대한 모든 기대에 대해 이별을 고하고 가출하여 프란치스코의 첫 여제자가 되었다.

　그녀는 다미아노 성당을 수도원으로 삼고 42년 동안 불굴의 용기로 한 번 마음에 결심한 것은 충실히 실천하며 수녀 생활을 했다. 클라라가 가출하고 나서 16일 후, 친동생 아그네스도 가출해서 언니 곁에서 수녀 생활을 했다. 그 후 많은 처녀가 가담하여 산 다미아노 수도원에만 수녀 50명 이상이 되었다. 그 밖에 유럽 각지에 많은 여성이 은둔 수도원을 차리고 클라라의 이상을 따랐다.

　클라라는 영적 아버지이며 친구이기도 한 프란치스코의 곁에서 진정한 하나님 백성의 역사를 한 줄기 빛으로 써 내려갔다. 그녀 생전에도 세상의 빛이었다. 그녀가 세상을 떠난 후에도 그 뒤를 따르는 수많은 영혼을 계속 낳아 오늘날 전 세계에 클라라회 자매들이 1만 7천여 명이나 된다.

　클라라는 1253년 8월 11일, 그녀가 평생 수녀 생활에 정진하던 아씨시의 산 다미아노의 작은 수도원에서 60세의 나이로 세상을 떠났다. 임종하는 그녀의 손에는 교황 이노센트 4세의 수녀원 회칙 승인서가 쥐어져 있었다. 그 내용은 "클라라 수녀원의 수녀들은 가난하게 사는 권리를 허락한다"는 것이었다.

클라라는 성녀로 비할 데 없는 영적 스승이면서도 영성에 관한 논설을 기록한 문서는 전혀 없다. 세상에 남겨진 것이라곤 몇 통의 편지, 회칙, 유훈과 같은 시대 여러 사람의 증언에 따라 기록한 그녀의 전기이다. 그 모두는 그리스도의 제자로서 완덕의 정점, 하나님과의 신비적 일치의 정점까지 인도할 수 있는 복음적 한 줄기 생활 방법을 명확히 보여 주고 있다.

프란치스코의 정신이 그랬던 것처럼, 클라라의 정신과 일생 살아간 길은 청빈 생활이 본질적인 중심을 이루고 있다. 개인적으로도 그렇고, 수도 공동체 생활도 가장 엄격한 청빈 정신이었다. 그것은 다른 어느 수도회에서도 엿볼 수 없을 정도로 극단적 청빈이었다. 지금도 그녀가 살던 산 다미아노의 작은 수도원을 방문하는 사람들은 거기서 가슴에 벅찬 곤혹을 느끼지 않고는 못 견딜 만큼 그녀와 수녀들이 살던 자리에는 청빈의 향이 그대로 보존되어 있다.

청빈 그 자체는 예수 그리스도께 대한 정열적인 사랑의 표현이다. 성녀 클라라의 전 생애를 최종적으로 해명할 수 있는 핵심은 주님께 대한 그녀의 사랑이다. 그녀가 세상과 육신의 모든 것을 버리고 이탈할 수 있었던 것은 예수님만을 소유하기 위해서였다. 말하자면, 그녀는 예수님을 향해 "열렬한 질주"를 한 것이다.

예수님을 열렬히 사랑했기 때문에, 그녀는 자신의 존재와 생애를 동정의 순결로 주님께 바쳤다. 사랑했기 때문에 클라라는 예수 그리스도의 가난, 겸손, 그리고 하나님과 사람들에 대한 완전한 사랑 속에 살고자 노동하고 고통

받으며 따랐다. 클라라는 주님을 위한 순교를 꿈꿨다. 사랑했기 때문에, 침묵과 기도 안에서 계속 주님과의 만남과 변용적(變容的) 일치를 구했다.

클라라는 성녀였지만, 성녀도 인간이다. 그녀는 인간미를 지니고 살았다. 모두가 사랑이었다. 예수 그리스도 속죄의 사랑에 마음속으로부터 눈물 흘리며 예수님을 사랑했을 뿐만 아니라, 수도생활을 함께하는 자매들, 친동생 아그네스와 수녀들을 사랑했다. 특히 믿음의 사부요 친구인 아씨시의 프란치스코를 사모했지만, 지극히 맑고 깊고 섬세한 사랑으로 존경했다.

클라라의 몸에는 기사 가문의 피가 흐르고 있었다. 그녀는 사랑에 애틋하면서도, 동시에 누구도 두려워하지 않았다. 교황 앞에서도 주저하지 않았다. 한 번은 수도원에 회교도 병사가 침입했는데도 두려워하지 않았다. 그녀는 종교인, 특히 수녀로서의 현명함과 사리분별을 늘 강조했다.

그녀가 가르친 완덕의 길은 단순했다. "사랑하는 것만으로 충분합니다. 복음의 모든 교훈을 생활 전체에서 살리면서 용기를 가지고 영웅적으로 사랑하는 일입니다." 이것이 그녀의 반복하는 교훈이다.

여성이 바른 성인을 만나면 그녀도 성녀가 된다. 프란치스코와 클라라의 관계가 그렇다. 기독교 역사에서 최고의 성인 성녀인 이 두 분을 비교해 보면, 프란치스코는 부유한 장사꾼의 아들이고, 클라라는 귀족의 딸이다. 프란치스코가 미친 사람이 행동하듯이 부친의 집을 가출하고 급격한 회심 생활로 아씨시 사람들을 놀라게 한 때가 24세였는데, 그때 클라라는 13세였다. 두 분 다 아씨시 사람들이었지만, 두 분의 차이는 너무도 현격했다. 그런데도 이 나이 어린 처녀는 미친 짓을 하고 다니며 극도로 가난한 생활을 하는 거지 프란치스코를 따르기로 결심한 것이다.

아씨시의 산 조르지오 성당에서 사순절 설교를 하는 프란치스코를 처음 봤을 때, 클라라의 눈에 그는 사람이 아니라 불타는 스랍 천사였다. 불을 뿜는 것 같은 그의 말, 그리스도의 복음적 청빈과 사랑을 입으로 말하면서 몸으로 그대로 실천하는 프란치스코를 봤을 때 너무도 감격했다.

클라라는 종려 주일 아침 예배 때 산 루피노 성당에서 구이도 사교가 축복한 종려 가지를 받고, 그날 밤 친구 파치피카와 함께 자기 집 성의 뒷문, 죽은 자의 시신을 내보내는 문으로 빠져나와 도망쳤다. 그때 18세였다. 귀족의 딸로서 시집갈 때 신부 단장을 하듯이 자기가 가진 모든 보석으로 몸을 단장했었다.

가출 결심을 프란치스코의 제자들에게 미리 연락해 놓았기 때문에, 밤에 뽀르치운꼴라에 도착했을 때 거기에 존경하는 프란치스코가 제자들의 호위를 받으며 횃불 속에 기다리고 있었다. 거기 조그마한 성당 제단 앞에서 클라라의 화려한 옷과 보석을 모조리 풀어 제자들에게 넘겨주고, 무릎 꿇은 이 미녀의 긴 머리를 프란치스코는 사정없이 잘라버렸다.

클라라라는 이름은 "빛"이라는 뜻이라 한다. 프란치스코는 아씨시의 뭇 남자들이 선망하여 마지않던 이 미녀에게 화려한 옷 대신 조잡하고 거친 고행복을 입히고 삭발한 머리에 수건을 씌워 그 밤으로 바스치아 가까운 산 파오르 수도원으로 데리고 갔다.

그 후 프란치스코의 형제들은 뽀르치운꼴라에 머물고, 클라라는 거기서 상당히 거리가 먼 산 다미아노 성당을 수도원으로 삼고 거기로 가서 머물렀다. 그들 사이에는 목표나 이상에 사소한 차이도 없었다. 프란치스코가 걸어간 길은 십자가에 달리신 예수님에 대한 불타는 정열적 사랑의 길이었고, 클라라가 걸어간 길도 이 한 길이었다.

그들 수도생활의 새로운 특징적 양식은 "가난에 직면하는 생활 방법이었다. 가난한 자로 철저하기 위해 이 세상의 온갖 것을 철저히 버리고 이탈하는 일인데, 클라라는 겸손하게 프란치스코를 본받아 엄밀한 의미에서 "가난한 자"가 되려고 애썼다. 기존의 수도원에 들어가 있으면서도 자기네 사사로운 규칙, 주의를 굽히지 않고 고집하는 이들이 있지만, 클라라와 그 자매들은 끝까지 프란치스코에게 종속하기를 열망했고, 자기네 수녀원의 기원을 프란치스코에게 돌렸다.

　클라라는 프란치스코를 전폭적으로 신뢰했다. 그녀가 복음의 길, 그 어려운 수도생활을 비틀거리지 않고 꾸준히 걸어간 것은 사랑하는 사부에게 언제나 주목하고 있었기 때문이었다. 클라라에게 있어서 프란치스코는 자신의 생명으로 삼고 있는 그리스도와 함께 사는 그 청빈 생활의 화신이었다. 두 사람은 한없는 존경 속에서 상호신뢰했다.

　수도자들이라 해서 다 거듭난 사람들은 아니다. 프란치스코는 일부 남자 형제들의 행동 때문에 고민할 때마다 눈을 산 다미아노 수녀원에 돌렸다. 그 작은 수도원에서 클라라가 자매들과 함께 꾸준히 복음적 메시지를 충실히 지키는 자들이 되어 주리라 믿었다. 젊은 귀족의 딸을 유인해서 세상을 버리고 가출하게 하여 조직도 없고 암담한 복음 생활에 참여하게 한 미친 짓 같은 자기의 모험이 성공하느냐 실패하느냐는 실로 이 18세의 앳된 처녀 손에 달렸다고 느껴졌다. 그녀의 신앙, 그녀의 그리스도 사랑, 그리고 그녀의 슬기에 달렸다. 그래서 프란치스코는 자기 개인적 생활에까지 클라라의 도움을 요구했고, 생애의 결정적인 순간에 아무도 기대할 데 없을 때 클라라의 협조를 바랐다.

　1214년, 클라라를 중심으로 모인 자매들이 그 공동체(수녀원)의 장상을 선택해야 할 형편이었을 때, 프란치스코는 클라라에게 그 직책을 맡기를 강권하였다. 그때 클라라는 21세였다.

　프란치스코는 신생애 초기에 산 다미아노의 퇴락한 성당 십자가 밑에서 기도하다가 "프란치스코, 너는 가서 폐허가 된 내 집을 수축하여라"는 그리스도의 영음을 듣고 다미아노 성당 수축을 시작했는데, 후일 프란치스코는 그 소명이 클라라 수도원을 위한 것임을 깨달았다.

프란치스코는 교단을 인솔하다가 곤란한 경우를 겪을 때 클라라에게 가서 그녀의 슬기와 빛과 용기의 도움을 얻었다 해도 과언이 아니다. 1225년은 프란치스코 일생에서 가장 고뇌의 시기였다. 눈은 멀고, 베르나 산에서 기도 중에 받은 오상에서는 계속 피가 흐르고, 밤이면 불면증에 시달리던 때 프란치스코는 클라라의 산 다미아노에 가서 가장 오랜 기간 머물며 간호받았다. 그 기간에 유명한 중세 최대의 시 "형제 태양의 노래"가 만들어졌다.

프란치스코와 클라라의 관계

프란치스코와 클라라의 관계는 그리스도 안에서 깊고 깨끗한 우정으로 맺어진 것이어서 서로가 벗이요 서로가 의지였다. 프란치스코가 죽음의 병상에 누웠을 때, 클라라도 병중에 있으면서 가장 사랑하는 사부와 다시 만날 수 없을 것을 생각하고 몹시 울었다.

어느 때 프란치스코는 클라라를 중심으로 한 산 다미아노 자매들에 관하여 형제 수사들에게 말했다. "형제들, 내가 자매들에 대하여 사랑이 없다고 생각해서는 안 됩니다. 자매들을 그리스도 안에서 사랑한다는 일이 잘못이라면, 내가 그리스도에게 그녀들을 결합해준 일은 가장 큰 죄라고 말할 것이 아닙니까? 그들을 불러 놓고 돌봐 주지 않는 일은 부정이 아니겠습니까?"

프란치스코가 죽었을 때 자매들은 말할 수 없는 슬픔에 잠겼다. 그의 시신을 뽀르친꼴라에서 산 조르지오 성당까지 운구하는 장례 행렬은 도중에 수녀원에 들러 잠시 머물렀다. 사랑하던 사부를 마지막으로 한 번 더 보게 하려고 수녀원 가대소 창살 밑에서 관 뚜껑을 열었다. 그녀들은 눈물에 젖어 바라보며 "아버지여, 아버지여, 우리는 어떻게 해야 좋습니까? 왜 우리를 불행 속에 버리십니까? 이렇게 불행한 우리들을 대체 누구 손에 맡기시렵니까? 아, 아, 우리를 꽃피게 한 위대한 아버지를 빼앗아 가고 … 다시 불러 돌아오게 할 수도 없는 멀리멀리 데려간 비정한 죽음이여!"라고 했다.

큰 나무줄기에서 돋아난 곁가지가 줄기에서 수액을 받아 살아가듯, 프란치스코에게 연결된 가지로 살아간 성녀 클라라였다. "아씨시의 프란치스코가 걸어간 길은 십자가에 달리신 예수에게 대한 불타는 정열적 사랑의 길 이외에 다른 것은 아무것도 없었다." 클라라의 역동적인 생활의 원천은 예수 그리스도에 대한 사랑이었다. 그래서 예수님을 본받는 일에 열심을 기울였다. 깨끗하고, 청빈하고, 고통을 겪으며, 겸손하게, 모든 사람에게 선하게, 그렇게 예수 그리스도를 본받으며 그 사랑 안에 살았다.

클라라의 동생 아그네스는 어렸을 때 영국 헨리 3세와 프레드릭 3세 황제로부터 청혼을 받은 몸이었으나 거절하고 클라라의 "가난한 부인들" 모임에 입회한 여성이었다. 클라라가 그녀를 끔찍이 사랑하여 격려한 편지들이 남아 있다.

"당신은 가장 고귀한 신분이신 신랑, 주 예수 그리스도를 선택한 것입니다. …그분을 사랑할 때 당신은 순결하게 돼, 그분에게 접촉할 때 당신은 더욱 맑게 되고, 그분을 받아들일 때 동정녀가 되고…그분에게 안기고, 당신은 이미 사로잡혀 있는 것입니다."

클라라와 그 자매들은 그리스도 외에는 아무것도 소유하려 하지 않았다. 그녀들의 "길," 그것은 그리스도를 본받는 일, "불타는 열의를 가지고" 그분의 발자취를 따르는 일이었다. 클라라는 수련 수녀들에게 "하나님의 깊음 속에 몰입하라"고 가르쳤다.

수녀원에는 물론 여러 가지 규칙이 있다. 그러나 클라라는 규율의 본문을 초월하여 마음의 눈길을 일직선으로 예수 그리스도에게만 주목하라고 가르쳤다. 그리스도인을 만드는 것은 예수 그리스도에 대한 사랑이다. 예수 그리스도께 애착하지 못한다면, 수도원 법의 준수 따위는 아무런 가치도 없다. 그녀들의 생활은 율법주의나 형식주의, 바리새주의로 나간 것이 아니라, 사랑의 역동성(dynamism) 속에 완전히 발전했다. 불타는 사랑 속에서 예수 그리스도와 인격적으로 결합하는 일이 클라라와 최초의 클라라회 자매의 수도생활의 머릿돌이었다.

클라라는 수련 수녀들에게 그리스도의 고난에 대하여 말하면서 눈물을 흘렸다. 성찬을 받고 나서도 울었다. 염도(침묵 기도) 시간에도 주님의 모든 고난의 신비를 관상하면서 눈물에 젖어 있었다.

수녀들의 존재 전체가 흘러나오는 원천은 그들의 순결 속에서 찾는다.

> "순결성의 방향(芳香)으로 말미암은 그 거룩한 애정의 완전성이 지난날의 생활의 온갖 허물을 지워 버릴 만큼 영원한 신랑에 대한 큰 사랑을 키워 간다."

성 프란치스코의 전기를 기록한 체르노는 그의 기도 생활에 대해, "그는 참으로 기도했다기보다 그 자신이 기도였다."라고 표현했는데, 클라라도 언제나 하나님과 끊임없는 신비적 회화 속에 산 프란치스코의 뒤를 따랐다.

클라라는 수도원 봉쇄 속에 숨어 거기서 하나님만의 것이 되기 위해 모든 것을 버리고 오직 한 줄기 사랑만을 가지고 사랑하는 주님과의 친밀 속에 일생을 보냈다. 때때로 단식하고, 계속 철야 기도에 몰두하여 밤과 낮을 보냈다.

클라라는 40년 수도생활 중에 29년은 병으로 보냈다. 역사가는 기록하기를 "클라라는 육에 대해서 완전히 죽고, 세상일은 완전히 손을 끊었다. 그녀의 영혼은 쉬지 않고 거룩한 기도와 하나님 찬미하는 데 전념했다. 인간의 온

갖 욕망의 치열하게 불타는 주의를 빛 자체이신 하나님에게만 집중하고, 허망한 이 세상 더러움을 씻는 은혜의 폭포수를 향해 자기 마음의 깊이를 더욱 더 크게 열었다."

예수 그리스도께 포로된 생활을 한 클라라와 자매들은 노동하면서도 거룩한 기도와 헌신의 영을 소멸하지 않도록 정성을 다하며, 청빈한 마음에 청빈 생활을 소중히 지키기 위해 학문을 배우는 일에도 마음을 쓰지 않았다. 모든 것을 초월하여 주의 영과 그 거룩한 역사를 받아 언제나 맑은 마음으로 주께 기도하는 일에만 전념했다.

클라라의 수녀원에서는 수도생활에 미온적이거나 태만하게 주춤거릴 여지가 없었다. 원장인 클라라의 엄격한 충고에 따랐고, 기도와 하나님께 대한 봉사에 눈가림하는 일은 용서하지 않았다. 새벽 일과에는 클라라는 항상 먼저 앞장을 서서 침묵 속에 신호로 깨워 일으켰다. 자매들이 아직 자고 있는 동안, 클라라가 등불을 켜고 친히 종을 치곤 했다. 산 다미아노 수녀원에서 이들 최초의 클라라회 자매들이 부르는 시편의 창화, 거룩한 기도문 송독의 화음이 일 년 내내 밤낮 그치지 않았다.

지금도 산 다미아노 성당의 어두컴컴한 마루방 구석 벽에는 옛날 그대로 소박한 사람 크기의 십자가가 세워져 있다. 특히 십자가에 달리신 그리스도를 쳐다볼 때 클라라는 얼마나 눈물에 넘치고, 가슴에 불타는 마음을 일으켰는지 모른다.

어느 해 성탄절, 다른 자매들은 가대소에 가 있는 동안 클라라는 병 때문에 혼자 짚으로 만든 이불을 덮고 혼자 누워서 아기 예수의 일을 생각했다. 클라라는 마음속으로 베들레헴 예수 곁에 있었다. 그때 아기 예수의 현존이 너무도 역력했기 때문에 클라라는 자기 눈으로 주님이 누운 말구유를 보았다. 겸손하시고 가난하신 예수를 보았다. 그 현현을 체험한 후, 클라라의 내면에는 주님의 가난과 겸손에 참여하고 싶다는 불타는 성스러운 소망이 깊이 새겨졌다.

예수 그리스도의 비의를 묵상하는 일 속에서 주님의 현존을 체험한다. 침묵의 기도 속에서 주님의 베들레헴, 나사렛, 갈보리를 관상하는 데 많은 시간을 가져야 한다.

청빈 생활

클라라는 성 프란치스코의 영향을 받아 "청빈의 특권"을 일보도 양보하지 않고 지켜나갔다. 그녀가 임종하던 1253년 8월 10일, 그녀의 손에는 교황 이노센트 4세의 회칙 인가서가 쥐어 있었는데, 그 회칙의 근본적 토대는 "청빈의 특권"이었다. 그녀가 세운 클라라회는 철저한 포기와 이탈 정신 위에 세워졌다.

"자매들은 집, 토지, 기타 어떠한 것도 소유해서는 안 된다. 이 세상에서는 청빈과 겸손 속에서 주님께 봉사하는 나그네나 거류자로 살지 않으면 안 된다."라고 했다.

가난한 자매들이 사는 세계는 지상의 세계가 아니요. 주님의 세계이다. 마치 고국을 향해 가는 도중에 낯선 나라를 여행하는 나그네같이, 자기 것이라고는 아무것도 소유하지 않고 이 세상을 지나간다. 개인적으로 무소유할 뿐 아니라, 공동체로서도 무일물 무소유였다. 수도원 생활을 하는 데 확실하고 안정된 수입의 보증이 될 것은 아무것도 없었다.

지금도 보존되고 있는 아씨시의 산 다미아노가 그들 수도원이었는데, 조잡하고 비좁은 중간 마당을 끼고 회랑으로 입 구(口) 자로 지은 봉쇄 속에서 50명의 수녀가 살았다.

가냘픈 여자들의 단체이기 때문에, 교황 그레고리는 그녀들에게 많은 물건을 주려 하고 수녀원을 위해 재산을 마련할 것을 바랐지만, 절대 동의하지 않았다. 클라라는 평생 "청빈"의 특권을 지키기 위해 싸웠다. 클라라회 자매들을 철저한 무일물 무소유로 인도하려는 회칙의 인가를 위해 싸웠다. 그들 수도회에 입회하려는 사람은 입회 전에는 아무리 부유하게 살았더라도 입회할 때는 철저하게 재산을 버려야 하는 것이 조건이었다.

때때로 누군가가 입을 옷이 없고 먹을 것에 주리고 목마르면, 클라라는 그들 속에 가서 부드러운 권면으로 힘을 주었다. "기쁜 마음으로 인내하십시오. 가난의 멍에를 인내로, 비하의 무거운 짐을 겸손으로 받으시오. 하나님을 생각하고 관상하며 인내하는 자는 천국의 기쁨을 얻게 될 것입니다."라고 했다.

가난하다기보다 참혹할 정도의 생활이었다. 그들이 입는 옷은 지극히 검소한 것으로서 거친 모직으로 만든 옷 한 벌과 외투 한 장뿐이었다. 자매 중 누군가 너무 남루한 옷을 입은 것을 보면 클라라는 자기 것과 바꿔 입게 했다. 먹을 것이라고는 빵 조각 절반밖에 없을 때도 있었다. 산 다미아노 수녀원의 자매들은 주로 탁발에 의존하는 삶을 살았다. 형제들이 탁발하러 나가서 너무 맛있는 좋은 빵을 얻어 오지 못하게 했다. 클라라는 청빈 생활을 사랑했기 때문에 큰 빵보다 찌꺼기 부스러기를 받는 편을 더 즐거워했다. 클라라의 침상은 한 다발의 포도 넝쿨이 침상이었는데, 병들어 앓고 있을 때 약간의 짚을 깔았다. 최후에는 가마니에다 머리 둘 베개를 짚으로 만들었었다.

프란치스코와 마찬가지로 클라라도 그리스도의 가난을 성실하게 따르는 청빈 생활의 행복을 발견했었다. 고통과 고난의 한가운데 있으면서 "안에서 용솟음치는 거룩한 기쁨이 밖으로 넘쳐흘렀다." 그녀의 얼굴은 언제나 명랑했고 기쁨에 가득찼다. 자매들은 수도원의 일 뿐만 아니라 과수원이나 채소밭 관리하는 일도 했다. 클라라는 병중에서 뜨개질하거나 교회 제단보를 짜기도 했다. 무슨 일을 하든지 노동 자체가 거룩한 기도와 "영을 소멸"하는 일이 없게 하여 관상적 영혼은 잠시도 주의 곁을 떠나지 않도록 했다.

클라라의 신앙생활은 신학이나 추상적인 교의에 근거한 것이 아니고, 본질로 인격과 인격 간의 살아있는 관계였다. 그녀의 영성은 신앙과 사랑으로 예수 그리스도를 바라보며 그리스도 안에 완전성의 모범을 보고 그 모습을 재현하려는 빛나는 영성이었다. 행복한 청빈, 거룩한 겸손, 말로 형용할 수 없는 사랑이 예수 그리스도라는 거울에 비추어져 있었다. "내 님이 가난을 사랑하셨으므로 나도 가난을 사랑한다." 겸손과 가난을 본받는 일로 깨끗한 처녀성의 몸 안에 언제나 영적으로 주님을 간직할 수 있었다.

어떤 수도생활에도 청빈 생활이 포함되어 있다. 수도생활에서 청빈을 배제하는 것은 그리스도께서 걸어가신 완전성의 이상에 불충실하는 일이다.

청빈과 사랑의 문제

가난 자체가 덕이 아니다. 사랑으로 그리스도와 결합하려 하는데, 거기에 청빈이 있어야 한다. 그리스도와의 관계없이 청빈만을 따로 고찰하는 것은 중대한 잘못을 범하는 일이다. 아무리 엄격한 청빈 생활을 해도 그리스도를 향한 사랑이 없으면 무익하다.

클라라는 주 예수 그리스도 외에는 아무것도 소유하고 싶지 않았고, 자매들에 대해서도 무엇이든 소유하는 것을 허락하지 않았다. "내 주여, 나의 전부여!"(Deus Meus et Omnia!)—가 그리스도 중심주의가 가난한 수녀들의 목표였다. 가난 속에서 그리스도를 발견하려는 생각은 클라라가 세속을 철저히 버리려는 결심에 큰 영향을 주었다. 그것은 프란치스코가 그녀 가슴에 질러 놓은 불이었다.

클라라는 순교의 소원을 품고 있었다. 주님께 대한 사랑으로 인해 순교의 죽음을 마음으로 불타게 소원했다. 그녀는 프란치스코의 작은 형제들이 모로

코로 전도 여행을 가는 데 따라가려 했다.

클라라는 1235년 8월 11일, 산 다미아노 수녀원에서 60세로 세상을 떠났다. 클라라의 최후는 이 죽음의 육체에서 해방되어 예수님을 만나려는 하늘 영광의 행복에 가득 차 있었다. 곁에서 울고 있는 딸들을 주님의 가난에 위탁하면서 고요히 자기 영혼에 말했다.

"안심하고 출발하시오. 그대의 나그네 길에는 착하신 길 안내자가 있기 때문입니다. 떠나시오. 그대를 창조하신 분이 그대를 거룩하게 해 주셨기 때문입니다. 그분은 어머니가 아들을 지키듯 언제나 그대를 보호하시고, 친절하게 사랑해 주셨습니다. 주여, 축복받으소서. 내 영혼을 지으신 당신은!"

클라라는 곁에 있는 수녀에게 "지금 내가 보고 있는 영광의 왕이 당신에게도 보입니까?"라고 말하고, 영원한 영광을 얻는 세계로 떠났다.

6.

장 마리 비안네

말보다는 실제로 이웃을 사랑하여 감화를 끼친 성자

　장 마리 비안네(Jean Baptiste Marie Vianney; 1786~1859) 신부는 프랑스 리옹 가까운 조그만 마을 다르딜리(Dardilly)에서 1786년에 태어났으며, 같은 날 세례를 받았다. 아버지 마티유 비안네(Matthieu Vianney)와 어머니 마리(Marie)의 여섯 자녀 중 네 번째였다. 그는 한 살부터 어머니를 따라 손을 모으고 "예수님!"을 부르며 기도했다.

　비얀네가 21세 때 신학교에 입학했으나, 라틴어가 너무 어려워 공부하기에 힘겨워 친구들의 멸시를 받았고, 신학교로부터 퇴교 권고를 받기도 했다. 그러나 그는 열심의 표본이어서 학력은 부족했지만 결국 신부가 되었다.

　1818년, 비안네 신부는 아르스의 본당 신부로 부임했는데, 이 마을의 성당은 쓸쓸하게 비어 있었다. 주민들은 타락해서 술집이나 춤추는 장소는 언제나 대성황이었다.

　주민들이 신부를 찾아오지 않으므로 신부가 그들을 찾아다니며, 가족들이 모이는 점심 시간에 모든 가정을 일일이 규칙적으로 방문하였다. 다행히 그는 농사에 많은 지식이 있었고, 호의와 친절을 다 했기 때문에 농민들과 친해졌다. 고요한 밤에 그는 성당에 엎드려 소리를 내어 기도했다.

　"주여, 저의 이 구역을 회개시켜 주십시오. 저는 모든 고통을 한평생 잘 참아 받겠나이다."

온종일 묵상과 기도하고, 밤중에도 기도했다. 그리고 얼마나 그 영혼들을 사랑했던지 어떤 때는 길을 가면서 눈물을 흘리며 간구하는 소리가 곁에 사람에게까지 들렸다. 그는 늘 "주여, 저의 이 구역을 회개시켜 주소서!" 하며 길을 걸었다.

그의 거실은 매우 소박하여 소나무 가구 몇 개, 침대에는 담요 대신 송판을 깔았고, 옷은 누더기나 조각천으로 만들었고, 음식은 밀가루를 소금물로 반죽해서 손수 구워 먹거나, 감자를 한 솥 삶아놓고 곰팡이가 나도 다 없어질 때까지 두고 먹었다.

그는 자기 자신을, "송장", "늙은 아담", "식충", "농군" 등으로 부르며, 단식과 고행띠, 쇠 허리띠, 채찍질 등으로 자기 몸을 괴롭게 했다. 그의 방 벽에는 핏자국이 언제나 남아있었다. 육신을 너무나 괴롭혀서 늘 질병과 허약으로 심한 고통을 받았고, 왼쪽 팔 상처는 몹시 고통을 주었고, 춥고 습한 방에서 거처했기 때문에 견디기 어려운 신경통과 두통에 고생했다. 그는 자기의 성급한 성질과 싸우느라 누가 그에게 무례한 말을 하면 태연했으나 조금 후에는 그의 온몸을 떨었다.

그의 설교는 매우 서툴렀지만, 그는 말보다 앞서 신자들을 진정 사랑했기 때문에 신자들의 마음을 감화시켰다. 그는 말보다 그리스도를 자랑하라면서 청중의 마음속에 불타는 혼으로 파고들었다. 포악한 사람이 그의 앞에 왔다 가는 그 불같은 시선에 눌리고 비안네 신부의 저세상에서 오는 것 같은 목소리가 그의 감춰둔 죄를 일일이 들춰내자 그만 눈물을 흘리고 고꾸라졌다.

악마는 여러 가지 모양으로 비안네 신부를 35년간 괴롭게 했으나, 74세 때 짚방석 위에서 임종했다.

7.

임마누엘 스웨덴보리

과학자로서 하나님을 체험하고 과학을 버리고 영계 연구로 유명한 신비가

스웨덴보리(Emanuel Swedenborg; 1688~1772)는 놀라운 대신비가요 과학자였다. 그는 1688년 1월 29일 스웨덴의 수도 스톡홀름에서 루터교회 목사와 셋째 아들로 태어났다. 아버지도 놀랄만한 신비적 영시를 체험한 분으로 그의 경건한 생활과 신비적 감수성이 아들에게도 유전되었는지 모르겠다.

아들의 이름을 "임마누엘"이라 지은 것은, "내 아들이 언제나 주님 앞에 서 있는 것을 자각하고, 신앙으로 주님과 가까이하며, 거룩하고 신비스럽게 결합하여 언제나 주님 안에 있기를 바라기 때문이다."라고 했다.

스웨덴보리는 고금(古今)에 드문 천재로서, 11세 때 웁살라대학(Uppsala Univ.)에 입학하여 22세에 졸업하고 철학사가 되었다. 그는 9개 국어에 능통했고, 과학적 창의로 실제 생활에 응용한 많은 발명품이 있다. 렌즈 연마술, 제본술, 피아노 자동 주법, 물시계, 공기차, 운하법, 중력법을 이용한 운반, 비행기, 잠수함 등 발명의 선구자이기도 하다.

그의 생애를 연대별로 나눠 보면, 초기 28년은 학창 시대 흡수기요, 중기 28년은 연구저술의 실무기요, 말기 28년은 영적 감각의 원숙기였다.

학문 연구의 계단 진행도 과학에서 철학으로, 그리고 마지막에는 종교로 진행했고, 물질계에서 심령계, 영계 연구로 진행했다.

1745년 4월, 그의 나이 57세 때 이상한 신적 존재가 그에게 나타나 그를

두렵고 놀라게 했는데, 집에 돌아오니 밤에 그 이상한 사람이 또 나타나 말하기를, "나는 주 되신 신이요, 우주의 창조주이며, 속죄주이다. 나는 모든 사람에게 성경의 영적 의미를 밝히기 위해 너를 택하였다. 이 목적을 위하여 기록할 것을 내가 직접 가르치리라."고 하였다.

그날 밤, 이상한 영계가 스웨덴보리에게 열리어 그는 천국과 영인의 세계와 지옥계의 실상을 볼 수 있게 됐다. 그때부터 그는 세상 사물에 관한 연구는 그만두고 날마다 영안이 열려 낮에 깨어 있을 때도 영계를 보고 천사들이나 영인들을 만나 분명히 대화할 수 있었다.

1759년 7월 말, 토요일 오후 4시에 스웨덴보리는 영국 여행에서 돌아오는 길에 코덴부르크에 도착하였다. 주인집 초대로 식사를 함께 나누던 그는 6시경에 갑자기 자리를 떠나 밖에 나가 한참 있더니 얼굴에 수심이 가득 차서 큰일이 났다면서 돌아왔다.

사람들이 그 이유를 물으니, "지금 스톡홀름(코덴부르크에서 300마일)에 불이 났는데, 내 친구 집은 다 타고 우리 집도 위험하다."라고 했다. 8시경 다시 밖에 나갔다가 돌아오면서는 안심한 듯 기뻐하면서, "불은 꺼졌는데, 우리 집 세 번째 집까지 타고 꺼졌다."라고 했다. 후에 알아보니 그가 말한 그대로였다.

그는 친구의 죽음도 예언하고, 피터 3세가 옥중에서 죽을 것도 예언했다. 그의 영안은 기도하는 중 영계에 들어가 천국, 지옥 등을 출입하면서, 주님과 열두 사도와 앞서간 친구, 혹은 수천 년 전 인물들이나 저명 인물을 영계에서 만나서 담화했다. 그가 쓴 대작 『천국과 지옥』은 영계 구조를 신기하게 자세히 기록해 놓은 책이다.

그가 81세 때 나이 많으면서 수행원이 없이 어떻게 여행하느냐 물으니, "나에게는 수행원이 필요하지 않다. 천사가 언제나 나와 함께 있어 말하며 교제를 계속하고 있다."라고 했다.

노년에는 모든 정력을 저술에 주력했다. 계속 13시간 일하는 때도 있었고, 명상에 잠길 때는 여러 날 식사도 하지 않고, 움직이지도 않았다. 그는 세상 떠나기 얼마 전에는 34시간 동안 이같이 명상에 잠겨 아무것도 먹지 않았다.

1772년 3월 29일, 그가 미리 예언한 세상 떠날 날이었다. 런던의 가발업자 스미스 씨 집이었다. 일요일 오후 5시경, 곁에 있는 사람에게 몇 시냐 묻고는, "좋습니다. 감사드립니다. 하나님이 당신들을 축복하시기를 빕니다."라고 말하고 나서 10분이 지나 평안히 세상을 떠났다. 그의 나이 84세였다.

영계와 지옥론

영은 상대편 영의 머릿속에 있는 생각을 마치 자기 자신의 것인 양 감지하는 능력을 갖추고 있다. 영들도 모두 인간들과 꼭 같은 몸을 가지고 있다. 다만, 영계는 인간 세계처럼 물질에 있지 아니하므로 영들이 입은 몸은 인간 육신처럼 물질적 육체라는 껍데기는 갖고 있지 않다.

그러나 영을 무슨 공기나 안테나나 전기와 같은 것으로 생각하면 그건 잘못이다. 또 영에게는 인간 육체의 기능에 해당하는 눈, 귀, 코 같은 감각도 모두 갖추고 있고, 입과 혀도 있어 말도 한다.

영에는 영적 감각과 영적 능력이 구비되어 있다. 그리고 영계는 인간 세계의 도시나 촌락같이 영들이 여기저기 집단을 만들어 생활하고 있다. 그리고 영계의 마을과 주민은 자기네와 닮은 이웃끼리 한 곳에 모여 살므로 이 마을과 저 마을 사이에는 차이가 눈에 띄게 보였다.

그러나 영계 여행을 하면 거리마다 이 집 저 집에서 뛰어나오는 영계 주민들이 둘러싸고 환영하는데, 그들 모두의 얼굴을 벌써 몇천 년 전부터 친밀히 서로 아는 사이같이 여겨졌다. 그 누구의 얼굴에도 기쁨이 넘치고 마치 내가 오랫동안 자라난 고향 땅에 몇만 년만에 돌아온 듯한 기분이었다.

영의 세계에는 수천억의 무수한 단체가 있고, 이것이 하나하나의 거리나 마을을 이루고 함께 살고 있다. 영은 자기를 기만해서는 안 되고 본래의 성격에 되돌아가지 않으면 생존할 수 없고, 자기 본래의 성격에 맞는 자들끼리만 한곳에 모여 집단을 이루고 살기 때문에 그들 성격의 다양함에 따라 이같이 무수한 단체가 생기는 것이다.

영들은 둥글게 원형을 형성하고 살고 있는데, 그것은 영계의 질서를 나타낸다. 그 중심에 살고 있는 영은 "중심 영"이라 하는데, 그 단체의 질서를 유지하기 위한 책임과 권위와 능력을 갖추고 있다.

지옥은 어두컴컴한 동굴의 통로를 통해 아래로 내려간다. 그 빛은 어디서 오는지 알 수 없으나, 매우 희미한 약간의 빛이 비춰고 있다. 지옥에 내려가면, 그 넓이는 영계와 마찬가지로 광대무변한 넓은 세계이다. 거기서는 영계와 마찬가지로 수없이 많은 영이 영원한 삶을 보내고 있다.

8.

니콜라스 그룬트비

정신 개혁으로 덴마크를 위기에서 구하고 부요한 나라로 만든 신앙의 개척자

덴마크가 영국과 스웨덴 연합군과의 전쟁에 패전하고 1864년에는 다시 프러시아와 오스트리아 연합군에게 무참하게 굴복하여 이 전쟁으로 입은 손실이 치명적이어서 국민 전체가 실망에 빠져 있을 때, 그 어둠 속에 큰 횃불처럼 일어난 구국의 애국자가 있었으니, 그는 곧 니콜라스 그룬트비(Nikolaj Frederik Severin Grundtvig; 1783~1872)였다.

그는 국회의원이요, 시인이요, 목사요, 역사 교수요, 철학자로서 애국심에 불타 비참한 조국의 운명을 딛고 일어난 덴마크 구국의 영웅이다.

그와 가까운 사람들은 니콜라이(Nikolaj)보다는 프레데릭(Frederik)이라고 불렀다. 1783년 그룬트비는 우드비(Udby)에서 태어났다. 그의 할아버지와 아버지는 목사였으며, 종교적 분위기의 가정에서 성장했다. 그는 유럽 계몽주의 전통을 배웠지만, 이성적인 그의 믿음은 독일 낭만주의와 북유럽 국가들의 고대 역사에 영향을 받았다.

1791년 그는 중부 유틀란드의 티레고드(Thyregod)로 가서 라우리스 스빈트 펠드(Laurids Svindt Feld, 1750~1803) 목사와 함께 살면서 공부했다. 그는 그 후 1798년부터 졸업할 때까지 아르후스의 성당인 아르후스 카트랄스콜레에서 공부했다. 그는 신학을 공부하기 위해 1800년 코펜하겐으로 떠났고, 1801년 코펜하겐 대학교에 입학한 후 대학 생활이 끝날 무렵, 그룬트비는 아이슬란

드어와 아이슬란드 사가를 공부하기 시작했다.

23세 때 다감한 그는 조국의 전통이 자랑하는 덴마크 함대가 영국의 넬슨에게 격침 당하는 것을 보았고, 수도 코펜하겐이 영국군의 포격으로 불바다가 되는 조국의 수난을 몸소 겪었다. 그 후, 그룬트비가 영국을 시찰하면서 기계문명으로 공업의 눈부신 발달에 따라 농촌 청년들이 도시로 모여드는 것을 보고 농촌이 피폐해 갈 수밖에 없음을 깨달았다.

그의 머릿속에는 조국이 나아갈 길이 번개같이 비쳤다. "우리 덴마크가 나갈 길은 확실하다. 영국을 비롯한 다른 나라들이 공업국가로 발전하지만, 우리 덴마크는 일치 협동하여 농업국으로 나아가는 길만이 조국을 건지는 길이다."라고 그는 확신했다.

그리고 그는 "역사적으로 진실하게", "윤리적으로 고상하게", 심미적으로 순미하게" 이렇게 개조된 젊은 국민만이 조국을 이 역경에서 구원해 낼 수 있다고 하였다.

그가 일으킨 정신 운동을 개관한다면,

1. 종교 개혁운동: 그는 덴마크 사람에게 산 정신을 주기 위해서는 형식화한 교회를 생명 있는 "산 말씀"의 교회로 개혁할 필요를 느끼고, 신학교를 나온 후 28세에 목사가 되어 세상 떠나는 90세까지 60여 년을 교회에서 설교자로, 신앙의 자유와 자유로운 교회 설립을 주장하며 기성교회 교권자들과 투쟁했다.

2. 새 교육 창안 운동: 교육의 목적을 인격 완성과 일반 백성의 문화 수준을 높이는 데 두는 독특한 교육제도를 창안하였다. 이것이 덴마크를 살린 국민고등학교 교육이었다.

3. 애국 운동: 그는 "먼저 덴마크 사람이 되고, 다음에 크리스천이 돼라."고 부르짖었다. 참된 덴마크 사람이 되기 전에는 참된 크리스천이 될 수 없다고

하였다. 그의 국민을 향한 외침은, "하나님을 사랑하라." "조국을 사랑하자." "흙을 사랑하자." 였다.

덴마크 사람에게 덴마크의 혼을 넣어 주기 위하여 덴마크 말을 찾아 애용하게 하고, 덴마크 국사와 북유럽사를 손수 편찬하여 조상의 용감한 정신을 본받게 했다.

그룬트비의 정신 운동은 마침내 덴마크 국민의 마음속에 새로운 힘과 소망을 주어 오늘의 부요한 덴마크를 이루었다.

9.

도스토옙스키

신에게 반항하는 데서 오는 파멸을 작품으로 구사한 러시아 최대 문호

표도르 미하일로비치 도스토옙스키(Feodor Mikhailovich Dostoevski; 1821~1881)는 1821년 러시아 모스코바에서 모스크바 마린스키 자선 병원 의사인 미하일 안드레예비치와 어머니 마리아 표도로브나 사이 7남매 중 차남으로 태어났다. 부친은 귀족 출신이었지만, 당시 러시아에서 의사는 중인 계급으로서 경제가 넉넉하지 않았다. 아버지는 가부장적이고 매우 거친 성격이어서 자식들은 아버지를 무서워했다.

1838년에 상트페테르부르크의 공병학교를 졸업하고 군사 교육을 받고 소위로 임관하였지만, 소심하고 예민하며 병약했던 그에게 군사 훈련은 성격에 맞지 않았다. 그런 그에게 문학은 유일한 위안으로, 문학에 대한 열정을 가진 친구들을 만나 습작을 서로 평가하고 논쟁을 벌이곤 하였다. 낭만주의가 유행하던 시기로 도스토옙스키도 이때 프리드리히 폰 실러(Friedrich von Schiller)에 빠져 있었다.

그 후 그는 문학에 투신하여 처녀작인 『가난한 사람들』(1846)을 써서 비평가 비사리온 벨린스키로부터 '제2의 고골'(니콜라이 바실리예비치 고골), 이라는 극찬을 받으며 화려하게 문단에 데뷔하였다.

그러다가 사회주의적 정치 결사에 관련되었다. 당시 확산되고 있던 급진주의 정치 모임에 대해 경고하고자 직전에 특별 사면할 계획으로 사형을 선고

하였다. 도스토옙스키를 비롯한 회원들은 이 사실을 알지 못하였고, 총살형이 집행되기 직전에 형 집행이 중지되고 시베리아에 유형을 가는 것으로 감형되었다. 죽음의 문턱까지 갔다가 살아나온 이 경험으로 그의 『백치』 등의 작품에 사형 집행 직전의 심정을 묘사했다.

당시 시베리아 유형은 감옥 수형과 출소 후에 수도로 복귀하지 못하고 시베리아에서 복무하는 것으로 되었다. 그는 1854년까지 옴스크 감옥에서 4년간 수형 생활을 했다. 그가 감옥에 갇혀 있는 동안 성경 외의 어떤 출판물도 반입되지 않아서, 어쩔 수 없이 감옥에서 성경만 읽으면서 지냈다.

1859년에 사면을 받아 고향에 돌아와서는 형과 함께 *Vremeya Epaha* 등의 신문을 발행하면서, 한편으로 외국에 여행도 하고, 귀국해서 소설을 쓰기도 하고, 『죽음의 집의 추억』, 『죄와 벌』, 『학대받는 사람들』, 『백치』, 『악령』 등과 대표작인 『카라마조프의 형제』 등 걸작을 써냈다. 그는 이로써 러시아 최대의 문인이 되었다.

그러나 그의 생애는 비참하였다. 간질병으로 인한 수치와 공포 속에서 자기의 비참한 경험을 토대로 한 작품 『백치』와 『악령』 등에 영향을 끼쳤다. 너무나 생활이 가난하여 『죄와 벌』을 쓸 때는 밤낮으로 생활의 격심한 곤궁 중에서 이 소설을 쓰면서 친구에게 보낸 편지에서 "나는 고역(苦役)에 시달린 죄수처럼 일하고 있다."라고 고백했다.

『백치』에서 그는 그리스도와 같은 완전하고 선량한 인물을 묘사하려 했고, 『악령』에서는 서구적 사회주의 사상을 비판했고, 『카라마조프의 형제』는 도스토옙스키의 전체 창작 활동의 총결산이라고 평가된다.

그의 작품의 기조(基調)를 이루는 사상은 인간애(人間愛)와 신에 대한 반항에서 오는 파멸이었다. 그 심각한 심리적 해부 묘사와 병적 심리의 서술 등에 있어서는 그에 비길 사람이 없다. 사상적으로는 보수적이요, 범 슬라브주의에

속하고, 그의 소설 속에는 대도시의 음침한 골목길, 허줄한 빈민 마을 등을 배경으로 묘사하기 좋아했다.

메레쥬코프스키는 도스토옙스키의 문학을 평가하여 말하기를, "그는 이반 투르게네프(Ivan Turgenev)처럼 시적인 간격을 두지 않는다. 또는 톨스토이처럼 훈계하는 높은 위치에서 내려다보려 하지도 않고, 가난하고 고생하는 사람들과 함께 공동의 잔으로 마시고, 우리와 함께 위대하기도 하고, 오염되기도 한다."라고 했다.

그는 비관론자도 아니요, 허무주의자도 아니요, 언제나 러시아의 재생은 민중 자신의 힘으로 성취되는 것으로 믿고 있었다. 그는 『죄와 벌』에서 신(神)의 사랑을 다음과 같이 말했다.

모든 인간을 불쌍히 여기시는 신이여, 모든 사람과 모든 사실을 이해하여 주시는 신이여, 그러한 신만은 우리들을 불쌍히 여기신다. 신은 오직 한 분, 그리고 그분이 또한 심판자이시다. 그는 최후의 심판날에 나오셔서 이렇게 물으신다: "심술궂은 폐병쟁이 계모, 데리고 온 나이 어린 자식을 위하여 자기와 자기 몸을 판 여자는 어디 있느냐? 이 세상에서 자기의 부친 주정뱅이 방탕자에게 그처럼 흉포한 행동도 두려워하지 않고 동정을 한 그 여자는 어디 있느냐?"

신은 우리들을 향하여 이렇게 말씀하신다. "너희들도 이리로 나오너라! 주정꾼도 나오는 것이 좋다. 비겁한 자도 나오는 것이 좋다. 뻔뻔스러운 자들도 나오는 것이 좋다."라고 말씀하신다. 그래서 우리들은 주저 없이 신 앞에 나아가 선다. 그때 신은, "돼지들아! 짐승의 형상과 모양을 띤 자들아. 그러나 너희들도 오라!"고 하신다. 그리고, 신은 우리들을 보시며 손을 내밀어 주신다. 그래서 우리는 땅에 엎드린다. …눈물을 흘린다. …그리고 모든 것을 깨닫는다.

10.

레프 톨스토이

인생의 행복은 신의 섭리에 있음을 문학으로 구사한 인도주의자 문인

　레프 톨스토이(Lev Nikolayevich Tolstoy; 1828~1910)는 1828년 러시아 야스나야 폴랴나의 백작 가정에서 넷째 아들로 태어났다. 젊어서 대학을 중퇴하고는 1851년 지원병이 되어 견습사관으로 군대 생활을 하다가, 1853년의 크리미아(Crimea) 전쟁에 종군하고 코카서스 토벌군으로 근무하면서 소설 『유년 시대』, 『소년 시대』, 『청년 시대』를 집필하여 일약 그 비범한 재능이 세상에 인정됐다.

　전쟁 경험에서 『코자크』(The Cossacks), 『세바스토풀』(Sevastopol)의 소설 재료를 얻었다. 1863년부터 러시아의 대 위기 시대를 배경으로 『전쟁과 평화』(War and Peace)라는 세계적 위대한 작품을 쓰기 시작했다. 뒤이어 『안나 카레니나』와 『부활』을 써서 이 세 가지 작품은 그의 3대 걸작으로 그가 예술적 천재임을 완벽하게 나타냈다.

　이 작품들은 사실주의적 소설이 도달할 수 있는 최고 표준이라고 평가된다. 그의 작품 중 많은 부분은 자서전적 요소를 포함하고 있어 톨스토이 자신의 주아적(主我的) 소질과 박애적 경향의 모순에서 생기는 정신적 동요와 삶의 의의(意義) 탐구에 대한 끊임없는 그의 노력을 반영하고 있다.

　톨스토이는 인도주의자요, 인간의 목적은 자기완성을 노력하는 데 있다고 보고, 사치 포식하는 귀족 생활을 미워하고, 피상적인 물질문명을 저주하고,

그 자신이 가난한 농민들의 단순하고 순박한 노동 생활을 동경했다. 그의 나이 50세가 되어, 인생의 위기에 직면하여 심각한 고민을 거쳐 정신적 전환을 성취할 수 있었다.

그의 『참회록』은 자기 과거의 생활 태도와 작품을 일체 부인하고 유일하신 하나님께 대한 신앙에 복귀를 천명하고, 그리스도의 거룩한 교훈에 따른 인류 사회에 봉사와 주아적 욕망의 부정, 악에 대한 무저항을 "하나님께 이르는 바른길"이라고 고백한 것이다.

1880년경을 전환기로 삼아 그는 해결이 어려운 의혹적 인생 문제를 해결하려고 하여 그 해결의 열쇠는 예수 그리스도의 복음서에서 찾았고, 원시 기독교 신앙으로 돌아갈 것을 부르짖었다. 거기서 나온 기록이 『참회록』이요, 『나의 종교』, 『종교란 무엇인가?』 등인데, 이는 자신의 갈등에 대한 고백이었다.

그는 다시, 『우리는 무엇을 할 것인가?』, 『인생론(人生論)』, 『나의 신앙』 등을 써서 일체의 정권(政權), 폭력(군대), 금권(私有財産) 정권에 아첨하는 기성 종교 등을 부정하고, 종교적 무정부주의의 본질을 밝혔다. 그의 눈에 비친 이런 우상에 대하여 그는 우상 파괴자였다.

말년의 톨스토이는 자기의 이상을 몸소 실천하지 못하는 데 대하여 고민하고, 자기 이상을 실현하고자 재산과 지위를 버리고 일개 농민으로 살면서, 무저항주의, 사해(四海) 동포주의를 표방하고, 종교가, 사회 개량가로 활동했다.

이 같은 톨스토이의 높은 사상에 대해 그의 아내 소피아는 남편을 이해하고 협력할 수 있는 현모양처는 못 되었다. 톨스토이는 자기가 아내를 사상적으로 감화시킬 수 없는 데 고민하다가 유서를 써 놓고 정처 없이 가출했다.

쓸쓸히 늙은 몸이 여기저기 방황하며 여행하다가 병을 얻어 1910년 아스타포브의 조그만 역에서 쓸쓸히 세상을 떠났다. 임종이 가까웠을 때, 톨스토이는 혼자 말소리로, "저 구름 속에서 붉은 옷을 입은 천사가 손짓하고 있다. 나보고 어서 오라고 하는 것이야. 저곳에는 아름다운 세상이 있지! 내가 저곳까지 가려면 얼마나 걸릴까? 아, 나는 저곳으로 빨리 가고 싶다. 저 무지갯빛 구름을 타고 천사와 더불어 이 세상을 내려다보며 영원히 방랑한다면 얼마나 행복할까? …"

그의 마지막 말은, "진리를… 나는… 사랑한다. …왜 저 사람들은…" 이것이 그의 최후의 말이었다. 그의 나이 82세였다.

그의 아내 소피아는 소크라테스의 아내와 요한 웨슬레의 아내와 더불어 세계 3대 악처로 꼽힌다. 소피아가 특별한 악처였다기보다 톨스토이의 이상이 너무 높아서 아내가 도저히 따르지 못한 것이리라. 그녀는 자기와 48년 동안이나 함께 살아온 남편의 가출에 슬픔과 분함을 못 참아 연못에 스스로 몸을 던졌다.

"인간의 눈을 숨길 수 있어도 하나님의 눈은 숨길 수 없다."

"행동할 수 없는 신앙은 신앙이 아니다."

"후회한들 소용이 없다지만, 후회한다고 이미 때가 늦은 것은 아니다."

11.

요한 프리드리히 오벌린

교인 한 사람 한 사람을 자식같이 사랑한 모범적 목회자

요한 프리드리히 오벌린(John Frederic Oberlin; 1740~1826)은 1740년 8월 31일 독일어를 권역인 스트라스부르에서 교사 요한 게오르크 오벌린(1701~1770)과 마리아 막달레나(1718~1787)의 아들로 태어나 신학을 공부했다. 1766년 그는 알자스와 로렌 국경의 보주에 있는 계곡인 스타인탈(Steinthal)에 있는 외지고 척박한 발드바흐(Waldbach)의 개신교 목사가 되었다.

오벌린은 물질적 및 정신적으로 계몽 사역을 시작했다. 농민조합을 결성하였으며, 계곡을 관통하는 도로와 다리를 놓는 사업을 착수했다. 이에 따라 도시가 번창하면서 많은 오두막을 지었고, 다양한 산업 예술을 증진했다. 그는 순회도서관을 세우고 유년 학교를 설립, 교구 중 다섯 마을 단위로 정규학교를 설립했다.

이 외에도 오벌린은 "개신교 교회의 성인"으로 불릴 정도로 훌륭한 목사이자 영성인으로서 인정받았다. 그의 나이 80이 되어 교인들의 집으로 심방을 못 하게 되자, 그는 인쇄실에 들어가 손수 활자를 골라서 판을 짜서 많은 돌림편지를 찍어 집집으로 보내주었다. 그러다가도 고단하여 자리에 누우면, 그는 혼잣말로 "오, 푸릿즈야! 네가 게으름뱅이가 됐느냐? 이게 웬일이냐!"하고 자책했다.

그는 교적부를 자리에 놓고, 한 사람 한 사람 이름을 부르면서 정말 자기 친아들인 것 같이 손으로 만지면서 기도하였다. 지금도 남아있는 발더스바흐(Waldersbach) 전도관에 보관된 그가 기록한 교적부에는 교인들의 혈통, 전통, 사상 경향 등 특징과 일상생활에 드러난 자세한 행동이 기록되어 있다.

경제생활에 있어서 그는 전 수입의 10분의 3을 헌금으로 바치기도 하고, 작은 궤짝 셋을 만들어 첫째 궤에는 하나님께 드릴 십일조, 둘째 궤에는 사회 사업을 위한 십일조, 셋째 궤에는 구제 사업을 위한 십일조를 넣어 가난한 형제를 도왔다.

그는 신비 체험도 풍부해서 신령한 꿈과 환상을 많이 보았다. 자기보다 먼저 세상 떠난 자기 아내의 인도로 천국을 구경한 체험도 있고, 신비가 스웨덴보리를 연구하기도 했다.

그렇게 엄격하면서도 담배를 끊지 못하고 지내다가, 하루는 담배 넣어둔 궤짝을 지붕에 갖다 두고 문을 잠그면서, "이제는 네가 나를 유혹할 기회는 없어졌다. 네가 이기나 내가 이기나 보자"라고 했다.

이와 같은 위대한 목회자였기 때문에 그의 감화력은 컸다. 마을 사람들이 싸움하여 말려 줄 이가 없을 때도 오벌린 목사가 달려가 중간에 서기만 해도 싸우던 이들은 스스로 그만두었다.

오벌린은 1826년 6월 1일 발더스바흐에서 사망했고, 우르바흐(Urbach)에 안장되어 있다.

12.

알버트 슈바이처

인간을 사랑하여 아프리카에서 일생을 헌신한 사랑의 불사조

20세기 3대 성자 가운데 하나로 꼽히는 알버트 슈바이처(Arbert Schweitzer; 1875~1965)는 뛰어난 사상가요, 음악가요, 저술가요, 목사요, 과학자요, 대학교수요, 바하의 연구자요, 천재적인 파이프오르간의 연주자였다.

신학과 철학과 음악을 함께 공부하여 23세에 철학박사, 25세에 신학박사가 됐다. 그를 가리켜 "20세기의 수퍼스타", "이상의 별", "정신의 상록수", "사랑의 불사조", "이상주의의 거인", "봉사의 천재", "랑바레네의 성인" 등으로 불린다.

슈바이처는 1875년 1월 4일 독일과 프랑스 문화가 혼합된 국경지대인 알자스의 카이제르스베르그에서 루이 슈바이처 목사의 둘째 아들로 태어났다.

어려서는 좋은 환경 속에서 자라났지만, 21세 때 깨달은 것은 자기 주위에 불행한 사람이 많은 데 자기만 행복할 수 없다고 느껴 뜻을 세우기를 자기는 30세까지는 자신을 위해 학문과 예술을 공부하고, 30세 이후에는 남을 위해 봉사하기 위해 인격 완성에 노력하기로 결심했다.

어느 날, 교회에서 내는 작은 팜플릿을 보다가 열대지방의 불행한 환자들을 위한 의료선교사를 구한다는 기사를 읽고, 그는 이것이 자기에게 내린 하늘의 음성으로 생각하고 하나님의 부름에 응하고자 의학 공부를 하여 7년 만에 의학박사가 됐다.

1915년 9월, 그의 나이 40세 때 아프리카 오고웨 강을 항해하는 도중 물소 떼가 헤엄치는 광경을 바라보면서 "생명 외경(生命畏敬, Reverence for life)"을 느꼈다. 그의 철학은 "다른 사람의 생명을 존중하는 것"이다. 사람만 아니다. 살려는 의지를 가진 모든 생명을 존중하라는 것이다. 그는 세계 인생 긍정과 윤리라는 2대 진리를 깨닫고, 그것을 '생명 외경'이라는 말로 집약했다.

1913년 38세 때 하나님의 부르심을 받고 원시림이 우거진 아프리카의 가난한 마을 랑바레네(Lambaréné)에 가서 흑인들에게 기독교 복음을 전하면서, 그들 육체의 병을 고쳐주는 거룩한 봉사로 50여 년을 실천하였다. 자기가 깨달은 생명 외경의 진리를 전심전력으로 일생 몸소 실천한 것이다.

그는 풀 한 포기, 나무 한 그루, 개미 한 마리도 공연히 밟아서는 안 된다고 말했다. 누가 나뭇가지에 그네를 매었더니 슈바이처 박사는 "나무가 괴로워할 것"이라며, 그네를 풀라고 했다. 병원 마당의 잡초는 함부로 뽑지 못하게 했다. 병원 건물을 짓다가 개미집이 터져 개미 떼가 몰려나오니 건축을 중지시켰다.

그는 빈부귀천 국적과 피부 색깔을 초월하여 인간을 사랑한 사랑의 불사조였다. "누구든지 제 목숨을 잃으면 찾으리라"는 예수님의 말씀을 항상 실천했다.

그는 1953년 노벨 평화상을 받았다. 박사는 침묵 중에 꾸준히 노력하며 겸허했고, 모든 일에 무척 꼼꼼했다. 누가 그를 만나 좋은 충고해 달라고 부탁하니, "우물을 파려면 한 우물만 파게. 그러나 물이 나올 때까지"라고 했다.

90세에 별로 고통이 없이 평화스럽게 임종하여 오고웨 강변에 먼저 세상 떠난 부인 무덤 곁에 안장됐다. 흑인들이 부르는 찬송과 통곡하는 흑인 여자들의 눈물 속에서.

13.

마르틴 니묄러

히틀러 나치스에 대항해 싸운 불굴의 목회자

마르틴 니묄러(Martin Niemöller; 1892~1984)는 독일의 유명한 신학자 칼 바르트의 친구였고, 함께 나치스 히틀러에게 저항해 싸운 독일 교회의 지도자이다. 칼 바르트는 니묄러를 평하여, "그는 우리 정통주의자에게는 너무도 현실적 인물이요, 자유주의자들에게는 너무도 영적 인물이요, 사회주의자에게는 너무도 전투적 인물이요, 또 우리 모두에 대해서는 너무도 프로이센적이다."라고 평했다. 그의 투쟁에 대하여 사람들은 여러 가지로 평한다. 혹은 "불타는 사나이", "독일의 간디", "현대의 예레미야", "전투적 프로테스탄트의 상징" 등으로 말했다.

그의 일생은 파란 많은 극적인 일생으로, 그는 본래 독일 U보트의 함장이었다. 공격적인 정신의 투사인 그는 히틀러 강제수용소에 갇혀 있으면서도 "복음은 공격이다."라고 부르짖었다.

수용소 안에서 각 교파 사람으로 구성된 세계 교회적 색채를 지닌 청중을 향하여, "다하우 설교집"이라 불리는 유명한 설교를 하면서 "세계는 나의 교구"라고 했다. 사실 그는 1961년 인도 뉴델리의 세계 교회 회의에서 명예로운 의장으로 추대받았다.

그는 1892년 1월 14일, 독일에서 목사의 둘째 아들로 태어났다. 독일 제국 시대 18세 때 해군에 입대하여 사관이 되고, 그 후 독일의 비밀무기인 잠수함 U보트의 함장이 되어 전쟁 중에 바다에서 만나는 적군의 함정이나 심지어는 중립국의 수송선도 공격하여 침몰시켰다. 전쟁은 니묄러의 전사로서의 명예심을 만족시켰으나, 10년 동안 그는 열심 있는 해군 장교로서 활약하다가 일대 방향 전환을 하여 전쟁이란 것에 죄악을 느끼고, 신학 공부를 하고 목사가 되어 "U보트에서 교회 강단으로"의 길을 선택하고 전쟁을 반대하는 반전주의자가 되었다. 독일이 히틀러의 손에 들어가고, 히틀러의 제3 제국의 꿈에 열광하던 나치스 치하에서 독일의 프로테스탄트 교회들마저 나치스의 술책에 휘말려 혼돈에 빠져, 소위 "독일적 크리스첸"이란 과격파가 일어나 독일 교회를 철저히 지배하려는 중에 니묄러는 정면으로 그런 어용(御用) 교회에 대항해 싸우다가, 1937년 7월 1일 아침 비밀경찰에 체포되어 재판받고, 총통 히틀러의 명으로 작센하우젠 강제수용소에 갇혔다.

한때, 성경, 찬송, 시계도 빼앗겼다가 다시 찾았다. 강제수용소에 갇혀 있는 동안, 그의 부친 하인리히 니묄러 목사는 세상을 떠났다. 니묄러는 그 후 다하우 강제수용소로 옮겨 특별 수용 감실에 22개국 거물급 죄수들과 함께 수용됐다.

제2차 세계 대전 말기 1945년 4월 150명의 특별 죄수는 12명의 히틀러 친위대의 인솔을 받으며 집단 살해장으로 끌려가다가 미군에 의해 석방됐다.

니묄러의 유명한 말로 오늘날 전해지는데, 그가 체포되어 감옥에 끌려갈 때 "하나님을 대항할 자가 누가 있는가?"라고 했고, 그가 풀려나와 자유의 몸이 됐을 때는 "하나님의 은혜를 감당해 낼 자 누가 있는가?"라고 부르짖은 말이다.

그가 다하우 수용소에서 죽음의 공포에 떠는 함께 갇힌 사람들에게 설교한 감동적인 설교는 『그러나 하나님의 말씀은 매여 있는 것이 아니다』란 설교집으로 나왔다.

14.

야코프 뵈메

놀라운 영적 시력으로 신비한 체험을 가진 독일의 신비가

야코프 뵈메(Jacob Böhme; 1575~1624)는 1575년 독일 나이세강(Neisse) 유역의 도시 알토 자이덴베르크(Alt Seidenberg)에서 농민의 아들로 탄생했다. 그를 독일 프로테스탄트 신비가로 인류 역사의 기적이라 부르지만, 어려선 불쌍하게 자라나 14세 때부터 구두점 직공으로 일하다가 그 후 자신이 친히 구두점을 경영했다.

그는 결혼하여 가정을 이루고 살면서 별로 외부적 감화를 받은 일은 없지만, 그의 타고난 천성으로 종교적 철학적 능력이 신속히 발달해 가면서, 1600년 어느 날, 그는 광명한 빛 속에서 자기 영혼의 문이 열리는 것을 친히 볼 수 있었다.

그런 체험은 일찍이 그 어떤 책에서도 찾아보지 못한 신기한 체험이었다. 하나님과 세계에 관해 신비적 견신(見神) 체험을 하고 가끔 환상과 계시를 받았고, 때로는 며칠 동안 신의 광명 속에 파묻혀 지내기도 했다.

그는 별로 배운 학식은 없었지만, 타고난 종교적 천재성을 나타내어서 자기 사상을 집필하여 『태초의 새벽』(Aurora)이라는 원고를 친구들에게 돌림편지로 분배해 읽게 했는데, 그의 사상이 새롭고 독특하여 기성교회 교직자의 비위를 건드려 1612년 그의 저작을 중지시켰다.

뵈메는 5년간 글을 쓰지 못하였으나, 그후 다시 붓을 들어 30여 종의 대소 저작을 하면서 자기 신비적 사상을 발표했다. 뵈메는 주장하기를, 자기는 신의 계시로 친히 본 것만을 글로 썼노라고 했다.

그의 체험은 독특하여, 어떤 사상이라도 그것은 시각적 상(像)을 이루어 자기에게 이해됐다. 즉, 논리적 과정이 산 사진처럼 상을 이루는 신기한 마음을 소유하고 있었다. 그는 또 사물의 핵심을 투시해 낼 수 있었고, 심지어 신의 본질까지도 자기의 영적 시력(視力)에는 열려 있다고 말했다.

그의 사상을 받은 두세 친구가 『감각 이상의 생명』, 『참된 참회』라는 책을 출판했는데, 교회 성직자와 그밖의 사람들이 합세하여 뵈메를 박해하여 시의 행정관은 뵈메를 시에서 퇴거하라고 추방을 명했다. 추방당한 그는 드레스덴과 시레시아 등을 돌아다니다가 병이 심하여 고향에 돌아와 세상을 떠났다.

그의 사후, 친구들이 뵈메가 쓴 글을 수집하여 출판하고, 독일과 영국 등지에서 많은 사람이 그것을 애독했다. 뵈메의 신비설의 특색은 독일 신비파의 흐름에서 찾을 수 있는 일종의 종교적 철학에 자연계의 비밀을 탐구하는 경향을 겸한 특색이 있다.

뵈메는 하나님과 세상에 관해 설명할 때, 존재의 법칙은 대우(對偶; 對照; Antithesis) 관계라는 점을 고조했다. "만물은 옳다(是)와 아니다(非)로 성립된다."라고 하면서 밖으로 나타나지 아니한 신성(神性)의 숨겨진 생명조차 그는 인력(引力)과 거기에 대한 반발력이 대립해서 역사하는 것을 발견했다.

그는 "이 두 개의 힘이 합치는 것으로 인해 신성(神性)에서 느껴지는 현현요구(顯現要求)가 생기고, 이 요구를 느끼는 신성은 '암흑(暗黑)'이 된다. 이런 암흑을 비추는 빛이 '아들(子)'이다. 이 두 개가 합쳐서 '성령'이 된다. 이 성령 안에 창조의 원형(原型)이 생긴다."라고 했다.

야코프 뵈메는 1624년 11월, 그의 나이 49세 때 주일날 오전 2시, 이 세상 것 아닌 아름다운 음악 소리를 듣고, 아들에게 "토피야스야, 네게도 저 아름다운 노랫소리가 들리느냐?"

"제게는 안 들립니다."

"저기 문을 열어 놓아 보렴. 잘 들릴 것이다."라고 말했다.

그는 잠시 후, "지금 몇 시냐?" "세 시입니다."

"내 시간은 아직 안 되었다. 오, 전능하신 만군의 아버지 하나님이시여! 당신의 뜻대로 나를 구원하소서. 오, 십자가 위에 못 박혀 돌아가신 예수여! 나에게 긍휼을 베푸소서. 나를 당신 나라로 인도하소서." 하고 기도했다.

그는 아침 6시가 되자, 가족들과 마지막 작별을 하면서, "나는 지금 이곳을 떠나 낙원으로 간다."라고 말한 후 세상을 떠났다.

15.

마이스터 에크하르트

신(神)과 신성(神性)을 구별한 독일의 신비학파의 원조

마이스터 에크하르트(Meister Eckhart; c.1260~1327)는 1260년 독일 튜링겐에서 출생한 독일 신비학파의 시조이다. 도미니크회 수도사로 작센에 있는 도미니크, 에르푸르트 수도원의 원장이었고, 보헤미아의 감독 대리로서 파리에 가서 가르친 적이 있었고, 스트라스부르그로 이주해서 거기서 "자유의 영의 형제"들과 알게 된 후에 프랑크프르트로 이사하여 그곳 도미니크 수도원장이 됐다.

그의 설교는 세상 보통 성직자들의 설교와는 판이했기 때문에 로마교회 당국의 의심을 받고 이단으로 몰려 고소당했다. 그동안 한 번은 무죄선고를 받았지만, 코론의 대감독 헨리에게 재차 베네치아 회의에서 고소되었다.

로마교회는 스트라스부르그의 니콜라스에게 에크하르트를 심문하라는 명령을 내렸으나, 니콜라스 자신이 그의 신비설을 신봉하고 있었기 때문에 에크하르트에게 무죄를 선고했다.

그러나 헨리 감독은 그것을 인정하지 않고, 에크하르트와 니콜라스 두 사람을 함께 이단으로 고소하여 종교재판에 회부했다.

두 사람은 교황에게 상소하기도 했지만, 끝내 유죄 선고를 받았다. 그러나 에크하르트의 제자들은 스승을 극진히 경애하여 하인리히 수소(Henry Suso)는 에크하르트를 "거룩한 스승"(聖師; Holy Master)이라고 불렀고, 그의 설교는 모든 수도원에서 등사해 가졌다.

결국, 에크하르트 사후에 로마 교황은 그에 대한 이단 선고를 취소했다.

에크하르트는 토마스 아퀴나스의 사상적 영향을 많이 받았다. 에크하르트는 신비 학설에서 태초에 만물의 원시 근원은 상(想)과 물(物)을 초월한 이름 지을 수 없는 것으로 '무(無)'라고 이름 지을 수밖에 없는 다른 표현은 못 할 성질의 것이라고 했다.

에크하르트는 '신'(神; God)과 '신성'(神性; Godhead)을 구별하여 태초의 무(無)가 곧 신성인데, 이 신성이 실제로 활동하는 신(神)이 되려면, 스스로를 아는 지식에 의하지 않으면 안 된다고 했다. 즉, 만물의 태초 근원이 신성 안에서 스스로를 알려는 활동이 일어났고, 따라서 여기에서 실재(實在)가 시작했다."라고 했다.

스스로를 알고자 하는 활동이 일어나기 이전의 신성 자체는 무(無)라고밖에는 달리 이름할 수 없다고 하면서, 따라서 창조 작용이란 결국 '신성'의 자의식 작용(自意識作用)에 지나지 않는다고 했다.

신성은 아직 개발하지 않은 무한한 가능성에 지나지 않은 것으로써 지식이나 예배의 대상이 되지 못하는 것으로 암흑이요 무형(無形)이다. 삼위일체 하나님은 이 신성에서 나온다고 했다. 그런고로 실재(實在)란 그 근저에 있어서는 자의식 작용이다. 이 같은 자의식 작용으로 말미암아 주관(主觀)과 객관(客觀)이 나뉜다. 주관은 곧 아버지 되신 '천부 하나님'이시오, 객관은 곧 아들 되신 '성자 하나님'이다. 그리고 아버지의 말씀으로서 현현(顯現)된바 아들이 다시 아버지에게로 돌아가는 곳, 다시 말하면, 아버지와 아들의 양자(兩者)가 서로 떨어지지 않는 곳을 '성령'이라고 한다. 그런고로 아버지가 되신 하나님과 아들이 되신 하나님은 나뉘어 있으면서도 하나이며, 성령을 통하여 스스로를 사랑하는 분이시다. 그리고 하나님의 창조 작용은 하나님이 스스로를 알고 자기 자신을 현현하는 작용이다."라고 했다.

그래서 하나님 이외에는 실재가 없고, 하나님을 제외한다면 아무것도 독립자존(獨立自存)할 자가 있을 수 없다고 했다.

그는 "만물은 다만 하나님 안에서만 실재(實在)한다. 하나님과 구별할 수 있는 것은 다만 그 개성(個性)뿐이다. 그런고로 진리의 본체를 알려면 만물의 차별상(差別相)에서 눈을 돌려 하나님에게로 귀입(歸入)하지 않으면 안 된다. 인간이 하나님을 보는 눈과 하나님이 인간을 보는 눈은 같다(同一不二)"라고 했다.

에크하르트의 윤리학에서 가장 현저한 점은, 내재론(內在論)에 새로운 중요성을 둔 점이다. 그는 말하기를 "인류의 심령은 작은 우주다. 어떤 의미에서 그 속에 만물을 포섭하고 있다. 사람의 마음은 신비스러운 것으로서 마음에는 소지(素地)가 있고, 마음의 정점(頂點)이 있다. 마음의 정점에는 신적 불티(Spark)가 있어서 그것은 신과 아주 닮은 것으로, 그것으로 신에 합일(合一)할 뿐만 아니라, 그것 자체가 신과 하나이다. 이것을 심령의 근저(根抵: 혹은 마음의 素地)라고도 하는데, '이 불티, 이것이 신이다.'라고도 말하고, 이 불티가 신과 영혼의 신비적 합일을 하는 곳이요, 인간의 일체 생활의 목적인 신인식(神認識)의 극치가 여기에 있다."라고 주장했다.

16.

히인리히 수소

육체보다 오히려 정신적 십자가를 지고 실행적 생애를 산 신비적 체험자

하인리히 수소(Heinrich Suso; c. 1295~1366)는 1295년 베르그의 지배 가문에서 하인리히 폰 베르그(Heinrich von Berg)로 태어났다. 나중에 어머니의 성 '수'(Sus, '달콤하다'라는 의미)를 자기 이름에 넣어서 사용했다.

그는 사상적으로는 독일 신비가 에크하르트의 제자요, 그의 생애와 품성으로는 스페인의 신비가, 특히 십자가의 요한을 닮은 데가 많다. 13세에 콘스탄스에 있는 도미니크 수도원에서 5년 정도 생활하면서 하나님의 지혜의 개입을 통해 더 깊은 형태의 종교적 삶으로 전환되는 체험을 했다.

그런 다음 수소는 스트라스부르의 도미니크 수도원에서 철학과 신학을 공부한 후 쾰른에 있는 도미니크 스타디움제네럴에서 신학 과정을 더 했다. 거기서 에크하르트 요하네스 타울러를 만나서 교제했다.

처음 16년 동안은 준엄한 고행을 했으나, 그후 그의 정적이고 다감한 성품이 주님의 새로운 계시가 육체보다 정신적 십자가를 지라고 하여 고행을 그만두고 실천적 생애에 들어갔다.

이 시절에 그는 정신적으로 지기 어려운 무거운 십자가를 짊어지고 있었다. 사람들에게는 오해와 박해를 받았고, 옛날 고행하며 애쓰던 시절에는 그를 위로 격려해 주던 이들조차 그를 떠났다.

수소는 놀라운 문학적 소질을 타고나서 그의 모든 자서전에도 가장 흥미진

진한 데가 있었다. 아우구스티누스를 닮아서 수소의 성질은 정신적 신앙적 사랑의 대상이 필요했다. 그의 성상은 잠언에서 사랑에 가득 찬 여성으로 인격화된 '영원의 지혜'에 집중했다.

> "실제 너 같은 난만한 젊은 가슴은 연인이 없이는 살 수가 없으니, 네가 지난날 듣기만 하던 이 아름다운 여성이 너의 연인이 될 수 있는가? 네 운명을 걸고 시험해 보라."

그는 환상 중에 빛나는 모습의 지혜와 사랑에 가득 찬 그녀를 보았다. 그녀는 수소에게 "내 아들아, 너의 마음을 내게 달라"고 하였다.

이 무렵 수소의 심령에는 강력한 영적 불길이 붙어와 그의 마음은 하나님의 사랑으로 불타고 있었다. 그는 그리스도에 대한 '사랑의 증거'로서 자기 가슴 깊이 칼로 예수님의 이름을 아로새겼다. 그 글자는 일생 그의 가슴에 손가락 관절 크기의 흔적이 남아있었다.

한 번은 환상 중에 천사를 보았다. 그는 천사에게 부탁하기를, "하나님이 은밀하게 우리 안에 임재하시는 모양을 보게 해 달라"고 요구했다. 천사는 "그렇다면, 너는 내면의 기쁨에 시선을 던져 보라. 그때 하나님의 사랑에 넘치는 영과 그의 사랑과의 연극을 볼 수 있을 것이다."라고 했다.

그는 자기 마음을 덮는 육체가 수정같이 투명하고 그중에는 고요하고 사랑스러운 모습을 한 '영원한 지혜'가 앉아 있고, 그 곁에 하나님 옆에 기대어 앉은 종인 자기의 영이 하나님 품에 안겨 있는 것을 볼 수 있었다.

수소는 어떤 때, 먼저 세상 떠난 축복받은 스승 에크하르트의 환상을 보기도 했다. 스승은 더 이상 없는 영광중에 그의 영은 전적 변화되어 하나님 안에 하나님처럼 되어있는 모습을 보았다.

스승은 "이 세상 떠난 사람들이 하나님 안에 사는 모습은 말로 형용할 수 없다. 세상 버리는 길은 자기에 대해 죽고, 모든 사람에 대해 흔들리지 않는 인내를 갖는 데 있다."라고 말했다.

수소의 한 말 가운데 유명한 것은 "내가 있는 곳에 내 종도 있을지니라"(그리스도의 고난에 충분히 참여한 자라야 비로소 그리스도와 합일을 이룰 수 있다는 뜻), "십자가 없는 곳에 면류관도 없다." 등이다.

나이 늙어 그는 자기의 전기를 쓰고, 1365년 세상을 떠났다.

17.

마르틴 루터

부패한 교황과 속죄권 판매를 반대함으로써 종교개혁을 일으킨 신학자

　마르틴 루터(Martin Luther; 1483~1546)는 1483년 11월 10일, 독일 아이슬레벤 시골집에서 조상 대대로 농부의 가문에서 탄생했다. 아버지 한스는 고향을 떠나 광산에서 광부 노릇도 하고, 후에는 시의원까지 출세했다.
　그의 어머니는 독실한 기독교인으로 자녀교육에는 엄격한 분이어서 루터가 어렸을 때 호두 한 개를 훔친 벌로 피가 나도록 때렸다. 그래서 그는 어머니가 무서워서 수도원으로 도망쳤다고 고백했다.
　18세에 독일 최고 학부인 에르푸르트 대학에 입학하여 철학과 고전 연구에 치중했다. 그는 부친이 법률 공부를 원해서 할 수 없이 두 달 동안 하다가 취미가 없어 그만두었다. 루터는 웅변가인 동시에 음악을 잘해서 음악가라는 별명이 붙어 학생들에게 인기가 높았다. 학생 시절 그가 거리에서 노래 부르며 지나가는 사람에게 감동을 줬다고 한다.
　어느날, 에르푸르트 교회에서 친구와 함께 길을 가다가 갑자기 소낙비를 맞아 천둥 치는 중에 혼비백산한 그는 땅에 엎드려 그가 존숭하는 광부의 수호성인에게 "거룩하신 안나여, 구원하소서! 좋은 수도사가 되겠습니다." 하고 서원한 일, 그리고 친구가 벼락 맞아 곁에서 죽은 일로 인생의 허무를 느끼고 아우구스티누스회 수도원에 들어갔다. 수도원에서 노동 탁발 고행 등을 하면서 원장 슈타우피츠에게서 "사람은 신의 은총이 아니면 자기 힘으로는 구원 얻지 못한다."라는 사상을 배워 마음에 위로받았고, 안수받고 교직자가 되었으며, 후에 신학박사 학위도 얻었다.

1508년 어느 날, 그가 아우구스티누스회 수도원 밀실에서 독서와 명상을 하는 중 로마서 1장 17절의 "오직 의인은 믿음으로 말미암아 살리라"는 말씀에서 그리스도에 대한 절대 신뢰의 진리를 깨달았고, 이 깨달음이 루터 일생의 메시지로 느껴져 오랜 고민에서 벗어나 광명을 얻었다.

1511년 10월, 처음으로 로마에 순례차 갔다가 유명한 빌라도의 28개 계단을 남들처럼 자기도 무릎으로 기어올라가다가 중도에서 "의인은 믿음으로 살리라"는 마음으로부터 나는 소리를 느끼고 벌떡 일어서서 걸어서 올라갔다. 이 계단에서 걸어서 올라간 사람은 역사상 루터 한 사람밖에 없다.

그때, 로마 교황 레오 10세는 성 베드로 교회를 증축하는데 막대한 비용이 모자라서 유럽 일대에 수도자들을 파견하여 속죄권을 팔아 교회 건축 비용에 보충하려 했는데, 도미니크회 수도사 요한 텟즐이 비텐베르크에 와서 속죄권 판매하는 것을 보고 루터는 분개하여 1517년 10월 31일 12시에 비텐베르크 교회 문에 교황과 속죄권을 반대하는 95개 선언문을 써서 붙이고 정면 도전했다.

이 소식은 삽시간에 전 독일에 퍼져 종교개혁의 기운을 부채질했다. 로마교 당국자는 루터를 순교자 후스와 같이 이단자로 몰아 그를 보름스회의에 호출해서 그의 저서를 취소 철회하라고 강요했을 때, 루터는 "나는 양심을 어기고 아무것도 취소할 수 없다. 나는 이곳에 섰다(Here I Stand). 하나님이여, 도우소서. 아멘"이라고 했다.

그때, 루터의 생명은 풍전등화처럼 위태로웠지만, 색손 후작이 루터의 생명을 보호하여 기마 무사들을 보내어 구출했다. 그 후 루터는 바르트부르그 성(城)에 숨어 있으면서 이미 불타오른 종교개혁 기운을 의식하면서 여러 가지 저작을 하였고, 그중에도 3개월 동안 신약성경을 통속적 독일어로 번역한 일은 그의 큰 공적이었다. 이로써 독일어에 항구적 문학적 형식을 주게 되었고, 또는 그 시대 지방 사투리를 통용되는 표준어로 통일시키는 기반을 세웠다. 그 후, 그는 다시 구약성경을 히브리어에서 번역했다. 이로써 루터의 명성을 더욱 높게 하였다.

루터는 그의 복음 운동에 자극받고 수도원에서 탈출한 아홉 명의 수녀 중 보라와 결혼하고, 5남매를 낳았다. 그의 복음 운동은 북독일 전부와 프랑스, 스웨덴까지 퍼져 갔다. 그는 최후까지 문필로써 로마 교황청과 싸우다가 1546년 2월 18일 63세로 세상을 떠났다. 임종하는 머리맡에서 요나스가 "스승이여, 당신은 그리스도의 가르침과 스승 자신의 교리를 고수합니까?"라고 물었을 때, "그렇습니다!" 하고 눈을 감았다. 그의 유해는 95개 조 항의문이 게시되었던 비텐베르크 교회에 매장되었다.

임종 기도

"오! 나의 하나님 아버지. 홀로 하나이실 하나님이시며, 우리 주 예수 그리스도의 아버지, 모든 위로의 주이신 하나님이시여! 저는 당신이 저를 위하여 독생자 예수 그리스도를 주신 것을 감사드립니다. 저는 그리스도를 믿고, 그에게 고백하고, 선교하고, 사랑하며, 또한 찬미합니다. 그러나 사악한 교황과 불신자는 그리스도를 욕되게 하고, 박해하고, 또한 모독하였습니다.

사랑하는 주 예수 그리스도시여! 저의 영혼을 당신께 부탁드립니다. 오! 하나님 아버지시여! 제가 이 육체를 떠나게 되면, 저는 영원무궁토록 당신과 함께 살고, 결단코 결단코 나 스스로를 당신의 손에서 떨어지게 할 수 없을 줄로 확신합니다.

"하나님이 세상을 이처럼 사랑하사 독생자를 주셨으니 누구든지 저를 믿는 자는 멸망하지 않고 영원한 생명을 얻으리라." 〈세 번 외우고〉 아버지여, 내 영혼을 아버지 손에 맡깁니다. 당신께서 저를 구속하셨습니다. 당신, 참되신 하나님이여! 아멘."

18.

얀 후스

속죄권은 불법이라고 교황에 대항하다가 순교한 개혁주의자

얀 후스(Jan Hus; 1369~1415)는 종교개혁 시대의 보헤미아의 개혁자로서, 그가 산 기간은 1369~1415 어간이었다. 그는 프라하 대학을 나온 뒤, 1404년 이 대학의 총장이 되어 일찍부터 영국의 개혁자 위클리프를 사모하고, 그의 저술을 연구하면서 대학에서 개혁 사상을 강의했다.

그러나 그 지방 대감독이 로마 교황이 고소해서 그가 개혁 사상에 대해 가르치지 못하게 했다. 그러나 후스는 조금도 굴복하지 않고, 자기의 소신을 계속 선포하니 대감독은 마침내 후스를 파문했다,

1412년에 유설대(遊說隊)를 조성해서 유럽을 돌아다니며 교황의 속죄권 판매 선전이 있자, 후스와 함께 개혁 사상을 가진 동지들이 격분하여 공개 토론회를 열고 반박하면서 "교황이나 감독은 칼을 잡을 권리가 없다. …돈은 사죄의 조건이 될 수가 없다. 회개만이 사죄의 조건이며, 구원 받을 자는 택함을 얻은 자이므로 교황도 이것을 할 수 없다. 더구나 교황에게는 아무런 오류가 없다는 주장은 참람하다."라고 공격하며, 군중들은 대감독의 저택 앞에서 시위하며, 교황의 명령서를 시장 가운데서 불질러 버렸다.

그러나 황제는 군중들의 로마 교황에게 대한 모욕적 행위를 금지하며, 속죄권을 미친놈의 짓이라고 선동한 세 청년을 체포하여 사형에 처했다. 이 소식을 듣고, 후스는 학생들과 함께 가서 그 시체를 거두어 자기가 목회하는 교

회 안에 장사했다. 이에 따라 황제가 후스에게 퇴거 명령을 내리니 후스는 『대 심판자 그리스도에게 고소함』이라는 저서를 쓰고, 각지로 다니면서 군중에게 설교하고 『교회』라는 저서도 편찬했다.

이같이 하여 보헤미아의 종교개혁 운동은 결국 전유럽을 진동시키게 되자, 교황청은 1414년 12월에 후스를 체포하여 심문하기 시작했다. 특히, 영국 개혁자 위클리프와의 관계와 후스가 쓴 『교회론』에 대하여 심문했다. 후스는 주저하지 않고 위클리프는 경건한 인물이라 답변했다. 4주 동안이나 심문하면서 후스의 주장을 취소하게 하려 했지만 허사였다.

1915년 7월 6일, 마침내 후스는 이단자로 단정되고, 그의 몸과 그의 처소를 불 지르라는 선고를 받았다. 순교장에서 후스는 무릎을 꿇고 손을 들어 하늘에 호소하면서 자기를 사형에 처하는 자를 위해 기도해 주었다.

후스의 성직은 박탈당하고 주위에 모인 자들은 일제히 부르짖기를, "우리는 그대의 영혼을 악마에게 넘겨주노라"고 할 때, 후스는 대답하기를, "나의 영혼은 거룩한 주 예수께 맡기노라"고 답했다.

쇠사슬로 목을 대어 끌어내어 형틀에 올려놓고 불을 지르면서 그 주장을 취소하라고 강요했지만, 그는 거절했다. 그는 "주 예수 그리스도, 살아 계신 하나님의 아들이시여, 나를 불쌍히 여기옵소서"라고 기도하면서 임종했다. 그를 태운 재는 라인강에 뿌려 흘려보냈다.

19.

니콜라우스 루트비히 폰 친첸도르프

그리스도의 이름과 그 영광만을 위해 산 모라비안교의 지도자

 니콜라우스 루트비히 폰 친첸도르프(Nikolaus Ludwig von Zinzendorf; 1700~1760)는 작센 공화국 드레스덴의 고관 집안에서 탄생했는데, 부친은 그가 탄생 얼마 후 세상을 떠나고, 모친은 어린애를 할머니께 맡기고 재혼했기 때문에 친첸도르프는 할머니 손에서 자라면서 어릴 때부터 인생의 적막함을 아는 사람이었다. 할머니는 독일 경건파 지도자인 스페너의 열심 있는 공명자여서 친첸도르프는 어려서부터 경건한 신앙 분위기에서 자랐다. 따라서, 당시의 귀족사회의 폐풍(弊風)에 물들지 않고, 전심으로 그리스도를 사랑하고 그리스도에게 올리는 고백의 글을 쓰기도 했다.

 10세부터 17세까지 경건주의자 아우구스트 헤르만 프랑케가 설립한 기숙학교에서 교육받으면서 그로 인해 프랑케의 감화를 받았다. 그 시절부터 그는 동창 소년들과 함께 '겨자씨단'을 조직하고, 그곳에서 신앙적 지도자 역할을 했다.

 복음 전도를 위하여 일생을 주께 바치려는 것이 그의 본뜻이었지만, 할머니와 가족들의 권면에 못 이겨 장차 공직에 나설 준비로 비텐베르크 대학에 입학하여 법률 공부를 했다. 그러면서 그는 틈만 있으면 신학 연구에 게으르지 않았다.

 1719년부터 네덜란드와 프랑스에 두루 여행하는 도중에 얀센파(예수회와 대립한 엄격한 도덕을 주장) 사람들과도 교제를 가졌다. 특히, 이 여행에서 친첸도르프의 생애의 큰 전환의 계기를 가져온 유명한 이야기는 그가 뒤셀도르프의 미술관에서 안토넬로 다 메시나(Antonello da Messina)가 그린 '에케호모'(Ecce Homo; '보라, 이 사람이로다')라는 성화를 구경한 일이다. 십자가에 달려 피를 흘리는 예수님의 거룩한 화상을 쳐다보며 그 옆에 "나는 이 모든 일을 너를 위해 겪었다. 너는 나를 위해 무엇을 했느냐?"라고 쓴 글을 읽고는 전젠도르프는 발이 떨어지지 않고 그 그림 앞에 엎드려 가슴이 찢어지는 듯 감동하며, 그 성화 앞에서 회개하고 자기의 남은 생을 완전히 주님께 바치기로 결심했다.

"산 신앙의 씨앗 하나는 역사적 지식 한 파운드보다 더 가치 있으며, 사랑의 한 방울은 과학의 태평양 보다 더 넓다."라는 말대로 그는 신앙과 사랑에서 살기로 결심하고, 다만 그리스도만 믿고, 그리스도만 사랑하고, 그리스도와 사귀고 봉사하는 기쁨을 느껴 일체 모든 것을 다만 그리스도의 이름과 영광만 위해서 살기로 했다.

여행에서 돌아왔을 때, 예기치 않은 보헤미아와 모라비아에서 망명해 온 두 가족을 친첸도르프는 친구의 권면으로 자기 소유지에 받아들여 정착하게 했는데, 그들은 루터의 개혁 이전의 개혁자인 얀 후스의 정신과 신앙을 따르는 사람들로서 신앙의 자유를 위해 친척과 고향을 버리고 이웃 나라에 망명했는데, 그들이 친첸도르프 소유지 '헤른후트'(Herrnhut)라는 마을을 건설했다. 따라서, 자연히 친첸도르프는 이들 모라비안 파의 지도자가 됐다.

그들의 조직은 수도원적이고, 한 사람 감독 밑에 열두 명의 장로가 있었다. 이 단체를 움직이는 정신은 예수님과의 친밀한 융합 일치요, 특히 그리스도의 고난과 죽음에 생각을 집중했다.

친첸도르프의 "나의 신학은 피의 신학이다. 우리 교회는 십자가의 교회다. 다른 사람들은 피 없는 은혜를 받았지만, 우리는 피 있는 은혜를 받았다."라는 정신 따라 그들은 열렬하였다.

조직은 10명씩 조(組)를 짜서 한 지도자 밑에 살고, 자녀는 육아원에서 기르고, 세속과 타협하지 않고, 주의 부르심이면 세계 어디나 복음 선교를 위해 떠났다. 그 후 헤른후트에서 파송한 선교사는 10년 동안 6백 명이나 됐다. 그들은 벌집처럼 헤른후트에 모여 왔다가는 흩어지곤 했다.

20.

로욜라의 이냐시오

부패한 교회를 '영신 수련'으로 구한 예수회 창설자

로욜라의 이냐시오(Ignatius de Loyola; 1491~1556)는 스페인 로욜라 성주의 아들로 1491년경에 탄생했다. 젊어서 스페인 장교로 1521년에 프랑스군을 맞아 팜플로나 방어전에서 포탄에 다리를 부상하여 절름발이가 됐다. 이로써 그의 군인으로서의 짧은 경력에는 종지부를 찍은 셈이다.

이냐시오는 부상한 다리를 여러 번 수술하는 고통 중에서 영웅적인 인내를 하면서 병상에서 작센의 루돌프가 쓴 『예수 그리스도의 생애』와 『성인전』을 읽었다. 이 책의 감동은 그에게 깊은 결심을 일으켜서 완쾌되어 병원에서 나가면 보속과 고행의 생활을 보내리라고 결심했다.

그 후 만렛사 동굴에서 1년 가까운 세월을 보내면서 영혼의 깊은 평안과 하늘의 풍성한 위로를 얻으며 즐겁게 지냈다. 그러나 그것은 잠깐이요, 곧 뒤이어 두려움과 의혹과 큰 시련이 그를 시달리게 했다. 그것들과 싸우는 중 끝내 심령의 안정이 회복되고 그의 영혼에는 영적 기쁨이 넘쳤다.

1523년 성지순례 후 그는 "사람들의 영혼을 위해 활동할 준비"로 학문연구를 시작하여, 처음엔 바르셀로나에서 라틴어를 공부하고, 뒤이어 대학에 진학했다. 그동안 두 번 감옥에 갇혔는데, 한 번은 42일, 또 한 번은 21일 동안 갇혔다가 무죄로 석방됐다.

1528년에는 파리대학에서 철학부를 졸업했는데, 그 당시 신학부에 학적을 둔 6명의 학생이 이냐시오의 지도 밑에서 '영신수련'(Spiritual Exercise)을 실천하며 '예수회'를 조직했다. 유명한 동양 선교의 선구자 프란치스코 하비에르도 6인 동지 중 한 사람이었다.

이냐시오는 1556년 세상 떠날 때까지 예수회의 총장으로 활동하며, 점점 커지는 방대한 사업 때문에 그는 로마에 머물렀다. 회원들에 대한 그의 신중함과 사랑의 감화로 모든 회원의 마음이 총장에 대한 사랑을 품게 하였다.

이냐시오의 가장 저명하고 효과적 활동은 '영신수련'이다. 처음 이것은 만렛사에서 시작했다. 그는 본래 군인 출신이기 때문에 예수회를 군인처럼 훈련했다. '영신수련'은 영적 훈련을 위한 실제적 지침서이다(양심 성찰, 기도, 숙고, 묵상, 겸손, 고난, 선정 등).

예수회는 군인처럼 계급 구별이 엄격하고 절대복종해야 하며, 금욕적 고행과 노역을 해야 했다. 회원은 자기 구원보다 남을 위해 전력한다. 이냐시오는 눈물의 사자로서 미사나 기도할 때마다 하염없이 흐느껴 울었다. 그의 일기는 눈물의 일기로 40일 동안 175회 울었던 기록이 있다. 너무 울어서 의사들에게 건강에 해롭다고 경고받기까지 했다.

당시 마르틴 루터의 종교개혁 영향으로 가톨릭교회가 만신창이가 되어 허덕일 무렵, 이냐시오의 운동이 일어나 로마가톨릭 교회 자체의 생존과 통일을 위해 잘못과 부조리를 자가 정비 개혁하면서 소위 개혁으로 개혁에 대응하는 반동종교개혁 운동(Counter Reformation)으로 가톨릭을 혼란에서 건졌다.

예수회 운동으로 유럽 사회는 교육사업이 크게 진흥했고, 그들의 외국 전도 사업은 놀랄만한 공적을 이루었다.

기도문

그리스도의 혼은 나를 정화하소서.

그리스도의 몸은 나를 구원하소서.
그리스도의 피는 나를 취하게 하소서.
그리스도의 옆구리 물은 나를 씻겨주소서.
그리스도의 고난은 내게 힘을 주소서.
아, 인자한 예수여! 내 소리를 들어주소서.
당신의 상처 속에 나를 감춰주소서.
당신과 갈라지기 말기를 허락하소서.
해치는 원수로부터 나를 보호하시며,
내가 죽는 시간에 나를 불러주시며,
당신께로 가기를 내게 명해 주시와
당신의 성인들과 더불어
내가 당신을 영원히 찬미하게 하소서.

…

주여, 나의 자유는 모조리 빼앗아 가십시오. 나의 기억, 나의 지혜, 나의 의지를 전적 받아들이옵소서. 내가 가진 모든 것은 모조리 당신의 것입니다. 나는 이것들을 모조리 당신께 돌려드리고 당신의 뜻과 명령에 맡깁니다.
그러나 원컨대 당신의 사랑과 은총은 나에게 주소서. 그것으로만 나는 만족하겠사오며, 그 이상 더 아무것도 원치 않겠나이다.

21.

알퐁소 로드리게스

일생 천한 문지기였던 신앙의 실천자인 성자

알퐁소 로드리게스(St. Alphonsus Rodriguez; 1532~1617)는 스페인 세고비아의 부유한 모직물 상인의 가정에서 1533년에 탄생했다. 일찍이 결혼하여 가정생활을 하였으나 불행하게 아내와 두 자녀가 일찍 세상 떠나고, 1571년에 예수회에 보조 수도사로 들어갔다.

6개월에 지나 그는 스페인에서 마요르카섬에 있는 몬테즈오네 대학에 파송 받아 그 학교에 문지기로 임명받았다. 이 천한 말직이지만, 그는 늙어 몸이 쇠약할 때까지 그 임무를 꾸준히 수행했다. 매일 자기 맡은 문지기로서의 직책을 충실히 감당하면서 일터에서 해방되는 남은 시간은 기도 생활에 바쳤다.

그의 기도는 깊어 놀라운 잠심(潛心) 기도로 하나님과 일치하는 지경에 도달했고, 오랜 세월 동안 금욕 고행생활로 육체를 지배해 와서 이런 생활이 습관이 되었지만, 그러면서도 그는 오랜 기간에 거쳐 심령에는 무미건조하고 영적으로 거친 황량함과 격심한 유혹과 시험에 계속 시달려 지냈다.

그런 속에서도 알퐁소는 하나님께서 좋게 여기시는 기회면 사랑의 탈혼, 입신과 영적 기쁨에 사로잡히는 체험이 있어서 절대 실망하지 않고, 맡은 모든 의무를 규칙적으로 완전히 완수했다.

그와 사귀면서 40년 동안 그의 생활을 자세히 알고 있던 사제들은 알퐁소에게는 말이나 행실에 있어서 비판할만한 점이라곤 한 가지도 없었다고 증언했다. 학교의 천한 문지기로 일생을 보내면서 성자가 되었다.

1605년에는 그 학원에서 공부하고 있던 베드로 크라벨을 알퐁소는 하늘의 빛을 받으면서 감화시켰는데, 크라벨의 열렬한 신앙심을 아메리카 흑인들을 위한 봉사에 헌신하도록 이끌기도 했다. 이로써 크라벨은 흑인의 사도가 되었고, 후에 성인이 되었다. 알퐁소의 기도는 큰 감격을 준다.

기도문

"아! 나의 영혼의 집, 내 마음의 중심이신 가장 아름다우신 예수여. 아! 주여, 당신이 우리를 위하여 그처럼 격심한 고통을 끝까지 참으신 것을 보고 그 누가 당신을 위하여 슬픔이나 고난 겪는 일을 바라지 않을 수 있으리까?

내가 동경하는 시련이여! 지금 나의 마음은 너를 영접하려고 열어 놓고 기다리고 있는데, 어디로 도망쳐 버렸는가? 너희 속에서 나는 기쁨을 발견하고 내가 시험 고통 속에 머물 수 있어야 십자가에 달리신 예수님의 성심 안에 살 수 있는 것이 아닌가?

격심한 고통이여! 나는 고난 겪으신 주님과 함께 너를 기쁨으로 동경하며 고대하고 있는데, 왜 지체하고 있는가? 멸시, 천대, 수치여! 나는 절대로 너를 잊지 않고 너를 지극히 사랑하노라. 나의 예수님과 함께 겸비해지고 겸손해지기를 갈망하고 있는데, 너는 왜 나를 잊어버리는가?

아! 수백만의 수치스러운 죽음이여! 나는 너로 말미암아 나 자신을 나의 지극히 사랑하는 주님께 희생제물로 드리려 하는데, 왜 내게 오지 않는가? 그리스도를 위해 고통받는 일은 나의 위로요, 나의 기쁨입니다.

나의 만족, 나의 즐거움은 나의 주님을 따르는 일입니다. 십자가에 달리신 위로의 주님으로 말미암아 위로받는 일입니다. 예수와 함께 살고, 예수와 함께 걷고, 예수와 함께 말하고, 예수와 함께, 그리고 예수를 위해 고통받는 일입니다.

내 주위의 만물이 나를 핍박하므로 모든 피조물이 내게는 반가운 것이 되기를 바라나이다. 위로받지 못하고 십자가 지신 내 주님과 함께, 내가 진 십자가에서도 주님과 함께 아무 위로도 받지 못하기를 바랍니다. 그 누구도 나를 불쌍히 여기지 않기를 바라나이다. 내가 주님의 사랑 속에서 고민하고 죽어, 주님과 함께 십자가 위에서 살고, 그리고 죽게 되기를. 아멘"

22.

토마스 아퀴나스

하나님의 계시 앞에 자신의 지식을 지푸라기처럼 여긴 스콜라 신학자

토마스 아퀴나스(Thomas Aquinas; 1225~1274)는 1225년경에 이탈리아에서 탄생했다. 다섯 살 때 부모는 그를 5세기 누르시아의 베네딕도가 세운 몬테 카시노 수도원에 데려다 맡겨 13세까지 거기서 지냈다.

1239년 초 몬테 카시노 수도원은 황제 프레데릭 2세와 교황 그레고리 9세 사이의 군사적 갈등으로 거기서 더는 머물 수 없게 되어 나폴리 대학에서 5년 동안 문예와 과학을 배웠다. 그곳에서 아리스토텔레스, 아베로에스(Averroes), 마이모니데스(Maimonides)를 배웠고, 토마스의 신학 철학에 기초가 되었다.

19세 때 나폴리에 있는 도미니코회 수도원에 수도사로 들어갔는데, 이 일이 가족들의 분노와 반대를 일으켜 그의 형제들은 토마스 아퀴나스를 강제로 몬테산조반니성과 로카세카(Roccasecca)의 성에다 거의 1년 동안 가두었다.

가족들은 도미니카 공화국에 합류하기로 한 토마스를 설득하기 위해 필사적인 노력을 했다. 한번은 그의 형제 두 명이 그에게 매춘부를 보내서 성적으로 유혹하여 독신생활을 단념케 하려고 했다. 그의 시성(諡聖) 기록에 "토마스는 불타는 통나무로 그 매춘부를 몰아내고, 벽에 십자가를 그리고서 황홀경에 빠졌다. 이때 두 천사가 나타나서 '보라, 순결의 띠로써 당신을 하나님의 명령에 묶을 것이며, 이것이 앞으로도 순결을 지키는 할 것이다."라고 했다고 했다. 그때부터, 토마스는 그의 삶이 끝날 때까지 착용했던 띠를 묶고 완전한 순결을 지켰다. 그 허리띠는 피에몬테(Piedmont)에 있는 베르첼리(Vercelli) 수도원에 보관되어 있다가, 현재 토리노 근처 키에리(Chieri)에 있다.

그러나 그의 수도생활에 대한 끈질긴 갈망에 가족들도 지쳐서 토마스가 창문을 통해 밤에 탈출할 수 있게 해주었다. 아마도 토마스에게 항복 당하는 것보다 탈출시키게 하는 것이 가족의 명예에 피해가 덜 가기 때문이었다. 그래서 토마스는 1245년에는 수도원에 돌아가는 것이 허락되었다.

그는 독일 가문에서 대 성자 알베르투스를 스승으로 모시고 공부했는데, 알베르투스는 공개시험을 해보고 나서 토마스 아퀴나스의 천재에 감탄하여 말하기를, "우리는 토마스 수사를 지금 울지 않는 황소라고 부르고 있지만, 나는 그가 장차 지구의 구석구석에 그의 부르짖음이 울려퍼지는 날이 오리라고 생각합니다."라고 했다.

토마스의 신앙심은 학문적 지식을 능가했고, 후에 사제로 임명된 그때부터 하나님과 더욱 친밀한 일치 생활을 하게 됐다.

1252년 그는 프랑스 파리 대학에서 교수로 초빙했지만 가지 않고 교황청에 소속한 특정 학자들을 위한 학교에서 가르치는 일로 인해 이탈리아에 초청되었기 때문에 1268년까지는 파리에 가지 못했다. 1266년경부터 그의 유명한 대 저작 『신학대전』(Summa Theologia)을 쓰기 시작했다.

1272년 이탈리아에 가서 이듬해 성 니콜라스 축일 미사를 집행하다가 하늘의 계시를 받았다. 그는 이 체험에 감동과 충격을 크게 받은 후 너무도 가슴이 벅차 그가 쓰고 있던 『신학대전』을 미완성 상태로 버려두고는 다시 더 글을 쓴다든지 구술하는 일을 중지할 정도였다.

그의 저작에 대한 태만에 대하여 레지날드 수사가 충고하니 대답이 "나의 일의 끝이 왔다. 내게 내리신 계시를 받은 후 그동안 내가 쓴 모든 글은 지푸라기같이 여길 뿐이다."라고 했다. 그러나 토마스는 그가 받은 그 큰 은사에 대하여 지극히 겸손했다.

레지날드 수사는 "토마스의 놀라운 지식은 그의 천재보다도 그의 기도 때문이다."라고 기록했다.

1274년 3월 7일 리옹 공의회에 가던 도중 그는 세상을 떠났다. 교황 레오 13세는 토마스를 모든 학교의 수호자라고 선언했다.

23.

헬프타의 제르트루다

인격적 감화력을 소유한 아름다운 기도의 수녀

　헬프타의 제르트루다(Gertrude the Great; 1256~1302)는 1256년 튀링겐의 아이슬레벤에서 주현절 축일에 태어났다. 그녀의 어린 시절의 기록은 없다. 나이 겨우 4세 때 헬프타의 성모 마리아 수녀원에 들어가 성 메크르디스의 보살핌을 받으며 자랐다. 그녀의 독실한 이 아이를 하나님의 정배로 살게 하려고 수녀원에 맡긴 것으로 추측되며, 그의 부모가 남긴 글에서 "오래전에 제르트루다가 죽었다"라고 한 것을 보면, 그녀의 부모가 고아라고 하여서 수녀원에 맡긴 것으로 보인다.

　제르트루다는 인격적으로 매력있는 여성이요, 재능이 풍부하고 라틴어에도 능통했다. 나이 들어 그녀는 수녀로서 서원을 세웠다.

　26세 무렵 어느 때, 그녀는 처음으로 주님의 계시를 받아 유명해졌는데, 그녀의 생활은 외면적으로는 다른 관상 수도회 수녀들의 생활이나 별로 다른 점이 없었기 때문에 별로 말할 것이 없다. 그녀는 본래 부지런히 성찬(성체 배령) 받는 선구자이자, 성 요셉과 특히 성심의 신심의 선구자이기도 했다.

　그녀는 베네딕도회와 시토회 수도단체의 존경을 받았고, 두 수도회는 그녀를 제각기 자기파 수도회에 속한 성녀라고 주장한다. 그가 남긴 기록은 읽는 사람들의 마음에 깊은 감명을 일으킨다.

나는 어미 없는 고아입니다. 나는 가난하고 가련합니다. 예수님 이외에 내게는 어떤 위로도 없습니다. 그 어른만이 나의 영혼의 갈증을 해갈해 주실 수 있습니다. 그 어른만이 나의 친구입니다. 나의 마음은 다른 모든 사람보다도 그분만을 친구로 선택했습니다. 그분은 '왕의 왕, 주의 주'(계 19:16)이십니다. …오십시오. 아! 예수님! 나의 마음은 당신만 사랑하고 있습니다. 당신은 이때까지 저에게 사랑받은 모든 것 이상으로 사랑받으시고, 사랑받으시고, 사랑받으시는 우아한 나의 연인입니다.

아! 당신은 봄날 성성하게 꽃피는 날입니다. 나의 마음의 사랑의 갈망은 당신을 향하여 탄식하고 기력을 잃고 있습니다. 아, 참된 태양이신 당신에게 따스히 비추어 나의 영적 진보의 꽃과 열매가 맺기 위해서는 나는 당신과 더욱더 친밀히 결합할 수 있게 되기를…

나는 열심으로 당신을 기다립니다. 오십시오. 짝을 찾아오는 비둘기같이 저에게 오십시오. 당신은 당신의 아름다움과 미모로써 나의 마음 깊은 곳이 넋을 잃게 했습니다(아 4:9). 아, 나의 사랑하는 임이여! 내가 당신과 하나가 될 수 없다면, 나는 영원히 기쁨을 얻을 수가 없습니다.

나의 친구, 나의 친구, 나의 친구여! 나에게 대한 당신의 기대와 당신께 대한 나의 기대를 효과적으로 성취해 주십시오.

기도문

아, 성령이시여, 사랑하는 하나님, 사랑에 의한 거룩한 삼위일체 하나님, 당신의 능력과 매력에 의해 가시 속의 장미꽃같이 이 세상 속에 꽃 피는 거룩한 정결로써 사람들과 사귐을 즐거움으로 삼으시는 거룩하신 영이시여!

사랑이여, 사랑이여, 어느 길이 이렇게 감미롭고 동산으로 인도하는지, 어디에 목마른 심령이 목마름을 해갈하는 신성한 이슬에 가득 찬 목장으로 통하는 생명의 오솔길이 있는지 저에게 말씀해 주소서.

아, 사랑이여! 당신만이 생명과 진리로 통하는 이 길을 알고 계십니다. 당신 안에만 성 삼위의 신적 페르소나(位)를 서로 결합하시는 환희의 가득 찬 결합이 이루어지고 있습니다.

아, 거룩한 영이여! 당신으로 말미암아 가장 귀한 선물이 우리 위에 부어집니다. 생명의 열매를 맺는 풍성한 종자가 당신에게서 나옵니다.

우리들 있는 곳에 영의 비상히 친애하는 선물이 하나님 축복의 풍성한 물로서 당신을 통하여 우리에게 내려옵니다.

...

아, 아, 사랑의 하나님, 나의 구주시여.

당신은 영원한 감미로운 매력을 가지고 계십니다. 당신은 내 마음의 목마름이요, 나의 지성의 주림입니다. 그러나 내가 당신의 샘에서 마시면 마실수록 기갈은 더합니다.

오소서. 주 예수여, 오소서.

하나님 당신은 나의 하나님. 가물어 메마른 대지처럼 내 마음 당신 찾아 목이 마르고, 이 육신 당신 그리워 지쳤습니다. 당신을 그리면서 성소에 왔으며, 당신의 힘, 당신의 영광을 뵈오려 합니다.

당신의 사랑이 목숨보다 소중하기에 이 입술로 당신을 찬양하리이다. 이 목숨 다하도록 당신을 찬양하며, 두 팔 쳐들고 당신 이름 찬양하리이다(시 63:1-4).

...

나는 부모 없는 고아입니다. 나는 가난하고 가련합니다. 예수님 외에 내게는 아무런 위로도 없습니다. 당신만이 나의 영혼의 기갈을 치료할 수 있습니다. 그분만이 나의 벗입니다. 나의 마음은 다른 모든 사람보다 그분만을 택했습니다.

그분은 왕의 왕, 주의 주(계 19:16)이십니다. 오십시오.

아, 예수님! 내 마음은 당신만을 사랑합니다. 당신은 이때까지 사랑받은 모든 것 이상으로 사랑받고, 사랑받고 사랑받는 아름다운 내 사랑입니다.

짝을 찾으러 오는 비둘기같이 나에게 오소서. 당신의 아름다움 때문에 나의 마음의 깊은 구석은 상처를 받았습니다(아 4:9).

아! 나의 사랑하는 분이여! 만일 내가 당신과 하나이 될 수 없다면, 나는 영원히 기쁨을 얻을 수 없습니다.

나의 벗이여! 나의 벗이여! 나의 벗이여! 나에게 대한 당신의 소원과 당신께 대한 나의 소원을 효과적으로 이루시며 오십시오.

아! 사랑의 하나님, 나의 구원의 주시오. 당신은 영원히 감미로움과 매력을 가지고 계십니다. 당신은 나의 목마름이요, 나의 지성의 굶주린 갈망입니다. '그러나 내가 맛보면 볼수록 나의 목마름이 더합니다. 오십시오. 주 예수여. 오십시오.

...

요, 영원히 극한점이시며, 완전한 안전의 거처이시며, 모든 기쁨을 간직한 장소, 영원한 즐거움의 낙원, 말로 다 할 수 없는 열락이 솟는 샘이신 당신! 감미로운 봄날의 갖가지 꽃으로써 당신은 사람들을 유인하십니다.

기분 좋은 멜로디라기보다 전적으로 감미로운 영적 조화의 음악으로 당신은 사람들을 매혹하십니다.

혼을 소생케 하는 향료의 향기 높은 숨결로 당신은 사람들을 힘주십니다. 신비의 맛을 아는 마음을 녹이는 감미로운 맛으로써 당신은 사람들을 도취하게 하십니다. 그리고, 당신의 거룩한 포옹의 황홀한 애무로써 당신은 사람들을 변용시키십니다.

두 배, 혹은 세 배나 행복하시고, 네 배나 지복하십니다.

이렇게 표현하는 것이 가능하다면 당신은 천 배나 거룩하십니다.

님의 은혜로운 인도를 받아 맑은 마음, 죄를 모르는 손, 더럽지 않은 입술로 이 축복된 장소에 가까이 갈 수 있는 사람이라면 그가 보는 것, 듣는 것,

숨 쉬는 것, 맛보는 것, 그리고 느끼는 모든 것을 무엇으로 표현할 수 있으리까?

오, 나의 무력한 혀는 무엇을 우물거리며 감히 표현해보려고 하는지요? 의심할 여지도 없이 나는 하나님의 자비하심으로 이 모든 은혜를 즐겨 누리는 허락을 받았습니다.

그러나 허물과 태만의 두꺼운 껍데기에 쌓여 있는 나로서는 매우 불완전하므로 이 이 은혜를 파악할 수 있습니다. 비록 천사나 모든 인간의 지식을 모조리 모은다 해도 이처럼 숭고한 일치의 탁월한 님의 위대함을 털끝만치라도 표현할 한마디 말도 발견하지 못하기 때문입니다.

24.

요안나 프란치스카 드 샹탈

모든 만물을 무(無)라고 선언한 성모 방문 전도회를 창시한 성녀

쟝 드 샹탈(Jeanne de Chantal, 1572~1641)은 1572년 프랑스의 중부 도시 디종(Dijon)에서 태어났다. 샹탈은 '성모 마리아 방문 전도회'를 설립자 중 한 사람이다. 처음에는 가정생활을 하다가 1601년 남편이 사고로 세상을 떠났다. 젊어 과부가 된 그녀는 28세 때(1604) 어느 날, 자기 고향에 와서 설교하던 프랑수아 드 살레시오에게 감동하여 그에게 자기 신앙 지도를 위탁했다. 성인은 그녀에게 '성모 방문 동정회' 창립 계획을 말해 주고 그녀가 협력해 주기를 요구하자 그녀는 기쁘게 승낙했다.

그녀가 가정을 버리고 수도원에 들어가려 할 때 늙은 아버지는 슬퍼하고 어린 자녀들은 맹렬히 반대했다. 새로운 삶을 출발하려는 그에게 가족의 문제는 큰 장애가 되어 수녀가 되려는 그녀를 몹시 괴롭게 했다.

그러나 큰 결심으로 모든 장애를 뛰어넘어 수도원에 가던 날, 아이들은 울면서 "아버지도 없는 저희를 버리고 어머니는 어디로 가십니까?" 하고 항의했다. 더구나 막내둥이 아들(Celse-Bénigne de Rabutin, 1596~1627)은 어머니가 나가는 문턱에 드러누워 길을 막으며, "우리를 버리고 못 가요!"하고 울부짖었다.

그녀는 그 아이들에게 발이 묶여 한참 비장한 마음에 우두커니 서 있었다. 그때 수도원에서 데리러 온 이가 곁에서, "이만한 일에 주저하면 어떻게 수도하겠소?" 하며 촉구했다.

"예, 그러나 저는 아이들의 어머니가 아닙니까? …그러나 이 어려움을 이기 겠어요" 하고 눈물을 삼키며 누워 길을 막는 막둥이 아들의 허리를 넘어서 집을 떠나 수도원으로 갔다.

1610년 그녀는 프랑수아에게서 집 한 채를 얻어 최초의 수도원을 시작했다. 신비 생활의 길에서 현저한 전보를 이룬 그녀는 하나님 앞에서 가장 완전한 일을 언제나 행하라는 소원을 세우는 허락을 얻었다. 그녀는 수도회 창립자와 지도자의 정신에 따라, 자기 공동체를 충실하고 현명하게 거느리고 나아갔으나, 아이들의 문제와 새 수도원 창립을 위해 가끔 현재 수도하고 있는 아누시를 떠나지 않으면 안 되었다.

1622년에는 지도자 성 프랑수아가 세상을 떠나고, 5년 뒤(1627)에는 아들이 죽고, 다시 1632년에는 자부마저 죽었고, 그 외에 가까운 사람들의 죽음의 슬픔 속에서 그녀는 내면적 고민과 암흑과 영적 건조가 가중했다.

이 같은 내적 시련을 그녀는 때로는 두려울 정도로 경험했다. 그러나 그 모든 고통 중에서도 그의 얼굴은 결코 평온한 모습을 잃지 않았고, 하나님께 대한 충성을 게을리하지 않았다.

기어이 그녀는 성녀가 되었다. "모든 피조물은 하나님 앞에서 '무'(無)에 지나지 않는다." 이 세상도 나라들도 모든 사람도 전면적 '무'라고 그녀는 말했다.

'성모 마리아 방문 전도회'를 '방문의 노트르담'이라고도 부른다. 각 가정을 방문하여 병자와 불쌍한 이들에게 봉사하기 위해 다른 수도회처럼 봉쇄(封鎖) 생활을 하지 않고 성대한 수도 서원(誓願)이 없는 수도회다.

25.

엔다누스

신앙의 지조 때문에 새들의 먹이가 된 영원한 성녀

초대 교회 박해가 격심하던 때, 예수 믿는 여자 중에 자기 신앙의 지조와 함께 육신의 순결을 끝까지 지킨 '영원한 처녀'라고 불리는 동정녀들이 많았다.

그들은 자기를 그리스도의 깨끗한 신부(淨配)로 바치고, 이 세상에서 어떠한 남자에게도 결혼하지 않고, 정신과 육체의 순결을 지키기로 결심한 처녀들이었다. 이러한 마음의 결심을 나타내는 표식으로 그녀들은 자주색 옷감으로 만든 작은 관을 머리에 쓰고 지냈다.

교회 박해 때 이런 여성들이 많이 순교했다. 시도폴리스의 엔다누스라는 처녀도 그중 한 사람이었다. 그가 잡혀서 재판에 끌려가서는 마게시스라는 잔인하기로 악평이 난 호민관에게 말할 수 없는 고문을 당했다.

채찍으로 사정없이 친 후, 그녀의 옷을 벗겨 나체로 만들어 많은 사람이 보는 가이사랴(Caesarea) 성중(城中)으로 채찍질하며 끌고 다녔다. 이런 참혹한 모습으로 끌려다니는 불쌍한 그녀의 몸에서는 피가 흘렀다. 잔인한 군중들은 좋은 구경거리가 생겼다고 손바닥치며 갈채했다. 그래도 그녀는 자기 신앙 지조를 조금도 굽히지 않았다.

거리를 일주한 후 그녀는 다시 법정에 끌려 되돌아왔으나, 그녀의 태도는 조금도 비굴하지 않고 씩씩했다. 재판관들도 할 수 없이 그녀를 화형에 처하라고 선고했다. 그러나 그녀는 오히려 그것을 기뻐했다.

이렇게 신앙을 지키며 순교한 순교자들의 시체는 매장하지 않고 들짐승의 밥이 되도록 들에다 버리게 했다. 그리고 믿는 자들이 훔쳐 가지 못하게 밤낮 지키게 했다. 그래서 들짐승이나 개나 새들이 시체를 뜯어 먹고, 송장의 손과 발 등이 여기저기 흐트러져 굴러다녔다. 심지어 시내에까지 그런 순교자들의 머리나 장부와 뼈들이 널렸었다. 그리스도인을 미워하던 불신자들조차 그 잔인한 행동을 증오했다.

이런 박해가 계속되던 어느 때, 하루는 온 하늘이 유달리 명랑해지더니 허공에 둥근 기둥 같은 것이 보이더니 거기서 눈물 같이 물방울이 쏟아져 내렸다. 비가 내리는 것은 아니지만, 사람들의 옷이 젖는 듯했다.

포악무도한 박해자들 행동에 우주가 참을 수 없어 슬피 우는 것이라고 말했다 이 기록은 쓴 역사가 유세비우스는 "이것은 지어낸 이야기가 아니라 사실이다."라고 기록했다.

26.

마르가리타 마리아 알라코크

기도 중에 불덩이 같은 주님의 가슴을 전달받은 성녀

　마르가리타 마리아 알라코크(Margaret Mary Alacoque; 1647~1690)는 프랑스 샤롤레 지방 베로브르의 작은 마을 루트쿠르에서 1647년 6월 22일에 태어났다. 성격은 본래 활동적이며 쾌활했고 미인이었다. 처녀로 한창나이 때 각처에서 청혼이 쇄도했지만, 모두 거절하고 22세 때 파레이르모니알(Paray-le-Monial)의 성모 방문 수녀회에 수녀로 들어갔다.

　그녀는 1673년부터 1675년 사이에 그리스도의 환시를 네 번이나 경험했다. 1673년 12월 27일, 프랑스의 성녀 마르가리타 마리아는 성당 제대 앞에서 기도하고 있었다. 그때 이 수녀는 성심의 묵시를 받았다. 시간이 지나가는 줄도, 장소가 어딘 줄도, 자기가 누구인지도 잊어버리고 깊은 기도에 빠져 있으면서 깊은 사랑의 감각과 말할 수 없는 영적 즐거움 속에서 마치 최후의 만찬 때 사도 요한에게 하셨듯이 예수님이 그녀를 향해 "내게 가까이 와서 나의 가슴에 기대어라"는 음성을 들려주었다.

　주님은 "내 마음은 모든 사람, 특별히 너를 깊이 사랑한다. 나는 더는 뜨거운 사랑의 불길을 내 마음속에 품고 있을 수 없어서 너로 하여금 그것을 전하고, 사람들에게 이 성심(예수님의 거룩한 마음)을 드러내 주려고 무지하고 무가치한 너를 선택하였노라"고 하셨다.

　그러고 나서 주님은 마르가리타 마리아에게 "네 마음을 달라"고 요구하셨다. 마르가리타 마리아가 승낙하니 그때 주님과 마리아 사이에 신비로운 '마음의 교환"이 시작되었다.

주님은 그녀의 가슴에서 마음을 꺼내서 주님 자신의 성심 속에 넣으셨다. 그때 꺼낸 마음의 모양은 마치 타오르는 도가니에서 불에 타 없어지는 미분자같이 보였다.

다음에는 주님의 가슴에서 심장 모양을 한 불덩어리 같은 타는 마음을 꺼내서 그녀의 가슴에 넣어 주시면서 말씀하시기를, "내 사랑의 귀중한 표를 보아라. 작렬하는 불길처럼 타오르는 내 사랑의 불꽃의 한 부분을 지금 네 가슴에 넣어 주어 네 마음이 되게 하여 일생 너를 타오르게 하겠다. 이 뜨거운 열은 결코 끊어지는 일이 없을 것이고, 다만 피를 흘림으로써만 겨우 조금 가벼워지는 외에는 이 고통을 없이 할 수는 없을 것이다."라고 했다.

이 신비한 체험은 한갓 환상이나 상상에 지난 것이 아니라, 그것이 사실이라는 증거로 마르가리타 마리아의 가슴에는 그 뒤로부터는 타는듯한 고통이 언제나 남아있었다 했다.

기도문

가난하고 비참하고 허무한 나는 내 하나님 대전에서 주님 요구하시는 대로 나를 봉헌하고 희생하옵니다. 주님의 영광을 드러내고 그 자비에 의지하는 것 외는 아무것도 구하지 않고, 주님의 뜻대로 남김없이 내 마음을 봉헌하옵니다. 몸이나 마음이나 생명의 일각이라도 모두 주의 것으로 삼겠나이다. 나는 사랑하는 임금의 노예로, 또 종으로, 주님의 손으로 지음받은 자로 속하여 있나이다.

내 임금은 온전히 내 것이요, 나는 주님께로 부터 났고, 아무것도 나에게서 난 것은 없으며, 모든 것을 주님께 돌리고, 무엇이든지 내게 돌리지 아니하오니, 모든 것을 주를 위하여 하고, 무슨 일이든지 나를 위하여서는 하지 않겠나이다.

...

마르가리타 마리아 동정녀는 세상에 대해 죽습니다. 모든 것은 하나님께 받은 것이지, 그 무엇도 내 것은 없습니다. 모든 것은 하나님께 속한 것이지, 그 무엇도 내게 속하지 않았습니다. 모든 것은 하나님을 위한 것이지, 아무 것도 나를 위한 것이 아닙니다.

27.

시에나의 성 카타리나

교회사에 가장 뛰어난 여성으로 칭송받는 성녀

  시에나의 성 카타리나(Caterina da Siena; 1347~1380)는 시에나에서 1347년에 탄생했다. 그녀는 25인의 형제자매 중 막내로 태어나, 여섯 살 되었을 때 벌써 주님이 나타나 그녀를 축복해 주시는 시현(示顯)을 받았다. 그리고 그때부터 그녀는 전적으로 주님의 소유가 됐다.

  가족들의 반대를 무릅쓰고 자신이 주의 부르심을 받은 줄로 느껴서 기도와 고행 생활을 보낼 허락을 얻었다.

  카타리나는 때때로 하늘의 계시와 위안을 받는 은혜를 자주 받았다. 그러나 또한 격심한 시련도 자주 겪었으며, 1366년에 체험한 그리스도와의 영적 결혼은 고독과 준비의 해의 끝이 됐다.

  주님께서는 카타리나에게, "이웃 사람에게 대한 사랑에 의하여 나는 너와 가장 친밀히 일치하고 싶다."라고 하셨는데, 카타리나의 공적 생활은 결코 주님과의 일치를 이루는 데 방해가 되지는 않았다.

  세월이 지나면서 그녀의 주위에는 점차 그녀를 '어머니'라고 부르는 친구들과 제자들의 그룹이 생겼다. 시에나에서 전염병이 유행했을 때, 그녀는 환자를 돕기 위해 전적으로 헌신했다. 그녀를 잘 아는 한 친구는 그녀에 대해 "카타리나는 언제나 전염병 환자들 곁에 있었고, 즐겨 그들을 간호하고 있던 모습과 그녀의 훈계로 많은 사람을 개심시킨 감탄스러운 모습을 목격했다."

라고 했다.

　1375년, 카타리나는 피사에서 성흔을 받았는데, 그것은 그녀 생존에는 그녀 이외의 다른 사람 눈에는 보이지 않았고, 그녀가 죽은 후에야 다른 사람들 눈에도 명확히 나타났다.

　1376년에는 아비뇽에서 그녀의 중재로 쫓겨났던 교황은 74년 만에 다시 로마에 거처를 정할 수 있었다. 카타리나의 활동은 당시의 여러 도시 간 분쟁을 평화적으로 해결하는 데 공헌했다.

　1378년에는 로마와 아비뇽 사이에 교황 문제로 대립이 벌어졌을 때, 카타리나는 교황 우루바노의 초청에 응해 로마에 가서 살면서 거기서 기도하고 격려하고 편지를 써서 참된 교황을 위해 새로운 지지자를 얻기 위해 노력했다. 카타리나는 교회를 위해 자선을 희생으로 바쳤다. 그녀는 1380년 4월 21일 33세로 세상을 떠났다.

　카타리나가 성령의 영감 속에서 구술한 책이 있는데 유명한 『대화』이다. 그 밖에 4백 통 가량의 편지가 보존되어 있다. 카타리나는 기독교사에 나타난 가장 뛰어난 여성으로 스페인의 아빌라의 테레사와 함께 칭송받고 있다.

기도문

　아! 영원한 삼위일체시여,
　심연이시며, 영원한 신성이시여,
　밑바닥이 없는 태양이시여,
　당신은 당신 자신을 주시는 일 이상의 것을 나에게 주실 수 있었으리까?
　당신은 항상 불타며 결단코 꺼지지 않은 불이십니다.
　당신은 영혼의 자애심을 태워 없애는 불이십니다.
　당신은 모든 얼음덩어리를 녹이는 불이십니다.
　당신은 조명하십니다.

당신의 불꽃으로 인하여 나는 진리를 깨달았습니다.
당신은 풍성하고 완전한 빛으로 신앙을 맑게 하시고
지혜의 눈을 초자연적으로 비춰주시는 모든 빛을 초월한 빛이십니다.
이 믿음 안에서 나는 나의 영혼의 생명을 가지고 있는 것을 봅니다.
그리고 이 빛 속에서 나는, 아 아 빛이시여, 당신을 받아들입니다.
신앙의 빛에 의하여, 나는 말씀의 지혜에 있어서 지혜를 가집니다.
신앙의 빛에 의해서, 나는 희망을 가지고 도중에서 힘을 잃지 않습니다.
이 빛은 나에게 참 길을 가르쳐 줍니다.
이 빛이 없으면 나는 어두움 속을 걸어갈 것입니다.
그런고로 영원하신 성부여,
지극히 거룩하신 신앙의 빛으로 나를 비춰주시기를 간원(懇願)합니다.

28.

젬마 갈가니

검소한 생활 속에서도 천사 같았던 성녀

젬마 갈가니(Gemma Galgani; 1878~1903)는 1878년 3월 12일 이탈리아 카파노리의 카밀리아노(Camigliano)에서 태어났다. 어려서 부모를 여의고 동생들과 함께 고모집에 살면서 어려서부터 고생을 많이 했다. 젬마 자신도 여러 번 중병을 치렀지만, 그의 용모는 매우 아름다웠고, 그 자태와 일거일동이 조용했다.

그러나 젬마는 다른 여자와 달리 한평생 얼굴을 다듬거나 몸을 단장하는 법이 없었고, 의복도 극히 검소한 검은 무명옷밖에는 입지 않았지만, 그의 맑고 빛나는 눈은 항상 정숙한 태도로 내려뜨리고 있는 천사 같은 모습은 모든 사람의 마음을 이끌게 되었다.

젬마를 연모하는 청년이 고모집에 드나들었기 때문에 젬마는 자기는 평생 예수님께 몸 바치기로 결심을 세우고 그 모든 유혹을 거절하고 거기서 나와서 가난한 자기 본집으로 돌아왔다.

집에 돌아온 후 젬마는 어려운 병에 1년 이상 신음하며 사경을 방황하다가 9일 기도를 하는 중에 밤마다 자기 이마를 짚어주는 성인의 환상과 동시에 예수님께서 나타나 "젬마야, 네가 낫기를 바라느냐?"라고 물으시자, 즉시 병은 기적으로 완치되었다.

예수님은 "내 딸아, 나는 오늘 아침에 네게 허락한 은혜보다 더 큰 은혜를 장차 베풀겠다 . …누구든지 자기를 내 손에 맡기는 자에게는 아무 부족함이 없으리니 비록 네게서 이 세상의 모든 의탁과 안락을 내가 빼앗을지라도 네게는 아무것도 부족함이 없을 것이다."라고 했다.

젬마의 여러 덕행 중에도 가장 뛰어나게 빛나는 것은, 그의 천진스러움과 순박한 성향이었다. 젬마는 무엇을 생각할 때도 아주 단순하여 남에 관한 일을 보고 들을 때도 결코 악으로 해석하거나 판단하지 않았고, 얼굴에는 항상 평화롭고 명랑하고 침착한 빛이 흘렀다.

그녀는 누구에게 칭찬이나 책망을 들어도 그 때문에 조금도 영향을 받지 않았다. 또 누구에게 은혜를 받으면 극진히 감사했고, 누구에게 수모를 당해도 원망하거나 분노나 불평하는 일이 절대 없었다. 젬마가 기도할 때는 마치 어린아이가 아버지께 말하듯 천진스럽고 친밀한 태도였고, 그의 눈에는 가끔 자기를 지키는 수호천사가 보였다. 어느 때, 대주교로부터 상을 받게 되어 그날 처음으로 새 옷을 입고 목에 장식품을 걸고 나갔더니 집에 돌아오자 자기 수호천사가 엄한 얼굴로 "십자가에 못 박히신 임금의 정배는 가시와 십자가로써 자기 몸을 꾸미는 법이다."라고 해서 그녀는 엎드려 잘못을 회개했다.

젬마의 의복은 여름이나 겨울이나 평일이나 축제일이나 항상 같은 것이었다. 소유물이라곤 홑이불과 세수수건 몇 개와 십자가 고상 묵주 하나와 헌 공책 몇 권 넣은 궤짝 하나뿐이었다.

젬마는 일부러 죄를 범한 일은 한 번도 없었고, 죽는 날까지 세례받을 때의 순결을 온전히 보존했다. 성당 안에서라도 누구를 유심히 보는 일이 없었고, 대개는 두 눈을 감고 깊은 묵상에 잠겼다. 임종하면서도 "내 몸은 예수님께 바친 정배이므로 죽은 뒤 시체에도 세속인의 손을 대지 못하게 해주시오." 라고 유언했다.

29.

소화 테레사

오직 하나님에 대한 사랑과 겸손한 신뢰로 살았던 성녀

'예수 영해(아기)의 성녀'(Sancta Teresia a Jesu Infante; 1873~1897)의 본명은 마리 프랑수아즈 테레스 마르탱(Marie Françoise-Thérèse Martin)이며, '예수의 작은 꽃', '소화'(小花)이라고도 불린다. 테레사는 1873년 1월 2일에 프랑스 리지외(Lisieu)의 알랑송에서 태어났다. 테레사는 일찍 제상 떠난 분이지만, 가장 유명한 성인 중 한 분이었다. 그녀는 특히 절대 사랑, 겸손, 순박, 의탁(신뢰)의 생애로 짧은 인생을 빛냈다.

나이 두 살 때부터 수녀가 되겠다고 생각했다고 한다. 테레사는 네 살 때 어머니가 죽고 가르멜회 수녀가 되고자 했지만, 나이가 어리다고 허원을 받지 못했다. 어려서부터 매우 깊은 신심의 생활을 보냈고, 14세 되던 해 크리스마스 전날 밤에 신비스러운 체험을 했다. "나는 그때부터 힘에서 힘으로 나아가고, 거인같이 달리기 시작했다."라고 스스로 고백했다.

1889년, 열다섯 살 때 수녀원에 들어가서 '아기 예수 테레사'라는 이름을 받았다. 어려운 병중에서 성모 마리아가 나타나 미소하는 것을 체험하고 기적적으로 병이 나았고, 1895년에는 사랑의 상처를 받는 은혜도 체험했다. 수녀가 되어 착복식을 한 후 주방에서 일하면서 스스로 자애심을 죽였다. 그로서는 큰 덕행을 닦기는 쉽지 않았으므로 작은 덕행을 닦기로 힘썼고 고행도 힘썼다.

소화 테레사의 갈망은 예수를 미칠 듯이 사랑하는 일이었다.『십자가의 요한』의 저서에서 "이제는 사랑이 오직 나의 일이라."는 구절에 감동하고, 그대로 실천했다. 자기가 부르심을 받은 거룩한 성소(聖召)는 사랑임을 깨달았다. 그가 애독한 책은 성경과 토마스 아 켐피스의『그리스도를 본받아서』였다.

자기는 작은 꽃이니 일찍 꺾여서 다른 언덕에 옮겨 심어질 것이라며 죽음을 예견했다. 세상 떠나기 전 18개월 동안은 육체적 고통과 영적 시련이 극심했다. 예언의 영이 그녀 위에 내린 듯, 장차 전 세계에 영향을 끼칠 세 가지 발언을 했다.

"나는 선하신 하나님께 사랑 이외에는 다른 아무것도 바치지 않았습니다. 하나님은 사랑으로 갚아 주시겠지요. 내가 죽은 뒤에는 장미 꽃비를 내리시겠지요."

"나는 지상에서 선을 행하면서 천국에서 지내지요."

"나의 작은 길은 영적 아기의 길이어서 신뢰와 절대 위탁의 길입니다."

1897년 9월 30일 저녁 7시 20분(24세)에 그녀는 사랑의 탈혼 상태에서, "아! 하나님, 나는 당신을 사랑합니다."라는 마지막 말을 남기고 임종했다. 소화 테레사가 수녀로서 허원식 때 품에 지니고 있었던 글이 감동된다.

"하나님이신 나의 정배 예수여! 내 성세의 두 번째 옷을 영원히 잃지 말게 하시고, 아무리 가벼운 죄라도 스스로 범하기 전에 거두어 가소서. 나로 하여금 당신만을 찾고 만나게 하시며, 피조물이 내게는 아무것도 아닌 것이 되고 나도 피조물에 아무것도 아닌 것이 되며, 오직 예수 당신만이 '모든 것'이 되게 하소서. 예수여! 나로 하여금 당신을 위한 순교자로 마음이나 육신의 고통! 그보다도 차라리 두 가지 순교를 당하여 죽게 하소서."

테레사의 소원

예수 아기의 테레사 성녀는 "나의 소명은 사랑입니다."라고 하면서 하나님께 지고한 사랑을 바치고 싶다는 갈망을 가졌다. 그는 살아있는 복음이었다. 그녀는 "나는 하나님께 사랑밖에 바친 일이 없습니다."라고 고백했다.

테레사의 생애는 단순하고 순수한 믿음의 생애였으며, 복음이 우리에게 요구하는 그대로의 믿음, 우리에게 대한 하나님의 사랑을 믿는 생애였다. 그녀에게 성성이란 하나님을 사랑하고 싶은 열망, 그것도 끝없는 열망의 사랑이었다.

테레사는 죽기 전날 이별의 말을 청했을 때, "이미 다 말했어요. 오직 사랑만이 가치 있다고 생각해요"라고 했다.

테레사에게서 우리가 배울 또 한 가지 덕은, 그녀의 겸손이다. "네! 하나님, 나는 당신 앞에서 작고 연약한 어린아이라고 느껴지는 것이 기쁘고, 마음은 평화스럽고 그윽해집니다."라고 고백했다. 그녀는 단순하고 솔직한 눈으로 자기의 비천함과 가련함을 바라보았다. 그녀는 세상 떠나기 몇 주간 전에 말하기를, "죽음이 임박한 이때도 내가 아직도 이처럼 불완전하니 그만큼 하나님의 자비가 필요하다는 것을 아는 것이 얼마나 기쁜 일인지요!"라고 했다. 그리고 "예수님의 것이 되기 위해서는 작지 않으면 안 됩니다."라고 하면서, "빛나는 사업은 우리에게 금지되어 있습니다."라고 말했다. 그녀는 마지막으로 말하기를, "나는 내 작은 허무와 헛됨을 보기 위한 빛 외에는 가지지 않았습니다. 전능하신 하나님께서 내게 주신 최대의 은혜는 내가 작은 자이며, 모든 선에 대해 무력한 인간이라는 것을 알려 주신 일입니다."라고 했다.

그리고 또 한 가지 배울 점은 하나님께 대한 절대 신뢰이다.

"나는 항상 성실하지는 못했습니다. …하지만, 실망하기는커녕 도리어 예수님의 팔 안에 나를 맡겨 드렸습니다. …그리고 내가 잃은 모든 것, 그것도 잃은 것 이상으로 찾아내는 것은 거기서입니다."

그 조그마한 병든 처녀 테레사의 연약성 속에서 놀라운 강한 힘은 주님께 대한 신뢰에서 비롯된 것이다. 참으로 굳은 신뢰, 끈기 있는 영웅적인 신뢰에서 비롯되었다.

기도문

나의 정배 예수님! 나로 하여금 내 성세의 두 번째 옷을 더럽히지 않게 하시고, 작디작은 잘못이라도 자의(自意)로 저지르기 전에 나를 거두소서. 언제나 주님만을 찾고 주님만을 뵈옵게 하시며, 피조물은 나에게 있어서는 아무것도 아니고, 나도 또한 그들에게 아무것도 아닌 것이 되기가 원이로소이다.

예수님! 주님만이 홀로 나의 모든 것이 되어 주소서.

예수님! 세속 일이 내 마음을 어지럽게 하지 못하게 하시고, 아무것도 내 평화를 앗아가지 못하게 하옵소서.

오직 나는 평화만을 주님께 청(請)하나이다. 그리고 또 사랑을, 한계를 모르는 끝없는 사랑을, 이미 내가 아니고 홀로 주님만이 그 사랑 말입니다.

예수님! 주님을 위해 순교할 수 있도록 마음의 순교이든지, 아니면 육신의 순교를, 아니 그보다 차라리 두 가지 다 주옵소서.

내 서원을 완전히 다 할 수 있게 하시고, 주님 정배로서 나의 할 바를 깨우쳐 주옵소서. 절대로 수도원의 짐이 되지 않게 아무도 내게 마음을 쓰지 않고, 주님 당신의 조그마한 모래알처럼 잊힌 채 발길에 짓밟히게 하소서.

내 안에 주님의 뜻만이 이루어지고, 주님이 이미 날 위해 마련하신 그곳에 이르게 하소서.

예수님! 나로 하여금 많은 영혼을 구하게 하소서. 오늘도 지옥에 떨어지는 영혼이 하나도 없게 하시고, 앞서간 영혼도 구원받게 하소서. 주님께 기쁨을 드리고 위로해 드리는 것만이 나의 소망이로소이다.

…

아 아! 임종하는 이를 위해 얼마나 기도가 필요한지, 그것이 어떤 것인지 사람들이 알고 있다면, 하루에 마지막 예배, 종과(終課, Compline) 때의 '밤의 망상(妄想)에서 우리를 구하소서'라는 이 기도가 얼마나 필요한지요.

악마는 나에게서 인내와 신앙을 앗으려고 몹쓸 고통으로 유혹할 허락을 받은 듯합니다. 아! 정말 하나님의 아름다움이 보고 싶어요. 땅 위의 것은 무엇이고 내 마음을 이끄는 것이 없습니다.

아 아! 진정 나는 천국을 원합니다. 하나님, 녹아나는 이 만남의 휘장을 찢어 주소서.

임종기도

아아! 하나님! 나는 사랑합니다. …당신을!

좋으신 어머니, 오셔서 나를 도와주소서. 만약 이것이 임종이라면 또 어떻겠습니까?

아아, 어머니. 고통의 잔은 가득 찼습니다. 그래도 주님은 나를 버리지 않으실 겁니다. 주님이 한 번도 나를 버리신 적은 없었습니다.

예, 하나님. 원하시는 대로 하소서. 그리고 나를 불쌍히 여기소서.

좋습니다. 아아, 그래, 그래, 아 나는 고통의 시간이 줄어지기를 원치 않습니다.

아, 하나님, 당신을 사랑합니다. 하나님 … 나는 …당신을 …사랑합니다.

30.

마리아 콘솔라타 베트로네

누구도 사랑하지 못할 만큼 예수님을 사랑하고자 다짐한 수녀

    마리아 콘솔라타 베트로네(Maria Consolata Betrone; 1903~1946)는 1903년 4월 6일에 이탈리아 살루쪼(Saluzzo)에서 태어났다. 그녀는 어려서부터 기도하기를 좋아했는데, 13세 때 '마리아의 자녀회'에 가입하던 그날 콘솔라타에게 신비스러운 예수님의 음성이 들려왔다. "너는 온전히 내 것이 되어라."는 음성이었다. 콘솔라타는 곧 대답하기를, "예! 예수님, 그렇게 하겠습니다."라고 대답했다.

    그녀는 1924년, 성 요한 보스코(John Bosco)의 유해가 안치된 유리관을 구경 가서, "부름을 입은 자는 많으나, 택함을 입은 자는 적다."라는 글을 읽었다. 그 순간 갑자기 하늘에서 번개 같이 번쩍이며 하나님의 빛이 그녀의 마음을 비칠 때, 지금이야말로 수녀원에 들어가기 위해 결심할 때라고 느꼈다.

    다음날, 소화 테레사의 『어떤 영혼의 일기』를 읽다가 "나는 예수님을 열렬히 사랑하고 싶다. 지금까지 누구도 사랑하지 못한 만큼 격렬하게 예수님을 사랑하고 싶다."라는 구절을 읽고, 자기도 그렇게 하기로 표어를 세우고 그렇게 실천했다.

    이듬해 1월, 활동 수도회인 '영원한 도움의 성모수도회'에 수녀로 지원해 들어갔으나, 일 년 후 환속하여 집으로 돌아왔다가, 3년 후 관상 수도회인 카푸친회 수녀원에 들어갔다.

콘솔라타는 지도 신부의 지도에 따라 마음을 항상 예수님과 일치하도록 세 가지 점을 힘썼다. 첫째, 끊임없이 사랑하는 마음을 발할 것, 둘째, 누구는 그 사람 안에서 예수님을 보고 그 사람을 예수님으로 대우하여 적극적인 사랑의 미소를 던질 것, 셋째, 만사에 감사하는 마음으로 그것을 하나님의 은혜로 알 것 등이었다.

예수님은 콘솔라타에게 끊임없이 사랑의 마음을 발하는 사랑의 기도를 가르쳐 주셨는데, 그것은 "예수 마리아, 당신을 사랑합니다. 영혼을 구하소서!"였다.

콘솔라타는 예수님의 여러 가지 많은 현시(顯示)를 받았다. 예수님은 여러 해 계속 콘솔라타에게 말씀하신 것을 일기에 기록했다.

"콘솔라타, 나를 믿어라. 지옥에는 정말 가고 싶은 사람만 가는 것이다. 아무도 내 손에서 영혼 하나도 빼앗을 수 없지만, 나를 거역하고 부정하고 자유 의지로 사탄에게로 도망가는 영혼뿐이다."

"콘솔라타, 결코 불안한 생각을 가져서는 안 된다. 정말 절대 안 돼! 네가 불안해지면 악마는 만족하고 승리를 얻을 것이니 말이다."

"네가 한 번이라도 사랑의 마음을 발한다면 나는 천국을 창조하리라."

"영혼의 성화가 얼마나 나를 기쁘게 해주는지 네가 알았으면 좋겠다."

"콘솔라타, 너는 기도할 때 침묵에 쌓여 있을 필요가 있다. 나와 일치하려면 정신 속에 깊숙이 잠겨 있으며 침묵이 지배할 필요가 있다."

"사랑과 반대되는 것을 멀리 피할 뿐 아니라, 주께 자기를 완전히 봉헌하는 데 방해되는 것은 무엇이나 제거해야 한다."

콘솔라타는 1946년 7월 18일 43세 때 고요히 세상을 떠났다.

기도문

아, 아! 예수님, 저는 사랑의 노래를 불러보겠어요. 언제나 끊임없이 노래 부르겠어요. 싸울 때나, 즐거울 때나, 괴로울 때, 노래 부르면서, 사랑하면서, 희생하면서, 저의 생명 다할 때까지 주님 향하여 나아기리라.

이 같은 저의 사랑 노래와 작은 희생이 주님 성심을 통하여 영원한 가치를 얻으리라 믿습니다. 그것은 사랑과 위로와 자비의 비가 되어 하늘나라에, 이 땅에, 그리고 지옥에 있는 영혼들에까지 내리리다.

아 아! 콘솔라타는 언제나 영원히 주님 성심의 자애의 사도가 되리이다. 예수님, 당신이 그렇게 말씀하셨나이다.

아! 예수님, 나의 예수님. 저는 믿어요, 당신을 믿어요. 그리고 신뢰하나이다. 나의 예수님, 저는 당신을 사랑하나이다.

예수님! 저는 당신의 희생제물이오니 원컨대 당신의 자유대로 저를 써 주소서. 저는 당신께 신뢰하면서 모든 것을 각오하고 있습니다. 예수님, 바라오니 아무 염려도 마시고 저를 희생제물로 받아주시고, 조금도 저를 위로하지 마옵소서. 저의 사정은 아무것도 걱정 마시고 저의 형제자매들만 돌보소서.

당신의 사제들과 정배들이 당신의 자비하신 성심에 돌아오도록 저는 무조건 저 자신을 바치옵니다. 원하오니 매시간, 일분일초, 어느 순간이나 저를 고통으로 채워주소서. 저는 고통을 목말라 갈망하면서 어떤 일이 닥쳐오더라도 각오하고 있습니다.

예수여! 형제자매들 하나도 지옥에 떨어지지 않게 해주소서. 지금 저는 또다시 그들을 위해 저를 희생 제물로 바치고, 다시 기쁜 마음으로 모든 고통을 짊어졌사오니, 만일 저에게 맡기신 형제자매 중에 하나라도 지옥에 떨어지는 일이 있다면, 예수님, 그것은 당신 책임입니다. 그들이 반드시 귀화하고, 또 당신의 무한한 공덕과 필요한 은혜 받기에 필요한 고통을 왜 저에게 충분히 주시지 않으셨습니까?

31.

베네딕도 요셉 라브르

사치와 향락에 빠진 시대에 스스로 거지가 된 거지 성자

　베네딕도 요셉 라브르(St. Benedietus Joseph Labre; 1748~1783)는 거지 성자로 유명한 분이다. 흔히 "분도 라브르"라고도 부르는데, 여기서 "분도"란 "베네딕도"를 한자로 표기한 것이다. 그는 1748년 3월 26일, 프랑스 아메트라는 작은 마을에서 태어났다. 부모는 아들을 성직자로 기르려 했지만, 라브르는 틈만 있으면 성당에 들어가 기도하기를 즐겼다.

　그가 태어날 무렵의 18세기 유럽의 상류 사회는 신앙심을 잃고 사치와 향락에 빠졌던 시대였는데 하나님이 라브르와 같은 거지 성인을 일으켜서 그 시대를 반성케 하셨다.

　라브르는 신부가 되려던 생각을 버리고 수도사가 되려고 이곳저곳 여러 수도원에 입원 신청을 해보았으나, 어떤 때는 공부 관계로, 어떤 때는 건강 부족을 이유로 결국 일곱 차례나 실패했다. 그는 그것이 하나님의 뜻으로 생각하고 혼자 거지로 수도생활을 하기로 결심했다. 거친 옷을 걸치고 큰 자루를 배낭처럼 지고 기도문과 성가를 부르며 프랑스, 스페인, 스위스, 이탈리아 등 여러 나라를 거지로 순례하였다.

　라브르는 마지막으로 잠시 머물렀던 셋퐁 수도원을 떠날 때는 입고 다닐 옷이 없어서 그 수도원의 갈색 수도복을 허락받아 입고 떠났는데, 그것을 계속 그대로 입고 다녔다. 허리에 끈을 매고 거기다가 깨진 사발과 작은 물통을

매달았다. 발에는 바닥이 구멍 난 커다란 신을 끈으로 묶어서 신었다. 어깨에 멘 지팡이 끝에 큰 자루를 달아 그 속에 일용품을 넣고 다녔다. 신약 성경과 『그리스도를 본받아』, 성무일과 경본, 바느질 갑(匣), 그리고 일부러 자루를 무겁게 하려고 조약돌을 넣었다. 십자가 고상을 가슴에 드리우고, 묵주를 목에 걸었다.

이 모양으로 그는 13년 동안 약 3만km에 달하는 길을 순례했다. 고향을 떠난 후에는 다시 고향에 돌아가지 않았고 소식도 전하지 않았다. 베네딕도 라브르에게는 너덜너덜해진 단 벌 옷밖에 없었다. 사시사철 그 옷을 입고 지냈다. 그는 관상생활에 조금이라도 방해가 될까 봐, 그리고 일부러 남들에게 멸시 천대 받으려고 세수도 하지 않고 지냈다. 자기 희생하기 위해서 걸을 때도 가장 추운 날이나 더운 날을 택해 다녔다. 길에서 사람을 만나지 않으려고 큰길을 피하고 오솔길을 골라 다녔다. 『그리스도를 본받아』에 "위대한 성인은 사람들과의 교제를 피하였다. 관상생활을 하려면 군중을 멀리 떠나야 한다."라는 글이 라브르에게 잘 맞는 말이었다.

그는 언제나 고독했다. 뼈저린 고독 속에서 높은 산을 넘고 깊은 계곡을 지나갔다. 혼자 숲을 지날 때면 나뭇가지로 십자가를 만들어 어깨에 매고 주님의 골고다를 연상하면서 산에 올라갔다. 밤에는 입은 옷 그대로 맨땅이나 바위 밑에서 잤다. 어떤 때는 성당 문 앞에서 자고, 문을 열어주면 성당 안에서 철야 기도했다. 여인숙이나 주막에 드는 일은 분심이 되고 죄짓는 기회가 된다고 피했다. 다니다가 마음씨 좋은 사람을 만나면 외양간 같은 데서 재워주는 일은 있었으나, 그렇지 못할 때는 모욕과 천대를 받는 것이 보통이었다. 감옥에 갇힌 때도 있었다. 그럴 때면 라브르는 형언하기 어려운 기쁨을 느껴 억제하기 어려웠다.

길을 걸을 때는 눈을 내리뜨리고 손은 가슴에 얹고 다녔는데, 그 모습이 엄숙하여 모든 사람이 베네딕도 라브르가 하나님과 동행하고 있음을 직감했다. 속으로 끊임없이 하나님과 이야기하는 것이 얼굴에도 나타났다. 주님과 천국만 사모하고 육체는 도무지 돌보지 않았다.

자신이 걸인이면서도 슬퍼하는 자를 보면 위로해 주고, 병자를 만나면 돌봐 주고, 박해받는 자를 위로와 좋은 말로 권면해주었다. 누구에게 옷이나 먹을 것을 받을 때는 그를 위해 하나님께 기도했다. 그는 걸인의 신분으로 얻어 먹었지만, 자기에게 필요한 것 이상은 받지 않았다. 더 받은 것이 있으면 다른 걸인에게 주었다. 매일 여기저기 유랑하고 다니는 신세로서 환경이 변하고 장소가 변하여도 어디를 가나 거기 계시는 하나님께 끊임없이 기도하였다. 육신은 흐르는 물처럼, 떠다니는 구름 같이 살아도 그 마음은 변함없이 십자가에 못 박히신 예수님 안에 머물러 쉬고 있었다.

순교자나 성인의 유적지를 방문할 때면 그들의 성스러운 삶을 묵상하며 그 유적지에서 서광이 비치는 것을 느꼈다. 성직자들이 라브르를 만나 보면, 이 22세의 젊은 청년이 수도원에 머물지않고 거지 생활을 하게 한 것은 하나님이 그에게 하나님과 일치하게 하고자 순례자의 소명을 주셨다는 것을 알 수 있었다. 이보다 수도자의 서원인 청빈, 순결, 순명의 생활을 더 잘 지킬 방법이 어디 있겠는가?

라브르는 순례하는 걸인이었다. 그리스도를 사랑하는 갈망, 극기 고행하려는 염원, 자기 영혼을 구하고자 하는 열망에서 자칫 구원을 얻지 못할까 하는 두려움이 그를 걸인이 되게 했다. 그의 숨겨진 행적에 대해서는 아는 것보다 모르는 것이 더 많다. 정처 없이 여러 나라로 돌아다니다가는 언제나 이탈리아 로마로 돌아왔다. 아마 로마에서 죽기를 원했던 것 같다.

1770년 12월 3일에 로마에 도착했다. 밤에는 퀴리날레(Quirinale) 대궐 부근에 조그마한 굴을 만들고 여우 같은 생활을 했다. 지나가는 사람들은 굴속에 큰 개가 들어가 있는 줄 알았다. 가레사니 신부는 이렇게 기록했다.

"어느 날 아침 일찍이 성당으로 가고 있는데, 어느 층계 밑에 있는 작은 굴에서 무엇이 움직이는 것이 보였다. 처음에는 짐승인 줄로 생각했는데 보니 청년이었다. 의복은 남루하였으나 그의 얼굴에는 보통 사람에게서는 볼 수 없는 예모와 겸손이 빛났다. 착한 마음에서 우러나는 평화가 밖으로 드러나고 있었다. 나이는 20세가량 되어 보이고 얼굴을 창백하고 턱에는 누르스름한 수염이 내비치었다. 나는 그를 보고 감동하였다. 처음에는 부랑배가 아닐까 했으나 굴에서 나와 눈을 들어 하늘을 향하여 열심히 십자성호를 긋고 묵상하고 있는 것을 보고는 하나님의 선한 종인 줄 깨달았다. 나는 그 걸인을 오랫동안 날마다 보았다."

로마에 있는 콜로세움은 약 80만 명을 수용할 수 있는 거대한 원형 극장이다. 많은 순교자가 피 흘린 장소이기도 하다. 라브르가 로마에 있을 때는 보통 이 콜로세움에서 밤을 지냈다.

한 번은 성 마리아 대성전 문 앞에서 자다가, 라브르를 경찰이라고 생각한 강도에게 몽둥이로 맞기도 했다. 사람들은 라브르를 "콜로세움의 거지"라고 부르기도 하고 "보속하는 죄인 신부"라 하기도 했다. 베네딕도 라브르는 아침에 성당에서 첫 미사 종소리가 나면 곧 가서 미사에 참여했다.

12월 추운 겨울날 아침에 마리아 부에디라는 처녀가 어두운 성당에서 무릎을 꿇고 기도하다가 성당 안에서 기도하고 있는 라브르를 보니 걸인의 비천한 모습은 없어지고 변화산에서 변화하신 예수님 같은 광채에 싸여 있었다. 마리아 부에디는 성당 안에 무슨 광선의 작용으로 그렇게 보이는 것이 아닌가 하고 밖에 나가 보니 아직 해가 뜨지 않은 캄캄한 밤이었다. 빛이라곤 아무데도 없었다. 그 빛은 라브르의 몸에서 발하는 빛이었다.

라브르는 남의 마음을 들여다보는 특은(特恩)을 받았다. 성당에 있으면서 출입하는 사람들 마음의 생각을 투시했다. 어떤 때는 스스로 의인이요 정결한 줄 여기는 자에게 충고해주었다. 도적이나 음란한 죄를 지은 사람의 집에 가면 그 집에 걸어 놓은 십자가 고상을 손으로 가리키면서 "이 방에 이 십자가가 무슨 소용이 있는가? 이 집 사정과 양심에 쓴 것을 판단하시기 위해 여기 있는 것이 아니냐?"라고 했다.

로마 시내에 있는 스칼라 산타(Scala Sancta)는 "거룩한 계단이란 뜻이다. 28층으로 된 흰 대리석 계단이다. 이것은 본래 성지 예루살렘의 유대 총독 본디오 빌라도 궁궐 앞에 있던 것인데, 예수님께서 빌라도에게 재판받으실 때 네 번이나 오르내리셨다는 거룩한 계단이다. 유명한 헬레나 황후의 명령으로 로마로 옮겨 왔다. 이 계단으로 오르는 사람들은 예수님의 고난을 묵상하면서 무릎으로 올라간다.

베네딕도 라브르가 이 거룩한 계단을 무릎으로 올라갈 때는 한 계단 한 계단마다 주님이 받으신 멸시, 조소, 욕과 피, 채찍질과 가시관을 묵상하면서 천천히 올라 꼭대기까지 오르는 데 2시간이나 걸렸다. 통회하며 눈물을 계단에 흘리며 예수님을 사랑하는 마음으로 계단에 입을 맞추면서 자신이 큰 죄인인 것을 자복하며 올라갔다.

1779년까지 로마 콜로세움에서 살다가 그곳을 떠나 순례하는 데, 누가 보니 라브르가 상하고 부은 다리를 간신히 이끌고 기어가는 것이었다. 그래서 친절한 만지니 신부의 복음 요양원에 들어갔다. 그 신부가 살펴볼 때 라브르는 하나님이 보내준 보배였다. 베네딕도 라브르는 뉴스나 고국 프랑스 소식에는 쓸데없는 이야기를 듣듯 관심이 없었다. 겨울 깊은 밤에도 혼자 침대 옆에서 만과(晩課) 시간을 기다리며 기도했다.

한번은 누가 술에 취해서 들어온 사람에게 병든 것보다 술 취한 것이 낫다고 말하자 라브르는 의분을 일으키며 "그게 무슨 소리인가? 술 취하는 것은 죄다. 그러나 병든 것은 죄가 아니다. 이것을 모르는가?"라고 했다.

하루는 누가 주인을 만나러 왔는데 주인은 그 사람을 만나지 않고 사람을 내보내며 주인은 어디 출타했다고 하라고 시켰다. 그것을 본 라브르는 곧 일어나 유리창을 열고 곧 큰 소리로 "주인은 지금 집에 있기는 합니다만, 무슨 일 때문에 나가 뵙지 못합니다."라고 말하고는 웃으면서 "거짓말하지 말고 항상 참말을 해야 할 것을 벌써 잊었는가?"라고 하였다. 병중에 있는 환자가 짜증을 내면 라브르는 "그리스도의 고난을 생각합시다."라고 하면서 손가락으로 하늘을 가리키며 "별을 쳐다봅시다."라고 했다.

라브르는 항상 금욕고행을 실천하면서 자기를 희생하려고 애썼다. 잠잘 때는 제일 늦게 거지 옷을 입은 채 자고, 아침이면 제일 먼저 일어났다. 비가 와도 모르고 추위도 모르고 더위도 모르는 사람 같았다. 추운 겨울에 사람들이 불 가에 둘러서서 불을 쬐면서 라브르에게 가까이 오라 하면 그들 뜻을 맞춰주기 위해 잠깐 쬐고는 곧 자리를 비켰다.

베네딕도 라브르가 한동안 다니던 성 마리아 마요르 성전의 루수 봄페이(Bompei) 신부는 라브르의 얼굴이 이상하게 변하는 것을 직접 보았다. 어느 날 아침 성전에 들어갔는데, 한 거지가 깊은 묵상에 잠겨 있었다. 그의 머리에서는 환하게 광채가 비치고 많은 불티가 튀어 바닥에 퍼지고 있었다.

베르페디(Perfetti) 신부는 성당 성찬상 앞에서 기도하고 있는 베네딕도 라브르를 보고 스랍 천사 같다고 말했다.

"나는 내 옆에 있는 그 천사를 쉬지 않고 바라보았다. 책을 읽기도 하고 묵상에 잠기기도 하고 성체를 향하여 눈을 들어 천진난만한 태도로 머리를 숙여 절하기도 하고 여러 모양으로 존경을 표시하고 있는 것을 보았다."

하루는 라브르가 성전에서 나오다가 한 소녀가 유행가를 부르고 있는 것을 보았다. 라브르는 즉시 소리를 질러 그 노래를 중지시키면서 곁에 있는 사람에게 "저 애가 노래하는 소리를 들었습니까? 사도신경도 모르는 것 같습니다."라고 하면서 그 소녀를 향해 "너 사도신경을 아느냐?"라고 물었다. 대답을 못 하는 소녀에게 "모르거든 배워라. 이미 배웠으면 하나님 마음을 상하게 하는 그따위 노래를 하지 말고 사도신경을 외우거라"고 했다.

라브르는 성당에 아침 예배에 참석하러 가면 밤 열두 시가 되어야 일어났다. 성당에서 기도할 때는 탈혼 상태에 잠겼다. 루치아 까이라는 부인은 성당에서 거지 라브르가 몇 번이나 탈혼하고 있는 것을 지켜보았다. 라브르는 평생 목욕을 하지 않아 몸에서 냄새가 지독했다. 여자들은 라브르가 성인인 줄 알고 예배 때 라브르 곁에 앉아 예배를 드리려 했지만, 몸에서 나는 냄새 때문에 가까이 오지 못했다. 그러나 루치아 까이니 부인은 라브르의 아름다운 모습을 보고 싶어, 라브르가 성당에 있을 때는 언제나 그 곁으로 가서 그와 같이 있으려고 했고 은혜를 받았다.

베네딕도 라브르는 동시양소존재(同時兩所存在)의 특은도 받고 있었다. 1783년 3월 2일 주일 밤에 라브르는 특별히 오랫동안 성당에 머물러 있었다. 사람들이 분명 그를 보았다. 그런데 똑같은 시간에 라브르는 만시니 요양원 침실에도 누워 있었다.

1783년 2월에 베네딕도 라브르가 12사도 성당에 있을 때, 그의 몸에서 큰 광채가 발하였다. 그날은 비가 왔는데, 다피니(Daffini) 신부가 우산을 들고 성당 문간에 들어섰을 때 성당 안에 있는 거지 라브르의 몸은 머리로부터 발끝까지 전신이 찬란한 광채에 쌓여 있었다. 그 광선은 새파란 불빛 같았다. 신부는 우산을 접고 오랫동안 지켜 보았다. 라브르는 환한 광채 속에 있었는데, 특히 목과 머리 부분에서 가장 많이 광선이 났다.

니고라오 핀겟띠라는 사람은 라브르만 쳐다보면 통회하는 마음이 발하여 감동했다. 그에게 걱정스러운 문제가 있어서 라브르에게 기도를 부탁했다. 라브르는 "예. 예"라고 대답만 하고 그를 물끄러미 바라보며 말없이 미소만 지었는데, 며칠 후 그의 어려운 문제는 해결이 되었다.

라브르는 기도할 때는 성당 안 십자가 앞에서 곁에 다른 사람이 있는 것도 생각지 않고 타오르는 감정을 억제하지 못하며 소리치면서 "오! 내 사랑하는 예수여, 이 십자가는 당신 어깨에는 천부당만부당하옵니다. 저는 큰 죄인이오니 제게 주십시오. 그 십자가를 저에게, 저에게…"라고 했다.

남루한 거지 옷을 입고 쉴 새 없이 기침하면서 자기 꼴이 남에게 불쾌감을 줄까 봐 성당 안에서도 따로 떨어져 앉아 예배를 드렸다. 그러나 그 모습은 그리스도와 같은 모습이었다. 프라야(Fraia)라는 신부는 라브르에게 얼마나 감동이 되었던지 이 거지 앞에 엎드려 예수님 동경하는 심리로 그의 발에 입을 맞추었다.

보통 때 라브르의 얼굴은 고행 때문에 창백하지만, 그가 가슴 위에 손을 합장하고 마음이 성령께 끌려 공중으로 뜨며 탈혼 상태에 빠졌을 때는 얼굴에 화색이 만연하고 찬란했다. 변화산상의 예수님이 변화하신 것 같았다. 라브르의 얼굴에서 불이 얼마나 치열하였던지 햇빛이 구름을 뚫고 비치는 것처럼 그의 남루한 옷 밖으로까지 드러났다.

어떤 사람이 산 성모 성당에서 기도하면서 라브르를 보았는데, 그가 거기서 2리 거리나 되는 성 니콜라오 성당에 부지런히 갔더니 거기에도 라브르가 성찬대 앞에서 기도하고 있었다.

겨울날 이른 아침, 성당 안에 몇 사람 안 되는 교인들이 있었는데 어두워서 아무것도 잘 보이지 않았다. 갑자기 성당 한구석에서 찬란한 빛이 나타났다. 자세히 보니 그 가운데 라브르의 얼굴이 보였다. 마리아 포에티라는 부인은 그 빛이 너무 눈부셔서 다른 것을 볼 수가 없었다.

라브르가 세상 떠나기 며칠 전 성당에서 기도하다가 일어나 문 있는 쪽으로 나가더니 몇 걸음 가서 멈춰서서 아무것도 없는 빈자리를 들여다보았다. 나가다가 또다시 돌아서서 그 자리를 보았다. 이렇게 하기를 4~5차례 계속했다. 며칠 후 라브르가 죽어 장사지내려고 하는 바로 그 자리에 금정(金井)을 파는 것을 보고 사람들은 깨달았다.

또 성당 안에서 오래 기도하던 라브르가 발마라는 신부를 보니 그 신부 뒤를 향하여 인사하는 시늉하고 손으로 친절과 사례하는 시늉하며 미소를 지었다. 다른 때는 그런 행동을 하지 않는 라브르였기 때문에 보는 이가 이상히 여겼다. 한 달이 지나 베네딕도 라브르가 세상을 떠난 후에 바로 그 발마 신부가 라브르의 시성식의 청원자 책임을 맡아 주었다. 사람들은 라브르가 앞일을 미리 알고 감사한 것이라 깨달았다.

아씨시의 성 프란시스코는 감동 있는 설교로 사람들에게 깊은 감화를 주었지만, 라브르는 입을 봉하고 다만 실천 생활과 극기고행으로 완덕을 이루고 사람들에게 감화를 주었다.

이탈리아에 불치의 병으로 9년 동안이나 누워서 세월을 보내고 있는 비루지니아라는 부인이 있었다. 그 부인은 라브르를 청하여 기도해 주기를 바랐는데, 라브르는 비르지니아의 병의 비밀스러운 원인까지 알았다. 그리고 부인에게 "오히려 기뻐하십시오. 예수께서는 당신을 특별히 사랑해서 이 고통을 주셨습니다. 지금 당신의 처지는 원한과 탄식으로 지낼 처지가 아닙니다. 탐낼 처지입니다. 많은 성인 성녀가 당신의 고통과 같은 고통의 처지를 심히 원하였지만, 받은 이가 적습니다. 병도 건강도 동일한 하나님의 은혜입니다. 행복과 불행 두 가지가 다 하나님께로 오는 것입니다. 잘 사용해야 합니다. 당신은 아직도 오랫동안 더 괴로움을 당하고 이 침대에서 바로 천국으로 가게 되겠습니다. 하나님께서는 더 위대한 사업을 하시려고 당신을 이런 길로 부르셨습니다."라고 말했다. 병으로 고통하던 그 부인은 큰 위로를 받으며 "이 거룩한 거지는 나사렛 예수나 천국의 어떤 성인을 대한 것 같다."라고 했다.

비루지니아는 라브르에게 "하나님을 사랑하려면 어떻게 해야 좋습니까?"라고 물었다. 거지 라브르는 미묘한 말을 했다. "삼심일심(三心一心)이 있어야 합니다. 첫째, 하나님께 대해서는 불같은 마음이 있어야 합니다. 이것은 한없이 하나님을 사랑하고 하나님을 위하여 활동하는 마음입니다. 둘째는 육심(肉心; 인간다운 마음)입니다. 즉 타인을 향해서는 동정심이 있어야 합니다. 이것은 남을 사랑하고 도와주는 마음입니다. 셋째는 철심(鐵心; 쇠같이 굳은 마음)입니다. 이것은 자기 자신을 미워하고 끊어버리며 압도하는 마음입니다. 이 세 가지 마음이 하나(一心)가 되어야 합니다."라고 대답했다.

자기 죄를 회개하는 일은 어떻게 하여야 하느냐고 물으니 "철저한 자기 성찰과 진실한 통회와 자기를 고치려는 완전한 결심이 있어야 한다."라고 대답하면서, 라브르는 자기가 본 꿈 이야기를 했다. 고해자들의 세 행렬이 있었다. 첫째 줄은 흰옷을 입은 자들인데 그리 많지 않았고, 둘째 줄은 붉은 옷을 입은 자들인데 첫째 줄보다는 좀 더 길고, 셋째 줄은 검은 옷을 입은 자들인데 매우 길었다. 라브르는 설명하기를 "흰옷 입은 줄은 천국으로 가는 무죄 순결한 자들이고, 붉은 옷을 입은 줄은 연옥으로 가는 깨끗하지 못한 영혼들이고, 검은 옷을 입은 줄은 고해 성사 회개를 잘못 받기 때문에 지옥으로 떨어지는 영혼이다. 지옥에 떨어지는 영혼은 얼마나 많은지 마치 겨울날 쏟아지는 함박눈 같았다."라고 했다.

어느 집에서 큰 축제날에 잔치를 차려놓고 손님들은 청했는데 거지 베네딕도 라브르도 거기에 참석했다. 라브르는 다른 거지들과 달랐다. 차려놓은 음식 그릇을 손으로 받들고 하나님께 감사하는 시늉을 한 다음에 그릇을 입에 대었으나 음식은 먹지 않고 도로 내려놓았다. 집주인이 라브르에게 좋은 교훈을 들려달라고 요청했다. 그때 마침 시계가 종을 쳤다. 라브르는 시계를 가리키면서 "시계 소리가 날 때마다, 그다음 시간은 당신 것이 아닌 줄 아십시오. 또 시계 소리를 들을 때마다 당신의 천국 가는 길을 위하여 예수님께서 당하신 혹독한 고난을 생각하십시오."라고 했다. 집주인은 병도 없고 늙지도 않았는데, 며칠 후에 뜻밖에 죽었다.

밤에 라브르가 땅바닥에 그냥 누워 있는 것을 보고 어느 신부가 자기 집에 데려다 재우려고 사람을 시켜 불렀다. 그러나 라브르는 따라가지 않고 "저는 요 위에서는 잘 수 없는 사람입니다. 또 겉옷을 벗고 자는 습관이 없습니다."라고 했다.

라브르가 어느 마을로 지나가는데, 한 부인이 그에게 먹을 것을 주려고 곁에 와서 라브르가 메고 다니는 통통한 보따리를 손으로 만져 보았다. 먹을 것이 들어 있는 것처럼 보였기 때문이다. 그러나 보따리 속에 있는 것은 돌멩이뿐이었다. 라브르는 일부러 무겁게 하려고 돌멩이를 넣어 메고 다녔다. 죄 많은 자기를 보속하기 위해서였다.

길을 다닐 때 질러가면 가까운 거리도 라브르는 일부러 소로(小路)를 택하여 다니기 때문에 오래 걸렸다. 언제나 한 겹 단 벌 옷에 다 떨어진 신을 신고 정처 없이 방랑했다. 때로는 산비탈로, 때로는 눈 덮인 길로, 강을 건너면서 라브르는 오직 자기가 믿는 예수님이 십자가를 지시고 갈보리 산을 올라가신 일을 생각하면서 기쁜 마음으로 걸었다. 때로는 무거운 십자가를 어깨에 메고 기도를 드리면서 순례했다.

"오소서. 내 주여, 오소서. 나 당신을 갈망하나이다. 나 당신을 기다립니다. 나 당신을 탐합니다. 당신을 기다리는 한 시간이 내게는 천 년과 같습니다. 오소서. 내 주여, 지체하지 마소서."

1780년에 라브르는 이탈리아 동북쪽 아펜니니(Apennini) 산맥에 둘러싸인 로레도 성지에 갔다. 어느 수녀원에서는 원장이 거지 라브르를 객실로 안내하고 수녀들을 데리고 가서 라브르의 이야기를 들으면서 꼭 예수님을 보는 것 같다고 감복하였다. 한 수녀가 라브르의 모양을 보고 "아이고, 불쌍해라…"라고 하는 것을 듣고, 라브르는 정색하면서 "천만에요. 지옥에 빠지는 자, 영원히 하나님을 잃어버리는 자, 그가 참으로 불쌍한 자입니다."라고 말했다.

수녀원 원장은 라브르가 성인인 줄 알고 그가 떠나기 전에 축복 기도를 받으려고 라브르 앞에 무릎을 꿇었지만, 축복하지 않고 일어나 나가 버렸다. 자기를 성인으로 대우하려는 자를 만나면 다시 그리로 가지 않았다. 그 후 이 수녀원에 찾아온 순례자들은 라브르가 사용하던 그릇으로 물을 떠 마셨다.

라브르가 밥 먹는 것을 구경하려고 아이들 곁에 오면, 라브르는 "무엇이 그리 재미가 있느냐? 너희들은 늑대를 그렇게 보고 싶으냐? 나는 늑대란다."라고 말했다.

라브르가 로마로 가려고 떠나는 날, 그동안 신세진 집 주인이 섭섭하여 묵주와 몇 벌의 옷을 주었으나 라브르는 묵주만 받고 다른 것은 사양했다. 돈도 받지 않았다. 가난한 자가 돈을 가지는 일이 없다면서 사양했다. 주인은 "도중에 포도주라도 한 잔 사서 목을 축이려면 돈이 있어야 합니다."라고 했지만, 라브르는 "거지에게 개천물로 넉넉합니다."라며 돈은 사절했다.

다니면서 구걸해 먹지만, 하루에 한 번, 즉 저녁에만 식사하는 것이 그의 생활 규칙이었다. 누가 동무해 주려고 해도 사절했다. 기도하고 다니는 데 마음이 분심이 되기 때문에 동무가 필요하지 않다고 했다. 고통스러운 이가 있어 걱정하는 것을 보면 "우리는 이 세상에서 완전한 위안을 누릴 수 없습니다. 세상은 눈물의 골짜기입니다. 무덤을 지난 다음에만 완전한 위로가 올 것입니다."라고 했다.

1782년에 로레도로 가는데 라브르의 몸은 아주 피로했다. 산을 넘는데 눈을 오고 날은 추워 몸이 얼었는데 길까지 잃어서 고생이 여간하지 않았다. 도렌디노라는 곳에 도착하니, 라브르를 아는 여자가 있었다. 전에 본 일이 있었기 때문이다. 라브르는 그에게 성패를 주었으나 받으려 하지 않았다. 라브르는 "받으십시오. 또다시 여기 오게 될지 모르겠습니다."라면서 "내가 로마에서 죽었다는 소식을 들으시거든 기념으로 가지십시오. 제 이름은 베네딕도 요셉 라브르올시다. 나를 잊지 마십시오."라고 하였다. 이것이 그의 마지막 길이었다.

라브르는 천진난만한 어린애같이 순진했다. 고난 주간에는 아무것도 먹지 않았다. "오늘날 예수께서 우리를 위하여 큰 고통을 당하시며 초와 쓸개를 맛보셨는데 내가 어찌 음식을 먹으리이까?" 그러다가 부활 주일 새벽에는 라브르의 얼굴은 아주 변하여 기쁨에 충만해 있었다. 성당 예배가 너무 소란하면 라브르는 마음이 분심이 된다고 했다.

로레도에서 라브르는 알메리치라는 신부에게 고해 성사를 하러 들어갔는데, 라브르는 큰 죄인처럼 떨면서 숨이 턱에 닿듯이 헐떡이며 들어와 엎드렸다. 신부가 듣기에 죄 같지도 않은 것을 라브르는 죄라고 울면서 고백했다. 라브르를 처음 보는 신부는 그가 성인이라고 짐작했다. 자기가 거룩한 영혼 앞에 있는 줄 깨달았다. 자기가 라브르 앞에 자복해야 할 입장인데 거꾸로 되었다고 생각했다. 신부는 라브르에게 성찬(영성체)을 받으라고 명했다. 그러나 라브르는 "신부님, 저는 은혜를 저버린 배은망덕한 자입니다. 죄악이 많아 세상에 용납하기 어려운 자올시다. 어떻게 감히 천상의 빵을 먹을 수 있습니까"라고 했다.

신부는 라브르의 묵상 생활에 관해 물어보았다. 라브르는 "보통 예수님 고난에 관해 묵상을 시작하지만, 마지막에는 자기도 모르는 사이에 묵상이 변하여 항상 성삼관상(聖三觀想) 중에 가 있다."라고 대답했다. 라브르는 성녀 아빌라의 테레사의 경지에 있었다. 신부는 감탄했다. 라브르를 보내면서 신부는 이곳에 다시 오겠느냐고 물었다. 라브르는 자기는 본국(천국)으로 가야 하므로 다시는 못 오겠다고 했다. 세 번이나 그렇게 말했다.

로레도에서 발라라는 여자가 내년에 또 오겠느냐 물으니, 라브르는 빙그레 웃으면서 "내년에 오지 않거든 후에 천국에서 만날 줄로 아십시오."라고 말했다.

밤이 되면 라브르는 고독한 다락방에 들어가 묵상하면서 채찍으로 자기 몸을 때리는 자기 편태(鞭笞)를 하였다. 편태 줄에는 작은 못이 달려 있었다. 로마에서는 라브르가 대성당에 가서 매일 꿇어 엎드려 묵상기도를 하였다. 라브르를 알지 못하는 본당 신부는 이 거지가 오는 것을 꺼렸다. 성당에도 도둑이 드는 일이 있어 신부를 라브르를 내쫓으면서 "이놈! 썩 나가거라. 다시 오지 말라"고 했다. 라브르의 마음은 매우 괴로웠지만, 원망하지 않고 순종해 공손히 성당에서 나갔다.

어떤 성당에서는 남루한 더러운 옷을 입고 몸에서는 냄새가 나는 라브르가 성당 성찬상 난간에 있는 것이 불경스럽다고 성찬을 주지 않고, 라브르를 나쁜 놈으로 여겨 읍내에서 내쫓아야 하고 옥에 가두어야 한다고 위협했다. 라브르는 아무 말도 하지 않고 참았다.

리벨이라는 부인이 라브르가 불쌍해서 방 하나를 얻어 주었다. 그 부인은 20년 동안 병으로 고생하고 있었다. 라브르는 그 방에 들어가 침대 옆에서 열심으로 기도하고 일어나더니 "걱정하지 마십시오. 괜찮습니다."라고 했다. 즉시 그 부인의 복통이 진정되었다. 그 후 10년 정도를 더 살았는데 그 병은 재발하지 않았다. 하루는 라브르가 지내고 있는 방문 틈으로 빛이 새어 나오기에 불이 난 줄 알고 겁이 나서 문틈으로 들여다보니 라브르가 광채에 싸인 채 탈혼(脫魂) 상태에 있었다.

라브르는 순례하면서 다른 종파인들이 사는 지방을 지나가야 할 때는 애써 다른 길로 피해 다녔고, 부득이 지나가야 할 때는 전염병이 도는 마을을 지나듯이 머물지 않고 자지도 않고 무엇을 받지도 않고 누구와 이야기하지도 않고 빨리 지나갔다.

말년

1783년 3월 사순절 기간, 베네딕도 라브르는 감기가 지독하게 든 데다가 설사까지 겸해서 얼굴은 죽은 사람 같고, 눈은 움푹 꺼지고, 육신이 참혹하게 늘어졌다. 4월 13일에 성 브락세뻬스 성당으로 가면서 자기 죽음이 가까운 줄 알고 길가의 상점에 들러서 초 한 병을 사서 다 마셨다. 신부가 놀라서 "웬일인가?"라고 소리를 지르니, 라브르는 침착한 태도로 "예수님께서 죽기 전에 이런 것을 마시지 않았습니까?"라고 대답했다. 15일에 라브르는 기운이 더욱 진하여 성당으로 가다가 쓰러졌다. 하지만 일어나 성당에 들어가기 전에 다시 초 한 병을 사서 마셨다. 다 죽게 된 라브르를 요양원에 데리고 들어가니, 생전 처음으로 자기를 침대에 눕혀 달라고 청했다. 보약을 가져오겠다는 것을 거절했다.

4월 16일, 라브르는 요양원에서 일찍 일어나 성당에 가려고 기다리고 있었다. 다 죽게 되었는데도 라브르는 십자가에 달리신 예수님을 따라 끝까지 골고다에 올라가고자 하는 마음이 간절하여 아무리 만류하여도 죽음을 무릅쓰고 두 사람의 부축을 받으며 성당 미사에 참여하였다. 그날 성경은 누가복음

중의 그리스도 수난 이야기였다. 어떻게 열심으로 듣는지 복음 중에서 예수님이 죽으셨다고 할 때는 라브르는 몸을 소스라쳐 깜짝 놀랐다. 라브르를 바라보는 교인들은 금방이라도 쓰러질 것 같아 불쌍하다고 했다.

미사를 마친 후, 베네딕도 라브르는 겨우 성당에서 나와서 정문 계단을 내려오다가 쓰러지고 말았다. 잠시 후 라브르는 정신을 차리고 물을 달라고 했다. 마침 그곳을 지나가던 우육상 사카데리가 자기 집이 가까우니 그리로 가자고 했다. 라브르가 승낙하여 그 집으로 데려갔다.

라브르를 존경하는 비치리라는 신부가 소식을 듣고 달려왔다. 신부는 라브르 방에 들어가 라브르에게 "사랑하는 라브르! 원하는 것이 무엇입니까?"라고 물었다. 라브르는 눈을 감은 채 입 속으로 "아니올시다. 아니올시다."라고 할 뿐이었다. 양심에 걸리는 것은 없느냐고 물으니 "하나님의 은혜로 없습니다."라고 평화스러운 얼굴로 대답했다. 이것이 라브르가 세상에서 한 마지막 말이었다.

포도주에 빵을 적셔 주고 약솜에 알코올을 적셔 코에 대주어 숨을 쉬게 하였는데, 라브르는 성찬 떡을 먹여 주는 줄 알고 혀를 내밀다가 아닌 줄 알고는 섭섭해서 벽 쪽으로 돌아누웠다. 이미 정신이 없어서 종부성사만 주기로 하고 십자가 고상을 입에 대주었다. 라브르는 눈을 뜨고 못 박히신 예수님 상을 정성스럽게 쳐다보았다. 손을 합장한 채 기도하는 자세로 평화로이 누워 있다가 오후 8시 주위에 모인 분들의 "성모 마리아님, 이 병자를 위하여 빌어주소서"라는 영가 속에, 라브르의 얼굴은 우유처럼 하얗게 되면서 임종했다. 그가 평생 그리던 영원한 본향으로 갔다.

때는 1783년 4월 16일 성주간 수요일이었다. 그때 라브르의 나이는 35세였다. 거지가 죽었는데, 그날 밤 로마 거리마다 아이들이 "성인이 죽었다! 성인이 죽었다!"라고 소리치고 다녔다. 라브르의 시신에서 거지 옷을 벗겨 내니 전신 땀구멍마다 해충들이 득실거렸다. 몸은 스스로 채찍으로 난 상처, 물것 등으로 말하기도 어려운 모양이었다. 다리에는 아직도 생생한 상처가 남아있었다. 성인의 유물을 탐하여 모여드는 지나친 열성 교인들 때문에 사카레리는 라브르의 거지 옷, 경본, 책, 십자가 고상, 묵주, 주머니 속에 든 빵 부스러기까지 미리 숨겨 놓았다. 그가 새 성경책을 사려고 모아 둔 은전 일곱 닢도 나왔다.

성인이 죽었다는 소문이 퍼지자, 빈부귀천 남녀노소 무수한 군중들이 모여들었다. 사람들의 물결 때문에 교통을 정리하기 위하여 군대가 전날보다 두 배나 출동했다. 죽은 더러운 거지가 로마 전 시가를 감동시켰다. 베네딕도 라브르가 죽은 후에 사방에서 기적이 나타났다. 여러 종류의 병자들이 기적으로 병이 나았다.

기도문

오소서 내 주여, 오소서!
나 당신을 갈망합니다.
나 당신을 고대합니다.
나 당신만을 탐합니다.
당신을 기다리는 잠시 동안이 내게는 천 년과도 같습니다.
오소서 주 예수여, 지체하지 마옵소서.

32.

십자가의 성 요한

하나님과의 친밀은 기도와 절제라는 신비 사상가

　십자가의 성 요한(Juan de la Cruz; 1542~1591)은 1542년 스페인 카스티야 왕국(Kingdom of Castile)에서 태어났다. 21세 때 카르멜회 수도회에 들어가 1567년에 사제가 되었다. 그 후 그는 엄격하게 독거하며 관상생활을 실천하는 카르투지오회 수도원에 관심을 가지기 시작했다.

　그 무렵 성녀 테레사는 카르멜회의 개혁 수도원을 창립하고 있었는데, 메디나(Mediana)에서 십자가의 요한을 만났다. 테레사는 두 번째 수도원을 설립하기 위해 메디나에 머물고 있었다. 테레사는 요한을 만나서 자기가 남자 카르멜회의 두 개의 개혁 수도원을 세울 허가를 받고 있다고 이야기하며, 요한이야말로 이 위대한 사업을 위한 그릇이 되라고 설득하여, 얼마 후 남자 맨발(跣足) 카르멜회 수도원을 드루체로의 초라한 작은 집에서 시작하게 되었다.

　그러나 하나님은 요한을 깊은 내면적 시련과 함께 외면적 시련을 겪게 하셨다. 1577년 그가 메디나의 모(母) 수도원에 되돌아가기를 거절했을 때, 그는 카르멜회 수도사들에 의해 톨레도 수도원 감옥에 갇혔고, 그들의 공적 회집에 끌려나가 피 흘리도록 맞기도 하고, 냉혹한 취급을 받았다.

　그러다가 9개월이 지나서 그는 기적적으로 성모 마리아가 나타나 그 지시를 따라 도망쳤다. 그 후, 요한 성인은 신학원 원장도 되고, 수도원 원장도 되면서 그의 신비신학을 쓰기 시작했다.

1591년에는 평수사의 지위로 강등되었고, 그 후 병에 걸렸다. 수도원 원장은 요한에 대해 호감이 가지 않아서 잔혹하게 대했다. 그는 3개월 동안이나 고생하다가 세상을 떠났다.

그는 가장 깊은 신비적 사상가요, 『영혼의 어두운 밤』, 『카르멜 산길』 등의 유명한 책을 남겼다. 우리가 하나님과의 친밀함을 얻는데 가장 적절한 방법은 두 가지가 있으니 '기도'와 '절제'라고 했다. 절제란 자아 포기, 극기, 희생이다. 세상 것에 마음을 떼면, 하나님께 나아가는데 방해되는 모든 위험에서 해방해 준다고 그는 말했다.

십자가의 요한의 시

어둠 캄캄한 밤 중에 사랑에 타 할딱이며
좋을시고 아슬아슬 알이 없이 나왔노라.
꽃스런 내 가슴 다만 그분 위해 지켜온 그 안에
거기 내 님이 잠자실 때 나는 그를 고여 드리고
잣나무도 부채련듯 바람을 일고

신비체험

모든 것을 맛보기에 다다르려면, 아무것도 맛보려 하지 말라.
모든 것을 얻기에 다다르려면, 아무것도 얻으려고 하지 말라.
모든 것이 되기에 다다르려면, 아무것도 되려고 하지 말라.
모든 것을 알기에 다다르려면, 아무것도 알려고 하지 말라.
맛보지 못한 것에 다다르려면, 맛없는 거기를 거쳐서 가라.
모르는 것에 네가 다다르려면, 모르는 거기를 거쳐서 가라.
가지지 못한 것에 다다르려면, 가지지 않는 데를 거쳐서 가라.
너 있지 않는 것에 다다르려면, 너 있지 않은 데를 거쳐서 가라.

모든 것에서 만족하려면, 아무것도 만족하려고 하지 말라.
모든 것을 가지려면, 아무것도 가지려고 하지 말라.
모든 것이 되려면, 아무것도 되려고 하지 말라.
모든 것을 알려면, 아무것도 알려고 하지 말라.
맛보지 못한 기쁨을 맛보려면, 기쁨이 없는 곳으로 가라.
알지 못한 것을 알려면, 아는 것이 없는 곳으로 가라.
가지지 못한 것을 가지려면, 가진 것이 없는 곳으로 가라.
네가 아닌 것이 되려면, 네가 없는 곳으로 가라. 〈최민순 역.〉

영혼의 어두운 밤

"하나님께서 우리 영혼과의 '만남'에 납시는 방법은, 우리 영혼 안에 하나의 위기인 '건조(乾燥)'라는 괴로운 위기를 일으키시면서 하신다. 그건 불완전의 비참이요, 모든 능력과 지각의 공허, 암흑 속에 던져 넣는 영혼의 유기(遺棄)이다. 이 암흑 속에서 영혼은 정화(淨化)된다.

영혼의 건조는 행복감, 마음에 깃든 고요, 만족, 영적 위로, 경험의 상실, 기도가 어둡고 주님과의 즐겁게 밀담하는 습관이 든 사람에게 어느 날 갑자기 뜻밖에 전혀 딴 상태로 변한 것을 깨닫는다.

어쩐지 하나님을 뵈올 수 없는 것 같고, 하나님과 전혀 접촉할 수 없게 된다. 차디찬 맥 풀린 상태, 하나님께 사랑을 표시하려 하나 서먹서먹하고, 용기가 없어지고, 유혹이 따르고, 마음은 무미건조하여 꽃 피던 봄이 어둡고 음산한 겨울로 변한 듯하다."

33.

아빌라의 테레사

수도생활의 개혁과 신비체험이 가장 많은 성녀

아빌라의 테레사(Teresa of Ávila; Teresa de Cepeda y Ahumada; 1515~1582), 또는 '예수의 테레사'(Teresa de Jesús)라고 불리는 이 성녀는 1615년 스페인 카스티야의 아빌라(Ávila)에서 귀족 가문에서 태어났다. 같은 이름의 '아기 예수의 테레사'와 구별하기 위해 대(大) 테레사, 또는 '아빌라의 테라사'라고 부르기도 하며, 그녀를 상징하는 성화로 가슴을 관통한 불화살, IHS('예수')가 새겨진 심장이다.

어려서부터 그녀의 성질은 매우 정열적이어서 순교자가 되기를 원하였다. 과단성과 강인한 성격이 있었고, 영적 높은 이상을 안고 20세 때 아버지의 반대를 무릅쓰고 아빌라에 있는 카르멜 수녀원에 들어갔다.

본래 테레사의 성격은 단순하고 쾌활하고 자주성과 자유를 좋아했고, 머리가 수재였고, 능변가였으나, 이 모든 것을 수도생활에서 성화시켰다.

어느 때, 성 아우구스티누스의 『참회록』을 읽고는 기도 통회의 생각이 깊어졌다. 당시 카르멜 수녀원의 규칙이 해이해졌는데, 27년간이나 거기 있으면서 수도원 개혁에 뜻을 두고 실행하여 개혁 카르멜 수녀원을 각처에 설립하였다.

테레사 성녀와 영적으로 친한 십자가의 성 요한과 알간타라의 성 페드로는 신앙과 수도생활을 격려하는 동지였다. 깊은 기도 생활과 신비체험이 많은 테레사는 그들과 함께 여러 가지 오해와 박해를 받으면서도 같이 수도생활의 개혁과 신비도의 발전에 힘을 썼다. 어떤 때는 옥에 갇히기까지 했으나, 그럴수록 더욱 용기를 냈다. 그는 수도원 생활을 통해 깊은 관상기도와 하나님의 현존(現存)을 체험했다. 현시(顯示)와 황홀을 자주 체험하며, 주님이 자기 옆에 계시다는 것을 직접 보는 것보다 명백하게 느꼈다. 그는 많은 독서와 저술을 하였는데, 그녀는 말하기를, "만일, 하나님께서 친히 나를 가르치시지 않으셨다면 독서도 나를 별로 지혜롭게 만들지 못했을 것이다."라고 했다. 그녀가 읽는 순간 독서(*lectio*)가 기도(*oratio*)로 변했다.

관상생활과 활동 생활의 조화 합일을 노력하여 관상기도는 활동을 결실하고 빛나게 하여 활동하는 관상을 실현하게 했다. 테레사가 자기의 새 수도원을 세우고 이사할 때, 가지고 간 소유는 고행의 쇠사슬과 군데군데 기운 헌 옷과 맨발이었다. 말년에는 영혼의 천상적 깊은 휴식을 끊임없이 누렸다.

그녀가 세상 떠난 것은 10월이었는데. 복숭아꽃이 만발했고, 그의 무덤을 열 때 그 시신은 부드러웠고 향기를 발했다고 한다.

테레사의 신비적 저작에는 『자서전』, 『완덕의 길』, 『창립사』, 『영혼의 성』 등이 있다.

특히 『영혼의 성』은 영적 진보의 과정을 자기가 살았던 아빌라 성을 모델로 삼아 설명했다. 인간 영혼이 성 밖에서 시작해서 일곱 단계(궁방, mension)을 거쳐 성의 중심으로 이동하는 과정으로 설명한 책으로써 오늘날까지 영적 진보 과정에 관심 있는 독자들에게 변함없는 인기를 끌고 있다.

34.

폴리캅

이제껏 은혜 주신 주님을 저주할 수 없어 화형당한 순교자

성 폴리캅(St. Polycarp; 69~155), 또는 성 폴리카르포스(Polýkarpos)는 예수님이 가장 사랑하시던 사도 요한의 제자였다. 로마시대 소아시아에서는 신자들이 박해받아 순교하는 이가 많았다. 서머나에서도 열두 명의 선지가 붙잡혀 그중 한 명만 배교(背敎)하고 나머지는 모두 사나운 짐승의 밥이 되어 순교했다.

군중들은 "폴리캅을 끌어내어 죽여라!"고 소리를 질렀다. 폴리캅이 끌려나와 원형 극장 복판에 서니 재판관은 말하기를, "네가 지금 이 자리에서 예수를 저주하고 로마 황제를 경배하면 놔 주겠다."라고 했다. 폴리캅은 정색하면서 대답하기를, "나는 오늘까지 80여 년 동안 예수 그리스도를 섬겼지만, 예수님은 단 한 번도 내게 손해되는 일을 하시지 않으시고, 도리어 많은 은혜를 주셨다. 그렇게 큰 은혜를 받은 주님을 내가 어떻게 저주할 수 있겠는가?"라고 했다.

그러고 나서는 오히려 재판관에게 예수 믿으라고 전도했다. 재판관은 화를 내면서 "명령에 복종하지 않으면 사형에 처한다."라고 하자 폴리캅은 고요히 하늘을 우러러 보며 기도했다.

거기 있던 많은 유대인이 장작을 가져 오고, 늙은 폴리캅은 옷이 벗긴 채 스스로 장작더미 위에 올라가 섰다. 큰 기둥에 폴리캅의 몸을 동여매고 불을 질렀다. 그는 타는 불 속에서 "하나님 아버지, 저 같은 것을 순교자의 반열에 서게 해주시고, 예수님의 고난의 잔에 참여시켜 주시는 오늘을 감사 찬송드리나이다"라고 하며 기도했다.

이 때 이상한 것은 불길이 폴리캅의 몸을 태우지 않고 좌우로 갈려 그의 몸을 보호하는 듯했다. 놀란 병사 한 사람이 창으로 그의 몸을 찌르니 피가 흘러 마치 큰 비를 맞은 듯 불이 꺼졌다. 그리고 폴리캅은 찬란한 순교를 하였다.

기도문

항상 사랑과 축복을 받으시는 성자 예수 그리스도, 우리에게 당신에 대한 지식을 주신 예수 그리스도의 아버지시여.

천사와 모든 능력과 모든 창조물과 당신 앞에 살아있는 모든 의로운 족속의 아버지시여.

나는 당신이 나를 이날 이때 합당한 자로 생각하사, 순교자의 반열에 넣어 주시고, 그리스도의 전에 참여케 하시며, 몸과 영혼이 아울러 성령이 주시는 썩지 않는 축복 가운데 영원한 생명으로 부활시켜 주시기를 비나이다.

충실하고 참된 하나님이신 당신께서 준비하시고 성취하신 것처럼, 오늘날 나를 높은 주의 뜻에 맞는 제물로써 주님 앞에 영접하여 주소서, 이 일로 말미암아, 또는 모든 이들을 위하여, 영원하신 대제사장 당신의 지극히 사랑하시는 아들 예수 그리스도로 말미암아 당신을 찬미하나이다.

성령 안에서 그리스도와 함께 계신 당신께 이제로부터 영원까지 영광이 계시옵니다.

35.

샤를 드 푸코

예수님의 생활을 본받은 사하라 사막의 성자

샤를 드 푸코(Charles Eugène de Foucauld; 1858~1916)는 "불과 같은 사나이" 혹은 "사하라의 불꽃"이라는 샤를 드 푸코는 "살아 있는 복음," "만민의 작은 형제"라고도 불린다. 프랑스 사람으로 귀족이요, 사관학교를 나온 장교였고, 생활이 넉넉하여 제멋대로 살던 사람이었지만, 예수 믿은 후 나사렛 예수를 철저히 본받아 산 사람이었다.

그는 1858년 8월 18일에 프랑스의 스트라스부르그에서 부유한 기독교 귀족 가문에서 태어났다. 불행히도 그의 나이 6세 이전에 부모가 세상을 떠나 고아가 되었다. 그러나 그의 조부가 그를 사랑으로 길렀다.

그의 어린 시절의 환경은 후일 그가 위대한 성자가 되기에 적절한 경건한 환경은 아니었다. 일찍 세상을 떠난 그의 모친은 대단히 신앙심이 깊은 분이었던 듯 푸코가 태어난 지 이틀 만에 유아세례를 받게 했다고 한다. 그러나 푸코는 어려서는 신앙심을 버렸다.

육군 사관학교 시절에 그는 겨우 18세였지만 167cm의 키에 몸이 비만하고 수염까지 기르고 다녔다. 공부를 열심히 하지 않아서, 386명 중에 333등으로 학교를 졸업했다. 사관학교를 졸업한 그는 장교가 되어 북아프리카에 갔다. 때마침 반란군이 일어나 그것을 진압하는 데 참여했다.

군인을 그만둔 후에는 학자의 신분으로 모로코를 탐험하러 갔는데, 거기서 그는 무슬림들이 깊은 신앙과 하나님의 현존 속에 살고 있는 모습을 보고 큰 충격을 받았다. 그때부터 하나님께 대한 신앙심이 회생하면서 그는 그리스도교 신앙을 다시 찾기 시작했다.

신앙생활 초기

푸코의 신앙생활 초기에 영향을 준 인물은 파리의 생 토커스탱 성당의 보좌 신부인 위블랭 신부였다. 그는 사촌 누이 마리의 인도로 위블랭 신부에게 고해 성사를 받으며 회심했다. 그때부터 일생을 하나님께 바치기로 결심하고, 위블랭 신부의 권고로 성지를 순례하였다. 이 순례에서 푸코는 예수님께서 사시던 갈릴리 나사렛에서 큰 감명을 받았다. 사람의 몸을 입고 오신 하나님 아들이 나사렛, 알려지지 않은 마을에서 지극히 가난한 목수로 사셨다는 사실이 그에게 깊이 감명을 주었다. 거기서 그의 특별한 성소의 싹트게 되었다.

성지순례에서 돌아온 그는 1890년에 위블랭 신부의 권유로 트라피스트 수도회에 들어갔다(이 수도원에서 지내는 6년 동안 엄격한 고독 속에서 특별한 소명이 싹튼다). 수도생활 중에 그의 내면에서는 성지 순례하던 때 나사렛 옛 마을을 사모하는 열정이 일어나 몇 해 시련을 겪은 뒤 장상의 허락을 받아 트라피스트 수도회를 떠나 성지 나사렛으로 갔다.

푸코는 도보로 베들레헴, 예루살렘을 8일간 순례하면서 목적지 나사렛에 저녁 무렵에 도착했다. 오랜 도보 여행에 옷은 먼지투성이 누더기요, 머리는 풀어 헤치고 발은 피투성이였고 단식과 피곤에 지쳐 있었으나, 마음은 예수님의 나사렛 마을에 왔다는 기쁨에 넘쳤다.

개혁 클라라 수녀원에 찾아가서 성당에 들어가 기도하고 있을 때, 접수 담당 수녀는 이 거지의 비참한 모양을 의심스럽게 바라보며 경계했다. 그를 응접실로 안내하던 수녀는 이 거지의 유창한 프랑스어 실력에 놀랐다. 응접실에는 단 한 개의 테이블과 의자 몇 개가 있었다. 면회하는 데는 철창살이 있고, 그 뒤에 검은 막이 드려져 있었다. 응접실 벽에 걸린 십자가상과 그 곁의 현판에 쓰인 글이 그를 주목하게 했다.

"오직 하나님! 하나님을 위하여 모든 것을 끊고 하나님의 품 안에서 나는 모든 것을 찾아내었다. 하나님을 사랑하며 하나님께 바치는 것 외에는 모든 것은 허무하다."

그때 철창살 저편에서 발소리가 나더니 조용한 여자의 목소리가 들려왔다. "찬미, 예수 그리스도!"라고. 푸코는 자기 신분을 숨기고 지나가던 나그네인데 수녀원의 머슴을 시켜달라고 사정했다. "품삯은 얼마를 주면 되겠습니까?" "품삯은 필요 없습니다. 다만 그날 먹을 빵과 물만 필요합니다. 그리고 기도하기 위한 약간의 자유 시간이 필요합니다."

그를 정직하고 소박한 정신을 가진 사람으로 여긴 수녀원장은 그가 머슴으로 있는 것을 허락하고, 정원사 집에 거처하도록 했다. 그러나 푸코는 그 집을 거절하고 수녀원 마당 한 구석 담에 기대어 지은 농기구와 쓸데없는 물건 넣어두는 창고에 지내겠다고 했다.

수녀들이 작은 테이블과 의자와 짚으로 된 이불을 가지고 왔지만, 푸코는 짚 이불을 구석에 치우고 의자 위에서 잤다. 수도복을 입지 않고 일꾼들이 입는 작업복을 입었다. 다른 이름이 없이 그저 푸코였다. 낮에는 심부름이나 자질구레한 일을 하고, 밤에는 예배와 묵상하며 기도했다. 푸코는 동생에게 다음과 같이 편지했다:

"오랫동안 꿈꾸고 있던 것이 이제야 실현되었다. 그리고 이 지위가 나를 기다리고 있었던 것 같다. 아니, 실제로 기다리고 있었다. 모든 것은 우연히 되는 것이 아니라 하나님께서 미리 준비해 주신 까닭이다. 나는 가난한 수도단체의 하인이며 시종이다."

지난날 귀족이요 부자로 파리에서 사치스럽고 오만하던 푸코의 과거는 완전히 사라졌다. 수녀원의 수녀들은 그의 이름도 모르고 그의 과거에 대해서도 알지 못했고 물어보지도 않았다. 후에 그의 정체를 알게 된 후에도 너무나 놀라고 감탄했기 때문에 그를 괴롭히지 않으려 그의 침묵을 존경하고 그가 자기의 과거를 잊어버리려는 정열을 존경했다.

자기비하

푸코는 가난만을 원한 것이 아니다. 그는 철저히 비천해지기를 갈망했다. 철저히 자기포기를 하고, 모든 사람에게 멸시당하기를 원했다. 거지나 부랑자 같은 누더기를 입고 제대 앞에서 기도할 때는 3시간 동안이나 앉아 있었다. 그가 마을에 나가면 장난꾸러기 아이들은 그를 놀려대며 돌을 던지며 쫓아다녔다. 그런 날 그는 고난의 예수님을 생각하고 행복을 느낄 수 있었다.

그는 머리는 손수 깎았다. 그 꼴로 신부 앞에 머리를 숙이고 축복을 청하면 신부는 웃음을 참지 못했다. 사람은 조롱을 받아들일수록 자아를 죽이고, 경멸당하시던 예수님과 한 몸이 될 수 있다. 인간이 예수님을 닮게 되는 것은 그의 위대성이 아니라 비천성에 의해서이다. 이 무렵에 그는 다음과 같이 기록했다.

"하나님, 당신은 얼마나 좋으신 분입니까! 오늘 아침 저는 이 작은 오두막에 있습니다. 여기서 당신 발치에 앉아 고요한 밤 시간을 보내는 것, 모든 것이 잠든 때 당신과 단 둘이 있는 것, 홀로 당신을 찬미하는 것. 모든 것이 어둠과 침묵과 잠에 빠져든 때 당신을 사랑한다고 말씀드리며, 당신을 사모하는 것은 얼마나 감미로운지요!"

나사렛의 예수님의 일생을 본받고 따르려고 일부러 나사렛에까지 찾아와서 자기 신분을 숨기고 수녀원 머슴으로 생활한 푸코는 이렇게 말했다.

"으뜸가는 계명은 바로 모든 정성을 다해 하나님을 사랑하는 일이라고 복음서에 말하고 있습니다. 누군가를 사랑하면 그 사람을 닮게 마련입니다. 나는 예수님의 공생활이나 가르치시는 전도 활동을 본받을 것 같지는 않습니다. 그래서 결국 내가 본받을 수 있는 것은 주님의 나사렛에서의 가난하고 비천한 노동자로서의 숨은 생활인 것 같습니다."

그는 성신 강림 축일에는 다음과 같이 기록했다.

"모든 것을 빼앗기고 땅에 쓰러져 알몸으로 누구인지도 알아볼 수 없게 피와 상처로 범벅이 되어 처참하게 살해된 순교자로서 죽을 것으로 생각하라. …그리고 그것이 오늘이기를 희망하라."

이듬해 가을 11월 5일부터 15일까지 피정을 하면서 이렇게 기록했다.

"너를 위하여 이곳을 사막으로 만들지 않으면 안 된다. 이곳에서 너는 성녀 막달레나가 사막에서 나와 함께 홀로 있었듯이 나와 같이 홀로 있어라. 네가 그곳에 도착하는 것은 이탈이며, 모든 잡념을 쫓아 버리는 데 있다."

나사렛 수녀원 원장이었다가 예루살렘 클라라 수도원 원장이 된 엘리사벳 원장이 푸코 수사의 소문을 듣고 보고 싶어 했다. 그래서 용건을 만들어서 푸코 수사를 예루살렘으로 보냈다. 7월 더운 여름에 푸코는 그 지방 주임신부인 주교를 찾아가 영성체를 청했다. 주교는 찾아온 나그네의 이상한 차림과 피로하여 휘청거리는 모양을 보고 푸코 수사를 정신병자로 생각했다. 푸코 수사는 자기의 방탕했던 과거를 간단히 이야기하고는 침묵했는데, 그를 만난 엘리사벳 원장은 다른 수녀들에게 "그는 참으로 하나님이 보내신 사람입니다. 우리들 집에 지금 성인이 있습니다."라고 했다.

엘리사벳 원장이 예루살렘에 와 있기를 강권해서 승낙하고 예루살렘에 갔으나 푸코는 "나는 누구와도 만나지 않는다. 성당에 가는 이외에는 독거처를 나오는 일은 없다. 비할 데 없는 적막 속에서 일어나는 침묵, 평온, 고독"이라 썼다.

어느 날 걸인들이 수녀원 안마당에까지 들어와 수녀들에게 욕설을 퍼붓고 협박했다. 그것을 본 푸코는 어디서 그런 용기가 생겼는지 옛날 기병대 대장으로 있을 때 하듯이 그들을 쫓아냈다. 일이 진정된 후, 푸코는 부끄러워서 수녀들 방에 가서 "참으로 좋지 못한 본을 보여 드려 죄송합니다."라고 했다.

수도회 결성

예루살렘에 4개월 머문 후, 다시 나사렛에 돌아갔다. 거기서 1년 남짓 머물면서 1899년 그는 자기가 구상하는 수도회를 위하여 새로운 회칙을 썼다. 약 40명의 수도사를 수용할 수 있는 수도원 계획을 세웠다.

그 무렵 나사렛의 프란치스코회의 수도사들이 그에게 와서 예수님께서 산상수훈을 말씀하시던 팔복 산이 매매될 처지에 있다고 알려 주었다. 푸코는 그곳을 자기가 사서 기도소를 세우려고 돈을 지불했으나, 사기를 당하고 모든 꿈이 허물어지고 말았다. 일이 이렇게 되었기 때문에 더 이상 나사렛이나 예루살렘에 머물러 있을 수가 없었다.

푸코 수사는 프랑스로 돌아가기로 했다. 1900년 8월에 마르세이유 항구에 도착했다. 기차를 타고 파리로 향했다. 파리에서 다시 기차를 타고 눈의 수도원을 찾아서 피곤하고 먼지투성이인 몸으로 자기의 신분을 알리지 않고 거지 부랑자들과 함께 얻어먹고 광 속에서 같이 잤다.

1901년 10월에 사제 서품을 받은 푸코는 복음을 알지 못하는 버림받은 사람들을 찾아 북아프리카 사하라 사막 속 작은 오아시스 베니 아베스로 들어갔다. 마침 옛날 기병대 장교 시절의 친구 중 출세하여 사하라의 오아시스 지구의 사령관, 알제리아 정부의 토민국 장관 소령 등의 도움으로 베니 아베스로 가는 허락을 얻었다.

  그는 나사렛 예수님처럼 무슬림 교도들의 친구가 되어 그들과 함께 삶으로써 모든 사람의 형제가 되고자 했다. 옛날 푸코는 아프리카 엽기병, 경기병, 탐험가였기 때문에, 그를 아는 사람들은 그가 그렇게 변한 모양으로 아프리카에 돌아온 것에 놀라지 않을 수 없었다.

  그는 거기서도 나사렛에서처럼 생활하려 했다. 야자나무 숲이 있고 과수원이 있는 데서 살지 않고, 거리가 떨어진 곳에 자리를 잡았다. 그러면서도 사막의 옛 스승들도 동굴 속에만 머물러 산 것이 아니고 주위 여러 사람 상대로 활동한 것을 알고는 자기를 만나기 위해 찾아오는 사람들을 위해서는 은둔소의 문을 언제나 열어 놓고 만났다.

  베니 아베스에서 500m 떨어진 것, 불모의 타는듯한 하마다 속에 약간 지대가 낮은 땅이 있어, 그는 그곳에 집을 지었다. 정적에 파묻힌 그의 은둔소는 지붕만 보이지만 햇볕을 잘 받는 장소였다. 그 주위에는 가시덤불이 군데군데 있었다.

  사막은 수도사들이 선택한 하나님을 만나는 수도의 요새이고, 옛 이스라엘 예언자들이 자기 도야(陶冶)를 한 장소다. 푸코 신부는 친구 트라피스트 수사에게 편지를 썼다.

  "하나님의 은총을 얻으려면 사막을 지나가고, 사막에 머물러야 합니다. 사람이 자기를 무(無)로 삼고 자기 안에서 하나님이 아닌 모든 것을 몰아내고, 하나님께만 모든 자리를 양보해 드리기 위해 영혼이라는 이 집을 완전히 비우는 곳이 여기입니다. 히브리 사람들은 사막을 지나갔으며, 모세는 사명을 받기까지 사막에 머물렀습니다. 사도 바울도 요한도 역시 사막에서 준비하였지요. 이것은 은총을 입었을 때며, 열매를 맺으려는 사람이라면 누구든지 반드시 지나가야 할 시기입니다. 그러한 사람에게는 사막 속의 이 잠심(潛心), 이 침묵, 그리고 모든 피조물을 잊어버리는 것이 필요합니다. 여기서 비로소 하나님이 우리를 지배하기 시작하고, 이 때 내적 정신이 조성됩니다. 더 높이 올라가십시오. 세례 요한을 보십시오. 우리 주 예수님을 보십시오. 우리에게 본을 보여 주셨습니다."

그는 사하라 사막 속에 지은 그의 은둔소를 "사랑의 집"(후라데르니떼)라고 불렀다. 아라비아식의 작업복에 예수님의 성심의 표시를 붙이고 "성심의 사랑의 집"(후라데르니떼 듀 사크레 꾀외로)이라고 명명하고, 기독교도뿐만 아니라 회교도, 지나가는 유목민들까지 형제로 영접하려 했다.

은둔소에서 밤에는 자지도 않고 십자가의 성 요한과 아빌라의 성녀 테레사와 요한 크리소스톰의 책을 날마다 읽었고, 또 쉴 새 없이 방문자를 맞아 주었다. "적어도 한 시간에 10회 혹은 그 이상 빈민과 병자와 나그네가 나의 문을 두드리는 것을 알지 않으면 안 된다."라고 했다. 그러면서도 가난한 사람들의 속옷을 빨고, 방 청소는 손수하고, 집안의 가장 비천한 일은 남에게 시키지 않고, 지방 토민들이 쓰던 집을 청결하게 유지하고, 어떤 봉사라도 받아들이기로 했다.

베니 아베스에서 푸코는 예수님의 "밀알은 썩어야 열매를 맺는다"라는 정신을 실천하기를 갈망했다. 그는 순교를 원했다. 어느 피정 때의 결심을 다음과 같이 기록했다.

"예수를 큰 사랑으로 사랑하기 위하여 순교를 청원하며, 하나님의 뜻이 그러시다면 실제로 순교할 것이다. …모든 영혼의 구원을 위하여 최선을 다할 것이다. …너는 모든 것을 빼앗기고 피와 상처투성이로 벌거벗은 채 알아볼 수 없게 되어 땅에 누워서 난폭하고 고통스럽게 맞아 죽어 순교자로 '한 알의 밀알이 죽지 않으면 그대로 있고 죽으면 많은 열매를 맺는다' 라고 하신 대로 괴로움을 받음으로써 만으로는 좋은 일을 할 수 없다. 좋은 일을 많이 하려면 많은 괴로움을 받아야 한다. 영혼에 유익을 많이 주려고 극도의 고통으로 죽어야 한다."

1897년 성령 강림일에는 다음과 같은 글을 기록했다.

"복음을 전하되 입으로 하는 전도 말고 모범으로 하는 전도를 해야 하고, 설교로써가 아니라 그것을 실천하되 그것이 오늘 이루어지기를 원하라. 오늘 저녁에 순교할 것처럼 오늘을 살자."

순교에 대한 갈망

푸코는 순교에 대한 갈망과 그리스도 예수를 더 많이 알고 예수와 더불어 세상을 구원하겠다는 염원에 불탔다. 그는 친척들이 기부한 돈으로 노예 아이들과 젊은이 몇 명을 몸값을 치르고 상환해주었다. 그 중 한 사람인 어린 포올 앙바렉크는 1916년 12월 1일 푸코가 순교하는 날까지 신부 곁에서 살며 충성을 다하였다.

오아시스의 노예들은 푸코 신부를 알게 되어 하루에 적어도 20명가량 찾아왔다. 푸코는 언제나 그들에게 사랑의 우정을 베풀고, 빵을 주고, 오갈 데 없는 사람에게는 숙소까지 제공해주었다. 그들은 모두 자기를 노예에서 생환해 달라고 애원했다.

베니 아베서 주변은 언제나 불안했다. 1895년에는 터키인들이 아르메니아인들을 대량 학살했고, 아베서 지방에서는 몇 달 동안에 15만 명이나 학살되었다. 1903년에는 아라비아인의 공격대가 베니 아베서 근처의 토민을 습격하고 약탈하여 치안이 문란해졌다. 그런 속에서도 푸코는 학살당할 각오를 하고 혼자 무장도 하지 않고 다녔다.

> "언제나 그날 저녁에 순교자의 죽음을 당할 것을 각오하고 있는 사람과 같이 오늘을 살 것이다. 쉴 새 없이 순교에 대비하여 하나님의 어린양처럼 자기 몸을 보호하려 하지 않고 죽음을 받아들일 것이다."

푸코 신부는 호위대도 없이 혼자 말을 타고, 비적들 사이라도 습격당할 염려 없이 지나다녔다. 신부를 만나는 사람들은 땅바닥에 엎드려서 "바락카"(축복)를 요청하고, 신부의 외투 자락에 키스할 정도였다. 사하라의 회교도들 모두가 푸코 신부를 참된 은둔자로 인정했을 정도였다.

수도자의 서원 가운데 하나는 순명이다. 1904년 베니 아베스에서 피정 묵상하면서 기록하기를 "순명은 사랑의 척도다. 완전한 사랑을 갖기 위해 완전히 순명하라"고 했다. 순명하는 것, 하나님 앞에서 소멸할 만큼 자기를 없게 하려는 것이 그의 불변의 신조였다. 주교에게 보낸 편지에 이렇게 썼다.

> "예수님께서 사람을 위하여 가장 크게 봉사하고 세상을 구원하신 것은 그 최초의 굴욕, 죽음의 때였습니다. 그러므로 예수님께 내가 십자가를 참으로 사랑하는 은혜를 기도해 주십시오. 십자가는 사람들에게 선을 하는 데 없을 수 없는 것이기 때문입니다. 그런데 나는 십자가를 조금밖에 지지 않고 있습니다. 나는 비겁합니다."

푸코의 일생과 그의 메시지의 특징은 "나사렛의 생활"이었다. 사실 나사렛 예수님의 신분은 결코 높은 것이 아닌 육체노동을 하는 목수였다. 그는 예수님처럼 가난하게 살고자 했다. 성 프란체스코처럼 푸코 신부도 복음의 말씀을 문자 그대로, 나사렛의 생활을 문자 그대로 실천하고자 했다. 예수님이 잔치에 초대받으면 "말석에 앉으라. 고 하신 대로 언제나 말석에 있으려 했다.

그는 숨은 생활, 평범한 생활, 가족적인 생활, 그리고 기도와 노동의 비천한 생활, 아무도 몰래 숨은 조용한 생활을 사모했다.

1916년 12월 1일 저녁때 푸코 신부는 방어소 속에 있다가 술탄 군주 아하뭇드의 유격대의 습격을 받았다. 포승줄에 묶인 그는 15세 소년병이 쏜 총 한 발에 쓰러졌다. 그들은 포승줄도 풀지 않고 방어소 구덩이에 묻었다. 생전에 갈망하던 순교의 죽음이었다. 땅에 떨어져 죽어 많은 열매를 맺은 한 알의 밀알이 되었다.

그의 무덤은 사막 속 "엘 골 레아"에 있다. 그가 1916년에 죽은 후 약 16년이 지나서 그의 뒤를 따르는 제자들이 나타나기 시작했다.

기도문

아버지,
이 몸을 당신께 바치오니 좋으실 대로 하십시오.
저를 어떻게 하시든 감사드릴 뿐입니다.
저는 무엇에나 준비되어 있고,
무엇이나 받아들이겠습니다.
아버지의 뜻이 저와 모든 피조물 위에 이루어진다면
이밖에 다른 것은 아무것도 바라지 않습니다.
내 영혼을 당신 손에 도로 드립니다.
당신을 사랑하옵기에 이 마음의 사랑을 다하여
제 영혼을 바치옵니다.
하나님은 내 아버지이기에 끝없이 믿으며
남김없이 이 몸을 드리고 당신 손에 맡기는 것이
어쩔 수 없는 저의 사랑입니다.

36.

블레이즈 파스칼

불후의 명작 팡세의 저자

　블레이즈 파스칼(Blaise Pascal; 1623~1662)은 프랑스 중부 지방 클레르몽페랑(Clermont-Ferrand)의 세무장 아들로 1623년 6월 19일 태어났다. 어머니 앙투아네트 베곤(Antoinette Begon)은 경건하고 자비심 깊었는데, 파스칼이 세 살 때 어린 세 자녀를 남겨 두고 일찍 세상을 떠났다. 파스칼의 누이는 그보다 세 살 위였는데, 결혼했으나 동생 파스칼의 건강을 염려하여 그가 병이 들면 누이는 곁을 떠나지 않고 간호하면서 어머니 역할을 대신했다. 파스칼이 말년 임종한 것도 그 누이 집이었다.

　아버지는 사랑하는 아내를 잃은 뒤로는 자녀들이 불쌍하여 집을 비울 수 없어서, 세습적 공직을 팔아서 세 자녀를 거느리고 대도시 파리로 나왔다. 부친은 학문을 좋아하는 학자로서 많은 학자와 교제가 있었기 때문에, 아들 파스칼의 교육을 친히 맡았기 때문에 파스칼은 일생 학교생활을 경험하지 못했다. 파스칼은 어려서부터 무엇을 보고 들어도 반드시 그 원인과 이유를 묻는 습관이 있었다. 파스칼의 부친이 얼음판에서 미끄러져 한쪽 다리를 다쳤는데, 얀센파 귀족들의 간호를 받은 것이 동기가 되어 그 교파에 가담하게 됐다.

　이 얀센파는 구원의 예정설을 주장했는데, 로마교회는 이단 사설로 배척했다. 특히, 얀센파의 엄격한 도덕은 세속적이고, 타협적인 예수회의 도덕과는 맞지 않았다.

파스칼도 얀센파 교리(Jansenism)에 접하면서 감동을 받았는데, 이 파와 대립하던 예수회의 세속적이고 지나치게 타협적인 도덕이 싫어졌다. 그래서 파스칼은 얀센파 교리가 참 기독교적이라고 생각하여 이 교파를 받아들이고 자기 일생을 하나님을 위해 바칠 마음이 생겼다.

그동안 파스칼은 여러 가지 학문상의 실험과 논의도 했다. 그가 23세 때였다. 1651년 9월, 파스칼의 부친이 세상을 떠났고, 다음 해에 여동생 자크린(Jacqueline)이 26세로 포트로열(Port-Royal) 수녀원에 들어가 종신 서원을 했다.

그녀는 본래 아름다운 얼굴에 명랑하고 시를 좋아해서 왕비 왕녀나 궁정 귀녀들 사이에 인기가 있었으나, 13세 때 천연두를 앓고 얼굴이 미워졌지만, 결코 인생을 비관하지는 않았으며, 그것을 하나님의 뜻으로 생각하고 청정한 수녀 생활을 동경해 왔었다.

결국, 부친의 별세와 여동생이 수도원으로 들어간 일로 인하여 파스칼은 너무도 고독해졌으며, 병약한 몸으로 과학적인 연구를 계속함으로써 육체가 점점 쇠약해져서 지팡이를 짚을 형편이 되었다.

한때는 사교 생활에서 위안을 얻으려 했으나, 그의 고귀한 영혼은 거기서 위안을 찾을 수 없었다. 파스칼은 여동생이 검은 수녀복을 입은 모습에 감격하고, 1654년 11월 어느 깊은 밤에 견신(見神)의 기쁨을 얻고 감격의 눈물에 젖었다.

자기 여생을 하나님께 바치기로 결심했으나, 세속의 인연을 끊지 못해 고민할 때마다 동생 자크린이 상담역을 했다. 이듬해 1월 세상의 인연을 관계를 끊고, 여동생의 포트로열 수도원에 들어가 은수사(隱修士)가 됐다. 그의 나이 31세 때였다. 그곳에서 그는 『기독교 변호론』을 쓰기로 결심하고, 그때그때 감상을 써 둔 것이 그의 사후에 발견되었는데, 그것이 바로 유명한 『팡세』 명상록이다.

본래 병약한 그는 고통을 잘 참아 결코 신음을 내지 않았다. 설사가 계속되고, 심한 두통이 그를 괴롭히는 중에 자기의 죽을 때가 가까운 줄 짐작하고 사제를 불러 참회를 고백하고, 최후의 성찬을 구했다.

사제가 성체를 받들고 병실에 들어왔을 때, 파스칼은 창백한 얼굴에 기쁨을 띄우고 반신을 일으키려고 노력했다. 사제가 신앙의 교의를 물으니 분명하게, "나는 모든 교리를 믿습니다."라고 대답했다.

임종의 의식(종부성사)이 끝나니 병자는 가느다란 목소리로, "주여, 저를 버리지 마옵소서" 하고 기도했다. 이것이 그의 마지막 말이었다.

1662년 8월 19일, 그의 나이 39세였다.

37.

장 칼뱅

장로교회의 제도를 세운 개혁 신학자

장 칼뱅(Jean Calvin; 1509~1654), 또는 영어식으로 요한 칼빈(John Calvin)은 1509년 7월 10일, 프랑스 북부 피카르디(Picardy) 지방의 누아용(Noyon)에서 교회의 서기 잔 르프란(Jeanne le Franc)과 회계 맡은 제라르 코뱅(Gérard Cauvin)의 차남으로 태어났다. 칼뱅의 본명은 주앙 코뱅(Jehan Cauvin)이다.

칼뱅은 아버지에게서 지식욕과 조직적 두뇌를 물려받았고, 어머니는 매우 경건한 여성이어서 칼뱅은 그 영향을 많이 받았다. 살림이 넉넉한 가정이었으므로 어려서 칼뱅은 행복하게 자랐다. 귀족의 자녀들이 공부하는 데서 함께 사귀며 공부하여 칼뱅의 성격과 품위는 다른 개혁자 루터나 츠빙글리와는 다른 점이 있었다.

그의 파리 유학 중에서도 귀족의 자제들과 같은 대학에서 공부했다. 칼뱅이 몬테그 대학(Collège de Montaigu)에 옮겨서 철학을 4년간 전공하고 문학사의 학위를 받았는데, 거기서 우연히 예수회 창설자 로욜라의 이냐시오를 만났다. 그러나 그들은 후에 이냐시오는 가톨릭 절대 옹호자로, 칼뱅은 개혁신학자로 갈려졌다.

1532년 칼뱅은 오르레앙 대학(University of Orléans)에 이전하여 학사 감사의 대리직을 1년 동안 맡아 보았는데, 그동안 그는 자신을 하나님께 헌신할 결심을 했다. 자기의 필생의 사업은 인문주의 학문도 아니고, 법학도 아닌, 다만 하나님께서 지시하시는 것은 무엇이나 할 용의를 갖추는 회심의 기간이었다.

이듬해부터 그는 열렬한 복음주의 신앙을 공표하며 행동했다. 그는 로마교회를 기만과 모순된 기관이라고 보고, 따라서 그 교회와 갈라지는 것이 불가피하다고 느껴졌다.

당시, 국왕 프랑수아 1세가 신교의 박해자로 변절한 이래 칼뱅은 프랑스 국경을 넘어서 스위스의 바젤로 피신했다. 그동안 프랑스에서는 많은 충직하고 거룩한 신도들이 화형에 처해 순교를 당했다.

1586년 3월, 칼뱅의 나이 27세 때 그의 유명한 대작 『기독교 강요』(Institutio Christianae Religionis)를 쓰기 시작했다. 『기독교 강요』는 그가 체득한 깊은 신앙 경험을 토대로 쓴 것이다. 이 책이 프랑스 왕 프랑수아 1세에게 헌정되면서 신교도에 대한 정치적 관용을 호소하는데 매개가 된 사실은 의미 깊은 일이었다.

칼뱅은 이 책 출판 후에 더 공부하려고 스트라스부르그로 가던 도중 제네바에서 하늘로부터 내리는 힘에 붙잡히고 말았다. 이 소명의 날로부터 칼뱅에게는 전투가 맡겨져 있었다. 그는 고요히 숨어서 은거하기를 사랑하는 평화의 사람으로 싸움을 피하고 꺼려했지만, 그러나 이 같은 성격임에도 불구하고 전투는 부단히 계속되지 않을 수 없었다.

제네바 공화국은 칼뱅을 성서 교사로 초빙해서 매 주일 설교하고 기독교 강요를 프랑스어로 번역하면서 제네바 시민들의 삶이 신조에 부합하도록 했다. 불경건한 시민은 징계하고, 사교댄스는 엄금되고, 도박장을 경영하는 자는 골패를 목에 걸고 거리로 끌고 다녔고, 사치한 화장을 시킨 미용사는 감금하고, 간음한 남녀는 함께 끌려 거리를 돌고 시외로 추방했다.

그러나 이 같은 일이 처음에는 환영받았으나, 후에는 반대 세력이 강해서 칼뱅은 동지들과 함께 추방당했다. 칼뱅은 유랑 생활 중에 이델레트 드 뷔르

(Idelette de Bure)와 결혼하고 가정의 위로받았다. 그 여자는 친구의 미망인으로 남매의 자녀를 거느리고 칼뱅과 결혼하였으나 정숙하고 경건한 내조자였다.

1541년, 칼뱅은 한때 추방당했던 제네바 정부와 시민의 열광적 환영을 받으며 다시 돌아왔다. 그의 나이 32세의 청년이었다. 제네바에 돌아온 후 교회의 조직과 치리에 힘쓰는 한편, 신학적 대적과 논쟁을 했다.

세르베투스와의 신학적 논쟁하다가 결국 세르베투스를 화형에 처했다. 세르베투스 처형 후, 제네바는 극히 평온하여 칼뱅의 교리와 그 교회조직으로 지배되는 질서 있는 도시로 되어, 유럽 각국에서 망명객들이 복음주의 신앙의 피난처로 몰려와 그 수가 날로 더했고, 그들에게 특수한 보호와 특권을 부여하는 법령도 제정되었다.

1564년 4월, 칼뱅은 과로와 중첩한 질병으로 병상에 누워 다시 일어날 수 없음을 알고, 유언서를 진술하고, 28일에는 제네바 교직자를 모으고 "자기 사후에 그 사업을 굳게 지속하라"고 부탁하고, 5월 27일 고요히 눈을 감았다.

38.

단테 알리기에리

세상에 관한 생각을 단념하고 신의 은총에 매달리며 『신곡』을 쓴 문학가

불후의 세계적 명작 『신곡』(神曲; Divine Comedy)을 쓴 단테 알리기에리(Dante Alighieri; 1265~1321)는 1265년 이탈리아 피렌체에서 태어났다.

단테의 일생에 두 가지 큰 숙명적인 사건이 있었다. 하나는 그의 『신곡』을 쓴 동기가 되는 유명한 처녀 베아트리체(Beatrice Portinari)에 대한 첫사랑이요, 또 하나는 고향에서 추방당하고 19년 동안이나 겪은 우울한 방랑 생활이다.

이 두 가지 사건이 이 시인으로 하여금 신곡에서 천국, 연옥, 지옥을 쓰게 하였다. 단테가 애련한 소녀 베아트리체를 처음 본 것은, 1274년 꽃피는 5월 화려한 피렌체 어느 길목에서였다.

그때, 조숙한 이 시인의 나이는 아홉 살, 그 소녀도 아홉 살이었다. 그 후 단테는 브로니아와 파도와 대학에서 공부하고, 처음으로 시를 쓰기 시작했다. 당시 고향 피렌체는 정치적 혼란 속에 있었다.

처음 베아트리체를 보고 연정을 느낀지 9년이 지나 단테가 이미 성숙한 멋진 청년이 된 어느 봄날, 우연히 아르노강 다리목에서 꿈에도 잊을 수 없었던 베아트리체가 이미 묘령의 숙녀가 된 아름다운 모습을 다시 보게 되었다.

단테는 그녀에게서 우아한 인사를 받았다. 그 순간 한없는 행복감 이 단테의 심혼을 사로잡았다. 그 후 그는 그녀의 꿈만 가슴에 안고 사는 짝사랑의 사람이 되고 말았다.

단테의 성격은 좀 무뚝뚝하여 과묵하고 가슴 속에 깊은 갈등을 간직하고 있으면서도 밖으로 쉽게 표현 못 하는 인물이었다. 그만치 그가 한 번 받은 감동이나 충격은 오래도록 가슴 속에서 설레고, 그런 체험은 심각한 인상을 남기게 됐다.

단테는 게으르고, 놀러나 다니는 타락한 일반 청년과는 달랐다. 어려서부터 공부에 열심하고, 문학을 좋아하면서도 강한 실천적 의지를 가진 청년이어서, 당시 도시국가가 대립하고 있던, 1289년 6월에 있었던 캄팔디노 전투(1289년)에서 구엘프 기병대와 함께 싸웠다. 이 승리는 피렌체 헌법의 개혁을 가져왔다. 공공 생활에 참여하기 위해서는 도시의 많은 상업 길드 또는 장인 길드 중 하나에 등록해야 했으므로, 단테는 의사 및 약사 길드에 가입했다. 단테의 이름이 때때로 공화국 의회에서 연설하거나 투표하는 것으로 기록되어 있다.

이런 단테가 천사 같은 베아트리체의 모습을 한 번 보았을 때, 그의 가슴 속에는 고상한 소원이 떠올라 자기는 그녀에게 부끄럽지 않은 위대한 존재가 되리라고 스스로 마음에 다짐했을 것이다.

그러나 그의 나이 25세 때, 1290년 6월 9일 첫사랑의 베아트리체는 꽃피는 젊은 나이에 홀연히 세상을 떠나고 말았다. 그로 인해 다감한 젊은 시인의 비탄은 말할 수 없었다.

그 후, 단테는 1300년 6월 15일, 피렌체의 최고의 행정 기관인 6인의 참사관의 한 사람으로 뽑혔다. 정치계에 존재를 나타내 유명해지기는 했으나, 이것이 그의 일생의 화근이었다. 그는 당시 북이탈리아에 소용돌이치던 격렬한 정치 싸움에 휘말려 2년 못 가서 1302년 4월 4일, 적당(흑당)에게서 수뢰, 사기, 독직, 반역 등의 근거 없는 죄목을 뒤집어쓰고 고향 피렌체에서 추방당했다.

여기서부터 그의 인생의 밑바닥을 헤매는 방랑 생활이 시작됐다. 초라하고 지친 그의 모습은 이탈리아뿐만 아니라, 멀리 파리에까지 헤매고 있었다.

해 저무는 어느 저녁, 산 중 어느 수도원의 대문을 두드리는 나그네가 있었다. 수도사가 문을 열고 보니 초라한 방랑객이었다. "무엇을 요구하는가?" 하고 물으니, "평화요!"라고 한 마디 대답하는 사람이 바로 방랑자 단테였다.

단테는 영영 다시 고향 피렌체에 돌아갈 희망도 없고, 이 세상에서 출세, 성공, 영광, 행복에 대한 모든 기대를 완전히 잃은 그는 세상에 관한 생각을 단념하고, 피안의 영원한 세계, 신의 은총에 매달리며 회개하는 겸손한 순례자로 변했다.

이 같은 비참한 방랑 생활의 일생 속에서 그는 유명한 장편 서사시 『신곡』을 써 갔다. 그리고 첫사랑의 잊을 수 없는 순결한 처녀 베아트리체는 그의 작품 속에서 단테에게 하늘에 계시와 신학과 천국의 길을 안내하는 상징적 표상으로 승화했다.

단테는 철저히 신앙에 사는 성자에 가까운 사람이었다. 아홉 살 어린 나이 때 느낀 첫사랑은 순결하게 그의 가슴에 간직되어 쉰일곱 살에 세상을 떠날 때까지 그를 구제하는 길로 인도하는 별이 됐다.

단테는 『신곡』에서 자기의 정치적 원수나 타락한 교황까지 여지없이 지옥에 떨어뜨렸다. 『신곡』의 첫머리 '지옥편'에 그가 신곡을 쓰기 시작한 것은 서른다섯 살 때인 듯하다. 그는 지옥 구조를 세 등분하여 '지옥권외'(지옥 문전) '상부 지옥'과 '하부 지옥'으로 나누고, 중죄인은 하부 지옥에 떨어지되, 하부 지옥이 다시 9개 지옥으로 구분되고, 각 지옥을 다시 세분했다.

가장 큰 죄인들이 떨어지는 지옥 밑바닥은 반역죄였다. 연옥(煉獄)의 정죄산(淨罪山)도 7층으로 되었다. '천국'은 제9천(原動天)까지 있고, 그 위에 '지고천'(至高天)이 있었다.

39.

알칸타라의 성 베드로

40년간 매일 한 시간 자며 기도의 삶을 산 스페인의 탁발 수도사

알칸타라의 성 베드로(Pedro de Alcántara, 1499~1562)는 스페인 칼케레스(Cáceres) 알칸타라의 지사였던 아버지 베드로 가라비토(Peter Gravito)와 사나비아(Sanabia) 귀족 가문의 어머니 사이에서 유복한 가정에서 태어났다.

그는 테레사와 같은 시대의 사람이다. 14세가 되던 해에 살라망카(Salamanca) 대학에 가서 수학한 후, 16세가 되던 해(1515년)에 성 프란치스코의 '작은 형제단'(Franciscan friar)에 가입하여 수도 정진했다.

22세에 바다요스(Badajoz)에 엄격한 법회의 새로운 공동체를 설립하는 일에 참여했다. 1524년에 사제 서품받고, 그다음 해에 고성(古聖) 카스티야의 천사들의 성모 마리아(St. Mary of the Angels) 작은 형제단의 감독으로 임명되었다. 몇 년 후 그는 많은 성공을 거두며 설교하기 시작했다.

1538년 피터는 프란치스코 수도회인 에스트레마두라의 성 가브리엘 지방의 책임자가 되어서 해이해진 수도원을 개혁하기 위해서 수도 규칙을 엄격하게 세우고 실천하려 했지만, 수도사들의 반발로 뜻을 이루지 못했다. 그래서 그곳을 사임하고 아빌라의 요한과 함께 포르투갈의 아라비다(Arrábida)에 들어가서 그곳에서 마르틴 드 산타 마리아 수도사를 만났다. 그러나 곧, 다른 수도회들이 그들과 뜻을 합하여 작은 공동체를 세웠다. 베드로 수사는 바레이로의 팔하이스 작은 형제단의 지도자로 선정되었다.

1553년 스페인으로 돌아온 그는 2년 동안 독수(獨修) 생활을 했다. 그는 20년 동안이나 얇은 철판으로 만든 고행복을 입고 지냈고, 40년 동안 매일 한 시간 이상은 자지 않았는데, 그것도 자기 수도실 벽에 말뚝을 박고 거기다 머리를 기대고 앉은 채로 잠을 잤다. 대부분은 방안에서 무릎을 꿇거나 선 채로 지냈다.

그의 수도실은 길이가 불과 4척 반밖에 되지 않는 좁은 방이었다. 의복은 폭을 좁게 만든 거친 옷에 맨발로 다녔다. 식사는 3일에 한 끼씩 먹었고, 특별한 기도 중에는 8일간이나 금식하고 기도 생활에 도취하여 황홀과 하나님의 사랑의 정열을 경험하며 지냈다.

그가 3년 동안 살던 어느 수도원에서는 페드로가 누구 앞에서도 결코 눈을 올려서 바라보지 않고 지냈기 때문에 다른 수도사들의 목소리는 분별해도 얼굴은 몰랐다. 어느 때나 이성을 쳐다보는 일이 없었다.

고행 때문에 신체는 바싹 야위었어도 그는 덕이 높고 친절하며 거의 말이 없었다. 그가 세상을 떠날 때는 시편 122편을 외우며 "주의 집에 가자"라고 하면서 무릎을 꿇고 임종했다.

그가 임종할 때 먼 거리에 떨어진 곳에서 사는 테레사 성녀에게 환상 중에 나타나 "저는 이제부터 쉬러 갑니다."라고 했다.

40.

마담 귀용

긴 시련을 통해 참 신앙을 깨달은 정적주의 신비가

마담 귀용(Madame Guyon, 1648~1717)은 1648년 프랑스 파리 남쪽 소도시 몽따흐쥐(Montargis)에서 탄생했다. 어려서부터 신심이 두터워 늘 성경을 읽었다. 얼굴도 재주도 뛰어나게 잘난 그녀는 일찍이 어떤 부자와 결혼했으나, 남편은 재산만 많을 뿐 무식하고 인격이 덜된 사람이어서 부인은 많은 고통을 느꼈으나 기도 중에서 위로받았다.

그녀는 말하기를, "하나님과 사귀려는 갈망을 억제할 수 없어서 기도하기 위하여 매일 새벽 4시에 일어났다. 내게는 기도하는 일보다 즐거운 일은 없었다. 기도하는 몇 시간이 내게는 순간처럼 여겨졌고, 기도하는 일 외에 다른 일을 할 수 없었다. 내 속에는 하나님을 사랑하는 마음이 불타올라 쉴 줄 몰랐고, 그 기도는 기쁨의 기도였고, 몰아(沒我) 지경이었다. 그때 나는 하나님을 맛보는 즐거움이 신묘하여 순결하고 쉼 없이 심령의 능력을 흡수하여 나를 신비의 깊음에 들어가게 했다."라고 고백하였다.

그러나 그녀는 재산이 많고, 꽃 같은 자녀 셋을 낳아 키웠으나 자기 얼굴이 너무 미모였기 때문에 매일 경대 앞에 앉아 화장하는 시간이 더 많았고, 아름답게 단장하고는 할 일 없이 파리 거리를 돌아다녔다. 그의 신앙은 톱질하듯 전진했다가는 후퇴하며 일진일퇴하였다.

그러나 하나님은 그녀의 그런 생활을 그냥 두시지 않고, 그녀에게 시련을 겪게 했다. 남편이 사업에 실패하고 일조에 파산하여 재산이 날아가 버렸다. 고민하던 남편은 병들어 죽고, 마담 귀욘은 28세 젊은 나이에 과부가 되었다.

시련은 계속되어 부친도 죽고, 어린애들도 병들어 하나둘 모두 죽어 버렸다. 그녀의 환경이 단순하게 되어 스스로 시를 쓰고 저술하고 기도하면서 위로를 삼았으나, 시련은 그것으로 끝나지 않았고, 어느 때 천연두를 앓고 난 후 거울에 자기 얼굴을 비춰보니 자랑스럽던 자기 얼굴이 얽어져 있었다. 이때, 그녀는 깨닫기를, "하나님은 그 사랑하는 자에게 희생을 구하시는구나!"라고 했다.

그러나 이런 시련보다 더 크고 긴긴 기간의 시련을 겪었는데, 1674년부터 '황폐와 고난의 상태'라는 심령의 건조기를 7년간이나 계속 겪었다. 그 기간은 종교적 기쁨이나 평화도, 어떤 종류의 종교적 정서도 전혀 얻지 못했다.

아무리 기도해도 응답은 없고, 다만 믿음으로만 걷지 않으면 안 되게 되었다. 그때, 그녀에게는 하나님께서 멀리 떨어진 것 같이 느꼈다. 그러나 이 기간에 그녀는 그 이전의 종교 생활에서는 다만 감정만을 찾았고, 주님 자신보다 정서를 더 찾았는데, 그 잘못을 깨닫고 믿음으로 행하는 길을 깨달았다.

진정한 기쁨과 평화는 감정에 의한 것이 아니라, 믿음에 의한 것임을 알았다. "소망의 하나님이 모든 기쁨과 평강을 믿음 안에서 너희에게 충만케 하사 성령의 능력으로 소망이 넘치게 하시기를 원하노라"(롬 15:13)고 하신 말씀과 같이.

기도문

사모하는 주여! 제가 만일 당신께 예정하신 희생제물이옵거든, 지금 당신의 생축(牲畜)인 저를 태울 당신의 불을 준비하옵소서. 저로 하여금 당신 은혜의 깊은 속에 몸을 던져 죽게 하소서.

주님을 사랑하는 모든 영이 누구나 사모하는 그 죽음을…

지금 저는 나의 삶을 묵상하며 세월이 흘러감을 봅니다. 이 세상에서 헛되이 지나간 세월의 무상함이여, 이제 나의 생각은 오로지 당신의 뜻을 따릅니다. 기쁨과 성심으로 주저함이 없이…

삶이건, 죽음이건, 고통이건, 쾌락이건, 그리운 당신께서 명하신 것은 무엇이나 내게는 마찬가지로 반가운 것.

나의 영은 고통 속에서도 참된 악은 느끼지 않고, 평안과 건강 속에서도 참된 선을 느끼지 않습니다.

지금 내 영혼이 갈망하는 건, 단 하나의 '선' 뿐입니다. 버르장머리 없는 내 사사로운 뜻을 버리고, 다만 당신의 뜻만을 택합니다. 당신의 뜻이라면 나는 보좌보다 돌베개를, 위로보다 고통을 선택하리.

"이 세상에 대해서는 죽으라." "십자가를 지라." "자기를 살리지 말라"는 것이 당신의 계명이었나이다.

저로 하여금 야속하고 거친 운명에서도 태연하며, 난파선 안에서도 육지인 양 기뻐하게 하소서.

41.

올리버 크롬웰

하나님 외에 누구도 무서워하지 않았던 믿음의 장군

올리버 크롬웰(Oliver Cromwell; 1599~1658)은 1599년 4월 25일 헌팅던(Huntingdon)에서 로버트 크롬웰(Robert Cromwell)과 엘리자베스 사이에서 태어났다. 아버지 로버트 크롬웰은 첫 부인과 사별한 후 윌리엄 스튜어드의 딸인 엘리자베스와 재혼했다.

올리버 크롬웰은 1599년 4월 29일 세인트 존스 교회에서 세례를 받았고 헌팅던 문법 학교에 다녔다. 그는 그 당시 청교도 정신을 토대로 세운 케임브리지의 시드니 서섹스 칼리지(Sidney Sussex College)에 입학했다. 그러나 1617년 아버지가 사망하자 학위를 받지 못한 채 학교를 그만두었다.

1618년 영국 중흥의 최대 공신인 써 워터 로리가 단두대에서 비참한 최후를 마쳤다. 이때, 젊은 크롬웰은 이 영웅의 죽음에 큰 자극을 받았다. 크롬웰은 일찍부터 정치가가 되려고 했지만 시대의 혼란을 보고 시기가 아직 이르지 않은 줄 알고 전원에 물러가 농사와 학문에 노력하면서 뒷날의 큰 꿈을 이룰 기회를 기다렸다.

크롬웰의 초기 종교적 신념에 관해 구체적으로 알려진 바가 없지만, 여러 정황으로 보아서는 청교도 급진파와 친분이 있었다. 그러나 1620년대 말에서 1630년대 초 사이 크롬웰은 심리적 위기를 겪었다. 1628년 헌팅던의 의원으로 선출되었지만, 그해 말부터 우울증 치료를 받았다. 이듬해에는 헌팅던의 새로운 조례 재정을 두고 분쟁에 휘말리면서 정치적 위기에 처했다.

1631년 크롬웰은 헌팅던의 재산을 처분하고 시골 세인트 아이브스(St Ives) 농장으로 이사했다. 이곳에서 닭과 양을 키우면서 생계를 유지했는데, 정신적으로는 종교적 각성을 하던 시기였다.

1640년 3월 영국은 왕의 군대와 의회 군대의 두 파로 분열했다. 의회군은 전체 군대를 60명씩 되는 중대 75개로 편성했는데, 그 67중대장이 바로 크롬웰이었다. 양군의 전투가 맹렬하여 승패를 가리지 못했다.

크롬웰은 생각하기를, 술집 심부름꾼이나 거리의 부랑배들로 편성된 오합지졸로서는 왕의 군대에 대항하여 이기기 어려움을 알고 이에 청교도 신앙으로 굳게 결합한 군대를 만들어 뒷날 철기군의 훈련을 시작했다.

1643년 웬스버 전투에서 처음으로 로마교도의 군대를 이길 수 있었는데, 이때 크롬웰은 위기일발의 아슬아슬한 위험에서 살아났다. 그 후 1644년 7월 2일, 마스턴 무어 전투에서 왕의 군대는 크게 패하여 가장 피를 많이 흘린 싸움이었는데, 북부 왕의 군대는 거의 전멸하다시피 했으나, 크롬웰의 기병대는 가장 용맹을 떨친 날이 됐다. 크롬웰의 군대가 진군할 때마다 구약 시편을 부르며 행군했다고 한다.

1648년 3월 15일은 크롬웰이 아일랜드의 반란을 평정하는 군대의 부총독으로 임명되던 날인데, 이날 저 유명한 『실락원』을 써서 불후의 시성(詩聖)이 된 존 밀턴이 크롬웰 장군의 비서로 임명됐다. 이 젊은 시인 밀턴은 이때까지 학문과 시를 쓰는 데만 몰두하여 서재에서 일보도 밖에 나가지 않더니 크롬웰의 부름에 응해 이 시대의 일대 혁신기를 맞아 정치의 소용돌이 속에 뛰어들었다.

1650년 6월에 크롬웰은 의회군의 총사령관이 되어 북방 스코틀랜드 원정을 떠나 1만 6천 명의 부하를 거느리고 침입하여 이듬해에 런던에 당당히 개선했다. 그는 전쟁 중에도 언제나 성경을 품고 다녔다. 그 때문에 적탄이 쏜 총알이 가슴에 품은 성서에 맞고 크롬웰은 무사한 일도 있었다. 그가 영국 민정장관에 취임한 후 박해받던 신교도를 보호하고, 국회가 그에게 '왕'(王)의 칭호를 주려 했지만, 그는 거절했다. "하나님 외에는 아무것도 무서운 것이 없다"라던 크롬웰도 1658년 9월 3일 세상을 떠났다.

42.

조지 폭스

하나님의 영감이 오기 전에는 설교하지 않았던 퀘이커파 교주

조지 폭스(George Fox; 1624~1691)는 1624년 당시 잉글랜드 레스터셔주 드레이튼 인 더 클레이(Drayton-in-the-Clay, Leicestershire)라는 청교도 세가 강한 마을에서 태어났다. 아버지는 직조공 크리스토퍼 폭스(Christopher Fox)와 어머니 메리 라고(Mary née Lago) 사이의 4남매 중에서 맏이였다. 아버지는 교회 관리인으로서 비교적 부유한 생활을 했다. 아버지가 사망하면서(1650년) 상당한 유산을 아들에게 남겨주었다.

폭스는 열한 살에 벌써 진지하고 종교적인 성향을 가졌다. 정규 교육에 대한 기록은 없지만, 그는 읽고 쓰는 것을 배웠다. 그는 자신에 관해 "제가 11살이 되었을 때 순수함과 정의를 알았습니다. 왜냐하면, 제가 어린 시절에 순수함을 유지하기 위해 걷는 법을 배웠습니다. 주님은 저에게 모든 것에 충실하라고 가르쳤고, 모든 것에 충실하라고 가르쳤습니다. 즉, 하나님께, 내적으로는 하나님께, 외적으로는 인간에게"라는 글을 남겼다. 이렇게 그는 순결과 정의감이 넘쳐 진실한 신앙생활을 사모하면서 소년 시절은 가정 사정으로 구두 제조와 가축을 사육하는 사람의 집에서 일했다.

19세 때 신자인 두 친구가 술 마시는 것을 보고 크게 마음이 아파하던 중 마음에 "너는 젊은 자는 헛된 일에 분주하고, 늙은이는 흙으로 돌아가는 것을 보고 있다. 너는 젊은 자도 늙은이도 아닌, 모든 사람보다 다른 사람이 되지 않으면 안 된다."라는 주님의 음성을 들었다. 그의 친구들은 폭스에게 결혼하라고 권면하고, 혹은 군대에 들어가라고도 말하고, 와위크샤의 어떤 수도사는 담배 피우고, 또 시편을 노래하라고도 말했다.

어느 때, 그는 영감으로 옥스포드나 케임브리지 학교에서 교육받은 것만으로는 그리스도의 종이 될 수 없고, 영적으로 변화하지 않으면 안 된다는 하늘의 계시를 받았다. 그러고 나서 기성교회 성직자에게 교훈을 청한다는 일의 무익함을 깨닫고 성경을 들고 과수원이나 논밭에 나가서 혼자서 기도하면서 영적 은혜를 얻으려 했다.

그러나 기성교회 지도자나 그밖의 아무도 자기를 인도하는 자가 없음을 보고 전적으로 실망하고 있을 때, 그에게 영음이 들려오기를 "너를 인도할 한 분이 있다. 즉, 예수 그리스도이시다. 그가 너의 할 일에 관하여 말씀하시리라"고 했다.

1648년부터 폭스는 시장 네거리나 그 밖의 장소에 나서서 설교하기 시작했다. 그가 전하는 말씀에 능력이 있는 것을 보고 사람들은 "그에게서 참 종교를 발견했다."라고 하며 그에게 모여들기 시작했다.

사람들이 모여드니 '친우회'(親友會)가 생겨났다. 그러나 폭스는 처음부터 어떤 새 종파를 세울 생각은 조금도 없었다. 다만, 자기로서는 기독교의 참된 모습을 보이려고 소원했을 뿐이었다.

1650년에 폭스가 재판관 앞에 불려가 심문받을 때, "주님의 말씀을 들을 때 떨려야 한다."라고 주장하였다 해서 이들을 '퀘이커'(진동하는 자)라고 부르게 되었다

폭스와 그의 교도들은 국가에서 금지하는 이단적 예배를 드린다고 자주 체포되어 감옥에 갇히기도 하고 박해를 받았다. 폭스는 옥중에서도 열심히 책을 저작해서 문서로써 설교보다 더 유력한 활동을 했다.

그가 설교할 때는 큰 성경책을 안고 강단에 나서서 직접 하나님의 영감이 올 때까지는 10분이고 20분이고 입을 열지 침묵하고 왔다갔다 하다가 영감이 내리면 그때는 폭포 같은 우렁찬 설교를 하여 많은 사람을 감동시켰다.

그의 얼굴은 우아하면서도 대장부답고, 그의 설교는 쉬우면서도 능력이 있었다. 그의 기도는 열렬하여 사람들을 감동시켰다. 그는 신자들의 마음에 오는 내적 빛을 강조하여 '내적 빛'(Inner light), '내적 조명'(Inner Illumination)을 말했고, 자기 파 교인을 '빛의 자녀'라고 불렀다.

그 교도들이 예배드릴 때는 미리 정한 순서가 없고, 각자에게 영감이 내리는 대로 노래하고, 기도하고, 간증도 했다. 폭스는 자기를 따르던 여 제자와 결혼하여 가정을 이루면서 세상 떠나기 2일 전까지 매우 능력 있는 설교를 했다.

43.

존 웨슬리

부패한 영국을 경건 운동으로 건진 감리교 창설자

존 웨슬리(John Wesley, 1837~1920)는 영국 메도디스트파의 창설자이다. 그의 아버지는 사무엘 목사였고, 어머니는 가장 경건하고 재덕을 겸비한 수잔나였다. 19명의 자녀를 신앙으로 길렀는데, 존 웨슬리는 열다섯 번째 아들로 에보스에서 태어났다.

1709년 2월 9일, 사무엘 목사 사택에서 화재가 났을 때, 어린 존 웨슬리는 간신히 불 속에서 구출되었다. 그래서 그는 어른이 된 후에도 가끔 "나는 불에서 끄집어낸 그루터기다."라고 말했다.

웨슬리는 1720년 옥스퍼드 대학에 입학했다. 그의 청년 시절에 가장 큰 감화를 끼친 이는 어머니 수잔나와 신비적 수도사 토마스 아 켐피스의 『그리스도를 본 받아』라는 책과, 제레미 테일러(Jeremy Taylor)의 『거룩한 삶』(Holy Living)과 『거룩한 죽음』(Holy Dying) 등이었고, 윌리엄 로(William Law)의 『엄숙한 소명』(A Serious Call to a Devout and Holy Life)과 『크리스천의 완전』(Practical Treatise Upon Christian Perfection) 등은 그로 하여금 깊은 사색으로 이끌어, 이런 영향으로 그는 결국 완전한 헌신을 결심하게 했다.

존 웨슬리와 그의 동생 찰스 웨슬리(Charles Wesley)와 함께 옥스퍼드 대학 시절에 만든 모임 '신성 클럽'(Holy Club)의 인도자가 되었다. 처음 회원은 불과 네 명이었지만, 그들은 엄격한 규칙을 만들어 실행했고, 매일 성경을 읽고,

한 주일에 이틀 금식하고, 성찬예배를 한 번 드리고, 주일 밤에는 신학 서적을 읽고, 경건한 생활을 했기 때문에 주위 친구들이 그를 '메도디스트'(methodist)라는 별명으로 불렀다.

결국 이것이 후에 존 웨슬리가 일으킨 메도디스트(감리교) 운동의 시작이요, 산실이 된 것이다. 그들이 살던 당시 영국의 도덕 생활은 말할 수 없이 부패하여 패퇴했으며, 빈부의 차이가 심하여 사회는 혼돈 속에 있었다. 영국의 어린아이들은 "우리는 아버지가 누구인지 알 수 없다."라고 할 만큼 부녀자들의 성도덕은 문란했다.

18세기 이전의 영국 사회를 평하여 "영혼은 죽고, 밥주머니만 활발하던 시대"라고 했다. 그런 속에서 일으킨 웨슬리의 경건 운동은 영국 교회를 건질뿐만 아니라, 영국 국가를 건져낸 것이다.

1735년, 그의 부친이 세상을 떠난 뒤, 두 형제는 북미 조지아주 식민지로 가게 되었다. 대서양 항해 중에 폭풍우를 만나 배 안에 있던 사람들은 살 가망이 없어 완전히 공포에 사로잡혀 있었는데도 그 배 안 구석에 모라비안 교도들은 죽음의 공포를 초월하여 태연히 찬미하며 예배드리는 광경을 보고, 존 웨슬리는 감동되어, 그 후 모라비안파 교회를 자주 드나들면서 많은 격려를 받고 배우기도 했다.

북미 선교가 실패로 돌아가자 본국으로 귀국했다. 1738년 어느 날, 런던 올더스케잇의 작은 집회에 참석했다가 그날 예배 인도하는 자가 루터의 로마서 주석 서문을 낭독하는 소리를 듣다가 그는 전심전령이 죄에서 벗어나 그리스도 안에서 편안과 구원의 기쁨을 느끼는 체험을 했다.

그 이듬해인 1739년, 프린스턴에서 처음 야외설교를 하여 성공을 거두고, 그는 비범한 조직 능력으로 메도디스트파를 창설했다.

그의 결혼 생활은 매우 불행했으나, 그 대신 종교 활동에 열을 올려 한 주일에 평균 15회나 설교했고, 해마다 8,000km 여행을 다니며 전도했으며, 빈민 구제, 병자 위무, 감옥 방문을 통한 전도에도 힘을 썼다.

그는 생전에 391권의 저서를 남기고 복음 전선에 끝까지 활동하다가 1791년 3월 2일에 88세 나이로 세상을 떠났다. 그는 "나의 교구는 전 세계이다."라는 유명한 말을 남겼다.

44.

데이비드 리빙스턴

아프리카 토민을 위해 일생 복음을 전한 박애주의자

    데이비드 리빙스턴(Livingstone, David; 1813~1873)은 1813년 스코틀랜드에서 독실한 기독교인 노동자의 아들로 태어났다. 집이 가난하여 어려서는 방직 공장에 취직하여 힘든 노동하면서도 틈틈이 과학 서적과 여행기를 읽었다.

    어느 때, 리빙스턴은 21세 때 중국으로 파견할 선교사를 모집한다는 광고를 보고 지원했지만, 당시 아편전쟁으로 인해 중국행이 무산되었다. 마침 아프리카 남부에서 선교 활동을 하던 모팻(Robert Moffat, 1795~1883) 목사를 만나게 되었고, 중국 대신 아프리카 선교를 택했다. 모펫 목사는 남아프리카 선교회(South African Missions)의 창시자로서, 후에 리빙스턴의 장인이 되었다.

    리빙스턴은 1840년에는 런던 선교회에서 선교사로 안수받았지만, 언변이 서툴러서 설교자로서는 적당치 않았지만, 1840년 12월 8일 27세의 젊은 나이로 아프리카 전도를 목표하고 런던에서 출발했다.

    그가 탄 배는 5개월 만에 알고아만에 입항해서 모팻 선교사 구역인 쿠르만(Kuruman)으로 가서 그 지방 토인들의 언어를 공부하면서 병자를 치료했다.

    토인들은 그의 병 치료와 사랑에 그를 존경하고 따랐지만, 미개한 토인들은 '하나님'에 대한 개념조차 알아듣지 못하고 자기네 추장을 '하나님'이라 부르기도 하고, 리빙스턴을 '하나님'이라 부르기도 했다.

    그러면서도 그들은 복음을 듣고 성령의 감동될 때는 소리를 지르면서 울며, 또 뒤에서 누가 자기를 죽이려 온다고 생각하여 예배당 밖으로 뛰쳐나가 기도 했다.

어떤 때는 어느 추장 한 사람이 리빙스턴을 찾아와서, 자기는 매우 교만하고 성을 잘 내어 곤란한데 마음을 고치는 약을 달라고 요청했다. 리빙스턴이 성경을 들고 설명해도 듣지 않고, "아니오, 나는 약이 필요합니다. 약을 먹고 고치고 싶습니다." 하고 가버리는 일도 있었다.

또 한 번은 신테라는 추장이 리빙스턴에게 10세 되는 여아를 선물로 주는 것을 거절했더니, 추장은 아이가 작아서 불만이 있는 줄로 짐작하고 더 큰아이를 데리고 왔다.

탐험과 여행을 좋아하는 그는 거기에 거주하는 3년 동안 4회나 여행하면서 지리, 인정, 풍속 등을 탐색했다. 마봇사(Mabotsa)에서는 토인들을 데리고 사자 사냥을 나갔다가 사자에게 물려 그의 한쪽 어깨가 부서졌다. 리빙스턴의 모험과 대 여행은 칼라하리 사막(Kalahari Desert)을 횡단하여 '누가마'의 실재를 발견했고, 또 그 북쪽에 '세바츄아네'라는 대추장의 큰 왕국을 발견했다.

1855년 11월에는 140명의 대원을 인솔하여 아프리카 동해안 탐험을 떠나 유명한 빅토리아 폭포를 발견하였다. 그 폭포 이름은 리빙스턴이 당시 영국 여왕의 이름을 따서 붙인 것이다.

그는 토인들의 노예 매매로 인한 비참함을 보고, 그것을 금지할 것을 영국 정부에 건의하였고, 노예 매매 악습을 폐지하는 것이 그의 아프리카 전도의 하나의 목표가 되었다. 당시 아프리카 노예들은 동물 이하로 취급받으며 백인들에게 끌려가고 있었다.

그가 아내와 사별하고 슬픔 중에 있으면서 5년간이나 외부로 소식을 끊게 되자, 영국 정부에서는 스탠리 일행을 탐색대로 아프리카에 보냈다. 그동안 리빙스턴은 살인적 더위 속에서 열병을 앓으며, 야만 인종에게 식량을 빼앗기고, 죽음의 고개를 몇 번이나 넘기고 있었다. 스텐리는 리빙스턴을 발견하고 뼈만 남은 그에게 본국으로 귀국하기를 권했으나, 그는 "사명을 다하기 전에는 돌아갈 수 없다."라고 말하고 혼자 아프리카에 남았다.

1873년 4월, 병든 그를 사람들은 들것에 담아 메고 치탐보 촌락에 돌아와 초막을 만들고 간호했다. 그해 5월 1일 아침 미명에 시종자들이 그의 침실에 들어가 보니 그는 침대 옆에 무릎을 꿇고 기도하는 자세로 세상을 떠나있었다.

사람들은 그의 시신에서 심장을 도려내어 큰 나무 밑에 묻고, 시체는 미라를 만들어 해변으로 운반하여 영국 배에 실어서 본국으로 보내는데 아홉 달이나 걸렸다.

영국의 온 국민은 크게 슬퍼했고, 시신은 국가의 위인을 장사지내는 웨스트민스터 사원에 장사했다.

기도

"나의 예수! 나의 왕!
나의 생명!
나의 모든 것!
나는 다시 한 번 나의 모든 것을 당신에게 바치나이다.
은혜로우신 하나님!
나를 받아주시옵소서. 이해가 다 가기 전에,
나의 사업을 왕성하게 하여 주옵소서. 아멘."

45.

존 낙스

불의한 여왕을 두려워하지 않고 충고했던 종교개혁자

존 낙스(Knox, John; c. 1514~1572)는 스코틀랜드를 장로교 국가로 만든 스코틀랜드의 목사, 종교개혁자이다. 존 낙스는 메리 여왕이 가톨릭 세력을 회복시키려는 계획에 대항해서 싸웠다. 메리 여왕이 가톨릭교도와 결혼한 것을 문제 삼아 여왕 전에 들어가 따지니, 여왕은 낙스를 불러서, "네가 나의 결혼 문제와 무슨 상관이 있느냐?"라고 되레 따졌다.

낙스는 대답하기를, "하나님이 저를 이 나라 백성의 한 사람으로 지으셨으니, 저도 이 나라에 해로운 일에 관해서는 경고할 책임이 있습니다."라고 했다. 여왕이 분해서 울고 있는 동안 낙스는 눈물을 멈출 때까지 기다렸다가, 또 충고했다.

1545년 12월 종교개혁가 위샤르트(G. Wishart)와 친분을 가지면서 개종하였지만, 위샤르트가 처형당하면서 박해가 심해지자 여기저기 떠돌아다니면서 피난 생활을 했다. 1547년 세인트 앤드류 성에 석 달 동안 머물면서 설교한 것이 종교개혁자의 길로 들어선 계기가 되었다. 그러나 그해 6월 세인트 앤드류를 침공한 프랑스 군에 잡혀서 19개월간 갤리선(galley)에서 배를 젓는 노예생활을 하는 등 많은 고초를 겪다가 풀려났다. 낙스는 이때 몸이 상해 평생 건강 문제로 어려움을 겪기도 했다.

1562년, 여왕은 낙스를 반역자로 죽이려 했지만, 낙스가 의회에서 진리대로 분명히 말하므로 의회에서는 낙스를 무죄 선고했다. 역사를 쓰는 이가 낙스를 가리켜, "사람이 파선 당할 위험을 피하게 할 등대를 세우려면 모래 위에 세우지 않고 바위 위에 세운다. 낙스는 바위였다."라고 했다. 사람들은 그를 가리켜 '하나님의 사람' '스코틀랜드의 빛,' '미덕의 거울,' '깨끗한 생활인' 등으로 불렸다.

그는 세상 떠날 때, 새 힘을 얻은 듯 하늘을 향해 손을 들고 평안히 임종했다. "이 괴로운 나라에 평화를 주소서. 신실한 목사들을 일으켜 주소서!"라고 기도하면서….

사람들은 그의 무덤 묘비에 기록하기를, "여기 사람의 얼굴을 두려워하지 않는 분이 누워 있다."라고 적어 놓았다. 그의 유명한 저서는 『종교개혁사』이다.

46.

존 번연

성경 다음으로 많이 읽히는 『천로역정』의 작가

존 번연(John Bunyan; 1628~1688)은 영국 베드퍼드(Bedford) 근처 엘스토(Elstow)에서 태어났다. 번연의 출생 연도는 부정확하지만, 보통 1628년 11월 30일로 알고 있다. 그는 부친의 가업을 이어 대장장이 직업을 가졌다. 어려서는 거짓말도 잘하는 악덕아(惡德兒)였으나, 그래도 술을 마신다든지 이성 관계는 깨끗했다고 한다. 그는 얼마 동안 군인 생활하다가 결혼했다.

20세 전후에 마음에 번민이 많고 종교 문제로 우울해졌는데, 그의 아내 메리는 청교도의 가정에서 자라나서, 번연과 결혼할 때 갖고 온 지참물은 부친이 준 존 폭스의 『순교사』와 『하나님 섬기는 실행』이라는 책 두 권이었다. 번연은 이 책을 읽으면서 고통도 느꼈지만, 크게 감동되어 회개하고 자기 나쁜 습관을 고쳐갔다.

1653년, 세례받은 뒤에는 즉시 전도자가 되었다. 그가 가진 책이라고는 성경 한 권뿐이었다. 무식한 전도자였지만 경험은 깊었고, 그의 신학은 칼뱅주의였다. 그의 설교는 인기 있었고, 1657년부터 책을 쓰는 일에 몰두하여 하나님의 섭리로 유명한 『천로역정』을 썼다.

국가에서 종교 통일령을 내려 국교회에 출석하기를 강요했는데, 번연은 복종하지 않고 설교를 계속하다가 체포되어 12년간 감옥살이를 했다. 그동안 그의 가정은 비참하여 아내는 죽고, 네 명의 자녀는 어리고, 더구나 그중에 딸

메리는 소경이었다. 후처를 얻었는데 젊고 신앙과 용기 있는 부인이었다.

번연은 감옥 생활 중에 성서와 주석을 읽었고, 존 폭스의 『순교사』를 읽으면서 여가에 『천로역정』을 쓰기 시작했다. 그 후에 장로가 되었다가, 1671년 12월에는 베드퍼드 침례교회의 목사가 되었다. 그가 감옥에 있는 동안 소경 딸은 죽었다. 번연은 건강했지만, 어느 가정의 아버지와 아들 사이의 불화를 중재해 주고 집에 돌아오는 도중 폭우를 만나 오한에 걸려 앓다가 세상을 떠났다.

그는 실로 청교도 중의 청교도였다. 하나님 앞에서는 두려움에 떠는 겸손한 사람이었다. 하나님은 비천한 속에서 그와 같은 인격을 골라내어 세상에 큰 감화를 끼치는 종으로 삼으셨다.

번연이 쓴 『천로역정』은 하나님이 특히 이 책을 쓰게 하려고 번연의 일생을 인도하실 것이라 믿어지리만큼 성경 다음으로 많이 읽히는 책이 되었다.

그 밖에도 『거룩한 전쟁』(*The Holy War*), 『죄인 괴수에게 넘치는 은혜』(*Grace Abounding to the Chief of Sinners*)라는 자기 회개를 기록한 책도 있다.

47.

허드슨 테일러

중국 선교 사업을 선교금 없이 오직 기도 응답으로 성취한 선교사

　허드슨 테일러(James Hudson Taylor; 1832~1905)는 영국의 선교사로 중국 오지(奧地) 전도협회를 창립한 분이다. 요크셔의 반즐리(Barnsley)에서 탄생했는데, 아버지는 약업사였고, 어머니가 목사의 딸이었기 때문에 그 감화로 어려서부터 선교사가 될 마음이 생겨 해외 전도에 관심을 가지고, 특히 중국에 선교사로 갈 결심을 했다.

　15세 때부터 은행에 취직하여 일하면서도 마음은 언제나 선교하는 일에만 잠겼다. 선교사 준비로 의술과 의약에 관한 지식이 필요하다고 느껴 숙부 집에서 일하였다. 그는 어려운 문제가 생길 때는 누구의 도움을 받으려 하지 않고 하나님께 기도하여 그 응답을 받으려 했다. 그는 돈이 부족하여 기도하여 그 액수대로 얻은 체험도 있다.

　1853년 9월 그의 나이 22세 때, 그는 기어이 고국을 떠나 이듬해 3월에야 겨우 중국 상해에 도착했다. 당시 중국은 쇄국 정책을 써서 백인을 '양마'(洋魔)라 불러 미워하던 때여서 전도하기가 매우 어려웠다.

　'암흑 중국의 태양'이라 불린 그의 찬란한 공적은 쉽게 이룬 것은 아니다. 그는 여행하면서 밤에는 절간 뜰에서 자면서 전도지를 뿌리고 다녔다. 이 같은 6년 동안의 전도 경험에서 중국 오지의 가장 궁벽한 지방에 전도해야 하겠다는 필요를 절실히 느끼고, 일단 영국에 돌아가 중국 전도 후원자들을 모집하여 '중국 오지(奧地) 전도협회'를 설립하고 각지로 다니면서 선교사로 지망하는 동지들과 자금을 모았다.

그 후, 1866년 5월에 다시 중국으로 가서 궁벽한 오지에 사는 불쌍한 중국인들에게 그리스도의 복음을 전하면서, 그 후 39년 동안이나 갖은 고생과 싸우면서 선교 사업을 계속했다. 물론, 여러 가지 위험과 오해가 닥쳐왔으나 강철 같은 의지와 인내로 끝까지 견뎌 나갔다. 본국에서 보내주는 자금 후원을 기대하지 않고, 전적 하나님께만 기도하면서 기도 응답으로 그날그날을 살아가는 신념 선교를 했다.

이미 개척한 지방은 동료들에게 맡기고 자신은 한층 더 험난한 오지로 들어갔다. 홍수와 기근 내란 등의 어려움이 계속 엄습해 왔으나 굴하지 않았다. 그리하여 어려서부터 꿈꾸던 중국 선교의 위대한 사업을 성취하고, 1905년 6월 3일에 73세의 고령으로 세상을 떠났다.

중국 선교단체는 60여 개나 있는데, 그중 가장 유력한 것이 테일러 단체다. 그가 설립한 중국 오지 전도협회는 1926년의 통계에 의하면 1,134명의 선교사와 6,171명의 중국인 교사로 3,944의 전도 지구에 61,500명의 신자를 가지고 있었고, 7개 성에 전도 사업을 한다고 보고되었다. 그중에는 본국의 원조를 일절 끊고 기도와 믿음으로만 살아가는 신념 선교단도 있었다.

48.

조지 뮐러

오직 기도의 응답으로 날마다 수많은 고아를 먹인 고아의 아버지

조지 뮐러(George Müller; 1805~1898)는 1805년 독일에서 태어나서 1828년 영국에 귀화하여 목사가 되어 브리스톨(Bristol)에 있는 애슐리 다운 고아원의 원장이었다. 또한 그는 플리머스 형제단(Plymouth Brethren)의 설립자 중 한 명이었는데, 이 형제단이 분열되어 그가 속한 단체가 '열린 형제단'이었다.

각종 자선 사업을 하는 중 가장 힘을 기울인 고아원 경영으로 한 때 생전에 10,024명의 고아를 돌보았고, 밖에도 117개의 학교를 세워서 12만 명이 넘는 사람들에게 기독교 교육을 제공했다. 그리고 외국 선교 사업과 세계 전도 여행 등 다양한 활동을 했다.

이와 같은 막대한 사업을 하는 데는 일정한 수입이 있었던 것이 아니었고, 다만 기도에만 의지했다. 뮐러는 "내일 일을 위하여 염려하지 말라."는 성경 말씀을 문자 그대로 믿고 살았고, 하나님께서는 필요한 것은 반드시 주시리라 확신하고 이 정신에 의하여 믿음과 기도의 일생을 보냈다.

그는 기도 일기장에 언제 기도하고 언제 응답받았음을 기록해 두었는데, 그것이 4만여 종이나 됐다. 1839년 3월에 뮐러의 보고서를 읽은 어떤 사람이 너무도 감격하여 자기 여동생이 가지고 있는 보석, 금 사슬, 금팔찌, 가락지 등을 뮐러의 고아원에 기부하게 해 달라고 기도하고 있었는데, 그 여동생이 자발적으로 그것들을 뮐러 사업에 기증했다.

그때는 마침 뮐러의 고아원이 비용이 결핍해서 어려움을 겪고 있을 때여서 뮐러는 기도하는 중에 이것들을 받고 비용에 썼다. 뮐러는 그 기부해 온 물건 중에서 다이아몬드 반지로 자기 기도실 유리창에 "여호와 이레"(하나님이 준비하신다)라는 글자를 새겼다. 뮐러가 그 방에 들어가 기도할 때마다 "여호와 이레"라는 이 글자는 아침 햇빛을 받아 반짝이면서 하나님의 계시처럼 그를 격려했다.

고아들이 당장 저녁 먹을 것이 없어도 기도만 하고 있으면 저녁 식사 때쯤 되어 밖에서 자동차 소리가 나면서 어느 특지가가 보낸 빵이 도착했다. 뮐러는 자기 건강과 힘의 원인 세 가지를 말하기를, "첫째, 하나님과 사람에 대하여 양심의 가책 없는 생활을 하는 데서 힘을 얻고; 둘째, 성경을 애독하는 데서 힘을 얻고; 셋째, 하나님과 그 성업(聖業)에 종사하는 행복감에서 힘을 얻는다"라고 했다.

기도의 사람 뮐러는 많은 사람을 전도하여 회개시켰는데, 그는 말하기를, "첫째로 가장 중요한 일은 참으로 회심하는 일이다. 사람이 참으로 그 마음을 하나님께로 향하여 내적으로 변화하기 전에는 결코 다른 사람을 회심시킬 수 없다. 전도는 사람의 직업이 아니오, 하나님의 소명에 의한 일이기 때문에 전정한 설교자는 전령자(傳슈者)이자, 증인(證人)이다. 그런고로 그 배후에 경험으로 좇아오는 사명을 가지지 않으면 안 된다. 다만, 회심(回心)으로는 충분하지 못하다. 주 예수를 직접 아는바 지식이 없으면 안 된다."라고 했다.

49.

윌리엄 부스

빈민굴에 들어가 군 조직 방법으로 전도 운동을 한 구세군 창설자

윌리엄 부스(William Booth; 1829~1912)는 1829년 잉글랜드 노팅엄(Nottingham)의 부유한 상인 사무엘 부스와 그의 두 번째 부인 메리 모스 사이에서 태어난 다섯 아이 중 둘째 아들로 태어났으며, 부스가 어렸을 때 가정 형편이 나빠져서 그의 아버지는 열세 살의 윌리엄을 전당포 견습원으로 일하게 했다. 견습원 2년째 하나님의 소명을 받게 되었다. 그의 절친 윌 샌섬(Will Sansom)은 그를 전도사가 되도록 격려받았다. 이 두 청년은 노팅엄의 가난한 사람들과 죄인들에게 동역으로 설교하기 시작했다. 그러나 샌 섬을 결핵으로 일찍 죽었다(1849년), 홀로된 부스는 런던으로 가서 일자리를 얻었으나, 전도하는 일에 사명감을 느껴 장사하는 일에는 등한했다. 처음에는 일반적인 방법으로 만민들과 고생하는 사람에게 전도했는데, 호응하는 사람들이 생겼다.

그는 26세에 결혼하고 메도디스트파의 목사가 되어 순회 전도를 하다가, 36세 때 무산계급을 위하여 일할 결심을 하고, 런던의 빈민굴이 있는 동쪽 런던 지에 들어가 일종의 특별한 방법으로 전도 운동을 시작했다;

그것은 군대식 조직을 채용하여·군인의 칭호와 군복을 입고 전도인을 '구세군'이라 불렀다. 그들이 군복을 입고 깃발을 들고 행렬을 지어 거리에 나서서 찬송가를 부르고 설교하는 모양을 처음에는 사람들이 조소하고 방해하고 박해를 했으나, 부스의 열심과 헌신적 노력은 점차 사람들이 인정하는바 되었다.

그는 매주 성별회와 철야기도회를 열어서 많은 사람을 신앙으로 이끌었다. 영국에서 부스의 사업이 발전하여 1904년에는 국왕 에드워드 황제가 그들을 만나서 격려해주고, 런던과 노팅엄에서는 그에게 자유 시민권을 주었다.

부스의 구세군 운동은 영국만이 아니라, 세계적으로 발전하여 1880년에는 구세군 중장 레이르 톤을 미국으로 파견하고, 뒤이어 호주, 프랑스, 스위스 등지에도 퍼져 세계 각국에 침투해 갔다. 구세군에서는 이것을 '개전'(開戰)이라 부른다.

1919년 말에는 세계 72개국에 개전하고, 소대급 분대수가 11,173, 사관과 후보생과 군속의 수가 24,582명, 하사관 71,419명, 음악대원 32,598명으로 42개 국어로 복음을 전하고, 82종의 정기 간행물을 발간했다.

제1차 세계대전 중에 독일의 구세군은 중앙 본부와 연락이 단절되는 중에도 그 안에서 발전을 계속하다가 전쟁이 끝난 후 다시 본부와 결합했다.

구세군의 신조는 '구원'(Salvation)과 '성결'(Holiness)이다. 평민적이고, 실제적 또는 전투적인 특징이 있다. 그 정치는 군대 조직을 이용하여 군령(軍令)과 군율(軍律)에 복종하고, 대장은 세계에 한 사람만 있어서 만국 본영에서 전 세계 구세군 운동을 지휘한다.

구세군 병사는 성령으로 말미암은 중생의 체형을 가진 자여야 하며, 입대할 때는 서약을 한다. 그들은 술도 담배도 금한다. 부스는 매우 감화력이 큰 지도자로서 길 가다가 무거운 짐을 실은 수레가 힘들어하면 이 점잖은 신사는 말없이 뒤를 밀어주었고, 이발소에 가서 이발하고 나오면 그다음 이발하러 온 손님이 "이상하다. 지금 여기 누가 이발하고 갔는가? 광명이 느껴진다."라고 했다.

세계 일주할 때는 기차가 정거장에·머물 때마다 부스를 보려고 몰려온 군중으로 넘쳤으며, 부스는 그들을 만나보고 나서 열차 안의 자기 자리에 돌아와 허공을 쳐다보며, "저 얼굴! 오! 저 얼굴!"하며 부르짖었다고 한다.

    그는 1912년 8월, 83세로 세상을 떠났다. 구세군에서는 미리 유언서를 써 두어 밀봉해서 특정의 법률가에게 보관해 두었다가 사후에 개봉하는 규정이 있는데, 부스의 유언서에 따라 그의 맏아들이 제2대 대장이 됐다.

50.

토마스 아 켐피스

모든 기독교인에 감동을 준 『그리스도를 본받아』를 쓴 수도사

　토마스 아 켐피스(Thomas A Kempis; 1380~1471)는 독일의 수도사로서 그의 이름은 "켐펜(Kempen)에서 출생한 토마스"라는 뜻이다. 그는 경건한 어머니의 감화 밑에서 신앙적으로 자라면서 순조롭게 학교 교육도 받았다.

　그의 형 요한(Johann)은 아그네스 수도원의 원장이었는데, 토마스도 자기 형이 가입해 있던 '공동생활의 형제단'에 가입해서 처음엔 데벤터(Deventer)라는 곳에서 지내면서 이 형제단의 창시자인 헤르트 흐로테(Gerard Groote)로부터 큰 감화를 받았다.

　토마스는 흐로테가 죽은 후 플로렌시오가 그의 유지를 받들어 세운 흐로테 수도원에서 대부분의 생활을 보냈다. "그들은 하나님 안에서 한마음과 한뜻을 가진 사람들이었고, 모든 회원은 물건을 공동으로 소유했고, 소박한 음식에 검소한 옷차림을 즐기고, 그들은 주님 말씀대로 내일 걱정은 하지 않는 사람들"이라고 했으며, 토마스는 이 수도원을 평하기를 "그분들처럼 경건하고 하나님과 동료들끼리 서로 사랑하는 마음에 가득 차 있는 사람들은 일찍이 본 일이 없었다. 그들은 땅 위에 살지만, 이 세상 사람이 아니라고 할만했다."라고 했다.

　1399년에 토마스는 형이 원장인 네덜란드의 성 아그네스(Agnes) 수도원에 들어가 거기서 경건한 수도사의 생활을 하면서 예수님께서 "누구든지 나를 따르려거든 자기를 부인하고 자기 십자가를 지고 따르라"고 하신 명령 따라 살기로 했다.

13년간 수도사로 지내다가, 1413년 33세 때 부원장이 됐다. 한동안 교황의 명령으로 그곳을 떠나서 있다가 1448년 돌아와서 세상 떠나기까지 머물며 수도했다.

그는 비교적 평온무사한 일생을 보낸 분이었다. 그 당시 교계는 복잡하여 교황을 둘러싼 분열과 소란이 계속됐고, 개혁가 후스나 제롬의 처형 사건 등도 있어서 교계가 다사다난한 시대였지만, 겜피스는 조용히 수도원에서 깊이 명상을 즐기는 성격으로서, 오직 그리스도만을 사모하고 때때로 설교하고 성경과 그 밖의 문서의 사본 연구에 대부분 시간을 보내며 즐겼다.

신비적 경건한 지식인으로서 그가 쓴 신앙 서적 중에서도 그가 불멸의 명성을 떨치게 하고 번연의 『천로역정』과 함께 기독교인들이 성서 다음으로 많이 읽는 책은 그의 저서 『그리스도를 본받아』(준주성범)이다.

책 내용은 우리의 영적 생활의 가장 높은 부분을 명상하면서 그리스도를 사모하고 본받아 그와 합일하는 중에 우리 옛사람의 성질의 악한 경향을 반성하며 고치는 길을 설명한 것이나.

적극적으로 세상에 나가서 죄악과 싸우는 길을 말하지는 않았지만, 고요히 은둔하여 하나님과 친하게 깊이 사귀는 길을 감동적으로 가르쳤다. 이 책의 감동적 내용은 읽는 사람들에게 깊은 영향을 주고 있다. 그리스도에 대한 신비적 사랑 속에서 그리스도의 생애를 본받는 생활을 최고의 덕으로 사모하는 중세적 경건을 가장 잘 나타냈다.

토마스는 수도원 안에서 침묵과 벗 삼으면서 동료들과 열심히 일하고 기도하며, 외부적으로는 나타내지 않고, 헛된 명예나 이름이 나타나기를 싫어했다. 그는 92세로 세상을 떠났다.

51.

리마의 성 로사

자신의 아름다움을 파괴하면서 고행의 길로 걸어간 성녀

　리마의 성 로사(Rosa de Lima; 1586~1617)는 남아메리카 페루의 리마에서 태어났다. 어려서부터 경건 생활을 사모하여 수녀원에 들어가려고 했으나 뜻을 이루지 못하고, 도미니코회 제3회 회원으로 재가(在家) 수도생활을 하며 기도와 희생과 노동으로 일생을 보냈다.

　부모는 로사를 시집보내려고 애쓰다가 로사가 듣지 않으니 때로는 매 맞는 일까지 있었으나 끝내 거절하고 12세 때부터 자기 집에서 조금 떨어진 곳에 자기 손으로 조그만 기도 처소를 직접 짓고 혼자 수도생활을 했다.

　그녀는 자기 키만 한 십자가를 만들어서 등에 지고 뜰 가운데로 돌아다니기도 하고 가시관을 만들어 쓰기도 했다. "나는 희생하고 싶다. 그것이 정말 내가 사람들에게 쓸모가 있는 일이야. 나는 다른 사람을 위해서 기도하고 괴로움도 참고 받는 거야"라고 말했다.

　그녀의 은수처(隱修處)의 출입문도 겨우 사람 하나 기어서 들어갈 만한 좁은 문이었다. 로사는 마음만 착한 것이 아니라, 그의 얼굴도 매우 아름다웠다. 그의 이름같이 한 떨기 장미꽃 같은 미모였다. 세상의 다른 처녀들 같으면 그것이 자랑스러운 것이었겠지만, 로사는 자기의 미모가 젊은 남자들에게 유혹을 주는 것이 걱정되어서 일부러 거친 옷을 맵시 없게 입고, 머리를 깎고, 얼굴에는 화장 대신으로 후춧가루로 피부를 문질러 흠집이 흉하게 생기게 했다.

외부 사람들과의 교제는 완전히 끊고 은수처 문에는 자물쇠까지 장치해서 아무나 함부러 들어오지 못하게 했다. 이와 같은 생활 속에서 하나님은 로사에게 넘치는 은총을 베푸셔서 여러 번 아기 예수상으로 나타나서 그녀를 격려하시고, 로사가 하나님을 온전히 신뢰하는 한 무서울 것은 아무것도 없다고 말씀하셨다.

로사는 가끔 영혼 내면에 들려오는 이상한 음성을 들었다. 어떤 때는 하나님이 친히 말씀하시고, 어떤 때는 성모 마리아가 말씀하기도 했다. 그녀는 자기 죽을 날도 미리 알았다. "나는 성 바돌로메오 축일에 죽을 거야. 죽는 날은 참으로 위대한 날이란 말이야. 그날은 참 생명이 시작하는 날이야."라고 말했다.

페루에 오란다 해적함대가 침범해 왔을 때, 시민들은 로사에게 극난을 위해 기도해 달라고 몰려왔다. 로사의 기도로 해적선은 물러갔다.

그녀의 나이 31세 때 예고한 대로 여러 사람이 주위에서 지켜보는 가운데 로사는 미소를 지으면서, "예수님, 나와 함께…"라고 하면서 임종했다. 페루 사람들은 로사를 성인으로 알고 자기 나라를 지키는 수호성인으로 존경한다.

52.

조셉 다미엔

스스로 문둥이가 되어 일생을 그들과 함께 살았던 박애주의자

　조셉 다미엔(Joseph Damien; 1840~1889)은 벨기에 시골의 플랑드르 브라반트에 있는 트레멜로 마을에서 플랑드르 옥수수 상인의 일곱 자녀 중 막내이자 네 번째 아들로 태어났다. 그의 어머니는 자녀들에게 언제나 성자들과 순교자들의 이야기를 해주었다. 따라서 그 집안에서 세 명의 전도자가 생겨난 것도 우연한 일이 아니었다. 다미엔의 형 팜필레는 신부가 되고, 두 누나 유지니와 파울린은 수녀가 됐다.

　다미엔도 어려서부터 동네 어린이들과 놀 때도 수도사 흉내 내기를 좋아했다. 고행하느라고 잘 때는 남몰래 침대 위에 나무판자를 놓고 그 위에서 잤다.

　다이엔은 17~18세 사춘기에 정신적 위기를 겪다가, 성 알퐁소 수도회인 속죄회의 특별집회에 참석했다가, 죄의 사실과 하나님이 부르시는 소명 의식을 확실히 느꼈는데, 그 체험이 너무 격렬해서 거의 미친 것 같았다고 한다.

　루벤 신학교에 입학하여 수도생활을 하면서 그 성당에 있는 유명한 동양 선교사 하비에르의 화상 앞에 자주 무릎 꿇고 앉아 명상했다. 그 무렵에 마침 하와이로 보내는 선교사를 모집하는데 다마엔의 형이 선발됐지만 장티푸스에 걸려 가지 못하게 되자, 다미엔이 형을 대신하여 허락을 받아 떠나게 됐다. 그때 나이 23세의 홍안의 청년이었는데, 그때 고향을 한 번 떠난 후 25년 동안 다시는 고향 땅을 밟지 못하고 말았다.

하와이 군도에 가서 처음 몇 해 동안은 여기저기의 섬에서 전도하다가 그중 몰로카이섬의 나환자들의 비참한 소식을 듣고 자원해서 그 섬에 가기로 했다. 몰로카이섬은 나환자들의 세계로 인간의 생지옥이라 불리는 '비애의 섬', 나환자들의 '산 무덤'이라 불렸다.

거기 들어가는 사람은 모든 희망을 포기하지 않으면 안 된다. 이 생지옥에 살며 소망을 잃은 나환자들은 밤낮 술 마시고, 도박하고, 여자를 서로 뺏으려고 싸우고, 살인하고 했다. 다미엔이 처음 들어갔을 때 나환자들은 자기네들은 환자들이기 때문에 다미엔에게 가까이하려고 하지 않았다. 그래서 다미엔은 하나님께 기도하기를, "나환자들을 건지기 위해서는 저를 문둥이 되게 해 주옵소서"라고 했다.

어느 날, 그가 실수하여 뜨거운 물이 발등에 떨어졌지만 감각을 못 느꼈다. 의사에게 가서 진찰해 보니 과연 그는 문둥병에 걸리고 말았다. 그리고 그 주일 설교의 첫 말은 여느 때와는 달리 "우리 문둥이들이여!"라고 시작했다. 이때가 그의 선교의 대 전환점이 되었다.

다미엔은 몰로카이에서 16년 동안에 1,600명의 나병환자의 장례식을 치렀고, 손수 1,000개의 관을 짜고, 시신을 무덤까지 실어서 매장했다.

그가 고향에 보낸 편지에서 "나는 관을 짜는 목수입니다. 그리고 무덤을 파는 인부입니다."라고 했다.

53.

마르틴 데 포레스

일생을 종처럼 살면서 오직 가난 한 자와 병든 자를 도운 수도사

성 마르틴 데 포레스(St. Martin de Porres; 1579~1639)는 남미 페루의 수도 리마에서 태어났다. 그는 스페인 귀족인 아버지 돈 후안(Don Juan de Porras y de la Peña)과 아프리카와 원주민의 자유 노예였던 아나 벨라스케스(Ana Velázquez) 간의 사생아였다. 아버지가 가출한 후 어머니는 아이들을 길렀다. 너무 가난하여 학력이라고는 초등학교 2년 다닌 것 외에는 없으며, 이발사 외과 의사의 심부름꾼으로 일하면서 자랐다. 낮에는 일하고 밤에는 몇 시간 동안 기도하기 시작했는데, 이렇게 기도하는 일과가 습관이 되었다.

당시 페루 법에는 원주민 간에 태어난 사생아는 종교 단체에 정식 회원이 되지 못하도록 되어 있었다. 그래서 마르틴은 리마에 있는 성 로사리 수도원에 일반인으로서 허드렛일하는 "도나도(donado)"로 들어갔다. 이때 그의 나이가 열다섯 살이었다. 세월이 지나면서 조금씩 중한 일을 맡게 되었다.

어렸을 때 견습원으로 일하면서 배웠던 이발과 치료하는 일을 여기서도 하면서 부엌일, 빨래, 수도원 경내 청소 등의 일을 성실히 했다. 이렇게 일한 지 8년이 지난 후 이곳 로사리 수도원장은 페루법을 무시하고 마르틴을 제3회 수도사(재속 3회)로 받아들였다. 당시 3백 명의 수도사가 모두 인정한 것이 아니므로 반대했던 일부 수도사들은 그를 "물라토 개"(mulatto; 흑인과 백인 사이에 태어난 혼혈아)라고 부르거나, 어떤 사제 수도사는 "검둥이 사생아 놈"이라고 조롱했다.

1603년, 마르틴이 스물네 살 때 도미니카의 평 수도사로서 허원이 허락되었지만 거절했다.

한번은 원장이 그의 수도원이 경제적 어려움으로 수도원에서 가보(家寶)로 물려오던 성화를 팔려고 가지고 가는 것을 보고 마르틴은 뒤따라가서 "모든 수사가 아끼는 그 그림을 팔지 말고 '물라토'인 나를 파십시오."라고 했다.

어느 날 밤 성찬을 받으면서 잠시 기도하고 있었는데, 그때 불이 나서 야단법석이 났지만, 마르틴은 곁에서 무슨 일이 일어났는지 모를 정도로 몰아(沒我) 지경에 빠져 있었다.

마르틴이 서른네 살 때 정식 평 수도사가 된 후 의무실에 배치받고, 거기서 죽을 때까지 봉사했다.

그의 수도원에 구제받으러 오는 사람의 수가 너무 많아 그들에게 줄 물건이 모자라서 기도하기를, "주여, 축복하시사 이 음식의 분량을 많게 하시어 여기 온 모든 사람을 배를 불리게 하소서"라고 했더니, 60명이 배불리 먹고도 넉넉히 싸서 가지고 갔다.

마르틴은 일생 종의 길을 걷고, 가난한 사람과 병자 돕는 간호의 사도였다. 그는 여러 사람을 간호하기 위하여 여러 번 같은 시간에 자기 몸이 동시에 두 장소에 나타나는 이상한 능력을 받았다. 수도원의 요한 신부가 병중에 있을 때 깊은 밤중에 문이 잠긴 방안에 마르틴이 나타나서 간호하기 위하여 신부 옆에 서서 한 손에 냉수, 또 한 손에는 시트를 들고 빙그레 웃고 서 있는 때도 있었다.

한번은 토마스 수사가 죽었는데, 마르틴이 십자가를 향해 기도하고 있노라니, 죽은 자를 위해 그 이름을 부르라는 지시를 받고 부르니, 죽은 자가 소생하는 기적이 나타났다.

또 한 번은 홍수로 리마 강이 범람할 때, 사람들이 급해서 마르틴을 불러 기도를 부탁하니 강물이 고요히 흐르기 시작했다.

어느 때는 다른 수사와 함께 밖에 외출했다가 제6시과 전에 도저히 돌아갈 수 없어 걱정하는데, 수사들이 정신이 들어 보니 어느새 자기들이 성당 안에 앉아 있었다.

어떤 때는 마르틴의 방안에 지진이 나고, 대낮같이 밝고, 누워 있는 그는 돌같이 움직이지 않았다. 어떤 때는 그의 몸이 불에 단 공같이 빛나며, 공중에 8피트나 떠올라 빛나며, 십자가에 달리신 주님과 이야기하기도 했다.

언제나 낡은 옷만 입던 그가 이상하게 새 수도복을 입는 것을 보고 "갑자기 옷에 허영이 생겼소?"라고 농담 삼아 물으니, "아닙니다. 저는 수의를 입은 것입니다. 나흘 뒤에 저는 세상 떠납니다."라고 했다.

그의 임종 때는 노동에 거친 손에 십자가를 움켜쥐고, "저는 천국에 가서도 나의 벗들의 축복을 위해 기도하겠습니다." 사후에도 그의 몸은 따스하고 시신에서는 백합화 향기가 진동했다.

54.

프랭크 버크먼

도덕 재무장 MRA를 창설한 기독교 운동가

옥스퍼드 그룹 및 AMRA(도덕 재무장) 운동의 창시자인 프랭크 버그먼(Frank N D Bushman; 1878~1961)은 1878년 6월 4일, 미국 펜실베이니아주 펜스버그에서 출생했다. 그의 가족은 자유를 사랑하는 분위기 속에서 살았다.

2백 년 전 그의 조상은 스위스의 상트 갈렌(Sankt Gallen)을 떠나 미국 펜실베이니아주로 이주해 왔다. 지금도 이 마을은 정돈된 농가와 정성껏 손질한 교회당과 교회 묘지를 갖추고 하나님을 경외하며, 이곳의 삶을 사랑하는 사람들이 살고 있다.

여기서 프랭크 버크먼은 어린 시절 그림도 그리고, 고기잡이도 하고, 친구들을 집으로 초대하여 그들을 기쁘게 해주었다. 그가 집으로 돌아올 때는 언제나 몇 사람의 친구를 데리고 와서 가정요리사가 불평할 정도였다.

소년 시절, 한번은 소녀 열두 명을 댄스파티에 초청하고, 그중 한 소녀도 불만이 없도록 즐겁게 접대해 주노라 노력하기도 했다.

그는 뮬렌버그 칼리지를 졸업한 후, 웨스트민스터 신학을 공부하고 루터교회 목사로 시무하다가 필라델피아시의 가장 빈곤한 거리에서 불쌍한 고아와 가난한 아동을 위하여 양육원을 세우고 봉사하다가, 그 후 펜실베이니아주립대학에 있는 기독교 사업의 지도자로 임명되었다.

버크먼은 "각 사람에 대해 깊은 관심을 가지라"고 말했는데, 그의 인간성이나 업적은 이렇게 사람을 하나하나 전심전력으로 봉사하는 데 있다.

그는 막연하게 군중이라든지, 대중을 상대로 하면서 개인을 무시하는 그런 기독교 운동을 하지 않았다. "2층 창문에서 안약을 뿌리는 일은 아무 소용이 없는 일"이라고 그는 했다. 1921년 이후 그는 제1세기 크리스천 친교단(First Century Christian Fellowship)을 창설했는데, 이 운동이 영국에서는 옥스퍼드 그룹 운동으로 나타났다.

버그먼처럼 사람들의 마음 상태를 정확하게, 그리고 신속하게 파악하는 사람은 드물다. 그의 인간 이해는 고귀하기 짝이 없는 것이 그의 천성이자 그를 위해서 치러진 대가는 값비싼 것이다.

한번은 어느 만찬회에서 한 늙은 부인 곁에 앉아 있었는데, 그 부인이 부크멘에게 말하기를 "나는 좋은 일에 일생을 바쳤으므로 이제는 죽을 준비를 하고 있을 뿐이요"라고 하자, "죽을 준비요? 어째서 이제부터 살기 시작하지 않고요?"라고 대답했다. 그 후 세계전쟁 중간기에 제네바에서 옥스퍼드 그룹이 국제연맹에 가입하도록 길을 열어준 사람이 바로 이 부인이었다.

세계가 군비확장에 광분하고 있을 때, 버크먼은 거기 못지않은 큰 규모로 정신적 도덕적 재무장을 부르짖고 다녔다. 많은 사람이 이제는 다 쓰러졌다고 슬퍼 탄식할 때도 그는 기독교 정신이 실제로 필요하다는 것을 실증(實證)하는 세계적 운동을 전개해 갔다.

프랭크 버크먼은 운동 전개에 있어 그는 언제나 새로운 형식과 영감으로 운동을 시작했다는 점이다. 처음에 가정 집회(Home Party)를 장려했다. 이 집회는 호텔, 대학, 지방의 큰 주택에서 친구 간에 모이는 비공식 집회였는데, 교회에 가 본 일이 없는 많은 사람이 안정된 분위기 속에 모여 실제적 신앙을 체험하는 기회였다. 거기서 더 크게 국민적, 국제적 대규모 집회로 발전했다.

그는 이 집회에서 "우리가 무슨 큰일을 계획할 때, 그 일을 하는 데는 얼마나 거액의 비용이 들고, 얼마나 많은 사람이 방해하고 적대하리라는 생각으로 주저하지 말라. 다만, 우리가 생각할 것은 한 가지밖에 없다. '이 일이 하나님의 뜻인가, 아닌가?' 그것만 물으면 된다. 하나님의 뜻임이 확실할 때는 천만인이 방해해도 밀고 나가야 한다."라고 말했다. 이렇게 외치는 인자스러운 버그먼의 눈에는 눈물이 흐르고 등에는 땀이 흘렀다. 그의 정열은 꺼질 줄 몰랐다.

옥스퍼드 그룹 운동은 제 2차 세계대전 후 도덕 재무장 운동(M. R. A; Moral Re-Armament)으로 재출발했다. 그들이 주장하는 4절대(絶對)는 예수님의 산상보훈 정신에서 나온 것인데, 다음과 같다.

- 절대 정직(Absolute Honesty)
- 절대 순결(Absolute Purity)
- 절대 무사(Absolute selflessness)
- 절대 사랑(Absolute Love)

그들의 운동 실천 방법에 특색이 있는 것은, 경청의 시간(혹은 靜思의 시간; Quiet Time=Listening to God)을 새벽 고요한 시간에 갖는 것으로, 다음의 다섯 가지를 실천하는 것이다.

- Guidance(지도받아 움직이는 것)
- Sharing(분담; 分擔)
- Surrender(복종; 服從)
- Restitution(보상; 補償)
- Change(생활 개변; 生活改變)
- Faith(信仰)

그들은 이 방법으로 공산주의 사상과 전쟁과 도덕적 타락에 이지러진 세상을 개조(Remaking the World)하려고 거룩한 싸움을 전개하고 있다.

버크먼은 또 이렇게 부르짖었다.

"현재 우리들은 세계를 제패하려는 세 가지 사상을 보고 있다. 하나는 파시즘, 또 하나는 공산주의, 그리고 마지막 이데올로기는 AMRA이다."

"하나님의 성령이 사람의 양심과 생활을 지배하게 되면, 우리 전부가 찾고자 갈망하는 내일의 세계가 건설되기 시작하는 것이다."

"하나님은 모든 문제의 해답(解答)이다. 모든 나라의 혼란된 정치가들이 '하나님이 해답을 가지고 계신다'라는 확신을 가질 수 있다면 굉장한 혁명이다."

55.

랄프 리처드 카이탄

인도인이 되어 그리스도의 복음을 실천으로 증언한 선교사

랄프 리처드 카이탄(Ralph Richard Keithan; 1898~1984)은 1898년에 미국 실버 레이크(Silver Lake)에서 태어났다. 195년 그의 나이 27세에 다른 많은 미국 선교사와 함께 인도로 가서 기독교를 전하고 자선 사업을 벌였다. 그는 마나마두라이(Manamadurai)에서 처음 사역을 시작했으며, 그후 마두라이의 파수말라이(Pasumalai)에서 선교학교의 관리자로 사역했다.

인도에 있는 동안, 그는 마하트마 간디와 그의 비폭력 원리에 매료되었고, 자유 투사 라자지(Rajaji)를 파수말라이(Pasumalai)로 데려와 금지에 대해 강의했다. 1929년, 그는 사바마티 아쉬람을 방문했을 때 간디를 만났다.

그러나 그의 활동은 영국 관리들에게 긍정적으로 보이지 않았던지, 그에게 3주간의 기간 동안 해외로 떠나라고 했지만, 카이탄이 항의하여 그 요청을 중지시켰다. 나중에 카이탄은 나중에 미국으로 돌아와서 결혼했으며, 인도의 독립운동이 한창일 때 다시 인도로 가서 일생을 거기서 인도 사람이 되어 살았다.

미국 시민권을 버리고 인도에서 완전한 인도 사람이 되어서 간디의 제자가 되어서, 인도의 독립운동에 참여하여 활동하다가 영국 정부에 의해 두 번이나 추방당했다. 그러다가 1947년 인도 독립과 함께 극적으로 인도에 되돌아왔다.

그는 서구적 생활을 모두 버리고 놀라울 정도로 단순한 생활에 힘쓰고, 인도 사람들과 꼭 같이 인도 음식만 먹고, 인도 옷에 인도 돗자리에서 자고, 인도인의 종교적 신앙까지 배우려고 애썼다. 그러면서 그는 가톨릭, 개신교, 힌두교, 무슬림 간의 에큐메니컬 운동에 힘썼다.

그에게 젊은 혁명가들이 찾아오면 그는, "우리는 가난한 세계에서 살고 있습니다. 그러므로 당신이 더 훌륭한 혁명가가 되려면 될 수 있는 대로 단순하게 살지 않으면 안 됩니다."라고 했다.

그의 전도는 기독교에 관해서 말로 설명하지만 않았다. 인도 사람은 그를 보고, "당신은 우리와 함께 우리 안에서 살고 있습니다. 당신은 우리에게 말을 많이 하지 않습니다. 당신은 그리스도 예수에 관해 말하지 않지만, 우리는 당신 안에서 예수님을 보는 것 같습니다."라고 했다.

마하트마 간디는 그의 제자인 카이탄 박사에게 말하기를, "당신네 기독교인은 왜 기독교는 좋은 종교라는 선전만 하느냐? 선전할 필요가 있는가? 장미는 아름답다고 선전하지 않아도 책상 위 꽃병에 꽂아두면 누가 보아도 그 꽃은 아름답고 향기가 나지 않느냐?"라고 했다.

카이탄 박사는 겸손하게 이교도인 간디에게서 그 정신을 배워 평생 실천했다.

56.

드와이트 라이먼 무디

양화점 직공에서 세계적 부흥사로 변화한 선교사

드와이트 라이먼 무디(Dwight Lyman Moody; 1837~1899)는 1837년 2월 5일, 미국 매사추세츠주 노스필드에서 7남 2녀 중 6남으로 태어났다. 부친(Edwin J. Moody)은 석공(石公)으로서, 무디가 네 살 되던 해에 죽었다. 그의 어머니는 자식 아홉을 기르기 위해 고군분투했지만, 무디를 포함해서 몇몇 아이들은 생활비를 벌기 위해 일하러 보내야 했다. 이렇게 어려운 형편으로 인해 무디는 초등학교를 겨우 여섯 달밖에 다니지 못했으며, 어머니는 무디와 아이들을 유니테리언 교회에서 자라게 했다.

무디가 열 살 때부터 출판사 직공, 나무하는 초동(樵童) 등으로 고생하다가 17살이 되었을 때 보스던으로 가서 외숙부가 경영하는 양화점 직공으로 일했다. 외숙부는 무디를 직공으로 쓰면서 조건은 에드워드 노리스 커크 박사가 담임목사로 시무하던 '마운트 버넌 회중 교회'(Congregational Church of Mount Vernon)에 다니는 것이었다. 직공으로 일하면서 교회를 다니던 중 교회학교 교사 킴벌(Edward Kimball)이 찾아와서 하나님이 그를 얼마나 사랑했는지에 대한 이야기를 듣고 무디는 복음주의 기독교로 개종하게 되었다.

그 후 열심으로 믿어 1853년 3월 12일, 그의 나이 18살 때 성령으로 중생의 체험을 받았다. 시카고 교회 학교를 맡아 가르치는데 학생 전원이 12명이고 반사는 16명이나 됐다. 무디는 자기 몸소 집집에 다니며 학생을 모집하여 가르치기 시작했는데, 그의 나이 22세 때 학생 수가 수천 명에 이르렀다.

전도에 열심히 난 무디는 24세 때 자기가 번 돈 5천 원으로 의식을 마련하고 자급 전도를 시작하여 길가에 나서서 전도했다. 미국 남북 전쟁 때는 전쟁 지역에 종군 전도하여 1,500여 회나 설교했고, 많을 때는 12,000명까지 모이기도 했다.

1867년에는 영국으로 처음 건너가 전도를 시작했다. 1872년 봄 영국 여행 중에 무디는 전도사로 널리 알려졌다. 무디 성경 연구소에서 출판한 문학 작품은 그가 19세기의 가장 위대한 전도사였다고 주장한다. 그는 거의 100차례 설교했고 플리머스 형제들과 성찬했다. 그는 여러 차례 2~4천 명이 모여 정원을 가득 채웠다. 그의 회고록에, 식물원 궁전에서 그는 15,000~30,000명이 모였다고 했다.

그 선교 집회는 1874~1875년 내내 계속되었고, 그의 모든 집회는 수천 명의 군중이 모였다. 스코틀랜드를 방문하는 동안, 무디는 앤드루 보나르(Andrew A. Bonar)의 도움과 격려를 받았다. 런던의 유명한 침례교 목사 찰스 스펄전(Charles Spurgeon)이 그의 연설을 초대했다. 무디가 귀국했을 때, 12,000~20,000명의 군중집회를 자주 열었다. 그랜트 대통령(President Grant)과 그의 내각 관리 중 일부는 1876년 1월 19일 무디 회의에 참석했다. 무디는 보스턴에서 뉴욕까지, 뉴욕 전역과 서쪽으로는 샌프란시스코까지 복음주의 회의를 열었고, 캐나다 밴쿠버, 브리티시컬럼비아(British Columbia), 샌디에이고까지 다른 서해안 도시도 방문 집회를 열었다.

1877년 5월 런던 전도에는 2개월 동안 285회나 설교를 했고, 연인원 253만 명에게 설교했다.

1882년 6월, 재차 런던 전도할 시에는 연인원 2백만 명에게 전도했다. 램부릿지와 옥스퍼드 대학 등에서 설교할 때, 영국 전도에 처음에는 지식인 상대로 고담준론(高談峻論)으로 설교해 보았지만, 오히려 효과가 없어 자기 본바탕대로 털어 내놓고 설교하여 도리어 큰 효과를 거두었다.

무디는 전도가 잘되지 않으면 "하나님, 저를 도와주시지 않으면 저는 다시 옛날의 구두 직공으로 되돌아가겠습니다."라고 생떼를 부리는 기도를 드렸다. 그는 항상 충성스러웠고, 하나님의 뜻이라면 무슨 일도 사양하지 않았다.

미국에서 그의 활동은 1879년에 노스필드에 무산(無産, poor) 아동을 위한 여학교를 세웠고, 1881년에는 노스필드에 허몬 남자학교를 세웠고, 1886년에는 시카고에 성경학교와 사경실을 설립하고, 노스필드 성경학교도 세웠다.

노스필드 허몬 대학에서 해마다 학생대회와 사경회를 가져 매년 수천 명씩 모였다. 그 밖에도 그는 문서 전도를 위해 성서 공회를 일으키기도 했다.

어느 부자가 술 공장을 크게 짓고는 그 낙성식에 무디를 초청하고 빈정대는 뜻으로 무디에게 기도해 달라고 했다. 무디는 가서 기도하기를, "하나님, 이 술 공장이 얼마나 죄악을 많이 빚어냅니까? 오늘 밤으로 당장 이 공장을 멸망시켜 주십시오." 하고 기도했다. 주인은 크게 분개하면서도 깨달은 바가 있었다. 끝내 그는 회개하고 그 공장은 후에 예배당이 되었다고 한다.

1899년 11월, 캔자스 어느 교회에서 설교하다가 병들어 고향 노스필드 성에 돌아가서 12월 22일에 세상을 떠났다. 그의 나이 62세였다.

57.

찰스 피니

주님을 만난 후 놀라운 부흥 운동을 일으킨 부흥사

찰스 피니(Charles G Finney; 1905~1984)는 18세기의 놀라운 부흥사였다. 1972년, 그는 본래는 법률가였는데, 법률 공부하는 중에 성경 말씀이 자주 인용되는 것을 보고 흥미가 느껴져서 성경을 보기 시작하면서 그의 신앙이 자라기 시작했다.

그는 신자가 되었지만 죄 문제를 해결하지 못했다. 그의 생각으로는 이 문제를 해결하지 못한다면 죽어서 천국에 들어갈 수 없음을 느껴졌다. 1821년 늦은 가을 어느 날, 피니는 죄의 자책을 깊이 느끼고 산에 가서 기도하려 했다.

엎드려서 기도하려는데 입이 막혀 말이 나오지 않았다. 억지로 몇 마디 중얼거려 보았지만, 그것은 진정으로 마음에서 우러나오는 기도가 아니었다. 피니는 안타까워서 부르짖기를, "아! 나는 기도할 수 없다. 내 심령은 아주 죽어 버렸구나"라고 했다. 바로 그때였다. 그의 마음에는 "너희는 내게 부르짖으며 와서 내게 기도하면 내가 너희를 들을 것이오, 너희가 진심으로 나를 찾고 찾으면 나를 만나리라"라는 예레미야 29장 12-13절의 말씀이 마음에 번갯불같이 지나가면서 빛을 주었다. 특히 그 구절 중에, "찾으면" 하는 구절이 그의 가슴을 찌르듯 강하게 감동됐다. 피니는 즉석에서 자기는 주님의 말씀을 그대로 믿겠노라고 맹세했다. 그러는 순간 그는 주님을 느꼈다. 자기 존재를 의심할 수 없을 만치 하나님의 존재도 의심할 수 없었다. 그의 마음은 놀라운 평화로 가득했다.

그가 고요히 집으로 돌아오는데, 모든 사물이 다 아름답게만 보이고 마음은 기쁨과 감정이 끓어오르는 듯하여 집에 와서 자기 방에 기도하러 들어갔다. 방에는 불이 켜지지도 않았는데도 웬일인지 빛이 가득 차 있다는 느낌이 들었다.

문을 닫자, 그의 눈앞에 예수님의 얼굴이 마주 보였다. 주님은 피니를 바라보고 계셨다. 감격에 넘친 피니는 주님 발 앞에 엎드려 소리쳐 울었다. 통회하면서 전 심령을 바쳤다. 그의 눈물이 주님의 발을 적신 듯했다.

기도를 마치고 자기 사무실에 돌아왔을 때, 피니의 전신은 전가가 통하는 듯한 느낌과 함께 성령의 세례를 받았다. 사랑의 파도가 밀려왔다. 그는 견딜 수 없어서 "나는 죽겠습니다. 이 파도가 멈추지 않으면 죽을 것 같습니다." 하고 소리쳤다.

이 체험을 겪고 나서 그는 사도시대 이후 처음 보는 놀라운 부흥 운동을 일으켰다. 그는 1857년과 58년 두 해 동안 10만 명 이상을 그리스도에게 인도했다.

58.

클라첸 목사

고문을 받으면서도 하나님을 소개한 담대한 목회자

소련연방은 17개의 공화국으로 이루어져 있었는데, 그중 우크라이나 공화국에서는 교회 박해로 3년 동안 7백 개소의 교회를 불도저로 밀어버리든가 TNT로 폭발시켜 버렸다. 교회 건물을 그냥 보존해 두더라도 교회를 극장이나 석탄 저장소, 목욕탕, 도서관, 혹은 탱크 창고로 사용하기도 했다.

그렇게 핍박을 가해도 기독교인들은 신앙을 버리지 않고 숨어서 노천에서나 혹은 채소밭에서 은밀히 모여 예배드렸다. 그런 교회 외에도 숨어서 예배드리는 지하교회들이 있다. 그들의 예배는 생명을 걸고 드리는 열성적 예배였다. 지하교회 예배는 보통 2시간에서 8시간 동안 예배를 드린다.

이러한 예배에서 목사는 잡히면 보통 20년에서 25년 징역에 처한다. 노천에서 예배보다가 무장 경관들의 습격과 포위를 받으면 경관들은 무차별 발포하는데, 총에 맞아 죽는 교인도 많았고, 소방차를 동원하여 물을 뿌리는 일도 있었다.

어떤 군인은 예수를 믿었다고 가슴을 불로 지지고, 칼로 난도질해서 시체는 흑해에 던져 버렸다. 니코타이라는 이는 예수 믿었다고 혓바닥을 뽑고 부젓가락으로 전신을 찌르고 불에 달군 철판으로 발바닥을 지졌다.

이 같은 격심한 박해에도 기독교인은 계속 증가했다. 집회는 왕성했고, 교인들은 생명을 걸고 예수를 믿었다. 소련 내 기독교인들은 이런 박해 속에서 뜨거운 형제애에 불타고 있다. 교인 중 누구 한 사람이 잡혀가면 남은 교인들은 그 사람의 유가족을 책임을 지고 부양했다.

소련 내에는 성경이 없어서 비밀로 들어오는 성경을 사는데, 한 권에 160달러나 한다. 보통은 손으로 필사한 것을 숨겨 두고 읽는다. 독일계 소련인 목사 클라첸(David Klacen)은 한국에 와서 순회하면서 소련 사정을 강연한 바 있다. 그의 말을 들어 보면, 소련 법률은 18세 이상의 남자가 교회에 나가는 것이 발각되면 형벌을 받는다. 기독교인을 도와주는 이는 3년 형을 받으며, 가정에서 자녀들에게 기도를 가르치는 부모는 체포되어 감옥살이한다. 성경책은 소련에 서는 반소(反蘇) 문서로 취급한다고 했다.

클라첸 목사는 17세 때 교회에 나가 침례를 받고 6주일 만에 체포되어 사형수들과 함께 끌려 형장에 나가 손수 자기가 파묻힐 구덩이를 팠다. 죄수들을 세워놓고는 술에 만취한 소련 군인들이 기관총을 난사했다. 그런데도 함께 끌려간 사람들이 죽어 쓰러지는 그 속에서 클라첸 목사만 기적적으로 용케 살아났다.

그는 네 차례나 붙잡혀 모두 10년 동안 감옥살이를 했다. 고문받을 때는 손가락 끝을 바늘로 찌르며, 입속에 담뱃불을 억지로 쑤셔 넣기도 하고, 작은 고무 옷을 억지로 입혀 놓고 숨 쉬지 못하게도 했다.

그는 시베리아 감옥으로 끌려갔다. 그곳 감옥에서는 기독교인들을 인간 생체실험 재료로 사용했다고 한다.

59.

카타콤의 신앙인들

하나님과 형제를 위해서라면 쾌히 목숨을 바친 초대 기독교인들.

카타콤(Catacomb)이란 본래 이집트인이나 유대인들이 죽은 자를 장사하는 풍속이었다. 그 후 기독교인들이 그 비슷한 풍속을 따라 장례했다. 초대 기독교도들은 죽은 자를 이런 카타콤 지하묘에 장사했다. 일종의 지하 공동 무덤이다.

로마시를 둘러싼 성 밖의 언덕의 응회석(凝灰石; 응고된 화산재)을 깊이 파고 지하 행랑을 뚫었는데 그 수가 30개 혹은 50개나 된다고 한다. 길이는 545마일이나 된다고 한다. 한때 로마시의 인구는 6천만 명인데, 기독교인 수가 750만 명이나 됐다고 한다. 아무리 박해가 격심해도 기독교인의 수는 별로 줄지 않았다.

로마제국의 42명의 황제가 대를 이으면서 기독교를 박해하기를 기원후 313년까지 이르렀다. 313년에 콘스탄틴 황제가 회개하고 기독교를 믿으면서 밀라노 칙령으로 기독교의 선교자유령을 내린 것이다.

콘스탄틴 대제가 회개하게 된 것은, 그가 아직 황제가 되기 전에 적과 싸우려고 전쟁에 나갈 때 대낮 허공에 십자가 성호가 나타나면서 "너는 이 기호로 나가 싸우라"라는 음성을 듣고 그대로 하여 전쟁에 승리하였다. 그래서 기독교는 비로소 로마의 국교가 된 것이다.

박해 시대에 기독교인들은 생명을 걸고 미친 듯이 믿었다. 어떤 때는 기독교인들을 잡아다가 기둥에 매달고 머리에 기름을 부어 놓고 불을 질러 순교자가 타죽는 그 불빛 밑에 황제와 로마시민들은 술을 부어 마시며 즐거워했고, 어떤 때는 원형극장에 기독교인을 끌어내 놓고 맹수들이 물어 찢어 먹는 것을 구경하면서 구경꾼들의 흥을 돋우었다.

이 같은 대박해 속에서 기독교인들은 지상 로마시에서는 도저히 살 수 없어서 카타콤 지하 무덤에 들어가 그 속에 묻힌 시체 곁에서 살다가 그 속에서 죽으면서도 신앙의 정조를 굽히지 않고 지켰다.

신자들은 부활을 믿었기 때문에 지체를 화장하지 않고 카타콤 속에 안장했다. 동굴 벽에는 신앙의 상징적인 그림과 문자들을 많이 그려 놓았다. 즉, 비둘기(성령), 닻(소망), 배(구원), 거문고(천국 복락), 목자(예수), 물고기(익투스, 기독교인끼리 서로 자기 신분을 몰래 알리는 기호) 등이었다.

카타콤 속에서의 생활은 비참했다. 빛을 보지 못하는 암흑과 습기 속에 숨어 살기 때문에 태양 빛을 쬐지 못해서 교인들의 건강은 날로 악화하여 창백하게 병들어 죽었다. 굴 바닥도, 벽도, 천정도 찬 습기와 더러운 오염물로 덮여 있었다. 탁한 공기에 독이 찬 가스가 고여서 호흡이 곤란했다. 굴속에서 집회하던가, 길을 밝히는 횃불이 타면서 생기는 짙은 연기 그을음은 눈과 목을 상하게 했다.

그 비위생적인 것은 말로 형용할 수 없다. 더구나 이러한 분위기 속에서 육체적 쇠약으로 인한 정신상의 영향도 심했다. 우울증, 걱정, 의혹 등으로 자칫하면 절망에 빠지기 쉬웠다.

그러나 용감한 초대 기독교도들은 그런 속에서 모든 어려움을 신앙으로 인내하고 극복해 가면서, 청순하고 용감하고 고결하게 살아갔다. 그들에게 있어서 이 세상은 잠시 정배살이요, 죽음 따위는 두렵지 않았다.

이런 비참한 지하굴에서 기독교는 아직 때 묻지 않고 변질하지 않은 채 순수를 보존되어 있다. 그들은 쓰라린 시련 중에서도 고귀한 신앙을 지켰다. 그들의 소망은 하늘에만, 그리스도에의 신뢰만이 전부였다. 그리고, 그런 모진 핍박과 비참 속에서 그리스도인끼리의 불타는 사랑, 그 속에 내리는 하나님의 사랑은 놀라웠다. 아마 베드로도 로마에 와서 이 카타콤에서 설교하면서 성도들을 격려했을 것이다.

그들 중에는 종파심이라든가, 분열이나 분파 간의 갈등 따위는 전혀 없었다. 어떤 종족, 어떤 신분이건 관계없이 모조리 내 형제를 뜨겁게 받아 안아주는 사랑만이 있었다. 서로 형제를 위해서라면 기꺼이 목숨을 버렸다.

우리는 『쿠 바디스』라는 책에서 그런 장면을 읽는다. 주위의 맹렬한 박해는 도리어 그들의 형제애와 단결을 더욱 강화하고 그들 신앙 열성을 불붙였다. 가슴마다 형제애는 화산같이 치밀어 오르게 했다. 그들 카타콤 지하교회에서는 기독교의 근본적 교리라는 것은 단지 지식이나 고백만이 아니다. 생활의 실제 체험이었다. 하나님은 지금 매 순간 바로 내 곁에 살아 계시다는 것을 느끼고 믿어야 했다.

예수 그리스도는 단지 사상이나, 이상이나, 교리적 대상이 아니라, 살아 계신 진실한 인격적 존재였다. 사고적인 것과 실제 생활을 구별하지 않고, 실천적인 기독교와 관념적인 기독교를 구별 짓지 않았다. 십자가의 교리만 말하고 산 것이 아니다. 부활하신 그리스도를 매일 쳐다보면서 그들은 실제 형제를 위하여 자신이 십자가에 매달리고, 하나님 이름을 위해 쾌히 화형당했다.

좁은 길로 간 사람들

동양편

60.

대 안토니

기독교 수도원 운동의 아버지

   대 안토니(Anthony the Great, 251~356)를 칭하는 이름이 다양하다: 이집트인 안토니(Anthony of Egypt), 사막의 안토니(Anthony of the Desert), 은둔 수도사 안토니(Anthony the Anchorite) 등.

   안토니는 주 후 251년경 로마의 데키우스(Decius, 249~251 집정) 황제의 박해 시대에 하부 이집트 코마(Koma)에서 큰 부자의 아들로 태어났다. 스무 살 경에 기독교인이었던 양친은 안토니와 여동생 하나와 막대한 재산을 유산으로 남기고 일찍 세상을 떠났다.

   슬픔에 잠겨 지내던 어느 날, 안토니는 주님을 따르던 사도들이 복종하던 생활을 명상하며 말씀을 보던 중에 마태복음 19장 21절에 예수님께서 부자 청년에게 "네가 온전하고자 할찐대 가서 네 소유를 팔아 가난한 자들을 주라 … 그리고 와서 나를 좇으라"는 말씀이 자기에게 직접 하시는 주님의 말씀으로 여겨져, 즉시 결심하고 재산을 처분하여 일부는 여동생에게 남겨주고, 나머지는 가난한 이들에게 나눠주고, 세상을 버리고 은둔하여 전적으로 기도 생활에 들어갔다.

   처음에는 마을 가까운 데서 수도하는 늙은 은자(隱者) 밑에서 기도와 금식과 노동 생활을 하다가, 거기서 떠나 더 깊은 기도의 경지에 들어가고자 마을과 친척과 교회에서 멀리 떠나 버려진 묘지에 들어가 35세가 되도록 기도하며 독수도 생활을 했다. 그러나 안토니는 기도 생활의 더욱 철저하고 깊은 지경을 사모하여, 거기서 다시 떠나 나일강 근처 피스피르(Pispir) 근처에 폐허가 된 성채(城砦)를 수도처에서 20년 동안이나 살면서 기도했다. 그곳은 뱀과 도마뱀이 우글거리는 곳이었다.

향기를 맡고 벌 떼들이 모여오듯 기도하는 안토니에 대한 소문과 그의 덕을 사모하여 사방에서 많은 사람이 몰려왔다. 안토니는 처음에는 그들을 만나 주지 않았으나, 그들의 열심을 못 이겨 신앙을 지도해 주며 제자로 삼고, 주말에 한해서 그들과 공주생활(共住生活)을 하게 됐다.

이 기간 중의 안토니의 고행은 매우 엄격하여 하루 한 끼를 해진 뒤에 먹거나, 이틀에 한 끼를 하기도 하고, 밤에는 기도로 밤새우며, 먹는 것이라고는 빵과 소금과 바위틈에서 흘러나오는 물이었다. 가을이면 대추야자를 먹기도 했다. 휴식할 때는 풀방석을 깔고 알몸으로 잤다.

안토니의 수도생활에서 현저한 것은, 기도 중에 계속 겪은 마귀와의 싸움이었다. 마귀는 안토니의 기도 생활을 중단시키려고 여러 방법을 동원하여 시험했다. 때로는 그의 친척이나 친구 모양으로 나타나 꾸짖기도 하고, 때로는 정욕으로 꾀이되 대부분 수도사에게 그런 시험이 있듯이 요염한 나신(裸身)의 여인으로 나타나 유혹하기도 했다.

그 밖에도 여러 가지 더러운 모습을 지어 환상 중에, 혹은 꿈속에, 또는 때때로 대낮에까지 나타나서 안토니의 지난날의 호화롭던 생활을 그리워하도록 꾀이고, 육감적 정욕을 자극하고, 또는 세상에 두고 온 여동생에 대한 도의적 책임을 추궁하기도 했다.

마귀와 이 같은 치열한 싸움은 안토니가 기도하던 굴 지붕을 뚫고 초자연의 빛이 비침으로써 결국 승리하게 되었다. 안토니는 시험받는 일을 설명하기를, 마귀의 이같은 여러 가지 형상은 결국 내 마음속에 있는 정욕, 호기심,

탐욕의 반영이라고 말했다. 결국 자기 속에 있는 사악한 정념과의 싸움에 지나지 않으며, 이런 마귀와의 싸움에서 이기는 가장 좋은 무기는 절대 믿음과 경건(敬虔)이라고 했다.

안토니는 말년에 다시 더 깊이 고독과 침묵 속에서 하나님과 사귀고자 피스피르를 떠났다. 마침 대상을 만나서 그들과 함께 내 사막(inner desert), 동쪽 홍해 쪽으로 3일 길을 가서 콜짐(Colzim) 산에 도착했다. 그곳 산 아래는 야자수 몇 그루가 서 있는 것을 보니 마실 물이 있음을 알고, 또 그 높은 산 중턱에 동굴을 발견하여 그곳을 독수도처로 삼고 정주하여 일생 거기서 살았다.

지금도 이곳을 '안토니의 산'이라 부른다. 거기서 기도, 명상, 고행, 노동의 수도생활에 정진(精進)하며, 몸에는 털로 짠 고행복에 가죽 띠를 띠고, 고독과 침묵 속에 금욕고행하였다.

그는 세상에는 두 번 밖에 나가지 않았다. 한 번은 순교자들을 격려하기 위해서 나갔고, 또 한 번은 그의 전기를 쓴 알렉산드리아의 주교 아타나시우스를 격려하러 나갔었다.

사람들이 그의 입산(入山)을 만류시키려 하면 "물을 떠난 물고기처럼 수도자가 기도실을 떠나면 죽는다."라고 대답하면서 혼연히 백발을 휘날리며 지팡이를 짚고 산으로 되돌아갔다.

그는 356년, 105세 때 세상을 떠났는데, 임종하면서 제자 두 사람을 불러, 자기 시신을 땅에 묻고, 그 묻힌 자리는 아무에게도 알리지 말라고 유언했다.

당시 예수의 신성을 부정하는 아리우스파와 싸우던 알렉산드리아의 주교 아타나시우스가 안토니를 발견하여, 그의 전기『성 안토니의 생애』(vita Antonii)를 기록하여 책을 편찬했다. 그래서 그동안 주류 기독교 변방의 독수도사 안토니가 정통 기독교 안으로 들어오게 되었다. 안토니 이전에 안토니처럼 수도하던 자들이 있었지만, 주교 아타나시우스로 말미암아 정통 기독교

안으로 들어온 까닭에 교회사에서는 안토니를 '수도사의 아버지'라고 부른다.

61.

프란치스코 하비에르

순교 각오로 순교자의 유골을 품고 인도와 일본을 전도한 성인

프란치스코 하비에르(Francis Xavier; 1506-1552)는 예수회의 선교사로 '인도의 사도'라고 불린다. 그는 스페인 귀족의 아들이었다. 어려서부터 기질이 활발하고 강건했지만, 군인이 되기보다 학문을 좋아해서 1525년 부친은 그를 파리 대학교로 보내어 성 바르베 칼리지(Collège Sainte-Barbe)에서 수학하게 했다. 초창기에 그는 운동을 좋아했으며, 높이뛰기로 이름을 날리기도 했다.

1529년, 프란치스코는 그의 친구 피에르 파브르(Pierre Favre)를 만났고, 신입생으로 막 입학한 이냐시오 로욜라와 셋이 같은 방을 사용하게 되었다. 당시 하비에르는 23세였는데, 이냐시오 로욜라는 38세로 그들보다 연장자였다. 이냐시오는 하비에르에게 성직자가 되라고 설득했지만, 쉽게 받아들이지 않았다. 그러나 이냐시오가 프란치스코와 단둘이 있었을 때, "세상을 얻고 자신의 영혼을 잃는 것이 사람에게 무엇이 이익이 될까?"라는 질문을 하면서 끈질기게 권고해서 결국 예수회 선교사업에 참여하도록 했다.

결국 1530년에, 하비에르는 예술 석사 학위를 받았고, 그 후 파리 대학교의 콜레주 드 보바이스(Collège de Beauvais)에서 아리스토텔레스 철학을 가르쳤다. 프란치스코 하비에르를 포함한 일곱 명의 동지를 얻어 1534년 예수회의 기초를 마련하고, 처음엔 성지(聖地) 선교를 계획했다. 하비에르는 1536년 동지들과 함께 로마에 가서 교황 바울 3세에게서 성지선교의 허가를 받고 안수례를 받았으나, 때마침 베네치아와 터키 간의 전쟁으로 인해 성지에는 가지 못했다. 할 수 없이 그는 동지들과 함께 내지(內地) 전도를 하고 있다가 동인도에 선교사를 파견하려는 계획이 있음을 알고, 하비에르는 로욜라의 권면으로 인도에 선교사로 가기로 하고, 그의 35번째 생일인 1541년 4월 7일에 산티아고 호에 몸을 싣고 리스본에서 출발했다. 떠날 때 교황으로 동방 교황 특사로 임명되는 간략한 설명을 들었다. 중간에 포르투갈 모잠비크(Portuguese Mozambique)에 잠시 머물렀지만, 리스본을 떠난 지 13개월 후 1542년 5월 6일 당시 포르투갈 인도(Portuguese India)의 수도 고아(Goa)에 도착했다. 배를 타고 항해하던 중에 하비에르의 감화력은 많은 사람에게 큰 영향을 주었다.

고아에는 전도사가 없었고 성직자도 없었다. 자비에는 포르투갈 사람들에게 그들 자신을 가르치는 것으로 시작했고, 많은 시간을 아이들의 교육에 할애했다. 그가 처음 5개월 동안 병원에서 환자들에게 설교하고 가르쳤다. 그런 후 그는 아이들과 하인들을 모으기 위해 종을 치며 거리를 다녔다. 그는 세속 성직자들을 위한 신학교 성 바오로 대학의 교장으로 초빙받았으며, 이곳이 아시아 최초의 예수회 본부가 되었다.

하비에르는 인도에 올 때 가슴에 순교한 성자의 유골과 유품을 품고 와서 여러 지방에 다니면서 전도했다. 마리카 전도 중에 일본인 '한시로'라는 사람을 기독교로 개종시켰는데, 그 한시로에게서 일본에 관한 이야기를 듣고 일본에 전도하려는 결심이 생겨 한시로를 데리고 그의 고향인 일본 가고시마에 가기로 하고, 1549년에 역시 순교한 성자의 유골을 안고 일본으로 갔다. 거기서 전도를 시작하여, 그후 히라도(平戶)로 가고, 다시 교토(京都)에 가서 전도하고, 야마구찌(山口), 벳부(別府) 등지까지 전도하여 가는 곳마다 많은 사람을 예수 믿게 했다.

짧은 기간이었지만, 가는 곳마다 많은 사람이 예수 믿고 세례받고 교회가 생겼는데, 그의 감화력이 매우 컸다. 처음엔 거치 차림으로 전도하며 다녔으나, 그 후로부터 몸차림을 고치고 규수(九州) 쥬고꾸(中國) 지방도 두루 다녔다.

그는 굉장히 인격적 감화력을 지닌 하나님 은혜의 종이어서, 1년 남짓 동안에 가는 곳마다 수천 명의 개종자를 냈고, 그 후 50년간 그가 뿌린 예수회에 대한 노력은 50만 명이 넘는 '기리시단'(切支丹=크리스천)을 일본에 일으켰다.

그들은 '도꾸가와' 정권의 잔학한 박해 중에서도 숨어서 신앙을 굳게 지켜 금교령을 철폐한 메이지(明治) 2년에 이르자 당장 2만 5천 명의 신자가 쏟아져 나왔다. 하나님의 섭리는 한 사람의 하비에르를 일본에 보내었으나, 예수 그리스도에게 붙잡힌 바 된 그는 홀로 전도하여 많은 영혼을 소생시켰다.

하비에르는 1551년에 일본을 떠나 중국 본토에 선교하려는 계획을 세웠지만, 그 당시 중국은 쇄국정책을 쓰고 있어서 중국 선교의 뜻을 이루지 못하고, 인도 고아로 되돌아가 어느 포르투갈의 인도 왕에게 설득하여 중국으로 사절을 보내도록 권유하여 승낙을 얻어 베리라를 선택하여 사절로 보내면서 하비에르가 수행원으로 가기로 했다.

하비에르는 52년 4월 인도에서 출발하여 마리카에 이르렀는데, 그곳 태수가 사사로운 감정을 품고 그 길을 방해해서 뜻을 이루지 못하고 기다리고 있다가 하비에르만 그해 7월에 마리카를 떠나 8월 말에 중국 광둥(廣東) 부근에 도착했으나, 그곳에서 열병으로 12월 2일에 세상을 떠났다. 그는 1621년에 시성(諡聖)되었다.

62.

안디옥의 성 이그나티우스

복음 때문에 맹수의 먹이가 됨을 오히려 영광으로 여긴 순교자

안디옥의 이그나티우스(Ignatius of Antioch, c. 108/140)는 아마 사도 베드로와 요한의 제자로 주후 70년에서 107년까지 약 37년 동안 수리아 안디옥 교회의 제3대 감독으로 사역했던 인물이었다. 그를 '이그나티우스 데오포로스'(Ignatius Theophoros) 즉, 문자적으로 '신을 담지[擔持]한 불타는 자'라는 신실한 교회 지도자였다.

로마 황제 트라야누스의 박해 기간 중 황제의 명령으로 그를 체포하여 로마로 호송하여 민중에게 환락의 구경거리로 맹수의 먹이가 되게 하라고 명령했다.

이 소식을 들은 이그나티우스는 "오 주님, 저로서 할 수 있는 가능한 한 주님께 대한 저의 사랑의 전부를 증언할 기회를 주신 일과, 또 사도 바울을 본받아 주님을 위해 쇠사슬에 묶이게 되도록 해 주시니 감사합니다."라고 했다.

그가 체포되어 로마로 호송되어 가는 동안 10명의 호송병은 잔인한 자들이었다. 그런 속에서도 그는 서머나에서 네 통의 편지를 교회에 보냈고, 드로아에서도 세 통의 편지를 보냈는데, 그 편지들은 지금까지도 보존되어 읽히고 있다.

결국, 이그나티우스는 주후 107년 로마 원형 경기장에서 찬란한 순교의 죽음을 죽었는데, 평소에 그가 그리스도와 일치하려고 열렬히 갈망하던 일을 성취하였다. 그가 호송병에게 끌려가면서 교회에 써 보낸 편지 내용에는 다음과 같은 감격스러운 글이 적혀 있다.

"나는 모든 교회에 이 편지를 씁니다. 그리고 여러분이 방해하지 않는 한 나는 기뻐 하나님을 위해 죽으려는 것을 알려드립니다. 제발 부탁은 여러분은 내게 대해서 이 시기에 가능하지 않은 호의를 베풀어 주지 말기를 바랍니다.

내가 맹수의 밥이 되도록 맡겨주십시오. 그 일로 말미암아 나는 하나님을 발견할 수 있을 것입니다. 나는 하나님의 알곡으로 맹수의 이빨에 빻여져 그리스도의 순수한 빵이 될 것입니다. 도리어 맹수를 격려해 주시오.

맹수가 나의 무덤이 되고, 나의 육체는 아무것도 남기지 않고 최후의 잠을 잘 때, 나는 그 누구의 시체 처리하는 일에 수고도 끼치지 않게 하기 때문입니다. 내가 실제로 예수 그리스도의 제자가 되는 일은 이 세상에서 더는 내 육체가 보이지 않게 되는 때입니다.

맹수의 이빨에 의해 내가 하나님께 바쳐지는 희생제물이 되도록, 나를 위해 그리스도께 간구하여 주십시오. 나는 베드로나 바울처럼, 여러분에게 명령하지는 않습니다. 그들은 사도였지만, 나는 죄의 선고를 받은 자입니다.

그들은 자유의 몸이었지만, 나는 지금에 이르기까지 종입니다. 그러나 만일 내가 고난을 받으면 예수 그리스도에 의하여 해방되어(고전 7:22), 그리스도 안에서 자유의 몸으로 재생할 것입니다. 지금은 사슬에 매여서 이 세상 욕망을 죽이는 일을 배우고 있습니다."

63.

파코미우스

기독교 공주 수도원을 최초로 창설한 수도사

파코미우스(Pachomius The Great, c.292~348)라는 이름은 '왕의 매'라는 뜻으로서 주후 292~348년 어간에 상부 이집트 테베 지역의 프보우(Pbow)에 최초로 공주(公住) 수도원, 또는 회(會) 수도원(the cenobite)을 창설한 분이다.

그는 테베에서 태어나서 강제로 로마 군인으로 징집되었었다. 그 당시 은둔 수도하는 사람들이 많이 일어나던 영향을 받아 20세 때 성 안토니의 제자 중 가장 엄격했던 팔레몬에게 훈련받으면서 광야에서 은둔생활을 했다.

기독교 전통에서 공식적으로 인정받은 수도사로서 대 안토니가 있었지만, 이미 당시에는 마을 근처나 깊은 사막에서 혼자 수도하는 사람이 더러 있었다. 그승 파코미우스의 첫 스승이었던 팔레몬도 이런 사람의 한 사람이었다.

수도생활에서 주요 요소는 독거(獨居), 즉 홀로 지내는 것이다. 독거란 세상의 분주함에서 벗어나기 위한 지리적 물리적인 방편이다. 그래야 전적으로 하나님 현존 생활을 할 수 있기 때문이다.

그래서 당시에만 해도 수도단체란 것이 없었으므로, 수도생활을 한다는 것은 당연히 독수도(獨修道, anchorite)였다. 독수도의 시작은 공적으로 대 안토니(Anthony the Great)이다.

그런데 자칫 홀로 지내다 보면 성질이 거칠어진다든지, 우울증과 망상(妄想)에 빠지기도 쉽고, 어려운 시험을 겪는 중에 잘못되기도 쉬우며, 극단적인 고행 금욕 생활에 대한 반동 작용으로 타락할 위험성도 있었다.

또다른 수도생활이 있다면, 하부 이집트, 알렉산드리아 근처 사막 스케테, 켈리아, 니트리아 등에 집단으로 형성된 반(半) 독거, 또는 라브라(lavra) 형태의 수도생활이었다. 지금도 스케데(또는, Wadi-al-Natrun)에 마카리우스, 수리아, 비쇼이, 바라무스 등 당시 영적 지도자의 이름을 딴 반-독거 수도원이 존재한다.

아무래도 인간은 집단성을 가지고 있어서 완전히 홀로 살기 어려워서 안토니 같은 큰 인물을 사모하여 그를 중심으로 수도사들이 모여 주중에는 각자 독거처에서 생활하다가, 주말에는 모(母) 수도원에 모여서 예배와 애찬(agape)을 나누고, 영적 지도를 받고, 공동으로 마련한 생활용품을 받아서 각자 흩어져 독수도하는 반(半) 독거 수도단체가 생겼다(318년, 또는 323년).

파코미우스는 로마군에 강제 징집되어 낮에는 싸우고, 밤에는 징집병들이 탈영하는 것을 막기 위해 감옥 같은 철창에 가두어졌다. 그런데 밤마다 그가 감금된 철장을 찾아와서 따뜻한 음식과 덮을 것을 주던 사람들이 있었는데, 파코미우스가 곁에 있던 동료에게 그들이 누구냐고 묻자 '기독교인'이라고 말해주었다.

파코미우스가 속한 군대가 패배하여 군대에서 놓여나 고향에 돌아와서, 기독교인이 되고자 세례를 받고 수도생활을 시작했다. 이때가 파코미우스는 20세쯤이었다. 그러던 중 꿈에 수도원을 지으라는 계시를 받고 군대 병영 생활을 모델로 삼아서 사람들을 모으고 한 집(casa)에 머물게 하면서 엄격한 규칙을 제정하고 공동체 수도생활을 하기 시작했다. 이것이 기독교 공주(共住) 수도원의 시초가 되었다.

피코미우스는 상부 이집트 테베의 나일강에 있는 타벤니시(Tabennisi)에 설립된 공동체를 '코이노스'(*Koinos*, cenobite)이라고 불렀다. 그의 수도원은 우선

넓은 땅을 마련하고, 그 주위 전체를 높은 담장으로 둘러싸고(세속인의 무분별한 출입과 베두인[Bedouin]의 침략을 막기 위해), 그 안에 집(casa)을 지었다. 각 집에는 20~40명의 수도사가 한 사람 지도자 밑에서 정한 규칙에 따라 공동생활을 했다. 각 집은 작업 기능별로 구분하되 목수는 목수들끼리, 농부는 농부들끼리 숙식하고 노동하게 했다. 수도사 한 사람마다 자기 수실(거처하는 방)을 가지게 했지만, 어떤 때는 세 명이 거처하기도 했다.

이러한 3~4개의 집이 '부족'(tribu)이 되고, 몇 개의 부족이 모여 수도원(monastery)이라고 했다. 마치 요즈음 소대, 중대, …사단 등 군대 같이 파코미우스의 공주수도원 조직도 십부장, 백부장 등으로 조직된 로마 군대와 같은 기독교 최초 공주수도원의 모습이다. 규칙과 규정도 매우 구체적으로 세분화했다.

파코미우스는 수도원을 총괄하는 본부를 프보우(Pbow)에 두고 총지휘했다. 그곳은 오늘날 이슬람인들의 야시장으로 사용되고 있는데, 당시의 건물 기둥과 잔해만 여기저기 버려져 나뒹굴고 있다. 제롬의 기록에 의하면 전성기에 파코미우스 수도 공동체의 수도사가 총 5만 명에 달했다고 한다.

각 수도원(monasterium)에서는 아버지(압바, 영적 지도자)와 당가(회계)와 주간 당번과 봉사자들, 그리고 각 집(casa)의 으뜸들(지도자)이 있다. 그리고 한 집(casa)에는 약 40명의 형제가 거주하면서 한 으뜸에게 순명한다. 한 수도원 안에는 형제들의 숫자에 따라 30~40개의 집들(casas)이 있다. 그리고 3~4개의 카사(집)으로 한 부족(tribus)을 형성하여 함께 일하고, 차례로 주간 봉사를 한다.

토요일과 주일이 되면, 수도원의 전원이 중앙 성당에 함께 모여 예배와 성례전에 참여케 하고, 보통날의 성무일과(聖務日課)는 각각 자기네 건물 안에서 지키게 했다. 수도사는 청빈과 순결 생활과 금욕을 힘쓰지만, 집단적 공동체 안에서는 질서를 위해 복종(순명)의 덕을 강조하였고, 기도와 예배 외에도 특히 노동을 의무적으로 실천시켰다.

농사짓는 일 외에도, 나일강에서 자라는 야자수(빨마) 줄기로 광주리나 방석을 짜게 했고, 종려나무 잎으로 여러 가지 공예품을 만들었다. 수도원에서의 이 같은 노동 정신은 "게으름은 영혼의 원수이다."라는 수도 정신 때문이기도 하지만, 동시의 이것으로 수도원 자활의 대책이기도 했다.

수도 규칙은 짧은 규칙과 긴 규칙으로 구성되어 있는데, 마치 군대법이나 규칙처럼 엄격하면서도 구체적으로 되어 있어서 당시에 서방교회의 수도원에서 참조할 정도였다. 규칙에 관해서는 『파코미우스의 생애』(은성출판사)를 참조하라. 그의 '코이노비움'은 서구 수도원의 선구자 역할을 했다.

그가 세상 떠날 때 그의 지도 밑에 세워진 수도원 아홉 개, 여자 수도원 두 개가 있었다. 당시에 여자들은 제도적으로 종교활동이나 수도사가 되는 데 매우 제한적이었다는 점을 감안한다면 파코미우스가 수녀원을 세웠다는 것은 매우 획기적이다.

계명과 제도집

6. 아무도 집의 으뜸이 명령하지 않은 것은 하지 말라.

...

18. 으뜸은 술 취하지 말라.

낮은 곳, 수도원의 항아리 곁에 앉지 말라.
하나님이 제정하신 바 이 세상에서 지켜야 할 계명을 깨지 말라.
그리스도의 축일에 울지 말라.
성인들의 방법에 따라 자신의 육신을 다스리라.
이방인들처럼 편안한 잠자리에 들지 말라.
이중적인 믿음을 갖지 말라.
자기 마음의 생각들을 따르지 말고 하나님의 율법을 따르라.

교만한 마음을 가지고 높은 자리에 도전하지 말라.
… 죽음을 무서워하지 말고 하나님을 두려워하라,
두려움 때문에(하나님을) 부인하지 말라.
음식을 위해서(임무를) 저버리지 말라.
변덕스런 행동을 하지 말라.
… 교만하여 이웃에게 잘못하지 말라.
안목의 정욕에 이끌리지 말라.
음란한 생각들을 따르지 말라.
재주를 따라 행하지 말라.
정직하지 않는 행동을 하지 말라.
… 두려움을 극복하기 위해 진리를 부인하지 말라.
부정한 방법으로 취한 빵을 먹지 말라.
다른 사람의 땅을 탐하지 말라.
… 교만하여 속이지 말라.
높은 자리를 놓고 다투지 말라.
지쳤다고 해서 포기하지 말라.
수치심으로 인해 영혼을 잃지 말라.
식탁 위의 맛난 음식에 시선을 두지 말라.
아름다운 옷을 탐하지 말라.
자신의 생각들을 분별하기 위해, 노인들을 무시하지 말라.
술 취하지 말고, 진리와 연결된 겸손을 취하라.
판단할 때, 원로들의 계율과 온 세상에 선포된 하나님의 법을 따르라.

64.

구부로의 성 요한

백발의 성직자가 교인에게 꿇어 엎드려 용서를 비는 사랑의 실천자

바나바의 고향 구브로(Cypru) 섬에서(행 4:36) 바나바 이후 5백 년 만에 요한(St. Ioannes of Cyprus)이라는 성자가 났다. 그는 본래 큰 부자였으나 처자가 세상 떠난 뒤에 인생의 무상을 깨닫고 몸을 주께 바치고 거룩한 생애를 보냈다.

그의 명성이 높아가면서 알렉산드리아 교회 감독이 되었다. 그는 알렉산드리아 교회에 취임할 때 부하에게 "이곳에 내가 섬길 주인이 얼마나 있는지 조사해 오라"고 하였다.

부하들은 무슨 말인지 몰라 어리둥절하면서 다시 물으니 "우리 주님이 섬기시던 가난한 형제들이 곧 내가 섬길 주인이다."라고 대답했다. 그래서 조사한 결과 알렉산드리아 지방에는 생계가 막연한 가난한 이들이 7천 5백 명이나 됐다.

요한이 감독으로 있는 동안 그는 빈민 구제를 얼마나 힘썼던지 그의 노력에 호응하는 이가 사방에 생겨 뜻밖에 거액의 구제금이 들어왔고, 나중에는 구제받을 사람이 없어질 지경이었다.

한 번은 감독의 부하인 서기 두 사람이 주먹질하며 싸우는 것을 보고 불러서 두 사람 다 책벌하였더니 한 사람은 순복했지만, 한 사람은 끝까지 복종치 않고 원망하면서 예배에도 참석하지 않았다.

요한은 어느 주일날, 성찬식을 집전하다가 마음에 예수님이 "네 형제가 너를 원망하는 일이 생각나거든"(마 5:23-4)이라고 하신 말씀이 생각나서 성찬식을 잠시 중단하고 교인들에게 기도하면서 기다리게 하고, 자기는 교무실에 들어가서 그 서기를 불러다 앉히고, 자기는 감독의 금빛 성직자 옷을 입은 채 서기의 발 앞에 꿇어 엎드려 백발이 성성한 머리를 땅에 조아리면서 "내 형제여, 용서하시오." 하며 사과하였다.

고집부리던 서기는 감독의 그 모습에 황송하여 어찌할 바를 모르고 그만 땅에 털썩 주저앉아 엉엉 울어버렸다. 요한은 울고 있는 서기를 껴안고 눈물을 씻어준 뒤 함께 교회에 데리고 와서 성찬식을 계속했다.

어느 때 요한은 지방 총독과 의견 대립으로 다툰 일이 있었는데 흥분한 채 집에 가 있는 총독에게 저녁 무렵에 요한에게서 편지 한 장이 전달되었다. 펴 보니 거기는 "지금 해가 저물어 갑니다."라는 한 마디가 적혀 있었다(엡 4:26 참조).

무슨 소리인가 곰곰이 생각해 보니 성경에 "분을 내어도 죄를 짓지 말며 해가 지도록 분을 품지 말고"라는 말씀 구절은 인용한 것이었다. 총독은 깊이 감동되어 자기 잘못을 사과하고 화해했다.

65.

마더 테레사

가난한 이들과 죽어가는 이들을 위해 봉사한 빈민가의 성녀

20세기의 빈만의 성녀요, 1979년도 노벨평화상을 탄 인도의 수녀. 마더 테레사(Mother Teresa, 1910~1997)는 오스만 제국(현재 북마케도니아의 수도) 스코페에서 코소보계 알바니아인 가정에서 태어났다. 본명은 알바니아어로 곤제 보야지우(Anjezë Gonxhe Bojaxhiu)로서 "꽃봉오리"라는 뜻이다.

테레사는 초등학교 재학 중에 신심회에 가입했다. 당시 인도 캘커타에 선교사로 파송된 유고의 예수회원들에게서 온 편지를 읽는 것을 듣고 감격했다. 테레사는 12살 때 가난한 이들을 위한 성소(聖召)를 깨달았다(1922). 테레사는 처음엔 선교사가 되기를 원했다. 처음 수녀가 되고 싶어한 때가 18세 때였고, 1937년에 로레또회에서 수녀로서 종신서원을 했다.

18세에 집을 떠나 수녀가 된 후 40년 동안 수녀의 길을 걸으면서 이 길에 대해 의심해 본 적이 없었다고 한다. 한 가닥의 의심이나 후회 없는 행복을 느꼈다. 테레사는 로레또회 수녀들이 인도 캘커타에서 활동하고 있다는 소식을 듣고 1929년에 인도에 파견되어 갔다. 인도에 가서 1929~1948년 동안 로레또회에서 경영하는 벵갈 지방의 캘커타 성모여고에서 지리학을 가르쳤다.

1946년 다르제엘링으로 피정 가는 열차 안에서 모든 것을 버리고 가장 가난한 사람들 가운데 계신 주님을 섬기려 빈민촌으로 주님을 따라오라는 강한 명령을 느꼈다. 그래서 캘커타 빈민촌에서 봉사하고자 로레또회 수녀복을 벗고 떠나, 흰색 사리와 이마에 푸른 줄무늬가 있고 어깨에 십자가를 맨 새 수도복을 입었다. 의료 기술을 배우려고 3개월 동안 미국에 있는 의료 수녀원 파트나 수녀원에서 간호학을 수학했다. 테레사는 로레또를 떠나면서 "주님께서는 내가 청빈의 십자가의 옷을 걸친 진정 자유스러운 수녀이기를 원하십니다. 로레또의 안정된 생활, 이것이 나를 다시 유혹했습니다."라고 했다.

테레사는 1950년에 애덕(愛德)의 전교수녀회를 창설했다. 집집마다 방문하여 어린아이들과 병자를 돌봐주었다. 처음 시작한 조그마한 학교는 아이들 다섯 명뿐이었는데, 현재(저자가 이 글을 쓰던 1985년 당시) 데리고 있는 학생은 5백 명이 넘는다. 애덕의 전교 수녀원은 각국에 분원이 있다.

테레사는 아무리 어려워도 절대 두려워하지 않았다. "일하는 분은 내가 아니라 주님이시다."라고 하면서 애초부터 돈은 생각지도 않았다. 처음에는 5루피 밖에 없었으나, 그녀의 하는 일이 사람들에게 인정받기 시작하면서부터 물건과 지원금이 들어오기 시작했다. 1949년에 수녀들이 입회하기 시작했다. 그들 회에 최초로 입회한 수녀는 로레또회 학생이었던 아녜스 수녀였다.

1852년에는 최초의 "영생의 집"을 열었다. 그것은 길가에 버려져 죽어가는 사람들은 보호하는 집이었다. 테레사는 어느 날 거리에 나갔다가 길가에 쓰러져 죽어가고 있는 여인을 보았다. 쥐와 개들이 반쯤 뜯어 먹었었다. 병원에 데리고 갔지만 받아주지 않았다. 시청에 달려갔더니 보건소 직원이 사원을 가리킬 뿐이었다.

이렇게 해서 캘커타 거리에서 2만 3천 명 이상의 병자를 돌봐 주었다. 살아남은 사람 중에서 일할 수 있는 사람에게는 일자리를 얻어 주었다. 이런 운동을 시작할 처음에는 그 회 수녀들이 거리로 돌아다니며 길가에서 병자들을 찾아내어 데려왔다.

"영생의 집"은 길가에 버려진 환자와 병원에서 받아주지 않는 병자나 전혀 돌본 사람이 없는 이들을 위해 마련한 곳이었다. 처음 교구 관할이었을 때는 수녀가 열두 명뿐이었는데, 분원이 생긴 후에 입회한 사람들은 대부분 중산층으로서 교육 수준이 높은 이들이었다. 그들은 빈민촌에서 가난한 이들과 함께 살면서 하루 24시간 그리스도를 만나게 될 때 자기들의 일생이 얼마나 보람 있는 것인지 느꼈다.

수도생활은 금욕고행의 성격을 띤 자제의 길이라야 한다. 부단한 노력 정진만이 그리스도를 따르는 생활에 생기는 모든 어려움을 이겨낼 수 있고, 고난을 마다하지 않고 따라가는 생활 모습이 많은 사람에게 매력을 주는 것이다. 수도생활이란 순명(順命)이라는 규칙에서가 아니라, 기쁨과 열정을 가지고 수녀들은 자기 주위의 환자들을 돌보았다.

가난한 인도 여인들이 아이를 낳아 쓰레기통에 버린 것을 주워다 품에 안고 우유를 먹이면서, 또는 뼈만 앙상히 남은 죽어가는 늙은이들 곁에 앉아 손톱을 깎아주며, 또는 문드러진 나환자의 피부를 쓰다듬어 주면서 "누구든지 내 이름으로 이 인자 하나를 영접하는 것이 곧 나를 영접하는 것이라"고 말씀하신 그 분을 껴안음이요, 그분의 상처를 싸매줌이 되는 것이다.

테레사 수녀가 택한 길, 그 길은 사명에 철저한 확실하고 뚜렷한 헌신이어서 그 길에서 방황한다는 일은 생각조차 못 할 일이다. 그녀가 따르는 주님은 너무나도 가까이 계시기에, 그리고 너무나도 주님과 일치하는 생활이기에 그 생활 속에서 주님을 멀리한다는 일은 불가능했다. 테레사는 누구에게 보낸 편지에 이렇게 썼다.

"당신이 지니고 있고, 당신이 할 수 있는 모든 것을 다만 하나님 한 분을 위해서만 바치고 헌신하십시오. 오늘날 교회의 외면에 나타나는 그 모든 것은 곧 사라지고 말 것입니다."

"주님은 믿음이 적은 자여 왜 무서워하느냐고 하셨습니다, 우리는 그 분이 행하신 바로 그 사랑을 이룩하고자 하는 소원뿐입니다. 지금 바로 말입니다."

"항상 자신을 바칠 수 있는 준비 태세를 갖추고 사십시오."

테레사는 자기의 새로운 사명에 감격하면서 "주여, 오늘도, 또 내일도 고통받는 이웃에서 치료받는 이웃에서 바로 당신을 뵙고 바로 당신께 봉사하게 해 주소서"라고 했다.

"고통받는 벗이여. 사랑하는 벗이여. 벗은 귀한 존재입니다. 벗은 또 다른 그리스도입니다. 벗을 돕는다는 것, 그것은 보람찬 일입니다."

빈민촌에서 가장 가난한 이들 속에서 하루 24시간 동안 그리스도를 만나게 될 때 자기들의 일생이 어떤 것이 될지를 이해하게 된다: "너희가 여기 내 형제 중에 지극히 작은 자 하나에게 한 것이 곧 내게 한 것이니라"(마 25:40).

가난한 자, 병든 자 속에서 배고픈 예수, 벌거벗은 예수, 집 없는 예수를 보고 그 봉사를 하고 있다는 확신, 이 사랑이야말로 그들이 넘치는 기쁨을 품게 되는 이유이다. 이 때문에 수녀들은 항상 즐겁고 명랑했다. 억지로 기뻐한 것이 아니다. 그들은 항상 기뻤다. 자기들이 찾고 있던 바로 그것을 얻었다는 사실을 알았기 때문이다.

하나님 사랑과 이웃 사랑이라는 두 계명은 구별되지 않은 하나의 계명이다. 테레사와 수녀들은 말한다.

"우리는 불쌍한 이들 속에서도 가장 불쌍한 이들을 위하여, 그리스도께서 우리와 함께 우리를 통하여 일하고 계신다고 확신합니다."

"신앙의 부족한 이유는 이기주의와 사리사욕 때문입니다. 참된 신앙은 사랑을 주는 것입니다. 사랑과 신앙은 동반자입니다. 서로 보충해 줍니다."

"우리는 직접 그리스도를 볼 수 없어서 그에 대한 우리의 사랑을 표시할 수 없습니다. 그 대신 우리의 이웃은 항상 우리가 볼 수 있으며 그리스도께 하고 싶은 사랑을 이웃에게 해야 하는 것입니다."

"우리의 사업은 그리스도를 위한 사랑의 표현일 뿐, 우리 마음은 그리스도에 대한 사랑으로 가득 차고 그 사랑을 실제로 나타낼 수 있어야 합니다. 가난한 사람은 하나님을 위한 우리 사랑을 나타내는 이웃입니다."

그들 수녀들의 사업이 단지 동정에 끝나는 것이거나 물질적인 궁핍을 채워 주는 것이 아니라 이 사업에 진실성을 부여하는 더 큰 무엇이 있다는 사실을 우리는 인정해야 한다.

테레사는 "나는 무엇을 하기 위해서 대대적으로 해야 한다고 생각지 않습니다. 우리에게 중요한 것은 인격적인 접촉입니다. 하나의 인격을 사랑하기 위해서 우리는 우선 그 사람과 가까워져야 하고, 그 인격과 밀접한 접촉을 가져야 합니다."라고 했다.

하나님을 위하여 아름다운 행위를 실천하는 것이 바로 테레사 수녀의 삶의 신조이기도 하다. 하나님을 위해서라는 목적 아래서 이루어진 것이라면, 누가 했던지 상관없이 모두 아름다운 것이다.

생활 속의 노동을 통하여 테레사 수녀 및 "애덕의 선교 수녀회"의 수녀들은 그리스도께서 외치신 그 진리를 증거하며 보여 주고 있다. 세계에서 가장 어둡고 찌그러진 모습의 지저분하고 더러운 거리로 소문난 캘커타지만, 기쁨이 충만한 테레사와 그들 수녀들의 모습이 형언할 수 없는 기쁨을 사람들에게 안겨준다.

사람들을 도취시키는 것은 바로 그녀의 훌륭한 인격이었다. 평범한 그녀의 담화 뒤에는 인간의 힘을 초월한 매력의 광채가 빛나고 있었다. 사랑의 실천을 위하여 전적이며 헌신적 봉사를 실천하는 테레사 수녀는 사랑의 씨앗이었다. 고리타분한 윤리적인 설명이 아니라 누구나 쉽게 이해할 수 있는 사랑의 행위, 그것은 이론이 아닌 체험이며, 이데올로기가 아닌 생활 자체이다. 논증보다는 직관을 통해 얻은 실재이며, 이성의 영역이 아닌 영신(靈神)의 영역에 속한 것, 언어와 사고를 초월한 또다른 높은 차원에 도달하는 것이었다.

"신 죽음"의 신학을 부르짖은 신학자도 있는데, 신이 죽을 수 있는 유일한 길은 바로 인간이 극단의 이기주의자로 변하여 자신의 운명만을 생각하고 하나님과 인간 사이에 메꿀 수 없는 심연의 구덩이를 파 놓는 경우다. 그렇다면 정녕 신은 죽으리라.

테레사 수녀는 매일 예수님을 만났다. 과거, 현대, 미래라는 시간의 풍랑 속에서 늘 또다른 예수를 찾아야 할 운명의 주인공이기도 하다. 역사 안에서 찾아야 할 또다른 예수, 예수는 다만 현존하시고 영원히 현존하실 뿐이다.

1천만 인구의 대도시가 어두움에 묻힌 그 저녁, 바로 이곳에 소박한 수녀들에 의해 마련된 작은 제단과 십자가가 세워져 있고 어두운 인간 사회를 밝혀 줄 촛불이 켜져 있다. 사람들 마음이 이 대도시 어두움 같으나 테레사 수녀는 잃어버린 도시의 불빛보다 더 강하고 환한 등불을 밝혀주었으며, 그 등불은 절대로 꺼지지 않으리라.

테레사 수녀는 어두운 우리 현대에 열과 빛을 주는 등불이요, 비정한 이 시대에 복음과 그리스도 사랑의 화신적(化神的) 존재이고, 사신론(死神論)을 부르짖는 우리 가운데 살아계심을 보여 주는 증거자라고 생각한다.

테레사의 교훈

침묵: 우리는 하나님을 찾아야 한다. 소란과 불안 속에서는 하나님을 만날 수가 없다. 하나님은 침묵의 벗이다. 나무, 꽃, 풀, 자연 모두는 침묵 속에 성장하고 있다. 영혼의 내부 심연(深淵)에 이르기 위해서는 침묵이 필요하다. 가장 중요한 것은 말이 아니라 하나님께서 우리에게 말씀하시는 그것을 듣는 일이다.

나는 가난하게 그리고 초연하게 살겠습니다. 나의 소원, 나의 본능, 나의 기분, 나의 취미를 모두 버리고 오직 하나님, 당신의 뜻만을 따르는 종이 되겠습니다. 당신의 뜻에 맞는 종, 내 스스로 택한 자유스러운 종이 되겠습니다.

"기쁨"은 바로 기도이다. 그것은 사랑에 불타는 영혼이 지닌 특성이다.

"친절"하고 너그러운 사람이 되십시오. 누구든지 여러분을 만난 다음에는 더욱 큰 보람과 기쁨을 얻고 돌아가도록 해야 합니다. 친절한 모습, 친절한 눈길, 친절한 미소, 친절하고 예의 바른 태도의 모범이어야 합니다. 우리는 빈민촌의 가난한 벗들에게 하나님의 자비를 나타내 주고 비추는 등불이어야 합니다.

"정신 집중"은 성덕(聖德)의 시초입니다. 이 기술을 연마하는 그만큼 여러분은 그리스도를 닮는 것입니다. 우리의 소명, 그것이 진정 아름답기 위해서는 타인을 위한 생각으로 가득 차야 합니다.

66.

성 조시마스와 통회녀

과거 윤락 생활을 청산하고, 일생 광야에서 참회 생활한 여인

조시마스(Zosimas)는 데오도시우스 2세 황제의 통치 기간인 5세기 후반에 태어났다. 그는 아주 어린 나이에 팔레스타인의 한 수도원에서 수도사가 되어 위대한 장로이자 금욕주의자로 명성을 얻었다. 53세에 사제 수도사가 된 그는 요르단강 근처 광야에서 매우 엄격한 수도원에서 여생을 보냈다.

그는 광야에서 수도생활을 하던 중에 '이집트의 마리아'를 만났다. 그 수도원은 매년 사순절기에는 모든 수도사가 광야로 나가 금식과 기도로 시간을 보내다가 종려주일에 수도원으로 돌아오는 것이 관습이 있었다.

어느 날 요단강 기슭 광야에서 기도하고 있었는데, 앞으로 사람의 그림자가 획하고 지나가는 것을 보았다. 처음에는 그것이 심승인가 했다가 안면 나귀의 환상일 줄로 착각해서 무서워했다. 그는 십자가 성호를 그으면서 침착하게 그를 뒤쫓아 가면서 자세히 살펴보았더니 사람이 분명했다. 태양에 온몸이 까맣게 타서 검둥이 같았고, 몸은 전신 나체인 여자였다. 거기다가 어깨까지 길게 내려뜨려진 머리카락은 하얀 털실 같은 백발이었다. 조시마스는 이상한 이 여인의 뒤를 쫓아 요단강 골짜기까지 갔다. 앞에서 쫓겨가면서 맞은편 강언덕에 건너간 그 여인은 돌아서서 "죄 많은 여자를 기도로 도우실 마음이라면 당신의 외투를 벗어서 이리 던져 주세요"라고 했다.

조시마스가 그녀의 요구대로 외투를 벗어 던져 주니, 그 여인은 외투로 벗은 몸을 가리고 가까이 와서 자기의 과거 신상에 대해 조시마스에게 자세히 들려주었다.

그녀는 애굽의 마리아(Mary of Egypt)로 4세기경에 상부 이집트에서 태어나서 12살까지 기독교 교육을 받았고, 성모 마리아에 대한 특별한 깊은 신심을 가지고 있었다. 그러나 그녀의 얼굴이 너무 아름다워 요염한 꽃 같았는데, 그것이 도리어 불행의 씨가 되어 타락하게 되었다.

그녀는 쾌락을 찾는 허영심과 더러운 욕망이 격심하여 열두 살이 되던 때 부모 슬하를 떠나 당시 번화한 대도시 알렉산드리아(당시 이집트의 수도)로 가출해서, 거기서 17년 동안 말로 다 할 수 없는 윤락 생활에 빠져 못된 짓을 거듭하면서, 육신도 영혼도 더럽히며 살다가 결국 창녀가 되었는데, 남자에게서 돈은 거절하고 아마(亞麻)로 끈을 꼬아서 판 돈으로 구걸하며 살았다.

그러던 중에 어느 해 성지순례단이 예루살렘으로 간다는 소문을 듣고, 그들을 따라서 성지로 가서 새로운 쾌락을 추구해 보리라는 계획으로 알렉산드리아 항구에서 배를 타고 성지로 갔다. 그러나 성지를 순례하다가 성 십자가 기념일에 순례자 일행과 함께 어느 성당에 들어가려 했더니, 이상하게도 발이 보이지 않는 끈으로 동여매 놓은 듯이 한 발짝도 움직일 수가 없었다. 아직 양심이 남아 있는 그녀는 놀라서 자기가 죄 많은 여인이라서 그런 줄로 알고 크게 통회하면서 새롭게 살기로 맹세했다.

그때, 그녀 마음에 들려오는 음성이 "요단강 저편에 있는 광야로 나가서 고행하며 죄 갚음을 하라."는 음성이 들렸다. 그녀는 즉시 그 소리대로 복종하여 요단강 기슭에 있는 세례 요한 기념성당에 찾아가서 회개의 기도를 올리고, 성찬에 참여한 후 용기를 내어 요단강을 건너 광야에 들어가서 47년 동안이나 죄 갚음의 참회 생활을 보낸 것이다.

그녀가 처음 요단강을 건널 때 지닌 것이라고는 빵 두 개 반뿐이었는데, 그것도 말라버려서 돌처럼 굳은 것이었다. 그러나 그것을 매일 조금씩 깨물며, 그 외에 초근목피와 채소를 먹으며 17년 동안이나 지냈다.

그동안 과거 죄 속에서 환락하던 옛 생활이 그리워지는 격심한 유혹에 시달리기도 했다. 물 마실 때는 옛날의 포도주 생각이 났고, 채소를 먹을 때는 옛날 먹던 고기 맛이 그리워졌다. 고행하려면 지난날 쾌락에 빠져 살던 생각이 불현듯 났다.

그녀는 과거 죄 갚음을 하려고 17년간 고행했다. 무서운 고행에 스스로 자기 몸을 괴롭게 하면서도 마음은 이상하게 하늘의 위로와 평안을 느끼게 됐다. 이 같은 사막 속에서 금식과 기도로 놀라운 능력을 얻었다. 그녀는 때로 요단강 물 위로 걸을 수 있었고, 어떤 때는 기도하는 동안 공중에 부양(浮揚)하기도 했다. 동물의 우는 소리를 알아들을 수 있었고, 동물과 이야기를 나눌 수도 있었다. 그녀는 하나님께서 하늘에서 내리시는 만나를 받아먹으면서 굶주림을 면했다. 이렇게 지내는 동안 그녀는 어느덧 늙어 백발이 되었다. 처음 광야로 들어갈 때 입었던 옷은 다 낡아 헤져서 나체가 되고 말았다.

조시마스는 그녀의 고해를 받고 그녀의 요청대로 성찬 떡을 먹게 하고 헤어졌다. 헤어지면서 그녀는 조시마스에게 다음 해 종려주일 목요일에 다시 성찬을 베풀어달라고 부탁했다.

그 후 2년 동안 매년 그녀를 찾아가서 성찬을 베풀어 주었는데, 제3년째 해에 그녀와 정한 목요일에 그녀를 찾았는데, 모래밭 속에 두 손을 합장하고 동쪽을 향하여 누워 있는 그녀의 시체를 발견했다.

곁에는 모래 위에 글을 쓰기를 "조시마스 신부님, 불쌍한 이 마리아의 유해를 매장해 주십시오. 흙은 흙으로, 먼지는 먼지로 덮어주세요"라고 쓰여 있었다. 조시마스 수도원장이 그녀의 유해를 매장했던 때가 불분명하여 주후 421(또는 530년)년 4월 종려주일로 추정하며, 축일은 4월 1일이다. 그녀를 만났던 조시마스는 거의 100세까지 살았다.

  이 이야기가 구전된 것을 예루살렘의 총대주교 소프로니우스가 정리하여 "성 이집트의 마리아 생애"(*Vita of St. Mary of Egypt*)를 기록으로 남겼다.

67.

주상의 성자 시메온

36년 동안 기둥 위에서 기도했던 주상의 성자

흔히 '기둥 위의 성자'(柱上의 聖者)'라는 시메온(St. Simeon Stylites; c.390~459)은 주후 390년 길리기아(Cilicia)의 '시스'(Sis, 오늘날의 Kozan)에서 태어났다. 길리기아는 소아시아의 남동쪽 해안에 있는데, 395년 로마제국이 분열하면서 동로마의 속주가 된 까닭에 기독교가 빠르게 정착하고 성장할 수 있었다.

이곳의 수도는 수리아의 안디옥이다. 이 지역의 중심에는 타우루스(Taurus) 산맥이 놓여있는데, 서쪽은 산세가 험하지만, 동쪽은 비옥한 고원 지대로서 목축이 발달했다. 산양 털로 짠 모직물이 유명해서 상품명을 이곳 지명을 따서 '킬리키움'(Cilicium)이라고 부를 정도였다.

일찍이 유대인들이 많이 살았으며(행 6:9 참조), 바울이 바로 이곳 길리기아의 다소 출신이다(행 21:39; 22:3; 23:34). 길리기아에는 초대교회 초기에 복음이 전파되었는데(행 15:23), 아마 바울의 영향이 컸던 것으로 보인다(행 9:30 참조).

시메온은 농부인 부모를 돕다가 13세 때 교회에서 예배드리는 도중에 "마음이 청결한 자는 복이 있나니 저희가 하나님을 볼 것임이요"(마 5:8)라는 말씀과, "애통하는 자는 복이 있나니 저희가 위로를 받을 것임이요"(마 5:4)라는 말씀에 크게 감동되어서 수도생활로 나가기로 결심하고 가까운 수도원에 찾아갔더니, "어디서 도망쳐 왔느냐"라고 하면서 문을 열어 주지 않아 3일 동안이나 대문 앞에서 먹지도 않고 울면서 기도하였더니, 겨우 힘들게 허락을 받아

냈다.

막상 수도생활은 시작했지만, 수도 규칙이 너무 느슨하다고 생각되어서 더 극심한 고행을 혼자 하면서 자기 몸을 채찍질하기도 하고, 밤에는 자지도 않았고, 식사는 한 주간에 한 끼 먹기도 하고, 40일 단식을 26번이나 했다. 그러나 결국 다른 수도사들에게 미움을 받아 그 수도원에서 쫓겨났다. 수도원에서 나온 시메온은 산꼭대기에 홀로 지낼 조그만 기도실을 지어 지붕을 덮지 않고, 비 오는 날이나 눈 오는 날이나 그 안에 앉아서 고행 수도생활을 했는데, 여름엔 뜨거운 햇볕이 내리쬐면 너무 고생스러워 기도를 그치고 다른 데로 자리를 옮기려는 마음으로 인해 분심될 까봐 스스로 자기 몸을 큰 바위에 쇠사슬로 묶어 놓고 기도했다.

이 같은 시므온의 소문을 듣고 그를 만나 보려고 각처에서 사람들이 계속 찾아오기 때문에, 기도에 방해되어서, 근처 텔라니사(Telanissa, 오늘날 시리아의 탈라다)의 폐허에 서 있는 건물 기둥을 발견하고, 그 위에 기도처를 만들고 올라가서 기도 생활을 시작했다. 근처 마을의 어린 소년들이 기둥 위로 올라가서 납작한 빵과 염소 우유를 건네주는 것을 먹고 지냈다. 어떤 때는 도르래로 음식을 담은 양동이로 끌어올리기도 했다.

시메온이 37세 때 처음 올라갔던 기둥은 약 3m 정도였는데 거기서 7년을 지내다가, 나중에 더 높은 약 15m 기둥 위로 옮겨서 거기서 21년을 살았다. 이 기둥 꼭대기는 난간이 세워져 있고 그 가운데 서서 기도했다.

겨울의 무서운 추위를 예방하기 위하여 머리에는 양피로 짠 모자를 쓰고 가죽옷을 입었다. 종일 서서 기도하고, 또 두 손을 쳐들고 발돋움하고 기도하면서 천 번 이상 계속 허리를 굽혔다 일어났다 했는데, 굽힐 때는 이마가 발끝에 닿을 정도였다.

광야에 사는 수도원장들이 이상하게 기도하는 시메온에 관한 이야기를 들었지만, 그의 극단적인 수행이 겸손인지 교만에서 비롯된 것인지 시험해 보고자, 기둥 아래로 가서 시메온에게 아래로 내려오라고 명령하기로 했다. 시메온이 거역하면 강제로 끌어내리겠지만, 순종한다면 그를 기둥 위에서 살게 하도록 허락하기로 했다. 시메온은 완전한 순종과 겸손을 보였고, 수도사들은 계속 기둥 위에서 살라고 허락했다.

이런 생활을 36년 동안이나 계속했는데, 그러는 동안에 악마의 시험도 많이 겪었다. 어떤 때는 악마가 천사를 가장하고 황금마차를 몰고 와서 앉으라 하기에 발을 올려놨더니 다리에 종기가 나서 썩기 시작했다. 그 후 1년 동안은 한쪽 다리로 서서 기도했다. 썩은 다리에서는 악취가 진동하고 구더기가 생겨서 몸을 파먹다가 돌기둥 아래로 떨어지면 아래에 있던 제자가 그것을 주워서 다시 올려보내면 시메온은 구더기를 상처에 가져다 놓으면서 "하나님이 네게 주신 음식이니 먹으라."고 했다.

기둥 아래에는 사람들이 구름같이 모였는데, 에티오피아, 메데, 프랑스, 스페인 등지까지 그의 덕을 사모하여 찾아왔고, 동로마 제국 황제 말키인도 미행자 모습으로 찾아왔었다.

그의 기도는 새벽부터 오후 3시까지 계속했고, 그 후에는 기둥에서 내려와 저녁때까지 사람들을 만나보고 어려운 문제에 대한 충고나 슬픈 자들에게 위로를 주기도 했다. 병자들은 그의 기도를 받고 병이 나았다. 밤에는 다시 기둥 위에 올라가서 기도했다.

시메온이 기둥 위에서 하는 설교와 예언은 큰 감동과 권위가 있어 황제들까지 찾아와 듣고 겸손히 순종했다. 그러던 중 어느 금요일 제자 안토니가 올라가 보니 그가 기둥 위에 엎드린 채 임종해 있었다.

역사가 에드워드 기번은 『로마제국의 쇠퇴와 몰락의 역사』에서 시메온의 삶을 다음과 같이 기록했다.

"이 마지막으로 높고 높은 기둥에서 이 시리아의 독수도사는 30년 동안 여름의 더위와 혹독한 겨울의 추위를 이겨냈다. 그의 삶의 습관과 기도 생활은 그에게 두려움이나 망설임 없이 이러한 고통을 이겨내게 했다. 그의 기도하는 다양한 자세는 팔을 옆으로 뻗고 십자가 모양으로 서 있는 자세를 취했지만, 보통은 이마가 발에 닿을 정도로 구부렸다 일어섰다 하는 자세로 124번을 반복했다. …그의 허벅지 살이 썩어가는 중에서도, 그의 기도를 멈추게 할 수 없었으며, 끝내 이 은둔자는 기둥에서 내려오지 않고 거기서 죽었다."(Gibbon, Edward. "Chapter XXXVII: Conversion Of The Barbarians To Christianity". *The History of the Decline and Fall of the Roman Empire*. Vol. 4.)

459년 시메온 유해는 베두인족과 6백 명의 황제의 병사들 사이에 쟁탈전이 벌어지기까지 했으며, 그가 기도하던 돌기둥 주위에는 무수한 새 떼가 몰려와 성인의 죽음을 애도하는 듯 지저귀며 맴돌았다고 한다.

68.

사두 선다 싱

시크교 가족의 박해를 견디고 예수 그리스도를 일생 전했던 근대의 신비가

인도가 나은 대 신비가요, 성자 선다 싱(Sadhu Sundar Singh; 1889~1929?)은 1893년 9월 3일 북인도 루디아나(Ludhiana, 편잡) 람푸르(Rampur)에서 부유한 시크교 가정에서 태어났다. 특히 어머니는 기독교는 믿지 않았지만, 자녀들에게 깊은 감화를 끼친 위대한 어머니였다. 후에 선다 싱은 "나는 천국에 가서 내 어머니를 만나지 못한다면, 어머니가 있는 지옥에 가게 해 달라고 하나님께 빌겠다."라고 할 정도였다.

싱의 어머니는 그를 몇 마일 떨어진 정글에 사는 금욕적인 힌두교 사두의 발치에 앉게 하거나, 또한 그를 영어를 배우게 하려고 루디아나의 유잉 크리스천 고등학교(Ewing Christian High School)에도 보냈다. 싱의 어머니는 그가 열네 살 때 사망했다. 화가 나서, 그는 친구들이 지켜보는 가운데 성경을 한 장 한 장 찢으면서 불로 태우고 난 후 집에 돌아와서는 힌두교 경전인 바가바드 기타(Bhagavadgita)를 공부했다.

어려서 동네에 있는 장로교 소학교에 다니면서 학교에서 가르치는 성경을 샀는데, 그 교리가 힌두교와 다르다는 것을 알고 성경을 찢어 불태워 버렸다.

어려서부터 구도심이 많은 선다 싱은 마음의 평화를 얻으려고 여러 종교의 경전을 탐독했으나 진정한 신이 누구인지 알 수 없어 번민하다가 큰 결심을 세우고 진정한 신을 만나 마음의 평화를 얻지 못하면 죽기로 비장한 결의를 세우고 날짜까지 정하고, 매일 새벽 3시에 일어나 목욕하고 기도했다. 정한 날짜 1904년 12월 18일 새벽 4시 30분 마지막 시간, 집 앞으로 지나가는 5시 기차에 뛰어들어 자살하려 했다. 멀리 기차가 오는 소리를 듣고 방에서 나가려 할 때 기도하던 방 안에 큰 빛이 비쳤다. 선다 싱은 그 빛 속에서 예수님의 환상을 보았다. "예수 그리스도는 죽은 것이 아니라, 현재도 살아 계시는구나!" 하고 깨달은 그날, 아버지(세르 싱)에게 예수 그리스도의 선교사로 개종하겠다고 말했다.

아들이 집안의 종교를 버리고 기독교 신자가 된 것을 본 부모와 친척들은 여러 가지 방법으로 말렸지만, 그의 결심은 돌이킬 수 없었다. 그의 형 라젠더 싱(Rajender Singh)은 동생을 죽이려고 동생 싱이 먹을 도시락에 독을 넣었다. 선다 싱은 그것을 먹고 피를 토하며 거의 죽을 지경에 이르렀지만, 기적적으로 살아났다.

그는 한 번뿐만 아니라 여러 번 독살 당할 뻔했다. 그 지역 사람들은 그의 집에 뱀을 던지기도 했으나, 근처에 사는 영국 기독교인의 도움으로 이러한 학대로부터 구출될 수 있었다.

그 후 16번째 생일에 히말라야 산기슭에 있는 심라(Simla) 교구의 교회에서 공개적으로 세례를 받았다. 그 이전에, 그는 심라 근처 사바투(Sabathu)에 있는 크리스천 선교 가정(Christian Missionary Home)에서 나병환자들을 위해 봉사하면서 그곳에서 지내왔다. 세례를 받은 후 40일 금식기도를 했다.

1906년 10월, 그는 인도 수행자 사두들이 입는 황색 터번을 쓰고 옷을 입고 새로운 기독교인으로서의 여행을 시작했는데, 사두는 정신적인 수행에 헌신하는 금욕주의자였다. 선다 싱은 인도가 인도 방식이 아니면 개종할 수 없음을 알고 스스로를 '기독교인 사두'라고 했다.

그는 말하기를 "나는 주님의 본받을 자격은 없지만, 나는 주님처럼 집도,

어떤 소유도 원하지 않습니다. 주님처럼 백성들의 고통을 함께 나누고, 나와 함께 거하는 사람들과 함께 먹고, 모든 사람에게 하나님의 사랑을 전할 것입니다."라고 했다.

선다 싱은 열렬한 환영을 받은 고향으로 돌아왔지만, 거기에 머물지 않고 다시 극단적 이슬람 지역 아프가니스탄과 북서쪽 변경과 발루치스탄(파키스탄의 서남부 산악 지대)을 지나 북쪽까지 갔다. 북쪽의 기독교 공동체들은 그를 "피 흘리는 발의 사도"라고 불렀다. 그 선교의 길에서 믿음으로 인하여 체포되고 돌팔매질 당했으며, 그러는 동안 신 현현(神顯現) 신비를 체험했다.

라마교 나라 티베트에서는 선다 싱을 잡아서 죄수를 던져 죽이는 우물에 던져 넣었으나, 우물 속 송장이 썩는 냄새를 맡으면서도 태연히 있었는데, 밤 중에 우물 뚜껑이 열리면서 밧줄이 내려와 천사의 구조로 살아났다.

어느 해, 티베트 전도를 위해 히말라야의 산을 넘다가 눈에 막혀 못 가고 머무는 동안 그는 기도 중에 입신하여 천국을 구경하였다. 그 후부터는 그가 기도하기 시작하여 20분이나 지나면 입신하는 일이 자주 있어, 천국과 지옥을 구경하고 그 체험을 책으로 썼다.

선다 싱이 세계 일주 전도를 다닐 때, 가는 곳마다 사람들은 그를 보고 예수 같다고 깜짝 놀랐다. 그의 마음은 언제나 평화에 가득 찼으며, 자기 마음에 이미 천국이 왔다고 고백했다. 그리스도 중심 생활하는 그는 예수 그리스도는 역사적 과거의 성인이 아니라, 현재 살아서 자기 마음에 임재해 계시는 주님이라고 증언했다. 종교는 마음으로 체험할 것이지 지식으로 알지 못한다고 했다.

기도문

사랑하는 주시여, 당신의 여러 가지 은혜와 사랑은 나의 마음에 넘쳐서 감사와 찬미로 가득 차 있습니다. 그러나 마음과 입술의 찬미만으로 어찌 이를 갚으오리까? 나의 전 생애를 바쳐서 당신께 봉사하기까지는 내내 마음이 만족할 수 없나이다.

참으로 자신을 사랑한다는 일은 한없는 사랑으로 나에게 삶을 부여하신 당신을 마음과 영으로 사랑하는 일이옵니다. 그런고로 당신은 나에게 단일한 마음을 주셔서 이것을 창조하신 당신을 향한 오로지 한 마음으로 섬기게 하셨나이다.

주여, 당신의 발아래 앉는 일은 이 세상 가장 높은 자리에 앉는 것보다 낫습니다. 지금 이 신성한 발아래의 제단에 내 천한 몸을 번제로 드리나이다. 은혜로써 나를 받으소서. 이와 같이 하여 어디든지 무엇에든지 당신의 거룩한 뜻에 봉사하기 위하여 나를 사용하소서.

…

나의 주이신 신이여, 나의 목숨의 목숨, 나의 영의 영이시여, 긍휼로 나를 살피시며, 성령을 부으소서.

나의 마음은 당신을 버리고 달리 바칠만한 사랑의 전당이 없나이다. 내게 생명과 일체를 주시는 당신 외에는 나는 당신에게서 아무 은혜도 구하지 않습니다. 세상도 그중의 보배와 하늘까지도 나는 요구하지 않나이다.

다만, 당신을 사모하며, 또 구하옵니다. 당신 계신 곳 거기가 천국이므로 내 마음의 기갈은 다만 마음을 지으신 당신에 의해서만 만족할 수 있나이다.

69.

로버트 저메인 토마스

한국에 복음을 전하려다가 순교의 피를 흘린 순교자

평양 대동강 변 쑥섬 근처에는 한국에는 두 번째 선교사(첫 번째는 1832년 독일의 칼 구츨라프[Karl Gutzlaff] 선교사)로 그리스도의 복음을 전하려 배를 타고 들어오다가 대동강 변에서 한국 관리에게 순교한 최초의 개신교 선교사 로버트 저메인 토마스(Robert Jermain Thomas; 1840~1866) 목사의 순교 기념교회가 세워져 있었다. 십자가형으로 벽돌로 지은 이 교회 머릿돌에는 "순교자의 피는 교회의 씨가 된다."라고 새겨져 있었는데, 지금은 그 기념교회가 어떻게 됐는지 모르겠다.

토머스 목사는 영국 웨일스(Wales) 사람으로서 1840년 9월 7일에 출생했다. 1863년 목사 안수를 받고 런던 선교회의 파송을 받아 그해 7월에 고국을 떠나 12월에 중국 상해에 도착했다. 그러나 불행하게도 이듬해 4월에 아내를 잃고 슬픔 중에도 주님의 복음을 전하겠다는 결심을 새롭게 했다.

그의 동양 이름은 최난헌이다. 산둥성 지푸(山東省 芝罘)에 주재하고 있다가, 1865년 고종 2년에 한국에서 대원군 박해로 피난 온 가톨릭 신자 김자평 등을 만나보고 한국 사정을 듣는 중 소명감을 느껴 자기도 한국인들과 한국에 함께 가기로 결심했다. 1865년 9월 4일, 토마스 목사는 그 한국인들과 함께 지푸를 떠나 어선을 타고 경기도 옹진 근방의 여러 섬에서 약 2개월 반을 지냈는데, 그 섬은 백령도인듯하다.

토마스 목사는 김자평의 안내로 서울에 올라가 한국 국왕을 만나보고 정식으로 선교의 허가를 받을 생각으로 배를 타고 떠났으나, 도중에서 두 번이나 파선해서 부득이 중지하고 만주에 상륙해서 육로로 중국에 되돌아갔다.

1866년 8월에 토마스 목사는 한국에 상품을 싣고 가는 미국 제너럴 셔먼호(General Sherman)를 타고 8월 그믐경 대동강 어구에 도착했다. 이때, 평양 감사는 사람을 보내어 무엇 때문에 왔느냐고 물으니, 한국과 통상을 원한다고 했다. 관청은 상륙을 거절했으나 배는 이미 대동강 상류로 올라가 조수가 빠지는 바람에 뻘에 좌초하고 말았다. 그동안 토마스 목사는 강서 포산에서 해안에 사는 사람들에게 신약 성경을 나누어 주었다.

배는 천신만고로 쑥섬에 이르러 대표를 평양 감사에게 보내니 한국 관리가 배에 찾아와 담판했으나, 원만히 진행되지 못하고 셔먼호와 관군 사이에 2주일 동안 전투가 벌어져 피차 부상자도 많이 생겼다. 화해하려고도 했으나 배에서 총을 쏘기 시작했고, 관군은 큰 거룻배에 소나무 가지를 잔뜩 싣고 불을 붙여 셔먼호 쪽으로 떠내려 보내니, 배에 탄 사람들이 뛰어내려 언덕으로 기어올라가다가 관군에게 죽임을 당했다.

토마스 목사도 언덕으로 끌려 올라가 자기를 죽이려는 사람에게 성경을 주려고 했으나 거절당했다. 토마스 목사는 죽기 전에 무릎을 꿇고 기도하였다. 이것을 본 관리는 목사를 죽인 다음에 자기가 선한 사람을 죽였다는 것을 깨닫고 자기에게 주려던 성경을 가지고 집으로 돌아갔다.

이 사람의 조카가 이영태라는 아인데, 그는 후에 평양 숭실전문학교를 졸업하고 레아놀드 박사와 함께 성서 번역 사업에 종사했다.

셔먼호가 불타는 광경을 목격한 사람 중에 12살이 된 소년 최치량이 토마스 목사가 준 성경 세 권을 받았다. 그는 겁이 나서 그것을 어느 관군에게 주었더니, 그는 이것을 뜯어 자기 집 벽에 발랐다. 후에 최 씨는 그리스도인이 되어 그 관군의 집에 가서 벽에 바른 성경을 실제로 보았다고 한다.

그 후 셔먼호의 닻줄을 평양 대동문에 걸어 놓았으며, 1933년 9월 14일에 대동강 언덕에 토마스 목사 기념 예배당을 지었다.

70.

영계 길선주

교회 부흥에 큰 역할을 한 한국의 최초 목사이자 부흥사

　영계(靈溪) 길선주(吉善宙) 목사는 한국 개신교(장로교) 제1대 목사다. 1869년 평안북도 안주에서 출생하였는데, 그가 태어날 무렵의 한국 사회는 일본 제국주의 침략과 정치계의 부패 혼란이 극에 달했고, 종교계마저 미신으로 가득 차 있었다.

　길선주는 종교야말로 민족 구원과 윤리생활의 유일한 길이라 생각하고, 처음에는 신선도를 닦으며 정성을 다했다. 밤에도 잠을 자지 않고 신불에게 정성을 바치노라고 뽕나무를 물을 우린 물로 눈을 씻으면서 졸음을 쫓았는데, 그것이 말년에 소경이 된 원인이 되었다. 그의 건강한 체구는 차력(역도)으로 단련했다. 그러는 중에 친구 김종섭으로부터 신약 성경과 성경 주석을 받아 읽기 시작하고 기회가 있는 데로 『천로역정』과 『장원양상론』이라는 기독교 서적도 여러권 독파했다. 28세 때 어느 날, 그는 기도하고 싶은 충동이 일어나 하나님께 기도드리는 중, 하나님께서 직접 부르시는 음성에 접하면서 중생하는 체험을 얻었다.

　1897년 8월 15일, 이길합 선교사로부터 세례를 받고 성령이 넘쳐흐르는 그의 생활은 보는 이들에게 큰 감동을 주었다. 이후로 그의 생활은 완전히 변화하여 기도와 성경 읽기에 몰두하고, 전도에 열심히 하며, 장사하던 일도 정리하고, 평양 장대현의 토지 8백 평과 전 재산을 교회에 헌납했다.

1898년에는 영수로, 1901년에는 장대현 교회의 장로가 되었고, 이듬해에는 장대현 교회와 황해도와 평안도 일대의 교회를 돌보는 도조사의 직분을 맡아 일선에서 활동했다.

1903년에는 평양 장로회 신학교에 입학하여 1907년 6월에 졸업하고, 그해 9월 17일에 서경조, 한석진, 김진서, 양전백, 방기창, 이기풍 등과 함께 장로회 최초의 목사 안수를 받았다. 평양 최초의 교회인 장대현 교회 목사로 시무하게 된 길선주는 교회와 노회 조직을 강화하는 한편, 전국 부흥 운동의 일선에 나서는 큰 역할을 했다.

1911년 소위 105인 사건에 연루되어 신성학교 교사로 있던 맏아들이 일본 경찰에게 심한 고문 끝에 절명하자, 그는 마음에 깊은 상처를 입었다.

1919년 3·1 만세운동 때는 민족의 지도자로 독립선언서 33인 서명자 중 한 사람으로 애국 운동을 하였다.

1907년부터 놀랍게 일어난 한국교회 성령 운동 때는 미국 뉴욕에서 온 존슨 목사가 예배 인도하면서 "한국교회 부흥을 위해 성령 은혜 받기를 원하는 이가 있으면 일어나라"고 하니 길선주가 손들고 일어났다. 길선주 목사는 부흥 집회 인도의 기수가 되어 평양, 서울, 압록강 연안으로 순회하면서 놀라운 성과를 올렸다.

1910년에는 장로회 제4회 독노회에서 부회장 겸 전도 국장으로 피선되고 '백만 명 구령 운동' 결의안을 통과시켰다. 길선주 목사의 일생은 계속 부흥 집회 인도로 만주와 북간도 일대까지 휩쓸었다. 그의 설교는 계시록 강해를 통해 종말론을 강조했다.

특히, 말년에 그는 눈이 어두워 보지 못하면서도 계시록 전편을 만 번 읽고 새벽마다 암송했다. 집회를 인도할 교회에는 미리 기도하면서 준비시켰고, 심령의 준비가 되지 않은 교회에는 갔다가 그냥 돌아오기도 했다.

한국 최대의 부흥사 길선주 목사는 1935년 11월 26일 평양노회도 사경회에서 '평양성의 멸망'을 예고하면서 집회 마지막 날에 설교하다가 강단 위에서 쓰러졌다. 마지막 숨을 거두면서 '불입평'(不入平) 세 글자를 썼다. 뒷날 공산당이 평양을 점령할 것을 예고함이었는지….

71.

주기철 목사

극악한 고문을 이기고 순교하는 순간까지 한국교회를 염려했던 순교자

청년 시절

주기철(朱基徹) 목사는 1897년 11월 25일 경남 웅천읍에서 주현성(朱炫聲) 장로의 넷째 아들로 태어났다. 웅천읍 개통 초등학교를 졸업한 후에 평북 정주시 오산학교에 입학하여 20세 때 우수한 성적으로 졸업했다(1916). 오산학교는 도산 안창호 선생의 직계인 남강 이승훈 장로가 세운 학교인데, 우리나라 애국자를 길러낸 민족주의 대본산(大本山)이었다.

21세 때 연희 전문학교 상과에 입학하였으나, 어머니의 병으로 인해 중퇴했다. 고향 웅천읍 교회의 집사로 봉사하다가 못된 친구들과 술 마시며 어울리곤 했다. 한번은 시골 교회에서 설교를 부탁하니 술에 취한 채 강단에 올라가 설교한 일이 있었다. 그 후 김익두 목사의 부흥회에 참석했다가, 어느 새벽에 성신 받으라는 설교를 듣고는 자기가 술 마시고 설교한 죄를 크게 뉘우쳤다. 그것이 주기철 목사의 중생 체험이었다.

본래 양심이 맑은 그는 회개한 후 믿음의 생활에 철저하여 성경 읽는 일과 기도 생활에 열심하면서, 주님께 헌신해 살려는 소명을 느꼈다. 그는 1921년에 평양신학교에 입학했다. 30세 때인 1926년에 평양신학교를 졸업하고(제19회), 부산 초량교회에서 목회를 시작했다. 백 명 정도 모이던 교회가 주 목사가 부임한 후 300여 명으로 늘어났다.

주기철 목사의 전 부인 안갑수 여사는 모범적인 목사 부인으로 영진, 영만, 영해, 광조 등 네 아들을 낳아 잘 길렀다. 안 여사는 키가 크고 말솜씨도 좋았다. 여러 해 동안 초량교회 여전도회 회장으로 봉사했다. 아이를 업고 교우들의 집을 심방하며, 가는 곳마다 화기애애한 분위기를 일구었다.

초량교회 목회 시절, 당시 신사 참배 문제로 한국 교계가 시끄러워지자, 주 목사는 이 문제가 전국적으로 큰 시험거리가 될 문제인 줄 내다보고 한국교회가 사전에 결연한 태도를 보여 주어야 할 것을 느껴서 경남 노회에 신사 참배 반대안을 제출했다. 노회에서 어렵지 않게 통과되어 이 사실이 부산일보에 크게 보도되면서 주기철 목사는 주목받는 문제의 인물이 되었다. 이때부터 주 목사가 한국교회를 대표하여 순교하는 날까지 일본 황도주의와 싸우는 일생이 시작되었다.

주기철 목사의 나이 40대 한창때 부산 초량교회에서 6년 동안 목회를 하고, 마산 문창교회에 부임하여 또 6년간 목회했다. 주 목사의 인기가 한창이던 이 시절에 불행한 일이 닥쳐왔는데, 그것은 부인 안갑수 여사의 별세였다.

넷째 아들 광조가 아직 젖먹이일 때 안 여사는 안면 종기 수술을 받고 병세가 악화되었다. 젖먹이를 두고 고생이 말이 아니었지만, 사모님을 친언니처럼 따른 오정모 양이 매일 간호하며 시중했다. 그러나 병이 낫지 못하고 임종하게 되자, 안 여사는 오정모 양의 손을 꼭 잡고 "오 선생이 주 목사를 많이 도와주어야겠습니다."라고 하며 임종했다.

주기철 목사가 상처한 지 반년이 지나고 교인들과 친척들이 재혼해야 한다고 계속 설득하여 마산 의신(義信) 여학교 교사였던 오정모 양과 재혼했다.

오정모 양으로서는 전처소생이 넷이 되는데 후처로 들어간다는 일은 달갑지 않았으나, 안갑수 여사가 임종하면서 "남편과 아이들을 부탁한다"라는 유언이 있었기에 결심한 듯하다. 결혼 후 둘은 끔찍이 사랑하는 사이였고, 오 여사는 주기철 목사가 순교할 때까지 꾸준히 변함없이 남편을 돕고 전처의 아이들을 길렀다. 또 주기철을 순교자로 만든 것은 부인 오정모였다는 말도 있었다.

목회 기준

주기철 목사는 노회의 임원이 된다든지 교권 그룹이 된다는 것은 회피하고, 자기 교회 목회에만 주력했다. 목회 생활의 표준을 심방 20%, 사무 10%, 설교 70%의 비율로, 주일 설교는 월요일부터 준비하여 금요일에 마치고, 토요일은 설교를 위해 기도했다. 기도할 때는 마산 무학산에 올라가 몇 밤을 새우고 기도하고 설교했다. 이렇게 설교를 준비하고 기도하고 주일날 강단에 나설 때는 그의 얼굴에서는 빛나는 듯했고, 목소리는 쟁쟁하고 태도에는 능력이 있었다. 후에 평양 산정현교회 강단에 서서 설교할 때의 모습은 천사 같았다. 일본 경찰도 주 목사를 함부로 대하지 못했다.

교회 목회에만 주력하면서도 교회나 노회에 다른 교파 운동이 침입할 때라든지 누구에게 잘못이 있을 때면 노회 석상이나 강단에서 기탄없이 공격했다. 경남노회 제31회 때는 우찌무라간조의 무교회주의를 펼치는 청년 전도사를 단호히 처단하기도 했다.

산정현교회

1936년 여름 주기철 목사는 마산을 떠나 평양으로 갔다. 평양 산정현교회는 송창근 목사가 사임하고 후임을 구하던 중 한국 신학계의 권위자인 박형룡 박사가 "길선주 목사 가신 뒤에 그 유업을 이을 인물은 주기철 목사밖에 없다"라고 추천했다. 주기철 목사가 오산학교에 다닐 때 교장이었던 조만식 장로가 교회 대표로 마산에 내려가 주 목사를 만나 평양으로 청빙했다.

그 무렵 평양은 동양의 예루살렘이라 불렸고, 특히 산정현교회는 평양의 중심이었다. 문창교회 측의 반대가 있었지만, 주기철 목사는 결심하고, 노모와 부인 오정모 여사와 자녀들을 거느리고 평양으로 진출했다. 주 목사가 산정현교회에 부임하자 교회는 새 힘을 얻고 새 예배당도 건축했다. 그러나 주기철 목사의 평양 진출은 그의 마지막 길이요 순교의 길이었다.

1935년 평안남도 지사 안무(安武)는 기독교 학교에 신사 참배를 강요했다. 그때 천주교에서는 신사 참배를 승인했기 때문에 일제는 개신교에 대해서 신사 참배를 강요했다. 주기철 목사가 평양에 부임한 시절은 이 문제가 격화되고 있었다.

당시 숭실전문학교 교장 윤산온 박사는 신사 참배 문제로 순교할 각오로 유언장까지 써놓고 싸우다가 일제의 퇴거 명령을 받고 본국으로 귀국하였다. 1938년 6월에 평양신학교는 폐쇄되었다. 1939년 졸업 예정자들은 마지막 학기를 통신 수업으로 학위를 수여하게 했다.

1935년 한국교회 영계의 거성, 길선주 목사가 세상을 떠나고 난 다음 해에 주기철 목사가 신사 참배 문제로 시끄러운 평양에 온 것이다. 주기철 목사가 산정현교회에 부임하여 먼저 예루살렘 성전을 닮았다는 아름다운 성전을 짓고 1938년 2월 8일 주일 새 성전 헌당식 직전에 평양 경찰은 주 목사를 구속했다. 교인들은 주 목사 없이 헌당 예배를 드리게 되었다. 그날 주 목사 대신 설교한 이성휘 박사는 "이 예배당은 예루살렘 성전과도 같습니다. 천정에는 많은 십자가가 이루어졌습니다."라고 했다. 마치 주기철 목사의 순교를 예언하는 듯했다. 경북 노회장 김일선 목사가 신사 참배를 가결하니 교인들이 격분하던 중에, 신학생 장(張) 모가 신학교 뜰에 있는 김일선 목사의 기념식수를 찍어 버렸는데, 일본 경찰은 이 문제로 그 학생과 주기철 목사를 구속했다.

신사 참배 가결

일제 강점기 말기에는 어지간한 도시 교회에는 교회 안의 사정을 경찰에 밀고하는 일제의 사냥개 같은 자들이 있었다. 평양에는 "평양 기독교 친목회"라는 것이 있었고, 서울에는 "혁신 교단"이란 것이 있었다. "평양 기독교 친목회"는 김일선 목사가 주권을 잡고 있었다. 그는 본래 일본 형사 출신인데, 이 단체는 조선 총독부와 일본 내각에까지 직통하는 어마어마한 단체였다. 누구나 이 단체에 가담하지 않고는 그 당시 행세할 수 없었다. 서울의 "혁신 교단"은 구약 성경은 유대인의 사상이지 예수교 성경은 못 된다고 주장하며 교회 내에 일본 신 가미다나(神棚)를 모시자고 주장했다. 1938년 2월 선천(宣川)에서 모인 평북 노회에서 김일선 목사가 노회장으로 있으면서 한국교회로서는 처음으로 신사 참배하기로 가결했다. 이러한 상황에서 "평양 기독교 친목회"는 친일주구파(親日走狗派)였고, 주기철 목사는 그들과 대립하여 신사 참배에 반대하는 순수 정통보수 신앙파로 그들과 적대관계에 있었다.

김일선 목사의 말 한마디면 일본 경찰이 그대로 따랐다. 산정현교회에서 일어나는 일은 그날 열두 시 전에 평양 친목회에 보고되고, 거기서 다시 평양 경찰서에 보고 되었다.

동양의 예루살렘이라 평을 받던 평양의 주일 아침의 풍경은, 교회의 종소리가 우렁차고 교회마다 교인들로 가득 찼고, 특히 머리에 흰 수건을 쓰고, 흰 옷 입고, 교회 안에 즐비한 여성들의 모습은 천사 같다고 했다. 평양교회 강단은 쟁쟁한 설교자들이 지키고 있었다. 서문밖교회는 임종순 목사, 창동교회는 김화식 목사, 산정현교회는 주기철 목사, 신암교회는 김상권 목사 등 명 설교가들이었다.

젊은 신학생들은 산정현교회로 주기철 목사 설교를 들으러 몰려갔다. 주일

날 아침이면 예배 시간 전에 조만식 장로가 일찍부터 교회 마당에 나와서 삭발 머리에 무릎까지 오는 짧은 두루마기를 입고 젊은이들과 담화하였다.

주일 예배의 사회는 선교사 편하설 목사가 했고, 주 목사의 설교는 30분 미만이었지만, 누구나 평생 잊을 수 없이 골수에 맺히는 날카로운 능력이 있었다. 그 시절 내가 들은 설교에는 다음과 같은 내용이 있다:

"사람의 뜻과 하나님의 뜻은 대부분은 일치하지 않는다. 사람의 뜻과 하나님의 뜻이 일치하지 않을 때는 단연 사람의 뜻을 버리고 하나님의 뜻을 따르는 것이 그리스도인이다. 사람은 좌로 가려는데 하나님은 우로 가라고 하신다. 그럴 때 하나님 뜻에 절대복종해야 한다. 신자에게 있어서 하나님의 뜻은 절대명령이다."

"한 번 술 마시는 일이 무슨 큰 죄냐. 한 번 주일 범하는 일이 무슨 큰일이냐. 이와 같이 한번 한 번 양보하고 나면 바로 믿는 길에 무엇이 남느냐?"

이것이 주 목사의 설교였다. 지금까지 내 머리에는 천사 같은 주기철 목사의 모습, 비수처럼 찌르는 목소리가 쟁쟁하다. 창동교회 김화식 목사 설교도 대단하였지만, 주기철 목사를 따를 수는 없었다.

평양 모란봉 골짜기 곤우동(困友洞)에는 문필과 언변으로 유명했던 김린서(金麟瑞)가 살았다. 그가 쓰던 신앙 생활지는 많은 감화를 끼쳤다. 이들이 주기철 목사를 중심으로 평양 교계를 진동시키던 분들이었다. 최권능 목사는 평양 거리를 매일 돌아다니며 만나는 사람에게 모두 "예수! 천당!"이라고 고함지르며 전도했다. 길선주 목사는 "'평양 거리에서 예수 천당!' 하는 최권능 목사 소리가 멎는 날에 평양교회가 망할까 봐 두렵다."라고 했다. 최권능 목사도 주일 날 예배는 산정현교회에 와서 주기철 목사 설교를 들었다. 최 목사는 제일 앞자리에 앉아서 찬송을 부를 때는 일어서 발돋움하면서 얼굴에 핏대를 세우면서 전력을 다해 불렀다.

일본 경찰에 구속되었다가 일시 석방된 주기철 목사는 자기 앞에 닥쳐온 십자가를 예감할 수 있었다. 큰 핍박이 한국교회와 자기 앞에 임박한 것을 알고 특별기도를 하기 위해 창동교회 기화식 목사와 신현교회 이유택 목사 등 셋이 1938년 7월에 영변 묘향산에 들어가 단군굴에서 하룻밤을 자며 기도하는데, 일본 경찰의 사주를 받은 중이 와서 금지했기 때문에 그냥 산골짜기에서 3일간 금식기도를 했다.

1938년 9월에 제27회 예수교 장로회 총회가 모여 총회장 홍택기 목사의 주재하에 신사 참배를 하기로 가결했다. 누구나 순교할 각오를 하지 않고서는 어찌할 수 없는 일이었다. 각 지방에서 총회로 올라오는 총대 한 사람에 형사 한두 명씩 따라와서 감시하였다.

"신사 참배는 종교가 아니요, 국가 의식이라 하니 참배하기로 가결합시다." 라고 하며 총회장이 가부를 묻는데, "가(可) 하면 예 하시오"만 묻고, 부(否) 편은 묻지도 않고 가결해 버렸다. 총대 188명 중 "예" 한 사람은 불과 두세 사람밖에 되지 않았다. 이 광경을 본 한 선교사는 너무도 통분하여 "나는 하나님께 상소하오!"라며 소리치다가 형사에게 끌려 나갔다.

총회장 내에는 울음이 터져 나왔다. 악랄한 일본이었고, 너무도 무력한 한국 기독교였다. 이때부터 한국교회에는 영광이 떠났다. "이가봇"이었다. 그 후부터 지금까지 한국 개신교회는 분열이 계속되고, 세속화하고, 지도자들이 부패 타락하고, 이단 사교가 판을 치고 탈선한 영의 역사(役事)가 난무하게 되었다.

제27회 총회 때 신사 참배를 가결시킬 계획을 일본 경찰은 미리 다 짜놓고 앞잡이들을 내세우는 동시에, 신사 참배를 완강히 반대하는 주기철, 채정민,

이기신 목사 등은 총회 전에 미리 검찰에 가두었다. 표면상 한 사람의 반대자도 없이 만장일치로 신사 참배를 가결한 것처럼 만들고자 한 것이다.

경찰은 신사 참배를 가결시킨 다음에 주기철 목사에게 좀 더 생각할 기회를 주겠다면서 일단 석방했다. 주 목사가 집에 돌아오자, 사모 오정모 여사가 대뜸 묻는 말은 "승리요?"라고 했다. 주 목사가 미소를 지으니 사모님은 다가앉으면서 "끝까지 싸우시오." 라고 했다.

주 목사가 집에 돌아왔다는 소문을 듣고 이기선, 채정민, 최봉석 목사와 방개성 장로 등이 한자리에 모였다. 주 목사는 그들에게 "벌써 두 번째 구속되었는데, 장기간의 고난을 이기도록 기도해 주시오."라고 부탁하였다. 그러면서 이렇게 말했다. "그들의 악착한 매의 채찍은 살을 찢고 신경에 불을 지르지요. 아픈 것이 그렇게 심하고 무섭다는 체험을 말로 표현하기 힘듭니다. 그러나 이런 정도는 시작일 뿐이지요. 앞으로 어떠한 더 심한 고문이 올지. … 그렇지만 각오하고 있습니다. 그렇게 악착한 매질에 기적이란 있기를 기대할 수 없겠지요. 예수님이 친히 당하신 그것을 당하는 것이니 힘에 지나치게 어려워도 당해야겠지요." 그날 밤 함께 앉았던 사람들은 모두 주 목사의 말에 흐느껴 울었다.

경찰에서는 일단 놓여나온 주기철 목사는 서재에 걸려 있는 예수님의 초상화를 떼어서 다른 곳에 간직했다. 곁에 있던 채정민 목사가 이유를 물으니, 주 목사는 경찰서에서 형사가 주 목사 앞에 일본 천황 사진과 예수님 사진 두 장을 내놓으면서 "이 둘 중 어느 쪽에 너는 경배하겠느냐?"고 질문하기에 "나는 예수님의 화상이나 천황 사진이나 어디나 절하지 않겠소"라고 대답했다고 말했다. 경찰은 "몸도 쇠약하니 신사 참배가 죄인지 아닌지 나가서 다시 잘 생각해 보시오."라고 했다. 주 목사는 즉석에서 "다시 생각할 근거가 없습니다."라고 했지만, 형사는 주 목사를 떠밀다시피 내보냈다.

다른 증언에 의하면, 주기철 목사가 너무 고집하니 경찰이 기가 막혀 "이놈아, 우리 앞에서 '신사 참배하겠습니다'라고 하고 나가서는 안 해도 좋으니 '하겠다.'하고 하고 나가!"라고 했다고 한다. 주 목사는 그것도 못 하겠다고 대답했다.

신사 참배 문제가 처음 일어났을 때 다른 목사들은 일단은 못 하겠다고 거부하다가 구속되어 갇혔다. 그러나 목사 부인들이 면회를 와서 남편 앞에서 울며 "당신이 갇혀 있으면 우리는 어떻게 살아가느냐?"라고 하여 남편의 마음을 흔들어 놓아 대부분 목사는 굴복하고 나왔다.

오정모 사모의 각오

산정현교회에서 봉사하던 어(魚) 전도사의 말에 의하면, 주기철 목사의 사모 오정모 여사와 여전도사 둘이 감옥에 주 목사를 면회하러 갔는데, 오정모 사모는 음식점에 가서 부글부글 끓는 장국밥을 놋그릇에 담아 주 목사의 감방에 들고 와서 두 손바닥 위에 놓고 내밀면서 "당신이 굴복하고 나오면 나는 당신을 남편으로 섬기지 않겠소! 나도 각오하고 있소!"라면서, 손바닥의 놋그릇을 떼니 끓는 놋그릇에 사모님 손바닥 연한 살결이 데어 붙어났다고 한다.

주기철 목사를 위대한 순교자로 만든 것은 오정모 여사라고 한다. 남편이 감옥에 있는 동안 오정모 여사는 밤이면 교회에서 백인숙 전도사와 함께 철야기도를 했다. 해방 후 북한 공산 정권이 주기철 목사를 애국자로 표창하려 하니, 오정모 여사는 "내 남편은 예수의 순교자이지 애국자로 표창받을 사람은 아니다."라며 거절했다.

일본 기성교회 목사들도 한국교회 목사들이나 마찬가지였다. 시국에 편승해 집권자들과 함께 날뛰었다. 다만 그 시절 일본에서 살아 있는 기독교인들은 우찌무라간조와 그의 무교회주의 계열의 인물들뿐이었다. 우찌무라간조는 일본의 예언자란 평을 받는 양심적인 인물이었다. 일본 천황의 사진에 절하지 않다가 교수직에서 쫓겨나고 국적(國賊)이라는 여론의 비난을 받았다. 그 제자 야나이하라(矢內原忠雄)는 일본의 식민지 정책을 공격하다가 동경대학 총장 자리에서 쫓겨났다. 그는 서울에 와서 일본의 망국(亡國)을 경고했다. 후지이 다께시(藤井武)는 일본의 군국주의와 아시아 침략을 반대하면서 "일본아 망하라"는 글을 썼다.

그러나 일본의 기성교회는 벙어리 개였다. 짖지 못했다. 그 당시 일본 장로교의 거두 도미다(富田滿)가 시국 강연차 평양에 와서 목사들을 모아 놓고는 수십 명의 경관들이 둘러싼 중에 한국 목사들에게 신사 참배는 종교가 아니요 국가 의식이니 참배해야 한다고 강연했다. 그의 강연이 끝나자, 주기철 목사가 일어나서 "도미다 목사의 강연을 들으니 그 풍부한 지식은 흠모할 만하나, 성경 말씀에 비추어 볼 때 신사 참배하라는 말은 용인할 수 없다."라고 반박하여 도미다를 부끄럽게 했다.

문 닫은 평양신학교

평양신학교가 문을 닫고 선교사들이 떠나가고 일본 제국주의 패망의 징조가 농후해가던 말기에, 평양에서는 친일파 채필근 목사를 교장으로 하여 다시 신학교를 열었다. 채필근 목사는 동경대학을 나온 재사(才士)였지만, 철저한 친일파였다. 그때 함께 한 교수진은 고려위 박사, 일본인 다나까(田中), 그리고 평양에서 목회하고 있는 일본 목사였다. 학교 교사(校舍)로는 "마포 기념관"과 서문밖교회 아래층을 사용했다.

전쟁 중이었으므로 신학생들도 사각모자를 쓰고 국방색 교복을 입고 나무총을 메고 훈련했다. 매달 한 번씩 신사 참배하러 전교생이 평양 신사에 갔고, 매일 아침 예배 전에 일본 황제가 있는 동쪽을 향해 동방요배(東邦遙拜)를 했다.

일사각오

그 무렵 주기철 목사는 아직 산정현교회의 강단에 섰지만, 일본 경찰이 수시로 체포하여 가두었다 내주었다 했다. 주일 예배에는 사복형사들이 교인들 사이에 끼어 있었다. 어떤 때는 주기철 목사가 설교하러 강단에 올라가려하면 경찰이 제지하기도 했다. 그럴 때 주 목사는 "내가 설교하는 것은 하나님께로 받은 내 사명이요, 나를 체포하는 것을 당신네 일본 경찰이 할 사명이오. 나는 내 사명대로 하겠소."라고 강단에 올라갔는데, 서슬이 시퍼런 일본 경찰도 그 위엄에 더는 어쩌지 못했다. 이런 험악한 분위기에서 나온 것이 주기철 목사의 유명한 "일사각오"(一死覺悟) 정신과 그 설교였다. 신학생들은 주기철 목사의 설교를 들으려고 산정현교회에 몰려왔다.

그 무렵 신학교에 또 하나의 사건이 일어났다. 새로 생긴 신학교는 친일파 교수들이 일본인 교수들을 끼고 시작했지만, 학생들은 그렇지 않았다. 일본의 황도주의(皇道主義)를 철저히 심어주려는 학교 측에서는 신학교 안에서 학생 집회를 열고 강사로 일본인 기독교인이면서 공학박사인 사토사다요시(佐藤定吉)를 초청하여서 한 주 동안 특별집회를 했다. 사토 박사는 "물질의 기본 원리는 원자보다 영자"라고 주장한 분으로 신학자는 아니다. 그는 집회에서 일본 황도주의 선전에 열중했다.

"신사 참배를 하면서 신사 앞에서 손뼉을 세 번 치는 것은 삼위일체 신을 부르는 것이다. 사가기(神木)라 해서 상록수 가지를 끊는 쪽을 신사에 돌려 바치는 것은 성경의 포도나무와 가지 비유이다. 가지는 나무에 붙어있어야 한다는 뜻이다."

이런 식으로 집회를 인도했다. 신학생들은 듣다 못하여 어느 시간에는 일본인 다나까 교수가 있는 앞에서 학교 측에 항의했다. 학생회장은 성경책을 상단을 향해 내던졌다. 그때 필자도 일본인 다나까를 향해 "나가 버려!"라고 고함을 쳤다. 다나까는 어리둥절했다. 나는 첫 해 성적이 좋아서 학교에서 학급장으로 임명해 주었는데, 학생을 거느리고 신사 참배하러 가지 않으려고 사퇴했다. 매일 아침 채플 시간 전에 전교생이 동방요배를 먼저 했는데, 나와 친구는 항상 늦게 나가 2층 오르는 계단에 서서 요배를 하지 않았다. 어떤 때는 기숙사에서 시간을 지체하면서 머무적거리다가 고려위 박사가 기숙사에 수색하러 들어와서 들켜 머리가 아프다는 핑계를 대기도 했다.

 신학교 소동 사건 직후 학교 측에서는 수습하기 위해 경찰에 알려 평양 경찰 고등계 형사들이 달려와 학생 주동자들을 검거해 갔다. 그때 잡혀간 학생 중에는 이환수, 이성권 등 황해도 출신들이 있었고, 나도 한 달 동안 경찰서 유치장에서 삼복더위 속에 고생한 일이 있었다. 한 달 구류를 당하고 나온 나는 무기정학을 당했다. 그것은 퇴학이었다. 일본은 어리석었다. 그리고 친일파들은 어리석었다. 곧 다가올 일본의 패망을 예기치 못하고 있었다.

 신사 참배의 문제로 한국교회 피해가 심각해지면서 대부분 목사는 할 수 없이 굴복하여 신사 참배를 하기로 했다. 한동안 평양 강당에서 교회를 지키던 주기철 목사의 동지들도 이리저리 피신하기도 하고 흩어졌다. 박형룡 박사도 피난하게 되었다. 주 목사가 평양에 올 때 "길선주 목사 이후에 한국교회의 기둥이 될 목사"라고 소개해 주던 박형룡 박사를 평양역에서 전송하고 돌아온 날 밤 주 목사 부부는 울었다.

 주 목사가 경찰에 끌려갈 때마다 산정현 강단에 와서 설교해 주던 신암교회 김상권 목사는 원산으로 갔다. 권영호 목사는 자주 와서 격려해 주더니 철산으로 가버렸다. 김명집 목사를 북지(北支)로 피신시키면서 주 목사는 "나는 이 싸움에 죽음을 각오하고 있습니다. 김 목사는 피신하는 것이 좋을 것입니다."라고 했다.

마지막 설교

참 목자를 만날 수 없는 한국 기독교계에서 참 목자 주기철 목사의 인격 감화를 받은 인물들, 그의 선교 정신이 낳은 위대한 인물들이 있다. 최봉석 목사, 조만식, 유계준, 김동원, 방계성 장로, 처녀 전도사 백인숙, 그리고 안이숙 여사는 한국교회의 자랑스러운 교인들이다. 최봉석 목사도 순교자요, 주 목사의 장남 주연진은 해방 후 공산 정권 밑에서 순교하고, 유계준 장로도 순교자요, 백인숙 전도사도 처녀 순교자이다. 조만식 장로는 해방 후 이북 공산주의자 손에 없어지고 말았다. 안이숙 여사는 옥고를 치르고 나와 그 체험을 기록한 『죽으면 죽으리라』를 남겼다. 모두가 주기철 목사의 뒤를 이은 영웅적 피의 계승자들이다.

주기철 목사는 대구에서 평양으로 돌아온 후, "일사각오" 순교의 결심을 하고 있었다. 대구에서 돌아와 첫 강단에 나서 예배드리려 할 때 열광하는 교인들과 주기철 목사의 꺾지 못할 기개와 결심을 짐작한 일본 경찰은 평양, 대동(大同), 선교리 등 세 곳 경찰의 형사대가 시미즈(淸水)의 지휘 밑에 산정현교회를 두 겹 세 겹 포위하고 사복형사들이 예배당 안에 교인 사이 사이에도 잠복했다. 그날 강단에 나선 주기철 목사의 얼굴은 죽음을 각오한 비장한 얼굴인 동시에 천사같이 빛나는 얼굴이었다. 그의 마지막 유언 설교의 줄거리는 다음과 같다.

1. 죽음의 권세를 이기게 하여 주소서

나는 바야흐로 죽음에 직면하고 있습니다. 나의 목숨을 빼앗으려는 검은 손은 시시각각으로 다가오고 있습니다. 죽음에 직면한 나는 "사망의 권세를 이기게 하여 주옵소서"라고 기도하지 않을 수 없습니다. 내가 폐결핵 환자로 요양원에 눕지 않고 예수의 종으로 감옥에 갇히는 일은 얼마나 큰 은혜입니까! 부활하신 예수를 믿고 나도 부활하리로다. 아멘, 할렐루야! (이때 주 목사는 오른발로 강단을 쾅! 밟으며 기백이 도도하게) 나의 사랑하는 교우 여러분! 그리스도인은 살아도 그리스도인답게 살고, 죽어도 그리스도인답게 죽어야 합니다. 제가 죽는다고 슬퍼하지 마시오. 나는 다른 신 앞에 무릎을 꿇고 살 수 없습니다. 죽음은 나의 기원입니다. 나에게는 일사각오만이 있을 뿐입니다. 소나무는 마르기 전에 찍어야 푸르고 백합화는 시들기 전에 떨어져야 향기롭습니다.

2. 장기 고난(長期苦難)을 견디게 하여 주옵소서.

단번에 받는 고난은 이길 수 있으나, 오래 끄는 장기간의 고난은 참기 어렵습니다. 한 걸음만 양보하고 한 마디만 타협하면 살려주고, 도리어 상을 준다는 말에 사람들이 넘어갑니다. (히브리서 12:2를 인용하면서) "처음에는 우리가 십자가를 지지만 나중에는 주님의 십자가가 우리를 져 줍니다." "이제 받는 고난과 장차 받을 영광을 비교하면 족히 비교할 수 없습니다."(롬 8:18). 주님을 위하여 오는 고난을 내가 오늘 피하였다가 이다음에 내가 무슨 낯으로 주님을 대하겠습니까! 주님을 위하여 오는 십자가를 내가 이제 피하였다가, 이다음 주님이 "너는 내가 준 유일한 유산인 고난의 십자가를 어찌하고 왔느냐"라고 물으시면 나는 무슨 말로 대답하겠습니까?

3. 어머니와 처자와 교우들을 주님께 부탁합니다.

나에게는 80세 넘은 어머님이 계시고 병든 아내가 있고 어린 자식들이 있습니다. 어머님을 봉양하지 못하고 잡혀 다니는 불효자의 신세, 어머님 생각이 더욱 간절합니다. 주님 십자가에 달리실 때 당신의 아픔도 잊으시고, 십자가 비통에서 애통하는 어머님을 제자 요한에게 부탁하시던 주님의 심정이 어떠하였을꼬! 나는 주님의 자취를 따라서 가렵니다. 연약한 나를 붙들어 주옵소서! 늙으신 내 어머님을 자비하신 주님께 부탁합니다. 내 아내는 병약한 사람으로 일생을 내게 바쳤거늘 병약한 아내를 버려두고 잡혀 다니는 내 마음 또한 애처롭습니다.

내게는 네 명의 아들이 있어 어린 것도 있습니다. 아버지로서 자식을 키우고 가르칠 의무를 다하지 못하고, 우는 어린 것을 뒤에 두고 잡혀 다니는 마음 또한 애처롭기 거지가 없습니다.

내게는 주님께서 맡기신 양띠, 나의 사랑하는 교우가 있습니다. 그런데 나는 저들 내 양 떼를 뒤에 두고 다시 돌아오지 못할 길을 떠나지 않으면 안 됩니다. 내 양들을 험한 세상 악한 이리 떼 속에 두고 나는 아니 가지 못합니다. 맡기나이다. 내 양들을 내 목자장 되신 예수님 손에 맡기나이다.

나의 늙으신 어머님, 나의 병든 아내, 나의 어린 자식들과 나의 사랑하는 양 떼를 자비하신 주님께 부탁합니다. 그리고 마지막으로 나는 이 산정현 강단을 떠나지 못합니다. 주님을 따라 주님을 따라 주님의 피 자취를 따라가려 합니다. (설교가 이 절정에 이를 때 주기철 목사의 음성은 격해 비장했고, 눈에선 눈물이 흘렀다. 교인들은 모두 흐느껴 울며 눈물이 성경책을 적시었다. 그날 구석에서 감시하던 형사들조차 눈에 눈물이 어렸다.)

4. 의에 살고 의에 죽게 하소서.

이 몸이 죽고 죽어 백골이 진토 되고 넋이야 있건 없건 임 향한 일편단심 변할 줄이 있으랴. 나라를 사랑하는 우리 선인들의 충의대절(忠義大節)도 이러하거늘, 예수를 사랑하여 풀무불이냐! 예수를 사랑하여 사자굴이냐! 그 무엇이 두려울 것인가. 오늘 우리가 그리스도의 신부가 되어 주님 향한 정절을 변할 수 있으랴! 못합니다. 못합니다. 그리스도의 신부는 다른 신에게 정절을 깨트리지 못합니다.

이 몸이 어려서 예수 안에서 자라났고, 예수께 헌신하기로 열 번 백 번 맹세했습니다. 예수의 이름이 땅에 떨어지게 되는 오늘, 이 몸이 어찌 구구도생(苟苟盜生)을 피할 줄이 있으랴! 아! 내 주 예수의 이름이 땅에 떨어지게 되는구나. 평양아! 평양아! 예의 동방에 내 예루살렘아! 영광이 네게서 떠나는도다. 모란봉아! 통곡하라. 대동강아, 천백 세에 흘러가며 나와 함께 울자!

드리리다. 드리리다. 이 목숨이나마 주님께 드리리다. 칼날이 나를 기다리느냐. 나는 저 칼날을 향하여 나아가리다.

"누가 능히 우리를 그리스도의 사랑에서 끊으리오 환난이나 곤고나 기근이나 적신이나 위험이나 칼이랴"(롬 8:35).

죽고 죽어 수백 번 다시 죽어도 주님 향한 대의정절(大義貞節) 변치 아니 하오리다. 십자가, 십자가, 주님 지신 십자가 앞에 이 몸을 드립니다. 의에 죽고, 의에 살으사이다. 의를 버리고, 더구나 예수님께 향한 의를 버리고 산다는 것은 개 짐승의 삶보다 못합니다. 여러분, 예수는 살아 계십니다. 예수로 죽고 예수로 살으사이다. (이 순간 주기철 목사의 얼굴은 빨갛게 상기되고 눈에서는 불꽃이 튀고 그 음성은 예배당을 진동시켰다. 감격한 주 목사는 손을 들어 흔들고 발로는 마룻바닥을 구르면서 찬송가 "이 세상 험하고 네 비록 약하나"를 불렀다. 그날 모인 청중은 함께 흐느껴 울었다.)

5. 내 영혼을 주님께 부탁합니다.

오! 주님, 예수여! 내 영혼을 주님께 부탁합니다. 십자가를 붙잡고 쓰러질 때 내 영혼 받으옵소서. 옥 중에서나 사형장에서 내 목숨 끊어질 때, 내 영혼 받으시옵소서. 더러운 땅을 밟던 내 발을 씻어서 나로 하여금 하늘나라 황금

길에 걷게 하소서.

이 결사적인 설교 후, 일본 경찰은 주기철 목사에게 3개월 이내에 목사직을 사면하라고 엄명했다.

주기철 목사의 작사로 전해지며 한국 교인들이 가장 많이 부르는 노래 "영문 밖의 길"은 주님 고난의 자취를 따르는 그의 모습을 역력히 느끼게 한다.

> 서쪽 하늘 붉은 노을 영문 밖에 비치누나
> 연약하온 두 어깨에 십자가를 생각하니
> 머리에는 가시관 몸에는 붉은 옷
> 힘 없이 걸어가신 영문 밖의 길이라네
> 눈물 없이 못 가는 길 피 없이 못 가는 길
> 영문 밖의 좁은 길이 골고다의 길이라네
> 영생복락 얻으려면 이 길만을 걸어야 해
> 배고파도 올라가고 죽더라도 올라가세
> 십자가의 고개턱이 제 아무리 어려워도
> 주님 가신 길이오니 내가 어찌 못 가오리
> 주님 제자 베드로는 거꾸로도 갔사오니
> 고생이라 못 가오며 죽음이라 못 가오리

순교

4월 20일, 주기철 목사의 노모는 아들 주 목사가 흰옷을 입고 와서 자기 앞에 절하며 하직하는 꿈을 꾸었다. 어머니는 꿈 이야기를 하면서 주 목사가 세상을 떠날 것 같으니, 감옥에 가 보라고 했다. 주 목사는 감옥에서 어머님이 보고 싶다고 늘 말했다.

오정모 여사가 감옥에 면회하러 갔는데, 면회를 허락하지 않는 것을 간청하여 억지로 면회했다. 그때 주 목사는 혼자 걷지도 못하고 간수 4명의 부축을 받으며 나와서 부인 오 여사와 최후의 면회를 했다. 면회 중에도 힘이 없어 쓰러지면서 부인에게 마지막 남긴 유언은 다음과 같다.

> "나는 아무래도 몸이 더 견디지 못할 것 같소. 당신과 만나는 것이 이것이 마지막이 될 것이요. 따스한 숭늉 한 모금을 먹고 싶소. 나는 하늘나라 가서도 조선 교회를 위해 기도하겠소. 교회에 이 말을 전해 주시오. 신사 참배 문제만이 아니라 앞으로 더 어려운 시험들이 올 터인데, 어떻게 이겨나갈지. 나 대신 어머님을 잘 모셔 주고, 내가 싸우던 길을 당신도 싸워 이후 천국에서 만납시다. 내가 죽으면 웅천(熊川)에 묻지 말고 평양 돌박산에 묻어 주오. 이후 내 어머님이 이 세상을 떠나시면 내 무덤 옆에 묻어 주시오."

이것이 마지막 면회인 줄 알고 형무소장과 간수들도 십여 명 나와서 입회했는데, 그중 일본인 간수는 "유명한 목사님의 유언이니 우리도 듣고 싶소. 일어로 말씀해 주시면 고맙겠습니다."라고 간청했다.

부인 오정모 여사와의 최후 면회를 하고, 그다음 날인 1944년 4월 21일 금요일 밤 9시 30분 주기철 목사는 평양 감옥에서 운명했다. "내 영혼의 하나님이여, 나를 붙드시옵소서!"라고 큰 소리로 외치고 숨을 거뒀는데, 방안이 진동하니 듣는 사람들이 모두 놀랐다. 그때 주 목사는 한창나이 49세였다. 더 오래 살지 않아도 좋다. 그것으로 찬란한 승리다.

기도문

> "나는 바야흐로 죽음에 직면하고 있습니다. 나의 목숨을 빼앗으려는 검은 손은 시시각각으로 다가오고 있습니다. 죽음에 직면한 나는 '사망 권세를 이기게 하여 주시옵소서' 하고 기도하지 않을 수 없습니다. 무릇 생명이 있는 만물이 다 죽음 앞에서 탄식하며, 무릇 숨 쉬는 인생은 다 죽음 앞에서 떨고 슬퍼합니다.

내가 폐결핵 환자로 요양원에 눕지 아니하고, 예수의 종으로 감옥에 갇힌 것은 얼마나 큰 은혜입니까! 자동차에 치여 죽는 죽음도 있는데, 예수의 이름으로 사형장에 나가는 것은 그리스도인 최대의 영광입니다. 주님을 위하여 열 백번 죽어도 좋지만, 주님을 버리고 백 년 천 년 산다 한들 그 무슨 삶이리오!

오, 주여! 내 목숨을 아끼다 주님께 욕되지 않게 하시옵소서. 이 몸이 부서져 가루 되어도 주님 계명을 지키게 하시옵소서. 주님은 나를 위하여 십자가에 달리셨습니다. 머리에 가시관, 두 손과 두 발이 쇠못에 찢어져 최후의 피 한 방울까지 쏟으셨습니다.

주님, 나 위하여 돌아가셨거늘 내 어찌 죽음을 무서워 주님 모르는 체 하올까! 다만 일사각오(一死覺悟) 있을 뿐입니다.

주기철 목사의 설교(발췌)

"…주님을 위하여 오는 고난을 내가 이제 피하였다가 이다음 내 무슨 낯으로 주님을 대하오리까. 주님을 위하여 이제 당하는 감옥 고통을 내가 피하였다가 이다음 주님이 "너는 내 이름과 평안과 즐거움을 다 받아 누리고 고난의 잔은 어찌하고 왔느냐"라고 물으시면, 나는 무슨 말로 대답하랴!

주님을 위하여 오는 십자가를 내가 이제 피하였다가, 이다음 주님이 "너는 내가 준 유일한 유산인 고난의 십자가를 어찌하고 왔느냐"라고 물으시면, 나는 무슨 말로 대답하랴. 예수님은 가시관을 쓰셨는데, 그의 종이요 제자인 오늘 우리는 왜 면류관만 쓰려고 하는가?

72.

백인숙 전도사

일제의 공포 속에서 교인들을 위로하고 제단을 사수하다 순교한 처녀 전도사

백인숙(白仁淑) 전도사는 평북 신의주 출신으로, 예수 믿고는 가정에서 박해를 많이 받았다. 결혼할 나이가 지나도 독신으로 주의 일을 하려고 결심하니 부모는 결혼을 강요했다. 매일 밭에 나가 김매면서 밭일하면서도 기도하다가 날이 저물어야 집에 돌아오면 문을 열어 주지 않아 발길을 돌려 산에 들어가 밤새우며 기도했다.

후에 평양 여자신학교와 일본 고베 신학교를 나와 주기철 목사가 시무하는 산정현교회 전도사로 시무했다. 그때 나이 30 미만의 처녀로 얼굴이 수려하며 몸매가 아담하고 품격이 고상했다. 언제나 미소 띤 온유한 얼굴에 자비가 넘쳤으며, 행동이 단정하고 예의가 있어 함부로 범할 수 없는 위엄이 있었다.

전도사가 된 후에도 항상 무명치마 저고리의 검소한 차림이었고, 일생에 입을 옷은 두 벌밖에 없었다. 새 옷이 생기면 가난한 사람에게 주고, 봉급을 받아 자기 몫으로는 최저 생활비를 제하고는 모두 구제비로 썼다.

일제의 교회 핍박으로 주기철 목사가 몇 번이나 경찰에 검속될 때마다 백인숙 전도사도 여러 번 경찰에 끌려가 심문받았지만, 그는 조금도 비굴하거나 당황한 기색이 없이 당당한 태도와 명백한 답변에 일본 경찰도 질문할 바를 몰랐다. 더구나, 경찰관의 무례한 태도와 횡포 앞에서도 고요히 기도하고 앉아 있는 태도에는 취조하던 경찰은 도리어 부끄러워했다.

주기철 목사가 감옥에 갇힌 후는 백인숙 전도사는 오정모 사모와 함께 순교의 각오를 세우고 밤마다 예배당에서 밤을 새우며 기도했고, 낮이면 목사 대신으로 부지런히 심방했다.

친일파 평양노회가 주기철 목사 파면을 결의하고 산정현교회를 예배보지 못하게 폐쇄하고, 노회 대표 이00 목사는 주 목사 가족을 사택에서 추방하고, 연장을 들고 와서 교회에 철조망을 쳐서 출입 못 하게 했을 때, 백인숙 전도사는 많은 교인을 일곱 구역으로 나누어 매 주 일곱 차례 순회하며 구역 예배를 보면서 교회를 사수했다.

목사를 잃은 양무리들은 불안 공포 속에서도 백 전도사의 언제나 미소 띤 얼굴을 보고는 위로받았다. 주기철 목사가 감옥살이 6년 만에 순교했을 때, 그 장례식에서 목 놓아 통곡했다고 해서 일제 경찰은 백 전도사를 검속했다.

옥중에서 순교하기를 결심하고 석방을 거부했으나, 두 달 만에 석방됐다. 8·15해방이 되자, 산정현교회가 두 파로 갈려서 싸움판이 됐을 때도 백 전도사의 미소는 평화의 천사 같았다. 주 목사 후임으로 온 김철훈 목사는 공산당에게 순교하고, 그 뒤를 이은 정일선 목사도 순교했다. 이 지극한 수난 중에도 백 전도사는 끝까지 교회를 사수했다. 평양 산암교회의 장수은 여전도사와 백인숙 전도사는 신학교 동기동창이어서, 두 분은 서로 순교하기로 약속하고, 1·4 후퇴 때 많은 교역자와 신도들이 월남할 때도 남아서 교회 제단을 지키다가 6·25 전날인 24일 두 처녀 전도사는 끌려 나가 얼굴을 하늘로 향하고 두 손 합장한 채 옷깃을 바로잡고 기도하면서 총살당했다. 그때 나이 34세였다.

73.

박형룡 박사

진리를 위해서 타협을 몰랐던 한국 정통신학의 거장

한국의 정통신학의 거장인 박형룡(朴亨龍) 박사는 평북에서 박기수 씨의 장남으로 태어나서 어린 시절 15년 동안은 한(漢) 학당에서 한학 공부와 소학교를 마치고, 1919년에 평북 선천에 있는 신성중학교를 마치고, 1926년에는 미국 프린스턴 신학교, 1927년에는 남침례교 신학교에서 철학과 신학을 마치고, 철학박사의 학위를 받았다.

그의 신앙은 본래 진실하기만 한 그의 성격과 성경대로 믿는 정통 신앙으로 한국 보수주의 신앙의 중심 기둥이 되었다. 특히, 프린스턴 신학교에서는 유명한 메첸 교수의 근본주의 신학의 영향을 받아, 일보도 양보 없는 정통주의 신학자로 알려졌다.

귀국하여 몇 해 동안은 신의주 제일교회 조사로, 평양 산정현교회 전도사로, 숭실중·대학교와 평양신학교에서 8년간 교편을 잡았다.

박형룡 박사의 칼뱅주의 신학과 투철한 보수신앙과 언제나 진실한 그의 인격은 교계에 큰 영향력을 끼쳐서 사람들은 그의 신앙 노선만 따르면 안심하고 바로 믿는 것으로 짐작하게끔 됐다.

일본 시대 말기, 1938년 신사 참배 문제로 한국 기독교가 탄압당할 때, 당시 평양에 있던 선교사들은 숭실중, 숭실대학교와 숭의학교의 존폐(存廢) 문제를 두고 논의한 끝에 신사 참배를 하면서 학교를 유지하기로 합의하고 박형룡 박사에게 의견을 물었을 때, 박 박사는 단호히 이를 거절했다. 이리하여 세 학교와 평양신학교도 폐교되고 말았다. 이렇게 되자 학교 측의 교사들로부터는 비난이 빗발쳤다. 그러나 그때 주기철 목사, 강학식, 박형룡 박사 세 분의 신사 참배 결사반대의 성명은 단호했다. 일본의 태평양 전쟁 중 한국교회 압제가 극심하여 2백여 교회가 폐쇄당하고, 2천여 명이 옥에 갇히고, 50여 명이 순교했다.

이런 가운데서 1938년에 박윤선 박사와 박형룡 박사 두 분은 성경 주석을 편찬하러 고베로 갔다. 일본 경찰의 미행을 따돌리고 동경으로 빠져나갔지만, 거기서도 신사 참배 강요를 당했지만, 이 모든 어려움을 잘 견뎌냈다.

일본에 머무는 동안 1940년에 태평양 전쟁이 일어나 이듬해 가족을 동경에 둔 채 만주 봉천으로 건너가 만주 신학교에서 1946년 전쟁이 끝나고 광복될 때까지 신학교육에 전념했다.

해방과 함께 만주에서 동북 신학교를 세우고 교장으로 있다가, 1947년에 부산 고려신학교에서 파송한 송상석 목사의 설득으로 한국으로 돌아왔다. 교통이 두절된 당시 송 목사는 가족에게 유언을 남기고 불과 10톤짜리 밀항선을 타고 박 박사 모시러 봉천에 갔다.

박 박사가 귀국할 무렵, 서울에는 조선 신학교가 있어 신학 사상적 대립으로 학생 51명이 학교 당국의 처벌을 받고 있을 때였다. 박 박사는 고려신학교 교장으로 잠시 있다가 서울 남산에 신학교를 설립하고 "장노회신학교"라 이름했다.

박 박사는 말년에 교계 분열 속에서 정치적으로 박 박사를 이용하려는 세력 속에 많은 시달림을 겪었다. 그러나 그 어떤 소용돌이 속에서도 "진리를 위해서는 타협을 모르는 분"이라는 정평을 들을 만큼 자신의 신앙에 투철했다. 그는 6백여 명의 제자를 배출하고 많은 저서를 남겼다.

74.

박의흠 전도사

달구지꾼이 기도의 능력을 받아 많은 역사를 나타냈던 순교자

일제 말에 신사 참배를 거부한 이들이 많았으나, 그중 유명한 분들은 경남에 한상동 목사, 주남선 목사, 평양에 주기철 목사, 박관준 장로, 만주에 박의흠 전도사 등이 있었다. 박의흠(朴義欽)은 본래 달구지꾼(수레를 모는 차부)이었다. 무식한 평신도에 지나지 않았지만, 예수 믿고 기도 많이 하여 천태동(天台洞)에 살며 매일 저녁 먹은 후 뒷동산에 올라가서 기도로 밤새우기를 3년이나 했다. 3년 동안 아내와 별거하면서까지 기도하다가 큰 은혜를 받았다.

신사 참배를 거부하다가 경찰에 끌려가 고문을 당하다가 견디지 못하여 참배하겠다고 각서를 쓰고 놓여나왔지만, 양심이 괴로워서 자진해서 다시 경찰에 가서 신사 참배 하겠다고 한 각서를 취소한다고 선언했다. 각서를 취소한 이는 그이 한 사람밖에 없었다.

그는 만주에서 체포되어 끌려와 감옥에 갇혔다. 그는 신사참배 뿐만 아니라 동방요배도 거부하면서 "천황도 회개하고 예수 믿지 않으면 지옥 간다."라고 부르짖었다.

그는 평소에 기도를 많이하여 기도의 놀라운 능력을 얻었다. 기도하면 응답을 받기 때문에 그는 노래를 지어 "하나님은 늘 척척 주시네"라고 노래했다. 그의 아내는 신앙이 남편을 따르지 못하는 여자여서 남편을 의심도 했다. 그의 아내의 성질은 대단하여 박 전도가 산 기도하러 가서 60일 머무는 동안 아내는 뒤쫓아 와서 산에 여자를 숨겨 두고 그러느냐고 바가지를 긁다가, 한 번은 호랑이가 나타나 혼비백산하고는 그 후 다시 따라가지 않았다고 한다. 어느 때 아내가 어려운 병에 걸려 누워 있는데, 박의흠 전도사는 아내를 위하여 간절히 기도하고는 누워 있는 아내의 손목을 잡아 일으켜 끌고 마당에 내려가 손목을 잡고 마당을 뛰어 돌면서 "다 나았다! 나았다!"라고 했더니 정말 병이 나았다고 한다.

처음 울산에서 교회 전도사로서 김해읍 교회를 시무하기도 했다. 낙동강 변에서 3년간 기도했는데, 그때 큰 은혜가 있어, 기도하면 소경이 눈 뜨고 앉은뱅이가 일어나 걷기도 했다.

그 후, 평북 의주에서도 역사가 나타났는데, 믿지 않는 사람들이 박 전도사께 대항하면서 (어느 해 몹시 가뭄 때) "당신이 비 오게 할 수 있나?"라고 했다. 박 전도사는 "할 수 있다."라고 하면서 산에 가서 한 주일 동안 비를 달라고 기도했다. 처음 5일은 아무렇지도 않더니, 마지막 날에 손바닥만한 구름 한 조각이 뜨더니 소나기가 쏟아부었다. "보아라!"고 하면서 박 전도사는 사람들에게 전도했다. 그때 세운 교회가 의주교회이다.

김해읍에서 교회일 볼 때는 박 전도사 부인도 남편과 함께 기적을 많이 행했다. 앉은뱅이가 일어나 기도하고, 목사를 욕하는 집사가 있었는데, 성직자를 욕하면 입이 찌그러진다고 했더니, 사실 그대로 되기도 했다. 입이 찌그러졌던 그 집사가 후에 와서 자기가 그렇게 되었노라 증거했다. 회개하지 않고 말썽부리는 사람을 위해 기도하면 즉석에서 그의 머리에 혹이 돋았다는 이야기도 있다. 그러나 김해읍 교회는 잘 믿는 이와 그렇지 못한 이들 간에 분열이 생겨서 후에 교회가 갈라지고 말았다.

박의흠 전도사는 신사 참배를 거부하다 끝내 순교하고 말았는데, 감옥에서 주일날에도 작업을 강제로 시키니, 박 전도사는 일하기 거부하면서 "내가 이

것 하지 않으려고 여기까지 들어 왔는데, 주일날 일 못 하겠다"라고 하니 화가 난 간수가 몽둥이로 머리 뒤통수를 때려서 죽였다는 말이 있다.

75.

최봉석 목사

평양 거리에서 '예수 천당'을 외치며 복음을 전한 순교자

　최봉석(崔鳳奭) 목사는 1869년 평양 출생으로 30세에 예수를 믿고 처음에는 성경을 파는 매서인(賣書人)으로 전도를 시작하여 평양신학교를 졸업하고 1913년에 목사가 됐다. 그의 신앙은 불꽃을 뿜는 듯했고, 세상 사람은 그를 미친 사람으로 알았지만, 교회에선 최권능으로 알려졌다. 그는 설교할 때면 '권능'이라는 말을 많이 사용했다고 한다. 신사 참배를 반대하고 검속되어 유치장에서 40일 금식기도를 하고 나온 후 순교했다.

　한국 장로교 초대 목사요, 유명한 평양 장대현교회 영계 길선주 목사는 최봉석 목사를 평하기를, "평양 거리에서 '예수 천당!' 하는 소리가 끊어지면 평양이 망할까 두렵다."라고 했다. 최봉석 목사가 간 데마다 새벽부터 저녁까지 전도하는 소리가 "예수 천당!"이기 때문이었다.

　최봉석은 나이 많아서 예수를 믿은 후 집에서 쫓겨나서 선교사 집에서 얼마간 머물러 있었다. 후에 만주로 가서 방랑하다가 귀국해서 결혼했다. 그는 눈이 크고 무엄한 표정에 배짱이 세었지만, 머리는 썩 좋지 못했던 것 같다.

　평양신학교에서 시험칠 때 공부는 안 하고 기도만 하다가 시험장에 들어가니 하나도 생각이 나지 않아서 백지를 내고는 나와서 한다는 소리가 "성신도 시험에는 절절맨다."라고 했다는 에피소드가 있다.

　그가 집집마다 전도를 다닐 때, 그의 전도를 잘 받아들이지 않는 집에는 자주 이변이 생겼다. 돼지가 병이 든다든지 하는 일이 있어서 어느새 그의 별명을 '최권능'이라고 불렀다. 최봉석이라면 몰라도, 최권능 목사라면 모르는 이가 없다.

그의 외치는 "예수 천당!" 소리는 미국에까지 알려져 무디 교회에서 최 목사에게 그때 돈으로 40원을 보내와 옷을 사 입으라고 하기도 했다. 그의 전도 방법은 유쾌하고 유머러스하고 당돌했다.

한 번은 시집가는 색시가 가마 타고 가마꾼들이 메고 가는데, 너무빨리 가니 최 목사가 따라갈 수가 없었다. 꾀를 내어 소리 지르기를 "여보, 잠깐만! 큰일 났소." 가마가 멈춰서니, 따라간 최 목사는 가까이 가서 가마 문을 들고 색시를 들여다보면서 "시집만 가지 말고 예수!"하고 소리 질렀다.

그 후, 여러 해 지나 최 목사가 어느 교회에서 집회를 인도하는데 어떤 낯선 여자가 최 목사를 찾아와서 자기는 그때 시집가다가 전도 받은 여자라면서, 그때 가슴이 철렁해서 예수를 믿었다는 이야기도 있다.

곡산의 높은 산밭에서 담배 재배를 하는 화전민들이 있었는데, 거기까지 올라가기 힘드니, 최 목사는 길에 선 채로 큰소리로 "큰일 났소!"라고 소리소리 질렀다. 무슨 영문인지 몰라서 몰려나온 사람들에게 하는 말이 "그런 게 아니라, 예수 안 믿어 지옥 가게 되었으니 큰일이오!"라고 소리 질렀다. 그중에 화난 한 사나이가 "예수고 떡대구리고 우리는 안 믿어."라고 소리치니 기회를 놓치지 않고 "당신 참 좋은 말 했소. 떡대구리라고 했죠?" "그랬소, 왜요?" "성경에 예수를 대구리 떡이라 했소. 머리떡!"이라고 하면서 전도했다.

교통순경이 한길에 서서 교통정리를 하고 있는데, 최 목사도 함께 서서 전도하니 직무 방해가 되어 연행하여 파출소에 가두어 두었더니 거기서 '예수 사랑하심은' 찬송을 큰 목소리로 불러대는 데 견딜 수 없었다. 본서로 끌고 가니, 서장이 순경보고 하는 말이 "너 이 분이 누구인 줄 알고 끌고 왔어! 속히

풀어드려!"라고 했다. 최 목사는 나오면서 서장 앞에 인사하며, 역시 "예수 천당!" 했다.

  필자가 평양에 있을 때 어느 새벽에 성경 찬송을 들고 서문밖교회로 새벽기도회 참석하러 가는데, 좁은 골목에서 최 목사를 만났다. 그는 내 앞에 와서 발돋움하며 큰 소리로 "예수!"라고 했다. 목사에게도 전도했다. 평양에서는 주기철 목사의 산정현교회 예배에 늘 참석하면서, 최 목사는 가장 앞자리에 서서 찬송가를 부를 때면 발돋움하고 핏대를 세우고 전력을 다해 불렀다.

76.

김린서 목사

강단에서 사자처럼 부르짖었던 웅변 부흥사

　김린서(金麟瑞) 목사는 함경도 출신이다. 신학교를 졸업하고 일제 시대에는 문서 운동으로 『신앙생활』이란 아주 은혜로운 잡지 출판과 전국을 누비고 다니는 통쾌 무쌍한 웅변 부흥사로 제1인자였다. 계속 장로로 있으면서 평양에서는 김화석 목사(창동교회)를 도왔다. 해방 후에 남한으로 와서 목사가 되었다.

　그는 애국자요, 유명한 문필가요, 웅변가이지만, 생김새는 초라하여 키가 작고, 둥둥보 못난 얼굴에 큰 눈, 그리고 양복 입는 법이 없고, 언제나 한복 바지를 아무렇게나 입고 고무신 신고 다녔다.

　그의 잡지를 읽고 너무도 감동한 어느 독자가 평양으로 김린서를 만나러 가겠다는 편지를 받고는, 그는 답장하기를 "내가 지금 사는 모란봉 곤우동 사람들이 나보고 별명 짓기를 '곤우동의 곰'이라 하니 그걸 참작하고 만나러 오지 마시오." 라고 했다.

　일제시대 사경회로 다닐 때 강단에서 사자같이 부르짖는 김린서 장로의 설교를 감시하던 일본 형사가 "주의!"하고 칼날 진 소리를 지르면, 김 장로는 한층 더 목소리를 높여 "내 말이 옳다면 '할렐루야' 하시오!"라고 했다. 청중이 예배당이 떠날 정도로 "할렐루야!" 하며 소리 지르니 형사도 압도되어 주저앉고 말았다.

형사가 다시 "주의!"하면 김 장로는 "내 말이 참말이라면 '아멘' 하시오!" 하면, 교인들은 또 목이 터지도록 "아멘!" 했다. 일제 압박 밑에서 언제나 신변의 위험을 느끼면서도 그는 굴하지 않고 전국을 순회하면서 이런 아슬아슬한 집회를 하고 다녔다. 그의 설교에는 선풍적 매력이 있는 동시에, 그의 생활에는 야생적 맛의 구수한 데가 많았다.

젊어서 전도사 시절 함경도 신상(新上) 조그만 고을 교회에 부임했을 때 일이다. 그 고을이 너무도 음란하고 회개하지 않으니까, 김린서는 예언자적 의분에 못 이겨 어느 날은 상복 차림을 하고 청년들에게 '회개하라'는 플래카드를 들게 하고 김린서 전도사는 그 뒤를 따라가며 대낮에 "아이고! 아이고!" 하며 대성통곡하며 거리를 누비고 다녔다. 음란한 고을은 장차 망한다는 예언자적 풍모를 나타냈다. 김린서가 아니고는 누구도 못 해내는 일이었다. 과연 얼마 후 큰 홍수가 나서 그 거리를 몽땅 쓸어버렸다고 한다.

성격이 과감하고 유머가 많고 대담했다. 가슴은 애국심과 그리스도의 교회를 사랑하는 충성에 가득 차 있었다. 3·1운동 때는 백 년을 가약하려던 애국 여성과 함께 감옥에 갇혀 4년을 고생했고, 그 날카로운 붓끝과 사람을 압도하는 웅변으로 일제와 싸우고, 공산당과 싸우고, 남한 교계 분열을 공격하고, 이단 사교를 사정 없이 파헤쳤다.

필자도 고향에서 김린서 장로 집회에 참석했다가 그가 강단 위에서 설교하면서 "천국 노동자 모집!"이라고 먹으로 쓴 플래카드를 두 손으로 흔들며 주님께 헌신할 사람 찾을 때 어느새 나도 손을 들었다.

그 후, 일생 김린서 장로를 사숙(私淑)하여 나도 그처럼 문서 운동과 유명한 설교자가 되리라 다짐했지만, 그렇게 되진 못했다.

77.

손양원 목사

두 아들을 죽인 공산당을 양아들로 삼고 나환자를 돌본 사랑의 순교자

손양원(孫良源) 목사는 경남 함안군 구성리(龜城里) 출생이다. 그 동생도 손의원(孫義源)도 목사이다. 손양원 목사의 본명은 손연준인데, 나중에 애양원을 차리고 시무하면서 손양원으로 개명해서 불렀다. 손 목사는 부친을 따라 여섯 살 때부터 교회에 다녔고, 일본에서 중학교에 다니다가 홀리네스파 노방전도에 큰 감동을 받고 교역에 뜻을 두었다.

여수 애양원 나환자들 교회를 맡아 그곳에서 일생 목회하면서 그는 나환자를 보통 성한 사람 대하듯 대하고, 때때로 함께 음식을 먹기도 했다.

여순 반란사건 때, 순천사범학교 다니던 사랑하는 두 아들 동인, 동신이가 좌익계 학생의 총에 죽어, 그 무덤을 사양원 앞 동도에 나란히 묻고는 언제나 두 아들 무덤을 내려다보며 "내 아들 동인 동신이 동도에 묻혔다."라고 하면서 자기도 순교의 정신을 가다듬어 갔다.

동인을 총으로 쏴 죽인 안 군은 별로 좌익사상이 깊이 든 것도 아니고, 그다지 난폭한 학생도 아니었지만, 여수 반란 때 분위기에 휩쓸려 그런 실수를 저질러 사형을 당할 처지였는데, 손양원 목사는 그를 구명(求命)하여 자기 아들로 삼아 돌봐 주었다.

여자같이 착한 성품의 손 목사는 남편을 이해하지 못하는 남성적인 부인 때문에 일생 무척 고민했다는 이야기가 있다.

주님은 손 목사 일생에 여러 가지 십자가를 짊어지워 주셨다. 일본 시대에는 신사 참배를 반대하다가 검속되어 광주와 청주 감옥에서 고생하다가 8·15 해방으로 나왔다. 손양원 목사가 광주 감옥에 6년 동안이나 갇혀 있을 때 일본인 간수도 손 목사의 언행에는 감동되어 그를 성자라고 불렀다고 한다. 그는 감옥에서도 아침저녁으로 혼자서 찬송을 부르고 기도하며 예배를 드리고, 주일이면 절대로 일하지 않아서 여러 번 간수에게 끌려 나가서 감식형을 받았다.

몸이 극도로 쇠약하고 더구나 독감에 걸려 사선을 방황할 때 손 목사는 시를 지으며 스스로 위로받았다고 한다.

"독수공방에 고독한 느낌이나, 삼위 하나님이 함께 계시니 네 식구로다. 갖가지 고난이 모조리 쓸어올지라도 고통 속에서 진리를 다 체득하도다."

손 목사는 본성이 인자하여 불쌍한 이들과 고락을 함께하는 분으로 감옥에서 나온 뒤에도 이전에 일하였던 애양원 교회에 다시 가서 시무하다가 순교했다.

손양원 목사는 평소에 늘 말하기를 "내가 죽을 때와 장소는 강단에서 설교하다가 죽거나, 길가에서 전도하다가 죽거나, 혹은 고요한 곳에서 기도하다가 죽을지언정, 약사발을 안고 앓다가 죽을까 두렵다."라고 했다.

6.25 난리가 일어나 인민군들이 여수 순천 지방에도 밀어닥치니, 손 목사는 자기 목회하는 애양원 나환자 양 떼를 버리고 혼자 피난 갈 수 없다고 순교의 각오를 세웠다.

양아들 삼았던 안 군이 피난 떠날 때까지 준비하여 해변에 대기하고 떠나자고 강권하며, 멀리 가지 않더라도 맞은편 섬으로 피신하라고 권유해도 기어이 안 듣고 있다가, 애양원 나환자들이 좌우익 두 갈래로 갈려 손 목사를 고발하던 나환자들에게 잡혀갔다. 1950년 9월 28일 여수 미평 둔덕 재에서 조상학 목사 등과 함께 순교했는데, 손 목사의 입술은 인민군 총 개머리판에 맞아 깨져 있었다.

78.

박관준 장로

폭탄 항의서를 뿌린 하나님 외에 누구도 두려워하지 않았던 순교자

염광(鹽光) 박관준(朴寬俊)은 평남 개천읍(价川邑) 장로교회의 장로였다. 본래 직업은 의사로서 정성껏 교회 봉사를 하는 정열적 믿음의 소유자였고 실천적 인물이었다. 그를 '한국의 엘리야'라고 부르는 것은 그는 하나님 외에는 누구도 두려워하지 않는 분이었기 때문이다.

장로 시취(試取)를 받으려 할 때 기도하기를 "하나님이여, 이번 시취에 요리문답 제1조가 나오게 해주옵소서"라고 했고, 노회 위원들 보고는 겁을 주기를 "박관준을 장로로 안 세우면 안주 노회는 망한다."라고 했다는 분이다.

일본이 한국 기독교를 탄압하면서 신사 참배를 강요하니, 박관준 장로는 이에 반항하여 서울에 일본 총독을 찾아가서 그 부당성을 지적하고 항의하다가 경찰에 검속되었다가 그 후에 놓여나서는 총독이 안 들으니 일본 정부 당국에 직접 가서 호소하기로 결심했다. 박 장로는 꿈을 신통하게 잘 꾸었다.

일본에 건너갈 때도 꿈에 계시받고 결심해서 떠났는데, 부산에서 배를 탈 때도 당시 엄중한 감시 속에서도 무난히 발각되지 않고 통과했고, 떠날 때 아는 사람에게 사정하여 돈 2원을 얻어 예복을 빌려 입고 떠났는데, 일본 가서 정계 요인을 찾아보기도 하고, 일본 기독교 지도자들을 만나 호소해 보기도 했으나 아무런 효과가 없었다.

이에 마지막으로 결심하고 일본제국 74회 의회(議會)에 아들 박영창(후에 목사)과 안이숙을 동반하고 예복 차림으로 들어가니 파수병들도 그 일행을 어느 일본의 고등관으로 알고 그냥 통과시켰다. 사실, 박 장로도, 아들 박영창도 이마가 시원하게 벗어지고 그럴싸하게 생겼었다.

방청석에 앉아서 구경하다가 의장 오야마(小山)의 개회 선언이 끝나자마자 박 장로는 방청석에서 일어나 벼락같은 소리로 "여호와 하나님의 명령이다!"라고 외치면서 신명기 11장 13-17절 말씀으로 선포를 퍼부었다. 참으로 불의 사자 엘리야였다. 어느 신이 참 신인지 내기하자는 것이었다. 그러고는 미리 준비하여 숨겨서 가지고 갔던 항의서를 의회석을 향해서 뿌렸다. 의회는 한동안 혼란을 이루었다. 달려온 경관에게 세 사람은 검속되어 끌려가 조사를 받고, 한 달 동안 고생하다가 일단 놓여났다. 그러나 고향에 돌아와서 다시 검속되어 평양 감옥에서 고생했다.

박 장로의 엘리야 같은 기개를 나타내는 그의 시(詩)에 이렇게 썼다.

> 사람은 한 번 죽을 때가 있나니, 어찌 죽을 때 죽지 않으리
> (人生有一死 何不死捨死)
> 그대 홀로 죽을 때 죽으면, 길이 죽어도 죽지 않으리
> (君獨死捨死 千秋死不死)
> 때가 와 죽을 때 죽지 않으면, 살아서 즐김이 죽음만 같지 못하리라.
> (時來死不死 生樂不如死)
> 예수 나 위해 죽으셨으니, 나도 예수 위해 죽으리라.
> (耶蘇爲敎我死 我爲耶蘇死)

박관준 장로는 평양 감옥에서 1945년 해방되기 몇 달 전에 세상을 떠나 순교자가 됐다.

박관준 장로가 섬기던 평남 개천교회의 황구학 목사는 33세의 젊은 목사였는데, 어느 때 그는 아무렇지도 않은 건강한 몸인데 자기 죽을 날을 예고했다.

예고한 날이 되어 교회 종을 치게 하여 교인들을 모아 놓았는데, 그때 박 장로의 입장은 참 사정이 딱했다.

젊은 목사가 자기가 죽는다고 교인들을 모아 놓고 어떻게 할 작정인가 민망했는데, 황 목사는 10시에 교회에 나가 교인들에게 유언하고 사택에 들어와 12시간 지난 후 세상을 떠난 신기한 일이 있었다.

79.

최덕지 여사

신사 참배 반대에 앞장선 한국교회 재건 운동의 여기수

최덕지(1901~1956) 여사는 1901년 경남 통영에서 갓 만드는 불신자 아버지의 무남독녀로 태어났다. 모친이 예수를 믿었기 때문에 어머니를 따라 교회에 출석하였다. 최덕지 여사가 아홉 살 때 부친도 회개했으나, 모친은 35세 젊은 나이로 세상을 떠난 후 재혼했지만 4년 만에 세상을 떠났다. 어려서부터 최덕지의 가슴에는 인생무상에 대한 슬픔이 새겨져 있었다.

통영 진명학교를 졸업했는데, 그 학교는 선교사들이 세운 사립학교였다. 1919년 19세 나이로 진명유치원 보모로 취직하여 봉사하였고, 이듬해에 일본 메이지대학 재학생이 김장도와 결혼했으나, 그 집안도 예수를 잘 믿는 집안이었다. 그러나 첫딸을 얻은 후 남편은 열병으로 갑자기 세상을 떠나고 말았다. 하나님은 그녀에게 깊은 아픔을 통해 시련을 주시며, 하늘의 상급을 위해 땅의 행복을 단념케 하시는 듯했다.

최덕지는 모든 것을 주님께 맡기고 오직 주의 일에만 힘쓰기로 결심했다. 그 후 평양 여자신학교에 입학하여 학교 안에서도 학우회 회장으로 수고도 했고, 신학교 졸업 후는 미션회 마산지방 전도사가 되어 83개 교회를 상대로 활동했다.

1938년 9월 9일 예수교 장로회 제27회 총회가 신사 참배를 가결하면서부터 한국 장로교 박해가 본격적으로 시작됐는데, 곳곳에서 신사 참배 반대 운동이 일어났다.

　신사 참배 반대 운동의 거물들을 보면, 평북에 이기선 목사가 주동이 되었고, 신의주에 김화준 전도사, 영변에 박관준 장로, 박천에 안이숙 여사, 강계에 고흥봉 목사, 선천에 김인회 전도사, 경상도에 한상동 목사, 주남선 목사, 최상림 목사와 최덕지 여사였다. 전라도에 손양원 목사, 만주에 한부선 선교사, 봉천에 박의흠 전도사 등이 있다.

　최덕지 여사는 신사 참배만 아니라, 동방요배도 반대 운동을 일으켰다. 그녀는 네 번이나 검속되어 1943년 1월 초순 평양 형무소로 이감되어 전국 각지에서 압송된 반대 운동 성도들이 집결됐다가 1945년 8·15 해방과 함께 출옥했다.

　출옥한 최덕지는 한국교회 재건 운동을 일으켰으나, 그때 한국교회는 호응하지 않았다. 최덕지 전도사는 부패한 그 속에 들어가 있을 수 없어서 홀로 재건교회를 세웠다. 그런 중에 한상동 목사와도 의견이 맞지 않아 갈라졌다.

　한국교회 재건 운동의 기수요, 대쪽 같은 절개의 사람 최덕지 여사는 1956년 5월 13일 세상을 떠났다.

80.

김익두 목사

중생한 망나니가 전국 집회를 인도했던 능력의 종

김익두(金益斗) 목사는 황해도 안악군 형촌에서 1874년 11월 3일에 출생했다. 부유한 가정의 외아들로 태어난 그는 부친의 엄격한 교육을 받으며 열여섯 살이 되던 해에 서울로 과거 보러 올라갔으나 낙방하고 말았다. 부친이 일찍 세상을 떠나 그는 모친의 권면으로 상업을 시작했으나 실패했다.

조숙한 그는 18세에 결혼한 후에도 주색에 빠져 기생집에 다니는 등 알부랑자가 됐다. 맵시 내고, 술 잘 마시고, 싸움질 잘하여 얼마나 망나니짓을 했던지 장날이면 장보러 오는 장꾼들이 성황당 고개 넘으면서 "오늘 장에 가서 김익두 만나지 않게 해주소!"하고 빌었다는 일화가 전해 진다.

스물일곱 살 때 친구의 인도로 교회에 나가 서양 선교사의 설교를 듣고 회심했는데, 그가 소안론 선교사였다. 또는 일설에는 안악군 금산교회 설립자 하치순 전도인의 전도로 믿었다고도 한다.

1900년 봄, 그는 눈물을 흘리며 자기가 죄인인 줄 알고 가슴을 치며 "하나님, 하나님, 이제 후로는 이 불한당이 멋대로 살지 못하게 해 주십시오." 라고 기도했다. 김익두는 회개한 어느 날 방에 들어가 문을 걸고 사흘이나 기도했다. 그러고 나서 처가에 가서 장모에게, "김익두가 죽은 거 압니까?" 하고 말했다. 평소에 망나니로 소문난 사위 때문에 속상했던 장모는 코웃음을 치며 "네가 김익두지 누가 김익두냐?"라고 했다. 그러자 "아니요, 김익두는 죽었습니다!"라고 대답했다고 한다.

중생을 체험한 후 김익두는 잘 우는 인간으로 변했다. 그의 모친이나 마을 사람들 보기에 정신이 이상하게 된 사람 같았다. 그는 지난날 술친구와 방탕하던 때 사귀던 기생들에게도 전도했다.

평소에 호랑이라는 소리를 듣던 담력이 센 김익두는 그 성격이 신앙면으로 기울어지면서 큰소리로 남들에게 시끄러울 정도로 기도하고 산에 올라가 사흘을 금식기도 하다가 "익두야! 익두야!"라고 부르는 이상한 소리도 들었다고 한다.

감격의 눈물로 집에 돌아온 그를 본 모친과 아내는 예수 믿기로 작정했다. 세례받는 날 김익두는 자기 과거 생활을 생각하고 눈물에 젖었다. 세례받고 나서는 매서인(賣書人)으로 성경을 팔다가 스물아홉 살 때 황해도 재령읍 교회 전도자가 되었다.

1907년 봄에 평양신학교에 입학했다. 아마 김익두가 신학교에 다니던 시절의 이야기인 줄로 짐작되지만, 어느 날 길을 가다가 앉은뱅이 거지가 구걸하는 것을 만났다. 자기에겐 줄 것이라곤 없었다. 앉은뱅이를 끌고 사람 없는 골목길로 데리고 가서, 자기가 시키는 대로 하라고 부탁하면서 "나사렛 예수의 이름으로 명하노니 일어나라!"고 말하면서 팔을 잡아 일으켰으나 앉은뱅이는 앉은 채로 눈만 멀뚱멀뚱해 있었다. 실패했다. 망신한 김익두는 도망치듯 그 자리를 떠났으나, 그 후 김익두가 목사가 된 후에는 기도 또 기도, 길 걸으면서도 기도했다. 그는 어느 날, 산에 가서 금식기도 하다가 성전을 지으라는 확신을 얻고 내려와 마을에서 제일 부자인 불신자 집을 방문하여 교회 건축을 후원해 달라고 부탁하여 허락받고 이튿날부터 착수해 지은 것이 신천교회였다.

김익두 목사는 그후 신유의 은사를 받아서 그가 부흥 목자로 나서서 전국을 누비며 집회 다닐 때 많은 병자가 기도로 치유의 기적이 나타났다. 아래턱 뼈가 떨어진 사람도 기도하고 안수하니 떨어졌던 턱이 올라 붙었다. 소경, 혈루병자, 반신불수, 앉은뱅이, 자궁암 등 많은 병자가 그의 기도로 완치됐다.

전국에서 그의 부흥 집회를 요청하는 데가 너무 많아서 할 수 없이 전국을 세 등분하여 南(전라남북도 경남북), 中(충청 강원 경기), 北(황해, 평안, 함경)으로 나누고 한 지방에 가면 그 인접 교회 집회를 우선하도록 했다.

그의 설교의 내용은 예수님 십자가의 보혈과 회개였다. 그 큰 입으로 익살과 유머를 곁들여 흉내 내면서 설교할 때면 교인들이 완전히 매료됐다.

집회하면서 상투를 튼 사람의 상투를 자르게 하고, 일전 짜리 연보를 연보함에 넣으면 그는 집회 도중에 내려가 그 큰 두 손으로 움켜서 교인들 면상에 와락 뿌리며, "이따위를 하나님 앞에 바쳐?" 하며 노려봤다.

어려운 문제가 있는 교회마다 김 목사를 초청하면, 그는 기도하다가 신념에 차서 강단에 나서면 연보가 쏟아져 나왔다. 유명한 순교자 주기철 목사도 젊어서 김익두 목사 설교에서 은혜받고 주님께 헌신했다.

1920년에는 한국 장로교 제9회 총회장에 당선되어, 각처의 집회와 총회장 직무로 너무 분주하여 담임했던 교회는 사임하고 서울 남대문 교회 명예 목사가 됐다. 그 후 서울 승동교회를 5년 담임하다가 일제 신사 참배 강요 때는 이를 거부하다가 검속되어 끌려가 얼마나 고문을 당했든지 전선이 피에 젖어 의식을 잃었다. 일본 경찰은 김익두 목사에게 함구령을 내려 목사직을 강제로 박탈하고, 평신도가 되어 고향 황해도로 쫓겨 내려갔다.

해방되고, 이어 6·25 사변이 일어나 1950년 10월 14일(토) 국군이 북진하여 신천 지방까지 들어올 때가 임박했을 때, 김익두 목사는 너무 기뻐서 교회 종을 치고 오래간만에 새벽 기도회를 열고, 50명 교인과 눈물과 감사의 기도회를 드리고 있을 때, 그때 후퇴하던 공산 인민군 몇 명이 달려들어 김익두 목사와 교인 다섯 명을 성전 강대상 앞에 세워놓고 따발총으로 사살하고 도망쳤다. 김 목사 가슴엔 총알 두 개가 관통해서 피에 젖어 제물이 되었다.

81.

이용도 목사

기도, 또 기도로 일관한 버림받은 젊은 부흥사

　이용도(李龍道; 1901~1933) 목사는 1901년 4월 6일 황해도 금천군에서 태어났다. 어머니는 독실한 기독 신자였지만, 아버지는 술만 마시고 모친을 핍박했다. 모친의 기도하는 모습을 닮아 이용도 13세 때부터 예배당 종각에 올라가서 밤새며 기도하기도 했다.

　가난한 살림으로 이용도는 어려서부터 고생을 많이 했다. 그러나 손재주가 좋았고, 말재주가 좋아서 사람들로부터 칭찬받았다. 중학교는 고학하면서 다니느라고 9년이나 걸렸다. 그는 3·1 만세운동 때는 네 번이나 감옥에 투옥되어 3년 이상 감옥 생활을 했다.

　그 후, 협성신학교에 입학했으나 사상적 고민과 이성 문제와 빈곤, 병, 장래 문제에 대한 고민을 안은 채 졸업했다. 그는 첫 교회를 담임하고는 10일간 금식기도 하고 나서는 아주 다른 사람이 되었다.

　이용도는 어려서부터 귀신을 본다거나 환상을 보는 일이 자주 있었다. 그의 소질에 따라 부흥사로서 인기가 높아지면서 전국을 순회하면서 부흥 운동을 하였다. 그는 가고 오고 말하고 침묵하는 모든 일을 오직 주님의 지시를 따르려고 하였다.

　그의 인기가 대단하여져 가는 곳마다 열광적 소동이 일어나는 동시에 그가 교회 지도자들에게 공격을 많이 퍼부었기 때문에 반대와 박해가 심했다. 어떤 지방에서는 그의 집회 금지령을 결의하기도 하고, 친구들이 배반하기도 하고, 감리교 연회에서는 그에게 목사 휴직 처분을 내리기도 했다.

그런 중에도 이용도 목사는 기도하고 또 기도하였다. 사람들은 그가 오면 예수가 왔다고 하고 천사가 왔다고도 했다. 그의 집회에 참석하려고 밤낮으로 걸어 2백 30리를 걸어오는 이도 있었고, 새벽기도에 참석하려고 하룻밤에 열두 명이 170리 걸어와서 발이 피투성이 되어 쓰러졌는데 이용도 목사가 보고 기가 막혀 약을 발라주기도 했다.

신학생들은 그의 집회에 학교에서 참석 못하게 하니 기숙사 창문을 뛰어넘어서 참석하기도 했다. 기도 또 기도, 24시간 기도! 뱀들이 우글거리는 강가에서 기도하다가 그 길로 강단에 올라가 "마치자, 크게 미치자! 예수를 위해 미치는 것만이 우리 소원이다!"라고 설교했다.

어떤 교회에서는 그의 집회를 청해 놓고 오신다는 날에 본교회 목사와 교인들이 정거장에 나가 강사를 영접하려고 기다렸으나 강사로 보이는 이는 오지 않았다. 저녁 집회 시간이 되어 할 수 없이 본 교회 목사가 강단에 올라가 "강사가 오지 않아 미안합니다."라고 말하자 교회 구석에서 흰 두루마기 입고 엎드려 기도하던 이가 강단에 올라오면서 "제가 이용도입니다."라고 했다. 그는 평생 사치하지 않고 양복 안 입고 두루마기에 고무신을 신고 다녔다. 그는 사진도 찍지 않았다. 그러나 그가 강단에 서면 열변, 절규, 눈물, 땀으로 원고 없는 설교를 일곱 시간 계속하기도 했고, 어떤 때는 목이 쉬어 소리가 안 나오면, 강단에서 손수건만 흔들며 서 있어도 교인들은 열광했다.

말년에는 병 때문에 지친 몸으로 피를 토하며 말하다가는 기침을 계속하기도 했다. 집회를 마치고 집에 돌아와서는 마당에서 책가방을 방에 던져 넣고, 그 길로 인왕산에 올라 밤새워 기도하며 눈에 파묻히기도 했다.

전국을 3년 동안이나 뒤흔들던 이용도 목사도 말년에는 교계의 버림을 받고 몸은 병들어 1933년 10월 2일 함경도 원산에서 세상을 떠났다.

세상 떠나기 3일 전, 곁에 있는 사람들을 보고 눈물을 흘리며, "주님은 생명을 사랑하십니다. 그러니 형님, 형님의 손발을 자르면서라도 생명을 구해 주시오. 처자는 없는 듯이 하시고, 주님만을 위해 살아 주십시오." 하면서 "내 눈을 보시오. 죽는 사람 눈이 이런 것을 보았습니까? 사람이 영생한다는데 모두 죽는 이야기들만 하니 이 무슨 어리석은 생각입니까. 영생을 믿으시오."라고 했다.

그는 33세로 세상을 떠났다. 어느 부인이 지은 베옷을 수의로 입고 상여 없이 나무쪽 몇 개를 엮어 상여로 삼았다. 그의 장례는 몇 사람이 상여를 메고 따르는 이 하나 없이 쓸쓸하게 치렀다.

82.

남강 이승훈

오직 진실만을 사랑하고 말했던 독립운동가

　남강(南岡) 이승훈(李昇薰: 1864~1930)은 평양에서 도산 안창호 선생의 애국 강연을 듣고 집에 돌아와서는 어찌도 감격하고 흥분했든지 남들이 그를 보고 미쳤다고 했다. 그 후, 그는 사람들을 만나면 그저 눈물을 흘리고 나랏일을 탄식하며, "사람은 가르쳐야 한다."라고 강조했다.

　남강의 성격은 꼭 해야 할 일은 기어이 하는 분이어서 어려서 남의 심부름꾼이 됐을 땐, 주인이 시키기 전에 자기 할 일을 찾아서 했다. 이렇게 자기가 할 일이 무엇임을 자각하는 사람에게 게으름이란 있을 수 없었다.

　나이 60세가 되도록 낮잠 자는 일이 없었고, 다리 뻗고 버둥대는 일도 없었다. 그의 별명을 '범'(호랑이)이란 소리를 듣는 것은 그가 '참'(진실)을 사랑하는 분이었기 때문이다.

　일제 탄압 밑에서 애국 운동 하다가 105인 사건으로 끌려가 조사받을 때 고문이 얼마나 극심했던지 끌려간 어느 목사치고 거짓말 안 한 목사가 없었다고 한다. 그러나 남강 이승훈만은 끝까지 의젓하게 바른말하며 견뎠다고 한다.

　정주 오산학교 교장으로 재직할 시 학교 재단 설립을 하려고 관청에 드나들 때 일본 관리가 "교육하는 목적이 무엇이냐?"라고 물으면 "나는 조선 사람을 길러내는 것이 목적이다."라고 서슴없이 대답했다. "그렇게 대답했다간 어떻게 될까, 글쎄 어쩌나?" 하는 염려도 있었으나 '참' 외에 모르는 그는 모든 것을 각오하고 그렇게 솔직하게 대답했다. 질문하던 일본 관리는 너무도 당돌한데 어이없어서 "그게 무슨 소리냐!" 하고 소리를 질렀으나, 남강은 "생각해 보시오. 조선 사람이 제구실해야 일본 사람도 살아갈 수 있을 것 아니오. 지금 서양 세력이 밀려오는 시대에 조선 사람이 제구실 못 한다면 일본인들 어떻게 되겠소!" 하고 대답하니 관리는 탄복하여 "과연 선생님이십니다."하며 손을 내밀어 잡더라는 것이다.

 도산 안창호 선생이나 조만석 선생이나, 남강 선생의 인격 바탕은 그들의 기독교 신앙이었다. 그는 독립운동하고 법정에 서서 심문받을 때, 자기는 하나님 명령에 따라서 한 것이라 증언했다.

 나이 60에 재혼하고, 끊었던 담배를 다시 피우기 시작하니 유영모 선생이 조용히 타일렀다. 그는 변명하지 않고 "그래, 자네 말이 다 옳아"라고 했다. 함석헌이 일본 우치무라간조의 사상을 받아 갖고 왔을 때 그 모임에 참석한 남강은 "옳은 말이라면 다 들어야 해."라고 했다.

83.

고당 조만식

한국의 간디라고 불렸던 민족운동에 큰 빛

고당 조만식(古堂 曺晩植; 1883~1950) 선생은 평양 출신으로 14세에 결혼하고, 17세부터 상업에 종사했다. 24세 때 기독교에 입신하고는 상업을 중단하고 평양 숭실중학교에 입학했다.

그 후 일본에 건너가 29세 때 메이지(明治) 대학에 입학했다. 후에 귀국하여 정주 오산학교에서 교편을 잡고 젊은 학도들에게 독립 정신을 넣어주며, 이어서 교장이 되어 인재 양성에 심신을 기울였다.

기미년 삼일운동 때 상해의 대한민국 임시정부를 찾아가다가 일본 헌병에게 체포되어 평양 감옥에서 고문과 악형을 당했다. 40세 때 평양 YMCA 총무로 취임하여 기독교 신앙을 통한 조국 광복과 일제 상품을 배격하고 국산 장려 운동을 전개하며 생활 개선에 애썼다.

우리 손으로 짠 무명옷과 삼베옷을 입되 염색해서 색옷을 입게 하고 두루마기와 저고리의 옷고름을 없애고 단추를 달게 하였으며, 두루마기와 치마를 모두 짧게 하여 조만식 선생께서 솔선수범하시니, 그것이 전국 일제히 유행되어 큰 성과를 거두고 조만식 선생을 '한국의 간디'라 부르게 되었다.

그 후, 평양의 유명한 산정현교회 장로로 취임하여 주기철 목사를 모시고 교회를 봉사했다. 그 후 조선일보사의 사장으로 취임하여 민족 언론을 지키는 일에 헌신하기도 했다.

일제의 탄압이 기독교인의 신사 참배를 강요할 때, 주기철 목사가 감옥에 갇혀 있는 동안 조만석 장로는 목사 없는 교회를 이끌고 끝까지 신사 참배를 거부하여 산정현교회는 진리를 고수한 승리의 교회가 됐다.

8·15광복이 되자, 즉시 평남 인민 정치위원회의 수반이 되고, 북한 5도 연합회를 조직하여 남한과 긴밀히 연락하며 공산당과 대결하기 위해 조선 민주당을 창립하여 그 당수가 됐다.

신탁통치 반대 운동의 선두에 나서 활동하니, 소련군과 공산당은 조 선생을 연금했다. 여러 차례 남한으로 내려올 기회가 있었으나 조 선생은 끝까지 거절하고 "북한의 일천만 동포를 버리고 내가 어디 간단 말인가?"라고 하였다.

그는 작은 키에 무릎까지 오는 짧은 두루마기를 입고 머리를 삭발한 얼굴은 스멀스멀 얽은 얼굴이었다. 수염도 별로 없었고 눈은 자그마한데, 언제나 낮은 음성이었다.

젊어선 난봉도 피우고 술도 마셨으나, 회개한 후에는 진실한 기독교인이 되었다. 그는 또 웅변가였다. 조만식 선생의 "아니!"라는 한 마디는 벼락보다 더 무서웠다.

소련은 그를 이용해보려고 별 방법으로 달래 봤으나 조만식 선생은 꿈적도 안 했다. 그 작은 몸에 그렇게 큰 정신과 열이 꽉 차 있는 데는 놀라지 않을 수 없었다. 주일 날이면 일찍 교회 마당에 나와 짧은 두루마기를 입고 얼굴에는 미소를 띠며 젊은이들을 영접하곤 했다.

84.

방학성 목사

순교자 반열에 섬을 감사하며 박해를 감당한 사랑의 교역자

방학성(方學聖) 목사는 황해도 송화에서 5만 평의 과수원을 경영하면서 무초리교회를 시무하던 분이었다. 6·25 동란 때 국군이 북진할 때 인민군과 좌익 빨치산들이 산으로 후퇴하면서 한 사람 당 우익 인사 20명을 살해하라는 분담 책임을 맡은 그들은 제일 먼저 선택한 대상이 기독교인이요, 다음으로 우익 요인들이었다. 그들은 모든 병원은 불 지르고 의사들은 모조리 죽이는 판국에 다른 교회 목사들끼리는 이 같은 두려운 계획을 사전에 알려 주는 이가 있어서 서로 연락하여 사전에 도피했으나, 그런 연락을 못 받은 이들은 그냥 집에 있다가 갑자기 납치당해서 어두운 밤중에 달구지에 태워 산속 광산 구덩이에 파묻어 죽이기도 했다.

방학성 목사도 연락받지 못해서 그러한 사태를 모르고 있다가, 아침에 교회 종을 치고 예배를 드리고 나자, 무장 인민군 50여 명이 몰려와서 교회를 포위하고 교인들을 닥치는 대로 살해했는데, 그 폭도들을 인솔해서 교인들을 일일이 지명해 죽이는 지휘를 하고 있던 자는 다름 아닌 그 교회 조 집사라는 자였다.

너무도 뜻밖의 일이어서 교회 부인들과 여전도사가 "조 집사님, 이것이 어찌 된 일이오?"라고 물으니, 그는 묻는 교인들을 무조건 총을 쏴서 열여덟 명이나 죽였다. 교인들은 방학성 목사를 옷장에 들어가 숨게 하고 그 위에 다른 가구와 이불을 쌓아 놓아 막아 놓았다.

그때, 방 목사 아들이 군인으로 끌려 나가지 않으려고 그 집에 일 년 동안 숨어 있었는데, 그가 지붕으로 빠져나가 도망치니 폭도들이 총을 쏴서 그는 엉덩이에 총을 맞아 굴러떨어졌다.

그러나 방 목사는 찾아보아도 없으니, 폭도들은 가택 수색을 하면서 들고 있는 창으로 의심스러운 데를 찔러보고 다니니 방 목사는 할 수 없이 숨은 곳에서 뛰쳐나와 자진해서 붙잡혔다. 그때 66세 된 방 목사는 손을 새끼줄에 묶여 끌려가 마을 인민 재판장에 끌려 나갔다.

폭도들이 "이놈을 죽여야 좋소, 나쁘오?" 물으니, 그때 구경꾼 속에 교회에 다닌 지 얼마 안 되는 청년 하나가 일어서서 "목사야 무슨 죄가 있소"라고 했더니 그도 당장 잡혀 묶였다. 군중들이 "좋소, 죽여!"라고 소리치니, 방 목사를 논두렁으로 끌고 가서 그 교회의 장로 1인, 집사, 남자 전도사와 불신 청년 한 명을 모아놓고, 수류탄 안전핀을 뽑아서 던진 후 군중은 도망쳤다.

방 목사는 마지막 기도를 "아버지 하나님! 저 같은 것도 순교자 반열에 참여하게 해 주시니 감사합니다."라고 기도하는데 수류탄이 "꽝!" 터졌다. 방 목사는 정신은 멀쩡하여 계속 "순교자 반열에 들게 해 주셔서. …'라고 기도하고 있었다.

그 후 폭도들은 그대로 도망치고, 교회 여신도들이 몰려와 보니 다른 시체는 가족들이 찾아 가져갔는데, 방 목사 시체만은 그대로 있었다. 할 수 없이 부인들이 들것을 만들어 시체를 옮기려는데, 방 목사의 묶인 손이 움직였다.

"목사님이 아직 죽지 않았다! "그들은 기뻐서 사택으로 모셔다가 상한 왼쪽 다리를 2개월 치료해 살려냈다. 의사들도 죽고 약도 없는 때였지만, 교인들의 정성으로 방 목사는 구사일생했다.

방 목사의 아들도 총 맞고 지붕에서 굴러떨어져 죽은 줄 알았는데, 얼마 뒤에 폭도들이 확인하러 가 보니 아직 죽지 않고 있기에 목을 졸라서 혀가 내미는 것을 보고 죽은 줄 짐작하고 그냥 갔는데, 그 후 그도 죽지 않고 살아났다.

85.

방해인

성녀와 같이 사랑과 순결의 삶을 살았던 믿음의 처녀

방애인을 사모하여

내가 한창일 때 순수한 신앙의 정열에 타오를 시절에 내 마음을 사로잡은 감동이 있는 몇 분의 인물은 가가와도요히코와 인도의 성자 선다 싱과 우리나라의 성녀 방애인이었다. 해방 후 서울에 와서 소년 시절 감동을 주던 방애인 양의 전기를 다시 읽고 싶었으나 아무 데서도 옛날의 그 책을 얻을 수가 없었다. 내가 그 책을 찾고 있는 줄 아는 어느 목사가 우연히 고서적 전시회에서 그 책을 발견하여 복사해서 내게 보내 주셨다.

나는 방애인 양이 그리워 그녀의 무덤을 세 번이나 찾아갔었다. 전주시가 도시가 확장되면서 공동묘지를 이전했는데, 지금은 새 공동묘지 한구석에 아무도 찾아오는 이 없는 방 양의 무덤이 버려진 채 있다. 무덤 앞에 옛날 작은 비석에 '방애인의 묘'라고 쓰여 있을 뿐이다. 우리나라 한국 개신교의 성녀인데, 모든 사람의 기억에서 잊혔다. 임자 없는 무덤이 잡초만 무성한 모양이 안타까웠다. 천주교나 정교회의 성녀라면 이 지역의 성지로서 얼마나 정성스레 꾸며놓고 찾는 이가 많을 것인가? 이만한 성녀는 그 후에 다시 나지 않았다.

생애

방애인(方愛仁; 1909~1933)은 황해도 황주읍 벽성리에서 과수원을 경영하던 방중일(方中日)의 장녀로 출생하였다. 조부 방흥복 씨 때부터 자선 사업으로 소문난 가문이었다. 어머니 김중선 씨는 날마다 새벽 기도하며 딸을 길렀다. 어머니의 품은 곧 방애인 양의 신학교였다. 천성이 착해서 기르면서도 한 번도 책망할 일이 없었다고 한다.

어려서 부모 품에 안겨 유아세례를 받았으나, 아버지는 신앙을 지키지 못하고 딴 여자를 첩으로 얻어 살았다. 이것이 방애인 양 일생의 고민이어서 방 양은 아버지의 회개를 위해 일생 아침 식사를 굶으며 기도했었다.

초등학교는 기독교 계통의 양성학교(養性學校)에 다녔는데, 그 학교는 기독교 교육을 시켰다. 특히 신앙과 덕성 함양에 많은 감화가 있었다. 방애인은 이 학교에 입학하는 날부터 졸업할 때까지 단 한 번 결석했을 뿐, 한 번의 조퇴나 지각도 없었다고 한다.

1921년 양성학교를 졸업, 1926년 호수돈여자고등 보통학교를 졸업했다. 1926년 4월 1일, 방애인은 동창 김정임과 함께 전주 기전여학교에 교사로 부임했다. 전주에 와서는 학교에 충실한 한편, 배은희 목사의 교회에 출석하였다. 배 목사의 지도를 받으면서 착실히 교인의 의무를 실행하며 믿음과 경건한 태도와 아름다운 품행으로 모든 교인의 존경을 받았다.

방애인의 기전여학교 교사 생활은 두 번으로 나뉜다. 처음은 1928년부터 1929년까지다. 전주에서 3년 동안 햇내기 교사 생활을 하다가, 모교인 황주 양성학교에 가서 2년 동안 전력을 다해 모교를 도왔다. 전주를 떠날 때 교회 송별회에서 방 양은 눈물을 지으며 하나님이 허락하시면 다시 전주에 오겠다고 말했다. 이 시기의 방애인은 단지 착실한 여교사일 뿐이었다.

1931년 9월 1일, 방애인은 전주 기전여학교로 되돌아왔다. 기전여학교 교사로 근무하면서도 밤마다 강당에서 학생들 명단을 펴놓고 이름 하나하나를 부르면서 철야기도를 했다. 방애인은 지난날의 평범한 여교사가 아니었다. 부잣집 딸의 옷차림은 찾아볼 수 없었다. 검소한 단벌 차림이었고, 값진 주단이니 세루 치마니 하는 옷감은 자취를 감추었다. 얼굴도 하늘이 주신 대로였으니, 향수니 크림이니 하는 화장품은 그림자도 찾을 수가 없었다.

그는 평범한 여교사가 아니요, 늘 성경을 읽었고, 기도의 사람이요, 언제나 전도했다. 병자를 보면 간호하고, 슬픈 사람을 만나면 위로해 주는 눈물의 사도였다. 문둥병자나 거지들이 그를 찾아오고, 싸우는 사람들을 보면 화해시켜 주었다. 무슨 일을 당해도 인내하고 불평이 없었고 언제나 온유했다.

변했다. 어떻게 그렇게 변했을까? 사람들이 물으면, 미소만 지을 뿐이었다. 방애인은 친구에게 말하기를, 자기는 언제나 예수님이 지신 고난을 맛보려고 갈망해 왔는데, 한번은 어느 목사님의 부흥회에 참석하여 은혜를 바라던 중 마지막 날 새벽에 부흥 강사의 기도를 받고 나서부터 자기도 모르게 이런 생활이 시작되었다고 고백하더라고 한다.

거리에 나가서 불쌍한 거지 아이를 보면 업어다가 자기 하숙방에서 키웠는데, 아이들의 수가 늘어나니 전주 Y.W.C.A를 통해 고아원을 세우는 운동을 했다. 길 가다가 헐벗은 거지를 만나면 자기 저고리와 바꿔 입었다. 그러고 거지 옷에서 이가 옮아서 고생도 했다.

학부형이 학교에 찾아와도 전도했고, 기차 타고 여행할 때도 어김없이 곁에 앉은 이에게 전도했다. 여기저기서 결혼을 중매하는 아들이 있었으나 모두 거절하고, 오직 주님께 몸 바쳐 순결한 일생을 보냈다. 그녀가 세상 떠난 뒤에 알아보니 그에게는 옷 두 벌밖에 없었다.

어느 해, 전국에 큰 홍수가 나서 수재민이 생기니 방 양은 자기가 졸업할 때 기념으로 받은 시계를 수재민 구제를 위해 내놨다. 방학에 고향에 갔다가 올 때 어머니가 인력거 타라고 준 돈을 아껴서 불쌍한 이들을 위해 썼다.

비록, 짧은 일생이었지만 순결한 백합화처럼 살다가 1933년에 열병으로 세상을 떠났다. 방애인 양의 시신은 전북 전주 공동묘지에 고요히 누워 있다.

방애인의 사생활을 엿볼 수 있는 것은 그의 일기다. 방 양은 꼬박꼬박 일기를 썼다.

일기

1930년 1월 10일: 나는 처음으로 하나님의 음성을 들었다. '눈과 같이 깨끗하여라.' 아아! 참 나의 기쁜 거룩한 생일이다.

1930년 1월 11일: 나는 어디로서인지 손뼉 치는 소리의 세 번 부르는 소리를 듣고 혼자 신성회에 갔다. 아아! 기쁨에 넘치는 걸음이다.

1932년 1월 5일: 주님께서는 나를 위하여 40일 금식기도를 하셨다. 나는 주님을 위하여 무엇을 하며 또 내 아버지를 위하여 무엇을 하였는가? 나는 이제부터 매일 아침을 먹지 않고 기도하리라. 아버지가 회개할 때까지, 그러나 계속해 낼지 나는 작정할 수가 없다. 하나님께서 능력 주시는 대로 하겠다.

1932년 7월 22일: 나는 여자 기독교 청년회 수양회에 참석하기 위해 경성(서울)에 갔었다. 아버님은 보증한 돈 2천2백 원이나 물게 되어서 대단히 근심하시어 어쩔 줄을 모르시는 모양이다. 자식된 나는 어찌 하리오. 오직 구원자는 위에 계시다. 그리하여 나는 경성 고모님과 약속하고 밤낮으로 쉬지 않고 기도하였다. 나를 사랑하시는 하나님의 크신 사랑을 보라. 2천2백 원을 2백 20원으로 탕감함을 받았다고 한다. 우리 집의 사활이 달린 이 크나큰 문제를 주의 도우심이 아니면 어떻게 되었으랴. 주님 외에는 누가 그들의 마음을 감화시키리오. 아아! 감사하나이다. 찬송하나이다. 나의 기도를 들으시는 주시여!

2월 28일: 밤을 새워 기도하기로 하고 김 선생의 병을 위하여 간절히 구하였다. 밤이 지나 이른 아침에 방에 들어가 본즉 병 증세가 점점 물러가고 밤에는 평안히 잤다고 했다. 그날부터 건강해졌다. 내 기도를 들으시는 주님께 어떻게 감사하리요. 주는 나의 힘이시오. …

오늘은 2월 26일 주일이다. 한 열흘 동안 등에 오한을 느끼면서 병으로 누워 또 예배당에 참예하지 못하였다. 외로이 기숙사에 누워서 나에게 있는 모든 짐을 생각하고 뜻밖에 괴로움을 느꼈다. 그때 나는 믿음이 퇴보하였구나. 주님을 참으로 의지하지 못하였구나. 아! 나는 불충한 종이다. 눈물이 흐르는 것도 깨닫지 못하고 기도하였다. 기도하다가 성경을 보고자 하여 책을 펴니 마침 시편 55:22을 보게 되었다. "네가 맨 짐을 여호와께 부치라 너를 붙드실 것이니 의로운 자의 요동함을 영원히 허락지 아니하시리라."

1933년 4월 3일: 수일 동안 나는 병으로 고생하였다. 병 중에 완연히 깨달은 것이 두 가지이다. 독신으로 병이 나더라도 선을 행하고 하나님만 의지하고 살면 외롭지 않다. 예수님께서도 염려하지 아니하시더니 과연 좋은 무덤에 들어가셨다. 그런즉 병이 나든지 죽은 후 일이든지 염려할 것이 없음을 깨달았다.

86.

최용신

농촌에 들어가 농촌 계몽에 일생을 보낸 상록수

최용신(崔容信; 1909~1935)은 함경도 원산에서 태어나 1928년 원산 루씨고등여학교(樓氏高女)를 최우등생으로 졸업했다. 위대한 인물들이 대부분 어려서는 극심한 가난 속에서 연단을 받듯, 최 양의 어린 시절도 점심을 먹어 본 일이 없을 정도로 집이 가난했다. 여고를 졸업할 때 담임 선생이 졸업 후 지망을 물으니, "저는 농촌에 들어가 농민 계몽 사업에 일생을 보내겠습니다."라고 대답했다.

용신 양은 보기 드문 수재였지만, 얼굴이 마마로 몹시 얽었었다. 그에게는 김학준이라는 사랑하는 동갑 남자가 있었는데, 그와 함께 수원 샘골 야학당에서 농촌 계몽과 문맹퇴치 운동을 하였다. 그 남자는 결혼할 것을 요구했으나, 최 양은 쓸쓸한 미소를 띨 뿐, 일반 여성들처럼 스위트홈에 대한 단란한 꿈은 버렸다.

그 후 용신 양은 신학교에서 공부하다가 도중에 농촌에 들어갔고, 김학준 씨는 일본 유학을 떠났다. 수원 샘골에 들어간 최용신의 그곳에서의 헌신적 생활은 마치 사랑의 여왕 같았다.

무산(無産, poor) 아동을 위해 학원을 세우고, 가르치며, 농촌지도를 하고, 심지어 가정불화 중재까지 최 양이 나서야 잘 화해가 됐다. 촌마을 사람들은 어려운 일만 있으면 최 양에게 달려왔다. 그러나 지나친 활동과 극단의 피곤 속에서 28세 때 장중첩증으로 세상을 떠나게 되었다.

병상에서도 최 양은 끊임없는 기도를 하였다. 그는 유언하기를, "제가 죽으면 제가 세운 학원이 잘 보이고 종소리가 잘 들리는 곳에 묻어 주세요"라고 하면서, 가르치던 아이들의 이름을 부르며 1935년 1월 23일에 세상을 떠났다.

그의 애인 김학준 씨는 최 양의 관 머리를 잡고 "용신 씨, 안심하시오. 내가 죽는 날까지 당신이 못다 하고 간 일까지 두 몫을 하리다."라고 했다. 그는 대학 교수직에 있으면서 죽을 때까지 최 양의 무덤을 찾아다녔다.

소설가 심훈은 최용신의 이야기를 『상록수』라는 소설로 썼다.

87.

김교신

조국을 건지는 길은 기독교 정신뿐임을 깨닫고 문서로 외롭게 싸운 분

　김교신(金教臣; 1901~1945) 선생은 함경남도 함흥 출신에서 1901년에 태어났다. 어렸을 때 한학을 공부하고 함흥보통학교를 거쳐 함흥농업학교를 졸업한 뒤 일본에 건너가 도쿄 세이소쿠영어학교(東京正則英語學校)에 입학, 18세 때 함흥 농업학교를 마치고, 이듬해 일본으로 건너가 동경 영어 정규학교에 입학하여 당시 일본의 저명한 영어학자들에게 영어를 수학했으며, 22세에는 동경 고등사범학교에 입학하여 박물(博物), 지리과에 전과하여 공부하다가 27세에 졸업하고, 귀국하여서는 함흥 영생여고와 서울 양정 경기중학과, 개성 송도 등에서 1942년까지 교편생활을 했다.

　15여 년 동안 교단에서 가르쳤는데 양정에서는 10년 있었고, 경기에서는 태평양 전쟁 중에 사상이 불온하다고 6개월 만에 쫓겨났다. 김교신 선생이 기독교에 입신하게 된 것은 일본 동경에서 유학하고 있을 무렵, 1920년 학생들의 노방전도 설교를 듣고 동경에 있는 성결교회에 입교했다. 그해 6월에 세례를 받고 얼마 동안 다녔으나 양심적 관찰이 예민한 그의 눈에는 기성교회의 심한 부패와 교회 간의 분쟁과 알력에 번민하던 중 당시 큰 영향을 끼치던 무교회주의자 우치무라간조(內村鑑三)의 문하에 들어가 크게 감화를 받았다.

　우치무라의 사상적 영향을 젊은 가슴에 받고 순수한 기독교 정신만이 조국을 건지는 유일한 길이라고 확신하게 된 김교신 선생은 기독교 정신을 한국

민족에 깊이 심어주려고 1927년에 『성서 조선』이라는 잡지를 창간했다.

처음에는 동인지 형식으로 출판하여 함석헌, 송두용, 정상훈, 양인성, 유석 등과 함께 출판에 힘썼으나, 그 후는 거의 김교신 선생 단독으로 15년간이나 계속 출간했고, 출판비는 물론 집필, 검열, 교정과 심지어 배달하는 일까지 김 선생 혼자서 감당했다.

잡지 출판을 계속하는 한편, 주일성서집회, 동계성서집회도 가지고 지도했다. 『성서 조선』은 불과 20페이지 내외의 변변치 않은 작은 잡지였고, 독자도 겨우 3백 명 정도밖에 안 됐으나, 일제 말기 대동아전쟁 중 한국 민족의 정신적 바탕이 송두리째 뽑히려던 시기에 이 잡지가 발행됐다는 것은 어두운 밤을 비추는 하나의 작은 불빛이었다.

1942년 3월호(158호) 권두언 '조와'(弔蝸; '개구리의 죽음을 슬퍼함')로 인해 조선총독부에 의해 강제로 폐간되었다. 일제는 조와를 어떠한 수난에도 이 민족은 망하지 않는다는 신념을 암시하는 것으로 보고, 경찰은 창간호부터 전국을 수색 압수하고 김교신, 수제자 류달영, 함석헌, 송두용 등 열두 명의 기독교 지도자를 서대문 형무소에 수감하고, 전국의 독자 300여 명을 검거했다.

김교신 선생은 단순히 이론에만 그치지 않고, 자기의 주장을 몸소 실천 실행하는 분이었다. 김 선생의 성서 집회에 모이는 수는 매 주일 10~20명을 넘지 못했으나, 그래도 그는 숫자에 조금도 구애되지 않고 꾸준히 가르치며, 내 민족의 살길은 오직 기독교 신앙에 귀의하는 길밖에 없다고 역설했다.

눈물이 많은 그는 가난한 이웃을 보고 늘 울었으며, 그들을 돕는 일을 멈추지 않았다. 감옥에서 일 년 동안 옥고를 치르고 나온 후, 고향 흥남 비료공장에 들어가 3천여 명 징용 동포 노동자들을 위로하며 희망을 넣어주다가 발진티푸스로 세상을 떠났다.

88.

최흥종 목사

나환자 구령(救靈) 사업에 일생을 보낸 나환자의 아버지

오방 최흥종(五放 崔興琮: 1880~1966) 목사는 1880년 전남 광주시 불로동에서 출생하였다. 본명은 최영종이었는데 1904년 성탄절에 유진벨 선교사를 만나 기독교인이 된 후 최흥종으로 개명했다. 1905년 순검이 되고서도 국채보상운동에 앞장서고, 일본 경찰에 체포된 광주·전남지역 의병들을 몰래 풀어주거나 사전에 정보를 알리는 등 애국 활동을 도왔다. 그 일로 헌병대에 끌려가서 죽을 뻔했다. 그는 결국 사직하고 1908년부터 본격적으로 선교사들을 돕는 일을 시작했다.

최흥종 목자는 특별히 나환자를 위한 구나(求癩) 사업에 평생 힘써서 '나환자의 아버지'라는 이름을 듣는다. 1933년 한센인 500명을 이끌고 11일간 '구나 대행진'을 벌이며 우가끼 조선총독을 면담한 사건은 널리 알려져 있다. 그가 이렇게 변화된 동기에는 감격스러운 이야기가 있다.

1908년, 그가 광주 양림동에 있는 선교부에서 선교사 웰슨 의사에게 한국말을 가르치고 있을 무렵이었다. 그때 그는 교회 집사였다. 광주 선교부에서 의사이자 목사였던 오웬 선교사가 열병에 걸려 죽어가고 있어 마침 목포에서 의사로 활동하던 포사잇(William H. Forsythe) 선교사를 급히 불렀다.

교통이 불편할 때라 포사잇은 목포에서 영산포까지는 배를 타고 오고 다시 영산포에서 광주까지는 당나귀를 타고 오고 있었는데, 나주를 막 지나려 할 때 길가에 쓰러져 신음하며 죽어가는 여자가 있어 급히 당나귀에서 내려서 일으켜 보니 그 여자가 나병환자였다.

포사잇은 여자를 안아 당나귀에 태우고 자기는 착한 사마리아인처럼 당나귀를 끌고 광주까지 40리가 넘는 길을 걸어왔다. 그럭저럭 광주에 늦게 도착하니 구원을 기다리던 오웬 의사는 이미 숨을 거두고 말았다.

포사잇 선교사는 나환자 여자를 제중병원 앞에까지 데리고 와서 당나귀에서 안아 내리는 데, 나환자의 지팡이가 땅에 굴러떨어졌다. 때마침 곁을 지나가던 최흥종 집사를 보고 포사잇 선교사는, "여보시오, 미안하지만 저 지팡이 좀 집어 주겠소?"라고 했다.

나환자의 진물이 묻어 얼룩진 지팡이라서 최흥종 집사는 당황하며 한참 망설이다가 죽을힘을 다해 용기를 내어 지팡이를 집어 주었다. 최흥종은 그 길로 집에 가서 깊이 자기를 반성했다. 포사잇은 외국 선교사로 낯선 나라에 와서 나환자를 안아 살려 주려는 데 자기는 자기 동족도 제대로 사랑하지 못하고 있지 않은가?

포사잇 선교사는 빈민들이 있는 곳이라면 어디나 찾아가서 전도하고 집 없는 거지는 병원에 데리고 가서 치료하고 의식까지 정해 주고, 목매어 끌려가는 개를 보더라도 따라가서 돈을 치르고 놔 주었고, 닭이나 물고기조차 그렇게 했다.

사람들은 포사잇을 '작은 예수'라고 불렀다. 최흥종은 포사잇 선교사의 희생적 사랑에 감동되어 자기 토지를 그의 사업에 기증하고 자기도 일생 나환자의 벗이 되어서 살았다.

그는 광주 중앙교회에 장로로 있으면서 평양신학교를 졸업했고, 광주 만세 사건 때는 6개월 동안 감옥에서 고생도 했다. 1922년에 광주 중앙교회 목사로 취임하고, 광주에 YMCA를 창설하고 초대 회장이 되었다.

1923년에 장로교 총회에서 시베리아에 사는 교포들을 위한 선교사를 구할 때 최 목사는 자진해서 목숨 걸고 갔다. 한국 독립군 7백여 명이 러시아군에게 학살당할 때, 최 목사는 당국에 찾아가 항의도 하고 인권운동에 앞장섰다.

그러나 1년 후에 러시아 정부는 최 목사를 추방했다. 그 후 1927년에 다시 시베리아로 들어가다가 체포되어 스파이로 몰려 사형장까지 끌려갔으나, 최 목사는 기지를 써서 기적적으로 살아났다. 그는 고향으로 돌아와서 다시 구나사업에 열중했다.

최 목사가 나환자를 업어서 광주 나병원에 입원시키면, 함께 활동하던 쉐팅 선교사는 그들에게 옷을 갈아입혀 주고 먹을 것을 주었다. 나환자근절협회 회장으로 있으면서 일제 강점기 전국 나환자 450명을 인솔하고 우가끼 총독을 찾아가 시위를 벌이고 요구조건을 허락받았다.

광주 중앙교회를 목회할 때는 교인들이 겨울부터 보릿고개까지 나환자들의 식사를 책임지게 했다. 나환자와 걸인들은 어디를 가든지 최 목사만 보면 '아버지'라 불렀다. 생전에 그는 나환자를 위한 시설로 삼애원, 호혜원과 결핵환자 수용을 위해 송정원 등을 창설했다.

89.

도암 이세종

금수, 곤충, 초목까지 사랑하며 철저하게 말씀대로 살아간 분

주기철 목사나 손양원 목사와 같이 한국의 개신교도로서 찬란한 순교자의 영성은 되지 못하겠지만, 한국 개신교회에는 기성교회의 영향을 받지 않으면서 기성교회에 때 묻지 않은 순수한 영성의 흐름이 있는데, 바로 한국적 영성의 뿌리이다. 이들은 분명히 개신교도지만 특별한 교파도 정한 교회도 없었다. 전남 화순 도암(道巖)의 성자 이세종, 한국의 프란치스코라 불리는 성자 이현필, 한국의 공자란 평을 듣는 유영모, 동광원 원장 정인세가 바로 그런 인물이다.

이세종은 남의 집 머슴살이를 40년이나 하던 분이었는데, 어떤 동기로 인해 예수를 믿게 되었다. 처음에는 혼자서 글을 배우면서 밤이면 성경을 암송하기 시작했다. 본래 머슴이었지만 워낙 타고난 성품이 비범하여 동광리 마을에서는 부자가 되었다. 흉년이 들면 마을 사람들이 이세종에게 찾아와서 돈을 꾸면서 빚 문서를 써 주었다. 이세종은 예수 믿고 성경에 가르친 정신대로 몸소 실천했는데, 제일 먼저 실행한 것은 마을 사람들을 불러 모아 그들이 보는 데서 빚 문서를 태워버리고, 빌려준 돈을 모두 탕감해주었다.

그는 도암의 천태산 기슭에 산당을 지었는데, 예수 믿은 후 그곳을 버리고 오두막을 짓고 수도적 생활을 실천했다. 그가 말년에 살던 토담집은 성경대로 좁은문 집을 지었다. 사람이 겨우 기어들어 가는 좁은 문에다 방안은 두 식구가 겨우 누울 수 있는 방이었다. 식사는 주로 밀가루를 섞은 쑥 범벅이 주식이었다.

예수 믿고는 특히 순결 생활을 하기 위해서 아내와 이혼은 하지 않으면서도 한 방에 거처하는 것은 거부하고 아내를 매씨(妹氏)라고 불렀다. 밤에 아내가 남편 방에 기어들어 오면 내쫓았다. 건강하고 무식한 아내는 참다못해 본 남편을 버리고 딴 남자에게 두 번이나 시집을 갔다. 그럴 때면 이세종은 아내가 쓰던 세간살이를 사람을 시켜 지게에 져 옮겨다 주고 아내에게는 하나님을 잊어버리지 말라고 아무 때든지 회개하면 돌아오라고 간곡히 타일러 주었다. 그러고는 때때로 아내 집에 심방을 갔다. 어떤 때는 아내의 새 남편 전처의 어린애들에게 주려고 사탕을 사 가지고 찾아갔다. 아내는 이세종에게 찾아오지 말라고 간곡히 부탁했지만, 그래도 또 찾아가면 아내는 구정물을 바가지로 떠서 이세종에게 물벼락을 뒤집어씌우면서 오지 말라는데 왜 자꾸 오느냐고 대들었다. 이세종은 자기가 못 가면 제자 오복희 전도사를 보내면서 "그 영혼이 불쌍하지 않느냐"라고 했다.

결국 두 번이나 딴 남자에게 시집갔던 아내는 뉘우치고 본 남편 이세종에게 돌아왔다. 마을 사람들은 그런 더러운 여자는 마을의 본이 되지 못한다고 다시 들어오지 못하게 막았지만, 이세종은 마을 사람을 설득해서 아내를 받아들였다.

이세종이 혼자서 수도하던 자리로 천태산 기슭 산당 말고도 문바위 근처 "도구밭 골"이라는 데가 지금도 남아 있다. 그 계곡에서 그의 여 제자가 목욕하며 기도하다가 문둥병이 기적으로 나았다는 전설이 있다.

이세종은 프란치스코와 같이 만물에 대한 사랑이 넘쳤다. 그는 산길을 걸어가면서도 사람들의 머리 쓰다듬듯이 풀잎을 쓰다듬어 주면서 다녔다. 길에 뻗어나온 칡넝쿨은 밟지 않고 옮겨 놓고 지나갔다. 자기 발밑에 밟혀 죽어가는 개미를 보고는 눈물을 흘렸다. 이나 빈대도 죽이지 않았다. 파리는 문을 열고 밖으로 몰아내긴 했어도 죽이진 않았다. 자기 집 구정물 통에 쥐가 빠지면 나뭇가지를 꺾어 사다리를 놔 주어 쥐가 도망치게 해주었다. 부엌 구석에 독사가 들었는데, 나뭇가지로 슬슬 몰아 밖으로 내쫓아 보내면서 "큰일 날뻔했다."라고 중얼거렸다.

이세종은 성경 외에 다른 책은 읽지 않았다. 밤이면 성경을 암송하고, 낮이면 근처 마을 처녀총각들을 모아 놓고 성경을 가르쳤다. 그의 가르침이 너무도 신통하고 기발해서 소문이 퍼져 나중에는 멀리 전남 광주에서 목사들이 이세종에게서 배우려고 찾아왔다. 이세종은 그런 분들을 앞에 놓고 가르쳤다.

"파라. 파라. 깊이 파라. 얕추 파면 너 죽는다. 깊이 파고 깊이 깨닫고 깊이 믿으라. 어설프게 파면 의심 밖에 나는 것 없다."

"예수 믿는 길은 좁은 문이다. 좁은 문도 맨몸으로 들어가는 좁은 문이 아니라 십자가를 짊어지고 들어가는 좁은 문이다."

말년에 이세종은 화학산 중에 움막을 짓고 몇 달 동안 식음을 전폐하고 공기만 먹고 산다고 했다. 방문을 늘 열어 놓고 닫지 못하게 하였다. "공기만 먹고 사는 사람인데 문을 닫으면 되느냐"라고 했다.

이세종이 세상 떠날 때는 평생 그를 따르던 제자 몇 사람만이 곁에서 시중했다. 제자들에게 산에서 나뭇가지들을 베어 오라고 해서 손수 사다리 상여를 만들고 싸리를 엮어 돗자리를 만들어 그 위에 펴놓고 그 위에 이불을 펴고 평소에 베고 자던 목침을 놓고는 제자들에게 "나를 들어 그 위에 올려놓으시오. 그리고 내가 숨을 끊더라도 꼭 이대로 묻어 주어야 합니다. 달리 하면 당신들 벌 받습니다."고 했다. 바싹 마른 이세종의 몸은 이미 미라 같은 해골이었다. 제자들에게 자기 누운 상여를 들어 어깨에 메라고 했다. 제자 다섯 명이 시키는 대로 하니 아모스 4장 12절을 찾아 읽으라고 했다: "이스라엘아! 네 하나님 만나기를 예비하라." 소리쳐 읽으니, 이세종은 상여 위에 누운 채 "높이! 더 높이!"라고 재촉하더니 "올라간다. 올라간다. 올라간다."라고 소리를 질렀다.

자신이 숨진 뒤에 시신에 입힐 수의를 새로 마련할 필요도 없고 늘 입고 있는 거지 옷 그대로 땅에 묻어 달라고 부탁했다. 아내가 소리내어 통곡하니 누워 있던 이세종은 벌떡 일어나 왜 우느냐면서 "울음을 그치시오. 내가 예수님을 따라가는데 울어서야 쓰겠소?"라고 말했다. 아내가 울음을 멈추자, 이세종은 도로 누워 얼마 후 고요히 잠자듯 숨을 거두었다. 그때는 제2차 세계대전 중이었고 1942년 음력 2월, 해방 3년 전이었다. 그의 나이 63세였다.

40세에 예수님을 믿기 시작하여 20여 년간의 신앙생활이었으나 기독교적 도인이었고, 성인이었다. 한국적 영성의 뿌리였다.

90.

맨발의 성자 이현필

거지 옷에 맨 발로 다니며 순결 생활을 강조하던 한국의 프란치스코

이현필(李鉉弼; 1913~1964)은 1913년 1월 28일 전남 화순군 도암면에서 탄생했다. 이세종이 살던 화순군 등광리 마을에서 이현필이 태어난 고향인 나주군 방산 권동 마을까지는 약 5리의 거리로 본다.

이현필은 청년 시절에 이세종이 성경 가르치는 데 따라다니며 배운 제자 중 한 사람이었다. 이세종의 제자 중에는 유명한 목사들도 몇 있고 근처 마을 처녀 총각들도 많았다. 그중에서도 이현필은 본래 공부는 많이 못 한 분이나 비상한 총명력이 있어 스승의 가르침을 잘 깨닫고 필기 능력이 뛰어나 두각을 나타냈다. 이세종 영성의 영맥을 이은 후계자는 이현필이었다.

이세종도 이현필에게 많은 기대를 두었으나 그의 순결사상(독신주의)이 이현필과 맞지 않았다. 그리고 이현필은 스승의 교훈을 어기고 결혼했다. 짐작으로 약 2년간 가정생활을 한 것 같다.

이현필은 결혼 생활을 하다가 선생 이세종의 순결 사상이 옳았다고 깨닫고는 이세종처럼 부인을 누님이라 부르고 한 방에 살면서도 부부생활을 하지 않았다. 남편의 이상을 따르지 못한 아내는 못 견디어 그럴 바엔 너 죽고 나 죽자고 사생결단하고 남편을 쫓아다녔으나 아내가 앞문으로 들어오면 이현필은 뒷문으로 빠져나가 도망치는 숨바꼭질을 했다.

산중파

이현필의 스승인 이세종은 산에서만 수도하던 인물이었다. 그의 유적지 화순 천태산, 그가 살던 등광리 마을도 천태산 자락에 있는 마을이다. 문바위, 도구밭골 수도처 각시 바위 넘어 그가 마지막 움막을 짓고 살아간 장소도 모두 깊은 산중이다.

사람들은 이현필의 무리를 산중파라고 불렀다. 이현필은 화학산에서 4년, 지리산에서 3년을 기도와 수도생활을 보냈다. 무등산 삼밭에도 그의 유적이 있다. 지리산 서리내에서 기도할 때는 삼밭 속에 한 번 엎드리면 꿈쩍도 하지 않고 밤을 새웠다. 산에 사는 까마귀들이 거지 같은 사람 하나 엎드려 꼼짝도 하지 않으니 죽은 송장인 줄 알고 곁에 와서 까악 까악 울다가, 그래도 일어나지 않으니, 부리로 쿡쿡 찍었다고 한다.

하나님 안에 깊이 침몰하여 그 밤을 새우고 이튿날 이른 새벽에 털고 일어날 때는 등에 서리가 덮이고 수염엔 고드름이 달렸다. 그러나 가슴에는 사도 바울의 영적 체험의 절정인 "우리가 만일 미쳤어도 하나님을 위한 것이요… 그리스도의 사랑이 우리를 강권하시는도다"(고전 5:13-14)라고 한 것과 같은 체험을 얻어 일어나 통곡하면서 십자가의 노래를 불렀다.

> 갈보리 산에서 십자가를 지시고
> 예수는 귀중하신 보배 피를 흘리사
> 구원받을 참 길을 열어 놓으셨느니라
> 갈보리 십자가는 저를 위함이요
> 아 십자가, 아 십자가
> 갈보리 십자가는 저를 위함이요

두 눈에서 구슬 같은 눈물을 흘리면서 목 놓아 통곡하면서 이 노래를 부르면서 산에서 내려올 때, 산 밑 "갈보리"(갈밭) 은둔처에 있던 남녀 제자들은 뛰어나와 이현필을 안고 함께 그 노래를 부르며 "세상이고 학교고 다 쓸데없다. 예수님의 사랑과 우리 선생뿐이다."라며 함께 울었다.

이현필이 남원으로 지나가면 소동이 났다. 교회에서는 청년들과 권사들이 교회를 버리고 이현필을 따라다니고, 집집에서는 처녀들이 가출해 이현필을 따랐다. 남원 광한루 곁에 목공장을 하고 살던 오북환 집사는 목공장의 문을 닫고 이현필의 제자가 되었다.

이현필이 자기를 따르는 처녀 총각들을 지리산 서리내에 모여 훈련시킬 때는 먹을 것이 없어서 쑥만 뜯어 먹었다. 어쩌다가 오래간만에 쌀이 생겨서 쌀밥을 해 먹으면 취한 사람같이 쓰러졌다. 그럴 때면 이현필은 웃으면서 "거 보시오. 쌀독이 얼마나 지독한가?"라고 했다.

구렁이 독사가 우글우글한 산에서 이현필은 신도 신지 않고 맨발로 다녔다. 밤을 새면서 산에서 기도하다가 아침 해가 뜰 때면 일어서 잔등을 해에 돌리고 서리를 녹이면서 지리산 줄기를 말없이 바라보는 모습은 거룩했다. 일정 기간 훈련을 마치고 임시 집으로 돌려보낼 때는 이현필이 일일이 처녀 총각들을 집까지 데려다주었다.

이렇게 훈련된 젊은이들을 거느리고 처음으로 전남 광주로 진출하여 YMCA 한 방을 빌려 거처하였는데, 그 처녀 총각들이 말없이 겸손하게 무릎을 꿇고 앉아 부르는 노래는 듣는 사람 모두에게 감동을 주었다. 그때 YMCA 총무로 있던 정인세는 그 모양을 보고 너무도 감격하여 이것은 이 세상 사람이 아니라 딴 신선계에서 온 사람 같은 느낌이었다. 정인세는 체조 교사요, 유도선수였는데, 이것을 보고 동기가 되어 양복을 벗어버리고 넥타이를 풀어버리고 삭발하고 맨발로 이현필 운동에 자진해서 가담했다.

후에 이현필은 이 훈련된 젊은이들을 거느리고 지방교회 순회와 목포 앞바다 다도해 전도를 했다. 시골 교회에서 설교하면서 젊은 처녀들은 노래를 불렀다. 그들이 제일 많이 부른 노래는 십자가의 노래였다.

> 예수님 보배 피를 저에게 부어 주사
> 지금으로 이 몸은 거룩한 성전 삼아
> 영원무궁 하도록 살아주심 빕니다.
> 갈보리 십자가는 저를 위함이요.

순결한 처녀들의 목소리는 유달리 맑았다. 감동을 받은 교회 청년들은 쉬는 시간에 처녀들에게 다가와서 그 노래를 다시 불러 달라고 했다. 수녀들은 쾌히 노래를 불렀다. 이 소문이 이현필의 귀에 들어가자 이현필은 노발대발했다. "아니! 수도하는 처녀들이 술 파는 접대부들인가? 모르는 청년들 앞에서 노래를 부르다니. 금후로는 그 노래를 생전 부르지 말라." 그 좋은 노래, 이현필 선생이 가장 즐기는 노래를 그 후로는 선생 앞에서 부르지 못했다.

탁발 수행

경기도 능곡에 있는 기독교 청년회 수양관에서 전국의 명사들을 초청해서 수양회를 한 적이 있었다. 그때 이현필 선생도 강사로 초청되어 지방에서 올라와 강연했다. 그 후 이 선생은 그 수양관을 얻어 한동안 거기 머물렀다. 이 선생은 광주에서 능곡에 올라와 계속 그곳에 살며 특히 탁발 수도단을 만들려는 생각이 있어서 실천했다.

그때 삼용이란 청년과 그 그룹의 건강하고 씩씩한 유망주들이 많이 따라왔다. 그 시절은 인심이 좋아서 이 청년들이 한 번 탁발을 나가면 밀가루 자루 두 자루씩이나 밥을 얻어 왔다. 그것이면 남녀 수도자들 20여 명이 먹기에 넉넉했다.

이현필 선생의 제자 김준호는 그때에도 몸이 허약했다. 겨울날 탁발하는데 따라 나가는데 다른 수사들이 신을 벗고 나서는 것을 보고 자기도 흉내를 내어 발 벗고 나서니 발바닥에 느끼는 찬기가 머리끝까지 올라갔다. 죽을 뻔했다. 아마 그때 다른 청년들도 발톱이 얼어서 빠졌을 것이라고 말했다.

그 겨울 어느 날 동광원 전원이 이현필 선생의 명에 의해 걸식 탁발에 나섰다. 이 선생은 이 수행은 여러 식구가 얼마나 자기를 죽이는가 하는 것을 시험하는 공부라고 했다. 두 사람씩 짝을 지어 농촌 마을로 흩어져 집집에 다니며 걸식했다. 여자팀은 감금란 수녀가 지휘했다. 금란 수녀는 옥순 양과 한 짝이 되어 나갔으나 부끄러워 도저히 구걸할 수 없었다. 마음속으로 주님을 부르면서 문전에 가서 "밥 한술 주시오"하는 것인데, 일부러 몸차림을 험상스럽게 차리고 나가니, 주는 사람들은 밥을 내다 주면서도 더러운 데 접촉하지 않으려는 듯 손을 높이 들고 밥 덩이를 그릇에 떨어뜨려 주었다. 집집의 밥때를 잘 맞추어 가야 하는데, 두세 집 도는 사이 아침때가 지나갔다. 부지런히 돌아야 한술 얻어먹을 수 있었다. 어떤 집에 가면 힐끗 쳐다보면서 "성한 색시가 밥 얻으려 다녀?"라고 하며 내쫓았다.

수녀 편에서 "제가 가져온 밥 드릴까요?"라고 하면 "무슨 거지가 밥 주겠다고 하나…"라고 했다. 어떤 집에 가서 구걸하면 주인은 "지금 당신 동생이 왔다 갔수다."라고 대꾸했다. 옥순 수녀가 왔다 간 줄 알고 있었다. 어떤 집에선 밥 대신 몽둥이를 들고 내쫓았다. 금란 수녀는 이럴 때 옛날 자기 집에 있을 때 친아버지가 거지가 오면 내쫓던 모습이 생각이 났다.

누가 "예수를 어떻게 하면 잘 믿을 수 있는가?"라고 묻는데 이현필은 "거지 오장치 짊어지고 나서 믿으라"고 대답했다. "오장치"는 "오쟁이"이다. 거지가 빌어먹으려 짊어지고 다니는 짚으로 만든 망태다.

통곡의 노래

지리산맥 중에 서리내에서 오감산까지는 험준한 산길로 40리 거리였다. 절벽 위에 기도실을 짓고 강차남 수녀가 특별 기도 중에 있었다. 어느 날 눈이 계속 퍼붓는데 이현필은 혼자 기도하고 있는 강차남 수녀가 있는 곳으로 찾아 올라갔다. 이현필이 가는 것을 눈치챈 수녀 김금남과 또 한 사람이 이현필 몰래 멀찍이 떨어져 뒤쫓았다. 미끄러지며 엎어지며 기어오르는데, 이현필은 아는지 모르는지 뒤도 돌아보지 않았다. 오감산에서 기도하던 강차남은 그날따라 이현필 선생이 올 것 같은 느낌이 들어 팥죽을 쑤어 두고 기다리고 있는 참이었는데, 과연 이현필이 오고 뒤따라 두 자매가 도착했다. 영원히 뒤돌아볼 줄 모르던 이현필이었지만 따라온 두 자매의 꼴을 보고 웃지 않을 수 없었다. 40리 눈길을 헤치고 왔으니, 옷에는 고드름이 주렁주렁 달려 있고 얼굴은 새파랗게 얼어 말이 아니었다. 오감산 기도실에 네 사람은 감격하여 노래를 불렀다.

> 그와 같이 끝없는 사랑을 알고서는
> 영과 육이 아울러 산 제물로 바치며
> 주님 기뻐하시는 종이 될 뿐입니다.
> 갈보리 십자가는 저를 위함이요

네 사람 모두 감격하여 구슬 같은 눈물을 흘리며 소리내어 통곡했다. 이현필은 흐느껴 울며 "아 십자가! 십자가의 길뿐이다."라고 했다. 날이 저물고 밤이 되었는데 좁은 기도실 단칸방에 남녀 네 사람이 어떻게 자겠는가? 자매들이 극구 만류하는 것도 뿌리치고, 이현필은 눈보라 치는 지리산 비탈길을 헤치며 혼자 떠나갔다.

주님 가신 길

6.25 사변이 터져 서울에 인민군이 쳐들어왔을 때, 아직 아무도 모르고 있을 때 서울에서 멀리 떨어진 전남 광주에서 큰 교회를 보는 목사들이 누구보다 먼저 그 사실을 알았다. 광주 상무대 장교들이 가족들에게 말한 것인데, 교회에 다니는 군인 가족들이 교회에 달려와 목사들에게 알려 준 것이다. 큰 교회 목사들은 교회도 교인도 다 버리고 자기 가족만 거느리고 장교 가족들의 군 트럭을 함께 타고 먼저 부산으로 피난 가버리고 말았다.

파죽지세로 남침하는 인민군들이 광주에도 쳐들어왔는데, 목사들은 없었지만, 미국 여자 선교사 유화례 씨는 숨어 피난할 곳이 없어서 방황하고 있었다. 아무도 돌보지 않는 그를 이현필이 나타나 "우리가 유 선교사를 구해 주자"라고 하면서 정인세와 같이 지게에 선교사를 앉혀 보자기를 씌워 굴속에 숨겨 주었다.

인민군이 부산을 제외한 남한 일대를 점령하고 있는데 여름이 지나가고 초겨울이 다가왔다. 이현필은 홑 바지저고리에 신도 없이 맨발로 떨기 시작했다. 그보다 더 어려운 것은 먹을 것이 없는 일이었다. 쌀 한 알도 없이 너무도 배고파 산의 다래 넝쿨을 뒤지며 다래를 따 먹었으나 그것으로는 배를 채울 수 없었다. 화학산 여기저기에는 아직도 공산 빨치산들이 잠복해 있어서 그들과 숨바꼭질하는 위험이 있었다. 아닌 게 아니라 그때까지 이현필은 모르고 있었지만, 이현필은 따르던 여제자 강차남과 서울 부인과 제자 문 공 세 분은 화학산에 숨어 있다가 빨치산에 의해 순교했고, 본명은 알려지지 않았지만, 사진관 부인과 이발소 부인과 홈실댁 세 자매는 소라나는 마을에서 유격대에게 대창과 꼬챙이에 찔려 순교했다.

그 비참한 참상 속에서 이현필은 고독히 혼자 산 중에 있으면서 그때의 심경을 시로 기록했다.

> 주님 가신 길이라면 태산준령 험치 않소
> 방울 방울 땀방울만 보고 따라 가오리다.
> (후렴)오 주 예수 주님이여 천한 맘에 오시오면
> 밝히 갈쳐 주옵시기 꿇어 엎데 비나이다
> 주님 가신 길이라면 가시밭도 싫지 않소
> 방울 방울 핏방울만 보고 따라 가오리다.
> 주님 계신 곳이라면 바다 끝도 멀지 않소
> 물결 물결 헤엄쳐서 건너가서 뵈오리다.
> 주님 계신 곳이라면 하늘 끝도 높지 않소
> 믿음 날개 훨훨 쳐서 올라가서 뵈오리다.

파계

이현필 말년에 후두 결핵으로 무척 고생했다. 기침과 가래가 심하고 목이 아파서 40일 동안이나 물 한 모금도 삼키지 못했다. 이 선생은 "나를 업어다 서울까지 데려다 주시오." 라고 했다. 서울이란 그가 일생 가장 사모하던 경기도 벽제 계명산을 의미한다. 거기는 그가 가장 신임하는 여제자 정한나 씨가 수녀원을 하고 있었다. 그러나 기차를 타고 서울에 도착해서는 계명산으로 가지 않고, 서울 신촌에서 넝마주이를 하는 셋째라는 제자의 거지 굴로 데려다 달라고 했다.

셋째가 주운 낡은 가마니를 깔고 그 위에 묘지에서 주워 온 칠성판을 깔고 그 위에 이현필을 눕게 했다. 그 자리에서 이현필은 남녀 제자들이 지켜보는 가운데 스스로 파계했다. 이현필은 일생 채소만 먹고 고기라고는 새우 한 마리도 입에 넣지 않고 살아온 금욕 고행주의자였다. 제자들도 다 그를 본받아 금욕고행을 했다. '내가 이대로 죽는다면 나를 따르는 제자들도 이렇게 살아야 구원 얻는 줄로 알 것이다. 내가 오늘 이대로 죽는다면 나는 천국에 가서 예수님께는 역적 같은 놈이 되고 만다. 그동안 절대 선행을 강조해 왔기 때문에 나를 따르는 사람들은 철저한 율법주의자들을 만들어 놓았다'라고 하면서 고민했다.

"나는 위선자입니다. 나도 예수께서 그리스도의 보혈을 의지하여 구원 얻을 사람이지 선행이나 금욕고행으로 구원 얻으려는 사람이 아닙니다."

이현필은 제자 셋째를 시켜 "무슨 고기든지 좋으니 먹을 고기를 사 오라"고 했다. 셋째가 시장에 가서 굴비 한 마리를 사 왔다. 시키는 대로 깡통에 물을 부어 굴비를 끓였다.

"수고했소. 그 국물을 내 입에 떠 넣으시오."

물 한 모금도 안 넘어가는 목에 그 굴비 국물이 넘어가면 하나님의 뜻이라고 생각했다.

"우리 선생님이 도대체 어떻게 된 셈인가?"

지켜보는 제자들은 모두 걱정했다.

"선생님이 지금 시험에 빠졌다."

한 수녀가 국물 떠 넣는 것을 제지하려는데, 이현필은 "당신이 하나님이오?"라고 하면서 책망했다. 국물이 이현필의 목에 넘어갔다. "더 떠 주어. 조금만 더." 이현필은 재촉했다.

그때 이현필의 결핵 증세는 급성으로 일주일 안에 생명이 좌우될 형편이었는데, 신촌 거지굴에서의 이 사건으로 병은 깨끗이 나았다.

임종

1964년, 이현필은 광주 제중병원에 입원해 있다가 퇴원하면서 서울로 갈 것을 결심했다. 제자들이 만류했으나 "종로 거리에서 사람들에게 깨끗하게 살 것과 청빈 생활을 할 것을 전해야겠다."라고 하면서 마지막 총회를 열고 고별 집회를 했다. 매일 새벽, 낮, 밤 세 번 집회했는데, 송장처럼 누워 자기 몸을 가누지 못하는 그를 사람들이 업거나 부축해 집회 장소에 내려놓으면 "아! 참 기쁘다. 참 기쁘다."라며 "아! 사랑으로 모여서 사랑으로 지내다가 사랑으로 헤어지라! 이번에 헤어지면 언제 또다시 만날지 모른다"라면서 고별 집회를 끝까지 인도했다.

    서울에 상경하여 경기도 고양군 벽제에 계명산 수도원에 머물며 기도로 자신의 갈 길을 준비했다. 3월 17일, 수도원 산기슭에 있는 현동완 별장 자리 초가집 방안에서 임종이 가까운 선생을 지켜보는 제자들에게 한 사람 한 사람의 장래를 부탁하고 청빈, 순결, 순명의 덕이 얼마나 귀한 것인지 다시 강조했다. 여 제자들이 평소에 입던 옷을 빨아 마지막 수의 삼아 입혀드리니 이현필은 옷을 벗으면서 죽는 사람에게 깨끗한 옷이 필요 없다면서 옷 없는 사람에게 주라고 했다. "나는 죄인이니 내가 죽으면 관에 넣지 마시오. 죄인의 시체니까 거적때기에 싸서 사람들이 많이 다니는 곳에 아무도 모르고 밟고 지나가게 평토장 해 주시오. 부상 만들어 놓는 이는 화를 받을 것이오"라고 했다.

    최후의 순간이 가까워지면서 이현필의 몸은 불덩이같이 뜨거워지고 숨결은 금방 막힐 듯하면서 "주님, 저는 주님을 사랑하고파 무척 애썼습니다. 제가 주님을 사랑하고자 할 때마다 주님은 저를 피하셨습니다. 주님! 저는 지금 주님의 십자가를 지고 갑니다."라고 했다. 그때 이현필에게 신기한 기쁨의 물결이 파도처럼 몰려왔다. "아! 기쁘다. 아 기뻐. 오메 기뻐 못 참겠네."

    지극한 고통과 기쁨은 반사작용을 하면서 파도 같이 그를 휘몰아쳤다. "아! 기뻐! 아이고. 기뻐 못 참겠네. 이 기쁨을 종로 네거리에 가서 전하고 싶다"라고 했다. 마지막 숨이 끊어지면서 주위를 둘러보며 "제가 먼저 갑니다. 다음에들 오시오!" 하며 고요히 눈을 감았다. 이현필이 임종한 것은 3월 18일 새벽 3시였다. 그때 나이는 53세였다.

일기

이 땅이 성인을 숭앙하여야 땅에 사는 백성들에게 축복하시사 계속해서 성인을 보내주실 줄 믿습니다. 이세종, 포싸잇 두 분을 기념하고 늘 알려야겠습니다.

"내가 택한 자의 지팡이에는 싹이 나리니"(민 17:5).

아론의 지팡이는 간직해야 원망한 자에게 표증이 되게 합니다. 주님 닮게 해 주소서. 주님 본받게 해 주소서. 너희는 거하는 땅을 더럽히지 말라. 피는 땅을 더럽히나니 피 흘림을 받은 땅은 이를 흘리게 한 자의 피가 아니고는 속할 수 없느니라.

인륜(人倫)보다 천륜에 매여 살게 해 주시옵소서. 인정보다 천정을 품게 해 주옵소서. 인품보다 천품을 더 중하게 여기게 해 주시옵소서. 저의 기도나 제 변설이 무슨 소용이 있겠습니까. 주님께서 제게 성총을 부어 넘치게 하셔도 저는 그 넘치는 성총으로 다른 분을 채울 수가 없습니다. 저는 주님의 풍성하심과 무한하심을 증거할 뿐입니다. 다른 분의 결핍을 채우실 이는 또한 같으신 주님만이 채우실 것입니다. 물질적 도움은 도움이 되지 못합니다. 성총의 도우심만이 참 도움이 됩니다. 물질적 도움은 돕는 이나 도움받는 이나 은혜롭지 못합니다. 도리어 서로 원망만 되고 맙니다.

"네 눈이 긍휼히 보지 말라"(신 19:21). 주님께서 긍휼히 여기시는 일에만 저도 긍휼한 마음이 일게 해 주소서. 사람마다 자기를 저주하는 자는 자기인 줄 깨닫게 되었습니다. 성격 교양이 필요함을 절감하게 되었습니다. 성격 바르고 밝은 맑은 성격, 강하면서도 유한 성격입니다.

"네 형제의 우양의 잃은 것을 보거든 못 본 체 하지 말고"(신 22:1). 책임을 무시하지 말 일, 의무를 알고 살 일, 편하기 위해서 의무를 느끼지 않으면 행복이 없다.

저를 몇 날이다 더 놔두실는지 알 수 없습니다. 그러나 그동안 주님 의지하겠나이다. 겸손히 주님을 섬기고 주님께 제 생명 받들어 올려야겠고 누구나 사랑해야겠습니다. 누구를 충고하거나 가르칠 것이 아니라 저 자신을 가르치고 저를 키워야겠습니다.

새것은 늘 묵은 것에서 나오나이다. 주님 뜻 안에서 새 생활이 나옵니다. 오늘 주님 뜻 안에서 살아야 내일의 새로움이 나옵니다.

아버지 크신 뜻에 복종하여 제 성질만 바로잡아진다면 모든 좋은 일은 다 이루어질 듯하나이다.

고요한 가운데 계시는 주님이시여. 주님은 고요한 가운데 계시겠습니다. 저의 성격이 고요하도록 다스려 주시옵소서. 고아와 과부를 위하여 신원하여 주시며 나그네를 사랑하사 그에게 식물과 의복을 주시나니 너희는 나그네를 사랑하라.

주님 뜻대로 되면 인류에게 평화입니다. 제 소욕대로 된다면 평화는 깨어집니다. 인류 평화는 참 길은 주님의 원이십니다.

기도문

믿음이 아니고서는 주님을 기쁘시게 할 수는 없습니다. 복음에 대한 저의 태도가 밝아져야만 되겠습니다. 저에게 가장 긴급히 소용되는 분은 주님이십니다.

저에게 꼭 계셔 주셔야만 하겠습니다. 돈이나 물질이나 건강이나 지혜보다도 주임께서 저의 주장자가 되어 주셔야만 하겠나이다.

주님! 제게 있는 모두와 주님과 바꾸어 주소서. 다 가져가시고, 다 없애주시고, 주님께옵소만 제게 주시사 제가 알든 모르든 저만 주관하사 영광 받으옵소서.

주님의 자비하심을 뚜렷이 드러내 주소서. 제게 있는 모든 것과 '참'과 바꾸어 주시옵소서. 주의 부르심을 알아야겠습니다. 부르신 그 사랑에 감격해야 되겠습니다. 부르심의 상이 얼마나 귀함을 알아야겠습니다. 그 상 받도록 부르심에 순응해야만 되겠습니다. 그 상의 그심에 놀라야만 하겠나이다.

주님만이 제 맘에 계신다면, 다른 건 아무것도 필요하지 않습니다. 영원히 예수님만 필요로 요구하시는 자식이 되어지기 심히 원하옵나이다.

...

주여! 저로 하여금 항상 죄인됨을 기억하게 하시옵소서. 죄인된 것을 깨닫는 시간, 제게는 가장 행복된 것은 구주가 제게 가까워지는 까닭이로소이다.

주여! 항상 저의 약함을 깨닫게 하옵소서. 저의 약함을 깨닫는 시간이 가장 복된 것은, 크신 권능 물밀듯이 찾아주시는 까닭이로소이다.

이 험한 세대에 이 두 가지 큰 위로가 저의 자랑이 되나이다. 성령의 역사로 이 사람들이 다 주님 권능만 믿고 바라게 하옵소서. 이 사람들만 아니고, 참으로 주를 우러러보는 자들은 다 주님의 은사만 알게 하소서.

...

아버지! 주님의 명령을 못 받을 터이면, 이 땅 위에 더 오래 살아 무엇하겠습니까? 진정으로 형제자매를 사랑하지 못한다면 참으로 쓸데없는 인생이로소이다.

주님! 주님만 사랑하게 하소서. 제 마음을 빼앗아 가소서. 온전히 빼앗으사 주님 수중에 두소서.

...

주님! 저에게 빈 맘을 주시사, 주님을 간절히 사랑하게 애 주옵소서. 빈 마음에 주님 오시옵소서. 언제나 언짢은 일을 좋아하게 하소서. 궂은 것을 즐겨 하게 하소서. 쓴 것을 달게 여기게 하소서.

...

남의 대접 받는 것을 중심으로 싫어하고, 그 대신 핍박과 수치와 천대를 꿀처럼 달게 여기고, 악평과 훼방을 금싸라기같이 여기도록 그런 마음을 주옵소서.

주여, 비나이다. 제가 이때까지 주님 권능을 받지 못한 것은 믿지를 않은 탓이었습니다. 주님의 자비도 믿지만은 권능 주실 것도 믿어야 할 것이었나이다. 믿어야 되겠습니다. 주님, 믿음 주옵소서.

...

죽기로 결정된 몸 죽는다고 서러울 것 무엇이며, 죽기로 된 몸 고통이 싫을 까닭이 없습니다. 핑계인지 몰라도 주님 뜻대로 못 산 것이 항상 원통하고, 한 번 주님 뜻대로 살아보기가 소원일 뿐이었지만, 그도 주님 전에 맡길 뿐입니다. 다만, 주님 뜻을 단 일 분 간이라도 더 거스르고 사는 일이 겁이 나서입니다.

소사년석 은혜로 구원받아 온 이것이 제 지징 될끼 보이시, 주님 능력과 사랑을 뚜렷이 못 전한 것도 자복됩니다. 저와 같이 미천한 것이 증거하므로 도리어 영광을 가리울까 두려워했습니다.

고통은 주님 십자가 앞에 눈 녹듯 합니다. 그리고 조금이라도 고통이 느껴지면, 주님 고통이 극히 적게나마 저 위해 받으신 고통임을 알게 되는 것이 한없이 기뻐집니다. 주님은 사랑이기 때문입니다.

천지를 붙드신 주님께옵서 제 목숨을 붙들고 계시므로, 병이 제 목숨 못 끊을 줄 믿습니다. 괴로운 것은, 육체보다 주님 뜻 몰라진 고통이 클 뿐입니다.

"엘리 엘리 라마사박다니"의 고통을 몇억 분지 일이나 맛보여 주시는 주님 사랑이시라면, 그도 감사합니다.

…

아버지 저의 주시요! 나의 생의 근본이 되시오며 생의 의의가 되시는 주시여! 당신이 아니오면 저에게는 생의 목적이 없사오며 의의도, 미도, 낙도, 광명도 없사옵니다. 당신 안에 생의 목표가 있사옵고, 당신의 생의 미가 되시옵니다.

주가 제 안에 계심으로 제가 살았나이다. 제가 주께로 가는 것이 저의 목적이옵고, 주와 같이 되는 것이 저의 희망과 즐거움이옵니다. 지혜 있고 훌륭한 자로 사람들에게 알려지기보다는, 차라리 미련한 자가 되어 주 안에 있어지기를 바라나이다.

죄를 깨닫고 자복하는 자가 될까요, 주의 사유하심을 증거하는 자가 될까요. 주님의 깊은 뜻을 조금도 모르는 제가 아닙니까? 아시다시피 사람과 가까이함으로 얻어질 것도 없고, 도리어 신앙의 동요 때문에 손상이 있을지언정 도움을 조금도 없습니다.

단지 아버지께만 가까이 나아갈 때 담대함과 용기와 능력과 지혜와 덕과 완전과 영생을 얻나이다. 주님! 저에게 회개를 주시옵소서. 생명 얻는 회개를 주시옵소서.

주여! 제 가슴에 탄식을 주옵소서. 회개를 못해 탄식케 합소서. 부끄러워할 줄 알게 합소서.

제 죄를 진정으로, 저의 어리석음을 내놓게 합소서. 제 지혜를 버리게 합소서. 오직 주님 생각만 받아들이게 해 주시옵소서. 주님만 모셔 들이게 해 주시옵소서.

주님의 주장으로 제 주장을 삼게 하옵시고, 주님의 의사를 받들어 저의 의사가 되게 하옵시고, 주님의 지혜가 저의 지혜가 되게 하시옵소서. 주님의 애통이 저의 애통 되어지이다. 아멘.

91.

다석 유영모

한국의 공자요, 대 석학이요, 현자요, 한글 학자인 작대 철학자

한국의 공자(孔子)라 불리는 유영모(柳永模: 1890~1981)는 '삼각산 작대 철학자'라고 하면 모르는 사람은 별로 없는 유명한 분이다. 유영모 선생의 호는 다석(多夕)이다. 1890년 서울에서 태어나 한학(漢學)을 수학하다가 1900년 수하동(水下洞) 소학교에 다녔으며, 그 후 다시 한학에 몰두했다.

유 선생은 기독교에 입교(1905)하고, 경성일어학당(京城日語學堂)과 경신학교에서 수학한 후 경기도 양평학교 교사가 되었다(1909). 그다음 해부터 2년 동안 평북 정주에 있는 오산학교 교사로 2년간 재직했다. 그는 톨스토이의 학문에 관심이 많았으며, 무교회주의를 고수했다. 그의 제자로는 함석헌 씨가 유명하다.

유영모 선생은 천문, 지리, 철학에다 불경과 공자, 맹자, 사서삼경, 주역, 성경 등을 모조리 능통한 대석학이요 현자였다. 그리고 한글 학자로도 유명했다.

그의 철학은 점과 선을 그어 놓고 강의를 시작하는 고로 별명이 작대 철학자였다. 26세 때 23세 되는 처녀와 결혼하여, 80여 세까지 장수하면서도 한 번도 병에 걸리지 않고 건강했으며, 잇몸으로도 무를 넉넉히 씹을 수 있었다.

하루 한 끼만(저녁 식사) 먹는 일일일식(一日一食) 주의자요(1952년 2월 14일부터 일일일식을 시작) 겨울에도 불 때지 않는 찬 마루방에서 자며 머리맡에 놓아둔 물그릇이 얼어붙어도 그것을 인내하였다. 자기가 창안한 보건체조를 하느라고 날마다 앉아서 열심히 팔다리를 놀렸다.

유영모 선생의 많은 기행(奇行) 중 한 가지는 기계 문명에 반항하여 수십 년간 기차든지 버스든지 차를 안 타는 고집이었다. 삼각산 자택에서 서울 종로까지 YMCA 강의를 맡고는 늘 걸어 다녔다.

수십 년 동안 새벽마다 지구본을 사타구니에 끼고 명상하면서 우주를 한 바퀴씩 산책한다고 하면서 세계의 산이란 산, 바다란 바다의 이름과 높이와 깊이를 모두 기억하고 있었다.

또 한 가지 기행은 8세 때 호열자(콜레라)를 앓고 20세 전까지 병약했으나, 80여 년 장수하면서 나이를 햇수로 계수하지 않고 날짜로 하루하루 계수했다. 자기는 83세까지 살고 50일을 더 살면 날수로 3만 일을 살고 영원한 생명에 들어간다고, 이 세상에 나서 3만 일 세상 구경하기란 끔찍이 어려운 일이라 했으나, 그는 3만 일 이상인 90여 세까지 살았다.

하나님 앞에서는 우리가 어린애처럼 놀아야 한다면서 자주 손짓도 하고 노래도 불렀다. 유영모 선생이 기독교에 대한 신앙을 고백한 것은, 그가 불교 경전과 사서삼경을 모두 탐독하고 난 후에 성경을 읽고 감격하여 무릎을 치며, "주님이야말로 하나님!"이라고 하며 믿었다.

16세 때 산 신약전서를 82세 때까지 책장 한 장 뜯지 않고 들고 다녔다. 신학교에 들어가 보지도 못했으나 불경과 공맹을 읽고 나서 성경을 보니 공맹이 더 확실히 알아진다고 했다. 그는 성경과 주역을 함께 봐야 한다고 주장하면서 성경이 겸손을 가르치는 책인데 그것을 구체적으로 가르치는 것이 주역이라고 했다.

공맹(孔孟) 사상에도 진리가 많으므로 구약 성경같이 대해야 한다면서 동양에 공맹이 없었다면 하나님 말씀 깨달을 수 없다고 했다. 한동안은 기도할 때,

"아버지! 아버지!"만 몇 시간이고 부른 시절도 있었다는 이야기가 있다.

세종 대왕과 이순신은 비록 예수는 몰랐으나 성인에 가까운 분들이라고 하면서, 특히 한글의 기본은 'ㆍ', 'ㅡ', 'ㅣ' 세 자(字)를 기간(基幹)으로 해서 되었는데 'ㆍ'는 하늘, 'ㅡ'는 땅, 'ㅣ'는 사람, 즉, 하늘, 땅, 사람(天地人)이라는 사상에서 시작된 것이라고 설명했다.

세상에 대해서는 아무런 애착이 없었다. 세상은 식(食)과 색(色)이 전부요, 인생 일생이란 그것이라 보았고, 죽음은 하나님과 같이 사는 관문(關門)이라 했다. 지각할 수 없는 절대적 존재에 대해서는 "나의 종지(宗旨)는 없이(賓) 계시는 아버지이신 '한아님 아바디'라 하셨다. "아바 아바디"란 시에 다음과 같은 구절이 있다.

> 우리 아바 아바디여 아 아바디 아바 우리
> 이제 생각 아바디 생각 아바디 생각 이제
> 이제들 도라 가옵기 제께 모여 뫼시렴

인생 무상을 노래한 시 『이승』의 내용을 소개해 본다.

> 이승의 목숨이라 튀겨 논 줄
> 쟁쟁히 울리우나 멀잖아 끈칠 것!
> 이승의 목숨이란 피어난 꽃
> 연연히 곱다가도 갑자기 시들 것
> 이승의 목숨이란 방울진 물
> 분명히 여무지나 덧없이 꺼질 것

1977년 87세 때 유영모 선생은 톨스토이가 말년에 가출하듯 결사적으로 방랑길을 떠났으나, 사흘 만에 산 송장이 되어 있는 것을 경찰이 발견하여 업어 집에 돌아왔다. 사흘 동안 혼수상태에 있다가 열흘 만에 일어났다. 하지만 그 후 총명이 좀 흐려진 것 같다 라고 했다. 1981년 91세에 세상을 떠나셨다.

님기도(주기도를 개역)

하늘에 계신 우리 아바께 이름만 거룩힐 참 말씀이니이다. 이여 이에 숨쉬는 밝은 속알에 더욱 나라 찾으며 지이다. 우리에 삶이 힘씀으로 새 힘 솟는 샘이 되옵고 진 짐에 짓눌림은 되지 말지어다.

우리가 이에 땅에 부닥친 몸이 되었아오나 오히려 님을 따라 우으로 솟아날 줄을 믿습니다.

오늘날 우리에게 먹이를 주셨아오니 우리에 오늘은 아바님의 뜻을 이루는 데 먹히워지이다.

사람 사람이 서로 바꿔 생각을 깊이 할 수 있게 하옵시며 고루 사랑은 널리 할 줄 알게 하여 주옵소서.

아버지와 님께서 하나이 되사 늘 삶에 계신 것처럼 우리도 하나이 될 수 있는 연을 가지고 참말 삶에 들어갈 수 있게 하여 주시옵소서.

거룩하신 뜻이 하늘에서 이루어진 것처럼 따에서도 이루어지이다. 암(아멘)

92.

현동완

가장 귀한 가문에서 태어나 가장 천한 이들의 벗이 되어 준 평화주의자

　현동완(玄東完: 1899~1963)은 조선 중앙 YMCA 학관을 졸업, 1918년부터 서울 중앙 YMCA 총무였고, 평생을 YMCA에서 일을 한 애국자요, 청빈하기로 유명하고 평화주의자로도 유명한 분이다.
　어떤 이는 현 선생을 '현대의 프란치스코'라고도 부른다. 그의 생애는 가장 귀한 가문에 태어나서 가장 천한 인생의 벗이 되어 주었다.
　세계 일주하면서도 수도원만은 꼭 찾아다녔고, 우리나라 맨발의 성자 이현필 선생이나, 삼각산 작대 철학자 유영모 선생하고도 일맥상통하는 데가 있어서 서로 교제가 두터웠다. 사생활은 하루 한 끼를 먹으면서 그것으로 고아를 먹였고, 육식을 하지 않았으며, 노인을 위로했고, 그가 좋아하는 과일 사과를 먹지 않으면서 그것으로 병자를 위문했다.
　그의 주장은 우리가 흰밥에 김치를 먹는데 어찌 또 사과로 입가심하겠느냐는 것이었다. 사과는 병석에서 신음하는 형제들에게 보내야 한다는 것이었다. 옷차림과 모습은 흰 반달이 두루마기에 장총 바지를 입고, 언제나 숱이 많은 검은 머리에 유난히 빛나고 큰 눈의 인자한 분이었다.
　현 선생은 '세계 평화 기도회'(PMC)를 창설하였고, 그 정신의 구체적 실천을 위해 자기는 평화주의자가 되어 육식은 하지 않고, 가죽 제품을 몸에 지니지 않아 구두를 신지 않았다. 자기 한 손은 평화의 의로운 손으로 남기기 위해

아낀다면서 많은 사람에게 '괴인'이나 '기인'이니 하는 평가를 들었다. 따라서 그의 일생은 모든 사람이 가는 길로 가지 않고, 남이 다 좋아하지 않는 괴롭고, 고독하고, 불쌍한 겨레만 골라 찾아다녔다. 그의 지론은 "우리 백성은 쌀농사에 있어서는 세계에서 가장 우수한 민족이므로 이 기술로 넓은 땅만 개척한다면 능히 전 세계 굶주린 사람들을 구호할 수 있다."라고 했다.

아직 정부나 남들이 이민이란 것을 생각도 못 하던 그 시절에 현 선생은 이민을 위한 구체적 계획을 세우고 자기의 한 채 밖에 없는 집을 팔아서 여비로 쓰면서 브라질 여행을 가기도 했다. 그래서 일생 집 한 채 없이 지냈다.

해방 후 미군 군정장관 하던 도 중장은 현동완 선생을 신임하여 자기 방 열쇠까지 맡기고 자유로이 드나들게 할 정도였고, 무엇이나 원하는 대로 요구하라고 했더니, 현 선생은 미군들이 버리는 깡통을 불하하게 해 달래서 이북에서 월남한 피난민들이 밀어닥쳐 그릇이 없을 때 그것을 나누어 주었다.

그런데, 한 번은 군에서 나온 깡통 안에 먹지도 않은 새것이 실려 나온 일이 있어서 현 선생은 도로 실어 보냈다. 그런가 하면, 밀가루 불하를 받아서 피난민들을 위해 급식소를 전국에 세우기도 했다.

이승만 대통령 때 두 번이나 보건사회부 장관에 요청받았지만, 그리스도의 정신으로 불쌍한 사람들을 위한 자기 사명 때문에 거절했다. 시간만 있으면 여행을 즐기고 젊은이들과 어울려 등산하기를 즐겨 유명한 산들을 차례로 정복했다.

이렇게 살면서 늘 감사하는 생활을 했는데, 그의 자작시가 있다

오며 감사
가며 감사 있어
감사하는 동안
믿음으로 찾는 빛 비취는 날 있으리.

여행 중 어느 정글에서 잠 못 이루면서 지은 시가 있다.

  천리 정글 수해 위에
  외로운 잔나비 슬피운다.
  이 밤에 전재(戰災) 동포의 슬픈 넋은
  누가 대신 울어주리.

93.

강순명 목사

똥통을 매고 돈을 벌어 가난한 자를 도왔던 사랑의 실천자

강순명 목사와 나

해방 직후 강순명 목사가 서울 용산에서 연경원(研經院)을 하고 있을 때 나는 신학교에 다니고 있었다. 나는 나를 따라 삼팔선을 넘어온 동생 홍섭을 신학 공부시키려고 연경원에 찾아가 강순명 목사를 만났다. 강 목사는 퍽 인상이 좋고 시종 미소를 지으면서 나의 부탁을 쾌히 승낙하여 동생을 받아주겠다고 했다. 그 후에 동생은 복막염으로 세상을 떠나고 말았다.

나는 첫 목회지로 전남 나주에 있는 남평교회를 담임했는데, 알고 보니 그 교회가 바로 강순명 목사가 신학교를 졸업하고 첫 목회를 했던 교회였다. 나의 전임 목사인 강 목사를 교섭하여 남평교회에서 한 주간 특별집회를 가졌다. 본래 부흥사인 강 목사는 평이하게 대중적으로 집회 인도를 했다.

집회 도중에 그 소문이 노회에 있는 선배 목사의 귀에 들어갔다. 한 번은 친구 목사가 나를 보더니 "엄 목사, 정신없어? 어떻게 강순명을 데려다 특별집회를 하나?"며 나무랐다. 강순명 목사가 무슨 잘못이 있는가? 나는 의아하게 생각하면서도 노회 선배들의 평이 그래서, 진행 중이던 한 주간 집회를 2~3일 만에 중지시켰다. 잘 되어가던 집회를 중단한 강순명 목사는 내 얼굴을 보면서 불쾌한 표정은 아니었지만, 기성 노회 목사들이 자기를 따돌리는 처사에 쓸쓸한 표정으로 "엄 목사까지 그래요?"라고 했다.

그때 내 처사는 참으로 어리석었다. 강순명 목사에게 얼마나 미안했는지 부끄러울 뿐이다. 강 목사는 성인이었는데…

성장

강순명은 전라남도 광주군 효천면 방림리에서 태어났다. 부친은 강광율이란 분이고 어머니는 이 씨라고만 불렸고, 두 아들을 낳는데 순명이가 막내였다. 기독교 가정으로 신앙이 좋은 어머니였는데 순명은 어머니의 감화를 많이 받았다. 어려서 성질이 부잡해서 이웃집 아이들을 때리고 돌아다녔기 때문에 이름을 순하라고 순명이라고 지었다고 한다.

어렸을 때 강순명은 농촌에서 논 한 마지기도 없이 가난하게 살았다. 아버지는 순명이 아홉 살 때 병으로 세상을 떠났다. 어머니는 살길이 막연하여 두 아들을 데리고 목포에 가서 살아보려고 애썼지만, 여의치 못하여 광주에 되돌아와 순광주에 새로 생긴 선교사들이 세운 숭일학교 보통과에 입학시켰다. 숭일학교 4학년 졸업하기 두 달 전에 어머니도 세상을 떠났다. 순명의 나이 열네 살 때였다.

부모를 잃고 고아가 된 형제였지만, 두 형제의 사랑은 남들이 부러워할 정도였다. 형은 순명이보다 아홉 살 위였다. 형은 양복점에 취직하여 성실하게 배우면서, 동생 순명을 이발소에 보내어 일을 배우게 했지만 차분하지 못했던 순명은 곧 나와 버렸다. 다시 과자점에 심부름꾼으로 주선해 주었으나, 거기서도 얼마 있다가 나와 버렸다.

부모도 없는 순명은 제멋대로였다. 매일 광주 큰 다리 밑에 있는 개울가에 가서는 제 또래의 아이들과 뛰어노는 것이 일이었다. 감독하는 사람도 없이 매일 무식한 사람들이나 실업자, 불량배들과 어울리면서 그의 성격은 난폭해졌다. 걱정하는 형이 타일러도 아랑곳없이 박치기 명수라는 싸움꾼이 되었다.

강순명은 이런 모양으로 자라나, 그 후에 착한 형 강대성 집사가 자그마한 이발소를 차려주어 거기 붙어먹고 살았다.

최흥종 목사와의 관계

강순명은 앞에서 소개한 최흥종 목사의 딸 최숙이(崔淑伊)와 결혼했다. 그의 아내 최숙이는 광주에 최초로 생긴 수피아 여학교 고등과 제1회 졸업을 했다. 숙이는 미인은 아니었지만, 18세에 공부 잘하고 야무진 처녀였다.

그 당시 여학교 고등과를 나오면 결혼 상대는 보통 대학 나온 남자였는데, 마침 일본에서 의학전문학교 졸업한 청년과 혼담이 있었고, 최 양도 마음이 있었다. 어느 날 최흥종 목사는 가족들을 앞혀놓고 "우리 딸 숙이는 그 청년에게 줄 수 없다. 그가 아무리 훌륭해도 믿지 않는 사람이니 생각도 말라"면서, "너는 강대성 집사의 동생 강순명이 한테 시집가라"고 했다. 함부로 연애 못 하던 시절이니, 이 말은 청천벽력 같은 명령이었다.

강대성 집사의 동생 강순명은 겨우 숭일학교 보통과를 나왔고 부모도 없고 돈도 없고, 게다가 광주 일대에서 깡패로 소문난 사람인데도 최흥종 목사는 "강군이 지금은 보잘것없지만 교회에 잘 다니고, 특별히 그들 형제간에 우애가 지극하다. 내 눈에 틀림없이 유망한 사람이니 그리 알아라."고 말했다.

한번 결정하면 바꿀 줄 모르는 최 목사의 성격이었다. 그 후 몇 달이 지나 10월 19일 광주 오원 기념각에서 강순명과 최숙이는 유래춘 목사의 주례로 결혼식을 올렸다. 최숙이는 강순명에게 없어서는 안 될 현모양처로 17년간 모든 역경 속에서 고락을 함께했다.

동경 유학

그러던 차에 강순명은 친구 두 명의 권유로 일본 동경으로 유학한답시고 이발소를 정리하고 셋이 고향을 떠났다. 처자가 있고 보통과 밖에 못 나온 주제에 순명은 유학하러 갔다. 일본에 간 지 얼마 되지 않아 고향의 아내를 데려다가 여러 친구의 식사 시중을 시켰는데, 찾아오는 사람이 많아지면서 식당처럼 됐다.

그는 동경에서 유학 생활 중에 관동 대지진을 겪었다. 이때 강순명은 거리에 나갔다가, 그 난리를 만나 집에 돌아올 사이도 없이 피난민들 속에 끼어 함께 달려 우에노(上野) 공원까지 이르렀다. 사방에 지진과 화재를 피하여 모여든 사람들로 꽉 찼는데, 모두 맨바닥을 치며 통곡하고 있었다. 강순명은 공원의 벤치에 엎드려 가슴을 치면서 처음으로 통회 기도를 했다.

"하나님, 내게 사흘만 더 살 기회를 주십시오. 그러면 나의 모든 죄를 청산하고 죽겠습니다. 예수님. 사흘만! 사흘만!"

그는 기독교인 가정에 태어난 모태 신자였다. 그러나 그동안 불량배로 살아왔고 신앙생활을 제대로 해 오지 않았지만, 이 대지진 속에서, 사방에서 한국인이 맞아 죽어가는 속에서 처음으로 목숨을 걸고 회개의 기도를 올렸다. 후에 강순명은 그때처럼 간절하고 진실된 기도를 해본 적이 없었다고 회상했다. 지진 속에서 강순명은 참으로 새 사람으로 거듭났다. "일생 온전히 주님을 위하여 살리라"는 결심과 서원을 세웠다. 믿음의 사람이 되어 예수님의 생활대로 실천하며, 남을 위한 자기희생의 일생을 보낸 삶의 전환점을 가지게 되었다.

귀향

1924년 7월에 5년 동안의 동경 생활을 청산하고 처자를 거느리고 고향 광주로 돌아왔다. 고향에 돌아왔으나 갈 데가 없어 가족과 함께 형님 댁에 얹혀 살았다. 살림이 어려우니 아내는 유치원 보모로 취직하여 생활을 도왔다. 강순명은 몸에 밴 못 견디는 성질 때문에 집에 붙어있지 못하고 가까운 농촌 교회 봉사에 부지런히 돌아다녔다.

목사가 그립던 시절이어서 강순명은 목사는 아니었지만, 동경 대지진 때 회개하게 된 체험담으로 사람들을 감동시켰다. 강순명은 목사가 된 후에도 부흥 목사로 유명하지만, 그전에도 그의 설교에는 은혜가 있었고 특히 그의 간증에는 눈물이 있었다. 기도하는 그의 가슴은 불타고 있었다.

1903년 10월 28일에 우리나라에 최초로 YMCA(황성기독교청년회)가 조직되고, 각 지방에 YMCA 지방 조직이 활발하게 되어갔다. 전남 광주에는 1922년에 최흥종 목사를 회장으로 추대하면서 조직이 되었고, 어비슨(G. W. Avison)이 광주 지방 간사로 농촌 책임자가 되어 활동할 때, 강순명은 어비슨의 서기로 일하게 되었다. 원래 농촌 문제에 관심이 있었던 그는 농촌 교회를 중심으로 찾아다녔다. 농촌 교회에 가게 되면 부흥사와 계몽 운동가 노릇을 겸했다. 타고난 정열로 어비슨 못지않게 종횡무진 활동했는데 그때 32세였다. 이 시절이 강순명에게는 가장 즐거운 전성기였다.

소위 한국의 초대교회 부흥이라던 1907~1917년의 10년간 구령 부흥 운동 시기가 지나가고, 교회들도 침체에 빠지게 되었다. 경제적 궁핍 때문에 농민들이 떠나가니 농촌 교회는 형편없이 약해졌고, 가난한 전도사 혼자 5~6곳의 교회를 순회하며 보게 되었다. 이때 강순명은 그런 형편을 바라보면서 농촌의 경제와 복음 전도 운동을 해결할 묘안으로 소위 독신전도단이란 것을 구상해 보았다.

일본의 성자요 빈민굴 전도자인 가가와 도요히코의 영향을 받은 한국 기독교 지도자들이 많았는데, 강순명도 그중 하나였다. 그는 가가와 도요히코의 책을 탐독하여 그의 정신 "한 알의 밀" 실천에 많은 감명을 받았다. 강순명이 영향을 받은 또다른 인물은 인도의 성자 "사두 선다 싱"이었다. 그의 전기와 신비적 체험록의 감화를 많이 받았다.

빈민 생활

강순명은 다른 사람이 되어갔다. 기도의 사람이 되어 산으로 들로 찾아다니고, 빈 교회당에 혼자 들어가 밤을 새우며 눈물의 기도를 드렸다. 길 가다가 거지를 보면 있던 돈을 털어주고, 헐벗은 사람을 보면 입고 있던 양복저고리를 벗어 주고, 또 가다가 불쌍한 사람을 보면 와이셔츠를 벗어 주었다. 아내는 남편이 밖에 나가면 옷을 벗어 주기 때문에 싸움을 걸었다. 밤이면 큰 다리 밑에 고아를 안고 자고, 아침에야 집에 돌아왔다. 아내가 "지난밤에 어디가 있었느냐"라고 따지고 들면 고아들을 안고 잤다면 아내가 더럽다고 가까이 오지 못하게 했다. 고아를 업고 오기도 하고 병자들을 안고 기도해주었다.

기성교회에서는 이와 같은 강순명의 행동과 관련하여 그의 정신 상태를 비웃었으나, 일반 사회에서는 "예수 믿으려면 강순명처럼 믿으라"는 소문이 자자했다. 길을 가다가도 갑자기 멈춰서서 하늘을 우러러보며 눈물을 흘리고 한숨지으며 "주님!"을 불렀다.

폐병은 전염병이고 그 당시에는 고치지 못하고 죽을병이었는데, 그 지방에는 폐병 환자가 많았다. 강순명은 그들을 찾아다니며 같이 앉아 위로해 주며 기도해주었다. 전남에는 문둥병자 마을인 순천 애양원이 있고 소록도가 있다. 강순명은 나환자를 만나면 손을 내밀어 잡아주고, 애양원에 가면 나환자를 가슴에 안고 등을 두드려 주기도 했다. 그렇게 살다가 마침내 뜻을 정하고 집을 버리고 가출하여 유랑운수(流浪雲水)같이 특별한 목표 없이 발길이 닿는 대로 전국을 누비며 돌아다녔다. 당시 유명한 인사들을 찾아다니며 참된 신앙의 길과 민족의 살길과 진리에 대해 의견을 나누었다.

구룡폭포에서 일어난 일

강순명은 금강산에서 얼마 머무는 동안 우연히 전주 서문밖교회 배은희 목사를 만났다. 배 목사는 유명한 부흥 목사였지만 좌익사상에 물들어 있어 기독교 사회주의자로 지목받고 일본 경찰의 요시찰 인물로 주목받던 분인데, 당시 우리나라 농민들의 참상이나 빈곤 문제로 고민하다가 신경쇠약이 극심해지고 위장병까지 겸해서 휴양차 금강산에 와 있었다. 두 사람은 함께 여기저기 계곡을 탐색하고 다니다가 유명한 구룡폭포에 이르렀다.

배은희 목사는 당시 심한 신경쇠약에 불면증까지 겸해 밤을 뜬눈으로 새우는 형편이었는데, 구룡폭포의 너무도 장엄한 모양을 바라보더니 자기는 살아가려면 예수가 옳은가, 마르크스가 옳은가 하는 싸움을 계속해야 할 형편이니 차라리 이 절벽에서 떨어져 죽겠다면서 절벽 바위에서 구룡폭포 깊은 소(沼)에 몸을 던졌다.

너무도 놀란 강순명은 자기도 모르게 옷 입은 채로 뒤따라 소에 뛰어들었다. 배 목사는 한 번 물속에 깊이 잠겼다가 솟아오르더니 몸이 물살에 밀려 다음 소로 흘러내렸다. 강순명은 수영선수였다. 따라가서 배 목사의 발목을 잡아 물 밖으로 끌어냈다.

이 사건으로 배은희 목사는 사회주의적 사상을 청산하고 심령의 중생 체험을 얻었다. 그리고 자기를 건져준 강순명과 절친한 사이가 되었다. 병도 어느덧 사라졌다.

독신 전도단

두 사람을 이때부터 일본의 가가와 도요히코의 책을 서로 권해 읽었다. 배은희 목사와 강순명은 모두 이론보다 구체적 행동을 강조하는 분들이었다. 두 사람은 서로 의논한 결과, 1929년 봄에 배은희 목사 댁에 몇몇 동지들이 모여 숙의를 거듭하고 나서 "독신전도단"이란 것을 결성했다.

한국 농촌의 피폐와 농촌 교회가 자립하지 못하는 현실을 보면서, 독신 전도단원은 가정적 책임을 벗어나기 위하여 3년간은 결혼 생활을 피하고 독신으로 농촌에 파고 들어가 농촌 계몽을 위하여 헌신 봉사를 한다는 것이다. 밤에는 부녀자들을 모아 야학교를 개설해 가르치고, 낮에는 취학하지 못하는 농촌 아이들을 가르치자는 것이다. 주일 낮에는 교회에서 전도사로서 설교한다. 그 밖에 농민들을 위해 협동조합과 소비조합을 조직하여 피폐한 농민 생활을 살리고, 농민들의 자각을 일으켜 준다. 부업을 장려하고 양계나 양돈을 지도해 준다. 환자들을 위해 간단한 상비약을 사다 놓고 의사 역할도 한다. 이 모든 일을 그리스도의 발자취를 따르는 정신으로 희생 봉사한다. 이것은 가가와 도요히코가 일본 빈민굴과 가난한 농민들이나 어촌을 위하여 행한 방법이기도 하다.

독신전도단의 강령(綱領)은: (1) 때의 징조는 주님의 재림이 멀지 않음을 알린다. 우리는 복음 전도에 힘쓴다; (2) 경제 문제는 교역(敎役)하는 데 위협이 된다. 우리는 가족에 대한 책임을 초월한다. 단원들을 모집하여 6개월 동안 훈련해서 최저 생활을 하도록 보장 지원해 주면서 일터로 보내기로 했다. 단원들이 파송된 지방은 전북 익산군, 완주군, 이리시, 전남 무안읍, 전남 광산 지방, 제주도 등지였다.

독신 전도단 운동이 활발하게 진전되면서 기성교회 교역자들로부터 뜻밖의 오해와 반대에 부딪혔다. 무급으로 전도하는 독신 전도단원이 많이 침투하게 되면, 교회 재정력이 약한 교회에서 목사나 전도사를 쓰지 않고 전도단원으로 대체하게 될 것이라는 의혹, 여자들이 2/3가 되는 농촌 교회에 독신 전도사가 들어오면 사고가 나기 쉽다는 등의 구실로, 결국 이 문제는 총회에까지 문제가 되었고, 특별위원회에서는 다음과 같이 결의했다: (1) 독신 전도단원을 교회 강단에 세우지 말 것; (2) 독신 전도단원을 쓰고 있는 교회는 그들을 내보낼 것; (3) 각 시찰에서 엄중히 감시하고 결과를 노회에 보고할 것.

심지어 독신 전도단원을 이단으로까지 몰아 전도단원이 설 자리가 없어지고, 후원자들이 하나둘 떨어져 나갔다. 독신이란 명칭 때문에 배은희 목사와 강순명도 갈라지고 말았다. 감격과 열의에 차서 시작한 독신전도단 운동이 뜻밖에 와해되고 말았다.

강순명의 형 강대성 장로는 선한 사람이었다. 동생의 이러한 정황을 본 장로 부부는 동생에게 집 한 채를 지어주기로 했다. 생전 처음으로 자기 집을 마련한 강순명, 특히 부인 최 여사의 기쁨은 여간하지 않았다. 새집으로 이사하는 날은 잔칫날 같았다.

강순명은 친형이 장로로 있는 중앙교회에 출석하면서 서리 집사가 되었다. 그런데 또 일이 벌어졌다. 중앙교회에서 교회 신축을 위해 부흥회를 개최했는데, 강사는 이성봉(후에 목사)이었다. 집회 마지막 날에 모두 은혜받고 교인들이 다투어 가면서 일어서 신축 헌금 액수를 결정했다. 그때 고개를 숙이고 눈물을 흘리고 앉아 있던 강순명은 돈 한 푼 없는 몸이니 헌금을 결심할 수가 없었다. 사람들이 제각기 일어나 연보를 결심하는데 강순명이 벌떡 일어났다. "제가 한 말씀 드리겠습니다. 저는 헌금할 마음은 간절하나 돈 한 푼 없습니다. 기도하던 끝에 유일한 재산인 우리 형님이 지어주신 집이 생각났습니다. 이제 머리 둘 곳도 없으셨던 주님의 뒤를 따라가기로 결심하고 이 집을 하나님께 기꺼이 바치겠습니다."라고 했다.

한국에 다시 나온 어비슨은 강순명과 손을 잡았다. 쓸모 있는 인물이었기 때문이다. 강순명은 어비슨의 승낙을 받고 어비슨의 축사 곁에 있는 빈 창고를 빌려 임시 숙소로 개조하여 사용하면서 20여 명의 청년들을 모아서 이전에 해체되었던 독신전도단을 정신적으로 재건하려 하였다. 매일 새벽에 모여 기도하고, 낮에는 어비슨 농장에서 노동하면서, 밤이면 열심히 예배를 보았다. 이 청년들을 기반으로 하여 농업 실습학교를 창설했다. 노회나 한국 목사들은 강순명의 독신전도단 사건 때문에 반대했으나, 어비슨은 적극 협력하여 자기의 사재를 몽땅 털어놓았다. 이 학교는 농사 교육만이 아니고 성경도 가르치고 또 열심으로 기도했다. 여기 출신들이 후에 교계에 중진들이 되었다.

목자 강순명

농업 실습학교가 본궤도에 오르게 되자 어비슨은 강순명에게 신학교에 가라고 권면했다. 처음에는 감리교 협성신학교에 입학했으나, 이듬해 평양에 있는 장로교 신학교 2학년에 편입하였다. 신학교에 다니면서도 강순명은 공부보다 기도에 더 파묻혔다. 신학 공부를 하면서도 틈틈이 전도하러 나갔고, 학우 중에 병든 사람이 있으면 정성껏 간호해 주었고, 어려운 형편에 있는 이를 보고는 자기 시계를 주기도 했다. 병자에게는 사과나 옥수수 몇 개라도 사다 주어야 직성이 풀렸다. 병자의 빨랫감을 맡아 자기가 빨아주는 것을 낙으로 삼았다. 밤에는 밤을 새워가며 철야기도에 힘썼다. 이렇게 사니 문제는 학기말 시험을 치는 일이었다. 그래서 교수 중에 제일 까다로운 남궁혁 교수에게 찾아가 시험 문제를 쉽게 내 달라고 부탁하기도 하였다.

방학이 되어도 고향에 내려가지 않고 평양 근처 여러 교회에서 청하는 데가 많아 부흥회를 하러 다녔다. 고향의 가족들은 기다리기에 지쳤다. 모처럼 고향에 내려와도 집회하러 돌아다녔는데, 가는 곳마다 뜨거운 은혜의 장소가 되었다.

집회가 아니더라도 틈만 있으면 신앙 동지들을 찾아다니며 신앙 토론이나 은혜 체험담을 나누는 것으로 즐거움을 삼았다. 그를 따라다니노라면 부흥 집회 같은 은혜에 젖게 되었다. 많은 젊은이가 모여들었고 집에 찾아왔는데, 호탕한 강순명은 있는 대로 나눠 먹기 때문에 가난한 살림에 부인의 고충은 이만저만이 아니었다.

아내의 소천

최 여사는 강순명과 결혼하여 17년 동안 불평 한마디 없이 남편과 자녀들을 위하여 희생해 왔다. 최 여사는 딸만 다섯을 낳고 늦게야 귀한 아들을 얻었다. 그 아들 하나에 기대를 두고 잘 키워 보려고 했지만, 지치고 병들어 아버지 최흥종 목사의 동생 최영욱 박사의 진찰을 받았다. 제중병원에서 숙부 최 박사의 집도로 수술을 받았으나 결과가 좋지 못했다. 평생 아내를 행복하게 해 주지 못한 강순명은 온갖 정성을 다하여 간호했다. 그러나 소용없었다. 1935년 7월 31일 밤 10시, 최숙이 여사는 운명하였다. 17년 동안 아내를 너무나도 고생시킨 죄책감에 강순명은 아내 머리맡에서 하염없이 울었다. 17년 동안 아내를 너무도 희생시킨 것이 한이 되었던지, 부인이 생전에는 입어보지 못한 비단을 끊어다 수의를 만들어 입혀 입관했다.

새로운 삶

그 후에 강순명은 평양 서성리에 방 한 칸을 얻어 어미 잃은 여섯 형제를 평양에 데려다 놓고는 신학생으로 공부를 계속하다가 누구의 중매로 평양여자성경학교에 다니는 장신애와 재혼하였다. 집회 인도를 다니면서 얻은 약간의 사례금과 남의 도움을 받아 겨우 살림을 꾸려갔다.

그러다가 일제 말에 신사 참배 문제로 평양신학교가 문을 닫게 되었다. 평양신학교는 1901년에 개교하여 37년 동안 계속하다가 일본 정부의 압제로 1938년 9월 20일에 아주 폐교한 것이다. 강순명은 졸업까지 한 학기가 남았는데, 할 수 없이 신혼생활 3개월 만에 여덟 식구를 거느리고 고향인 광주로 내려왔다. 한 학기 남은 수업은 통신 강의로 보충해서 졸업장을 받았고, 전남 노회에서 목사 안수를 받았다.

강순명이 목사가 되어 처음 부임한 곳은 전남 광주에서 30리 거리에 떨어진 나주군 남평교회였다. 교인은 60명 정도였다. 그는 신앙의 불을 붙여 주면서 농촌 교회 자립과 근로정신을 넣어주려고 새끼 꼬는 기계를 사다가 교회 마당에서 공동작업을 시키고, 점심도 공동식사를 하게 하고, 교회 여자 조력회(여전도회) 회원들을 동원해서 교인 가정을 돌면서 김치, 된장을 얻어 오게 했다. 강순명 목사가 목회하는 동안, 남평 교회는 그의 정열과 많은 기도에서 깊은 감화를 받아 활기에 넘치며 부흥하게 되었다. 하지만 강 목사는 이곳에 오래 있지 못하고 1년 5개월 후에 떠나게 되었다. 이 교회의 유력한 집사 서상덕은 후에 제헌 국회의원이 되었고, 청년들 다수는 민족 청년회 지방 간부들이었고, 믿음이 좋은 김만선 집사는 후에 산중파 이현필의 감화를 받았다.

남평교회를 사임한 후 목회한 곳은 전북 군산노회에 속한 금안교회였다. 독신전도단 시절부터 인연이 있던 곳인데, 이 교회에서부터 그는 자신의 농촌 교회 이상을 과감하게 실천했다. 청소년을 거느리고 골목 청소 운동을 솔선했다. 뒷산 언덕 밑에 땅굴을 파고 그 속에서 청소년들에게 성경을 가르치고 기도의 다락방을 삼았다. 소문이 퍼지면서 여기저기 교회에서 다투어 가며 부흥 사경회 강사로 초청했다.

전북 지방을 휩쓸고 다니며 간 데마다 은혜 있는 집회를 인도하게 되니, 청년들이 떼를 지어 강 목사의 집회를 따라다니고 교회가 가득 차 밤을 새워 기도했다. 헌신하는 사람들이 많이 생기니, 일본 경찰이 따라다니며 감시했다. 그의 교회 목회 이념은 다음과 같았다: (1) 한국교회의 밑바탕은 농촌 교회다. 농촌 교회가 힘을 얻어야 한국교회가 부흥한다: (2) 교회의 중추는 청년이다. 청년 양성에 최선을 다해야 한다: (3) 게으름이 가난을 불러온다. 부지런한 교인을 기르자; (4) 교회는 세상의 빛이 되어야 한다. 빛이 없으면 하나님이 떠나신다.

강순명 목사가 가는 곳마다 너무 바람을 일으키고 청년들이 소동을 치니 일본 경찰의 압력이 더욱 심해졌다. 이 문제로 강 목사보다 교회 중진들이 걱정하여 강 목사에게 의논했다. 배짱 좋은 강 목사도 기도해 보고 "이 동리에서 너희를 핍박하거든 저 동리로 피하라"(마 10:23)는 주님의 말씀을 느끼고, 아무도 몰래 교회를 떠났다.

일제 말 전국 교회가 박해를 받고 목사들이 신사 참배 문제로 곤욕을 치르던 시절이었다. 강순명 목사는 가족에게도 알리지 않고 방랑의 길에 나서서 혼자 그 시절 동양의 예루살렘이라 불리던 평양으로 갔다. 평양신학교는 폐교되고, 한국교회의 양심인 주기철 목사가 감옥에 갇히고, 그가 목회하던 산정현교회는 대문에 철망을 치고 못을 박아 출입하지 못하게 되어 있었다. 그런 속에서 강 목사는 동지들을 찾아 모으고 초청하는 교회에 가서 설교하고 지냈는데, 가는 곳마다 폭포수 같은 은혜의 말씀으로 모든 심령을 점령했다.

전남 광주에서 형님이 동생의 행방을 찾아 평양에까지 찾아왔다. 형님은 그를 만나 의논하고 가족을 평양에 데려오기로 하고 돈 150원을 주면서 방 한 칸을 얻고 재봉틀 한 대를 사서 삯바느질을 하면서 살림하도록 했다. 평양에 온 아내 장 여사는 임신 중이었는데 재봉틀을 돌리며 살림을 꾸려갔다. 그런데 또다시 강 목사는 훌쩍 집을 나갔다. 소식 없이 8개월이나 지나 가족들이 걱정하던 중 갑자기 집에 나타났다. 들으니 그동안 강원도 삼척 지방으로 전도하며 다니다가 잡혀 경찰서에 갇혀 있었다고 했다. 임신 중이었던 아내가 아들 은수를 낳았다. 어린애를 난 지 두 달 만에 강 목사는 아내에게 서울로 가자고 고집했다. 아내가 반대했지만, 소용없었다. 가족을 거느리고 서울 북아현동에 작은 방 하나를 얻어 정착하고는 강 목사는 여전히 눈코 뜰 새 없이 돌아다녔다.

광복

1945년 8월 15일, 36년간의 일제 속박으로부터의 해방과 아울러 조국의 광복이 오니 자칭 애국자라는 무리가 쏟아져 나오고, 너도나도 정치한다고 정당이 한 달 사이에 79개나 생겨나던 시절에 강순명 목사는 윤치병 목사의 협력을 얻어 연경원(研經院)을 시작했다. 처음에는 북아현동에 적산 가옥 한 채를 빌려 시작했다. 주 강사는 윤치병 목사였고, 어학 지도는 차남진이 맡고, 강 목사는 설교와 새벽기도를 전담했다. 해방 직후 서울의 혼란 속에서 학생들은 낮에는 노동하고 저녁이면 공부하러 모여들었다. 처음에 20명가량 되던 학생 수가 점점 늘어나서 용산에 일본 금광교(金光敎) 본부 자리 큰 건물을 얻어 옮겼다. 연경원은 신학교에 준하는 기관으로서 학생 수가 늘어 남자 100여 명, 여자 20여 명이나 되었다. 연경원과 아울러 같은 건물에서 원동교회라는 교회를 시작하여 그 당시 대교회를 이루었다. 연경원에서는 우수한 목사들이 다수 배출되었다. 그러나 기성 교계 일부에서는 강순명과 연경원을 중상하는 이들도 있었다.

일본 시대 동경 신주쿠(新宿)에서 한국 유학생 교회를 목회하던 눈물의 목사 김치선 목사는 해방 후에 서울 남대문 교회를 담임했다. 본래 정열적인 그는 "3백만 구령운동"을 시작했다. 교계가 정돈되지 못하고 목사나 전도사가 매우 적었던 그 시절에는 3백만 구령운동에 협력할 인물이 적었다. 강순명 목사는 그 발기인의 한 사람으로 김치선 목사와 함께 전국 각처에서 요구하는 집회 강사로 부지런히 다녔지만, 두 분 다 교회를 맡고 있는 몸이라 모든 요구에 응할 수가 없었다. 김치선 목사와 그 밖에 구령 운동에 활동할 인물을 위하여 그들끼리 노회 비슷한 것을 조직하여 목사 안수를 주기로 했다. 그래서 연경원 강사 중 세 사람을 선택해서 목사 안수를 주었다. 이것이 후일 말썽거리가 되었다.

6.25 사변 후의 목회

1950년 6월 25일 새벽, 북한 인민군이 남침했다. 강순명 목사 가족은 임시로 삼각산에 피난하여 10월 초까지 풀뿌리, 나무 열매, 도토리 등 먹을 수 있는 것은 모조리 주워 먹으며 살았다. 그 후 1·4 후퇴 때 강 목사 가족은 다시 피난길에 나서 광주를 거쳐 부산까지 내려갔다. 강 목사는 피난민 물결에 뒤덮인 장소 구석구석에 함부로 대소변을 보아 쌓인 오물을 청소하며 다녔다.

장로교단에서 쫓겨난 강 목사는 부산 그리스도 교단의 초청으로 부산 용두산 언덕에 있는 피난민 촌의 판잣집 교회를 맡았다. 강순명 목사는 피난민들의 친구가 되어 찾아다니며 위로하고 그들에게 복음을 전파하고 여기저기 부흥 집회를 인도하러 다녔다. 집회 인도를 하고 돌아올 때나 길 가다가 헐벗은 사람을 만나면 자기가 입고 있던 옷과 바꿔 입었다. 목사이면서 '칼 갈아요 칼 갈아요' 하고 다니면서 가위나 칼을 갈아 주었다. 강 목사의 교회에 다니며 감화를 받고 후에 국회의원이 된 장 박사가 쓴 수필에 강순명 목사에 대한 회상록이 있다.

"낙망에 빠져 생의 의욕조차 포기한 채 절망의 심연에서 방황하던 나의 등을 어루만져 준 사람이 있었다. 그가 강순명 은사다. 스승은 나에게 인생과 신앙과 학문을 일깨워준 분이다. 그는 이론만의 스승이 아니라 인격과 생활을 통하여 교훈을 남긴 참 스승이었다. 강순명 은사는 인생의 밑바닥을 체험하기 위하여 다리 밑 걸인과 함께 노숙하는 때가 많았고, 때로는 숫돌을 짊어지고 다니면서 집집의 부엌칼을 갈아 주곤 했다. 칼을 갈아주는 의미를 물었더니 '무딘 내 마음을 갈고 있는 거야'라고 대답하였다. 몸소 걸인의 벗이 되어 노숙을 즐기며 숫돌을 메고 다니면서 마음을 갈아 제자들에게 '참'을 볼 수 있는 눈을 갖게 해 주던 강순명 스승은 선다 싱을 방불케 하는 성자였다. 특히 강순명 스승이 내게 읽으라고 권해 읽은 책 한 권이 있었다. 그것을 가가와 도요히코가 쓴 『한 알의 밀알』이라는 소설이다. 이 책은 내가 절망을 딛고 일어서는 데 결정적인 역할을 했다."

청년 시기에 눈물이 많으면서도 정의감에 불타던 강순명은, 일본 시대 일본 경찰이 한국 청년을 끌고 가면서 큰 길가에서 때리고 발길질하는 것을 보고 참을 수 없어 달려들어 일본 형사를 박치기로 받아넘겨 쓰러뜨린 적도 있다. 또 한 번은 우체국에서 일본인 직원이 건방지게 군다고 창살 틈으로 두 손을 넣어 목을 조른 적도 있었다.

강순명은 모함을 많이 받으면서도, 한 번도 남의 결점을 말하는 일이 없었다. 칭찬할지언정 험담은 하지 않았다. "성자가 누구냐? 남을 성자로 보는 자이다. 악마가 누구냐? 남의 단점을 과장하여 선전하기를 즐기는 자이다."라고 했다.

강순명 목사는 아무런 계획도 예산도 가지지 않으면서 하나님의 뜻이라 느껴지면 앞뒤를 가리지 않고 순종했다. 인간적 성공과 실패에 구애되지 않고 오직 하나님의 뜻만을 추구했다.

임종

이렇게 남들이 흉내 못 낼 일을 하고 다녔으나 그는 이미 건강을 잃은 사람이요, 나이 60이 가까워 조금 활동하면 숨이 차고 얼굴이 부어올랐다. 세브란스 병원에 입원하니 "심장판막증"이라고 절대 안정해야 한다고 했다. 그래도 병원에서도 잠시도 가만히 있지 않고 환자들을 찾아다니며 위로해 주고 기도하고 전도하느라고 분주했다.

병원에서 안정이 안 되어서 하는 수 없이 퇴원하여 가족들 곁에서 간호받게 했다. 그래도 경로원 노인들을 찾아다니며 위로해 주고 보살피고 기도했다. 가족들이 그러지 말라고 타이르면 "죽는 것이나 사는 것이 다 하나님 아버지께 있나니 너희가 염려함으로 목숨을 일각이나 더하겠느냐"면서 천하태평이었다. 끝까지 남의 걱정을 하지 자기는 돌보지 않았다. 건강은 더욱 악화하여 자유로이 움직일 수도 없게 되었다. 그때는 강 목사 자신도 죽음을 짐작했는지, 어느 날은 잠자는 듯 지그시 눈을 감고 누워 있다가 눈을 떠 곁에 있는 부인을 보고 "내가 오늘 저 무등산에 올라갔더니 이 세상에서는 찾아볼 수 없는 아름다운 꽃밭이 있더라"고 했다. 며칠 후 다시 "우리 뒷동산에 올라갔더니 어찌 그리 세상에서 찾아볼 수 없는 꽃밭이 있던지 내가 거기 갔다 왔노라"고 했다. 강 목사의 임종이 가까운 줄 짐작하고 부인은 그가 즐기는 찬송을 불러주었다: "주안에 있는 나에게 딴 근심이 있으냐 십자가 밑에 나아가 내 짐을 풀었네."

강 목사는 부인에게 곁에서 떠나지 말라고 부탁했다. 부인이 하염없이 눈물을 흘리니, "울지 마시오. 예수님도 십자가를 지고 가실 때 자기를 보고 우는 여인들에게 예루살렘의 딸들아 나를 위하여 울지 말고 너와 네 자녀를 위하여 울라 했습니다. 왜 나를 보고 울고 있소?"라고 했다.

부인이 마지막으로 "하실 말씀이 있으면 해 보시오." 라고 했더니 "세상을 다 포기했다고 하지 않았소. 그런 내게 무슨 할 말이 있겠소."라고 대답했다. 여전히 평화스러운 얼굴이었다. 조금 있다가 부인에게 "아내 좋은 것을 이제 알았소. 그동안 너무 고생을 많이 시켜서 참으로 미안하오. 주님 감사합니다." 하고는 고요히 눈을 감았다. 그때 강순명 목사의 나이 62세였다. 1959년 3월 12일 밤 9시 40분, 봄이 저만치 가까이 오고 있는 시절이었다.

94.

김천자 수녀

불쌍한 거지와 결핵환자의 천사요 어머니였던 수녀

김천자 수녀는 본래 전남 광주시의 어느 고등학교 교감의 부인이었다. 가톨릭 신자였고, 남편과의 사이에 자녀들을 낳고 행복하게 살던 여신도였다. 언니 김은자 수녀가 동광원에 들어가 전혀 다른 사람으로 변한 것을 보고 감동했다. 옛날에 집에서 그토록 멋 부리던 언니가 거지꼴 되어서 광주 거리로 똥통 리어카를 끌고 다니며 등에는 헌 가방을 짊어지고, 그 속에는 쓰레기통에서 주운 먹다 버린 사과, 주먹밥, 헌 걸레 조각, 나무 조각 등이 가득 차 있었다.

언니는 탁발 수도하느라 그러고 다녔다. 동생 김천자는 언니가 그렇게 감화받은 동광원의 이현필 선생을 찾아가 만나보고 과연 놀라운 그의 인격에 그만 굴복하고 말았다. 그래서 자기도 이현필 선생의 제자가 되고 수녀가 되어 새 생활을 하고 싶은 생각이 일어났다.

그녀는, "나는 이미 가정을 가지고 남편과 자녀들이 있는 가정주부가 아닌가?"라고 하며, 불가능하다고 낙망하다가도, 그의 가슴에 새 삶에 대한 불타는 갈망은 억제할 수 없었다. 그래서 동광원 모임에 열심히 따라다니면서부터 성당에는 못 가게 되니 가톨릭교회에서는 이단자라고 파문하겠다고 위협하다가 우선은 레지오단 멤버에서는 제명해 버렸다.

순결하게 살고 싶어서 남편과의 부부생활을 끊으려고 남편의 요구를 거절하기 시작하니, 남편은 아내를 책망하고, 달래 보기도 하고, 여러 가지 방법으로 김천자 씨의 결심을 돌이키려고 애쓰다가, 끝내 듣지 않으니, 나중에는 아내의 목을 조르며 협박하다가 실신한 아내를 방바닥에 차 버렸다.

이리하여 김천자는 집을 나와 버티고 남편은 다른 여자에게 장가들었다. 어머니를 잃은 자녀들은 동광원에 찾아와 마룻바닥을 치며 어머니를 내놓으라고 대성통곡했다. "쓰리고 아픈 십자가를 내 주님은 날 위해 지셨다. 나도 져야 한다." 이것이 이때 그녀의 심정이었다.

그는 이현필 선생을 찾아갔다. 선생은 "죽을 각오하면 삽니다. 십자가를 져야 합니다."라고 격려해 주었다. 김천자 씨는 이렇게 어려운 환경을 돌파하고 수녀가 되어 무등산 기슭에 있는 골피의 폐결핵 여자 중환자 요양소에서 일생을 봉사했다.

그의 꾸준한 자기희생적 정신과 봉사는 죽어가는 환자들의 천사요 어머니였다. 그리고 그 속에서 그는 점점 성화되어 갔다.

이현필 선생의 정신은 불쌍한 이웃을 도우려는 것이긴 해도 김은자, 김천자 자매가 거리에 나가기만 하면 불쌍한 거지와 폐병 환자들을 업어오고 리어카에 실어오니 이 선생도 걱정이 생겼다. 수용할 데가 없고, 부양할 책임을 생각하면서 해야 할 것인데, 자매들은 길 가다가도 불쌍한 이만 보면 그냥 지나치지 못했다.

사람들은 김천자 수녀를 보면서 성모 마리아 같다고 했다. 그 후 그의 큰아들은 성장하여 서독에 광부로 가서 번 돈을 어머니에게 보내주었다. 김 수녀는 그 돈으로 무등산에 조그마한 수도 처소를 아담하게 지었다.

몇몇 수녀들이 거기서 농사하면서 청빈과 순결의 삶을 살았다. 그러나 과로에 지친 그녀는 어느 날 병들어 의식을 잃고 입원하여 치료하다가 세상을 떠났다.

95.

김종은 권사

무식한 그녀가 말씀을 통해 능력을 받고 놀라운 역사를 보인 능력의 여종

평북 용천군 통화면 고령교회의 김종은 권사는 본래 무식한 여자로서 겨우 글자나 읽을 정도였으나, 예수를 믿고는 성경을 수백 번 통독했다.

그가 기도하는 모양은 마치 가뭄 밭에 이슬이 내리듯 기도 받는 사람들의 마음을 시원하게 적시었다. 그의 권면하는 몇 마디 말에도 언제나 듣는 이에게 은혜가 되어 유명한 부흥설교에서 얻는 감화보다 더 컸다.

그러나 그의 남편은 세상에 드문 포악한 성질의 남자로서 예수 믿는 아내를 몹시 핍박했다. 아내가 예수 믿고 전도하러만 다닌다고 첩을 얻으려고 어떤 젊은 여자를 데리고 왔으나, 그 여자가 김종은 권사를 보자마자, "아이고, 그 노인 눈이 깜박깜박하는 게 눈에서 불이 쏟아져 나오는데 무서워 못 있겠다."라고 하며 도망쳐 버렸다.

한 번은 남편이 김 권사를 죽이려고 칼을 들고 길에서 찌르려 했는데, 김 권사는 남편의 손목을 잡고, "여보, 죽여도 여기서 죽이면 객사 아니오. 집에 가서 찔러 죽이시오." 하고 같이 집으로 가는데 남편은 자전거 타고 먼저 가고, 김 권사는 산 고개를 넘으면서 이 시험을 이기게 해 달라고 계속 기도하며 갔더니, 방에 끌려 들어가 칼 들고 달려들던 남편이 갑자기 꼬꾸라져 제 손으로 눈을 가리며 벌벌 떨면서, "저년이 예수 믿더니 왜 저렇게 무서운 모양이 됐느냐"라고 하면서 칼을 버리고 말았다.

그런 핍박 속에서도 김종은 권사는 일 년 중 절반은 교회에서 철야기도를 계속했다. 포악하던 남편은 병들어 죽기 14일 전에 회개했다.

김종은 권사에게는 여러 가지 신기한 능력이 있었다. 제2차 세계대전 중에는 일본이 패망할 환시(幻示)를 보고 교회에 걸어놨던 일본 국기를 떼버렸다. 어떤 여자가 자기 말(馬)이 병들어 김 권사에게 기도해 달라고 하니, 가서는 기도하기 전에 "애 어머니, 이 아기 성이 뭐이지?"라고 물으니, "권사님도, 그 애 아버지가 이 씨니 그 애도 이 씨지 뭐겠습니까?"라고 하니까, 김 권사는 정색하고, "아니야, 이 아기 성은 오 씨야!"라고 했다. 그 여자는 당황해서 김 권사 앞에서 자기의 남편이 고자라서 아이를 못 낳기 때문에 다른 남자 씨를 받았다고 자백했다.

이기혁 목사가 김종은 권사 교회에 와서 부흥집회를 인도할 때 김 권사는 철야기도를 하다가 하나님의 지시를 받고 이 목사께 찾아와서 "이 목사님, 사도행전 27장 20절을 읽으시고 그 말씀대로 순종하십시오." 하며 권했다.

이 목사가 자기 말을 듣지 않으니 매일 밤 철야하고는 새벽에 와서 또 그 말씀대로 복종하라고 졸랐다. 그 뜻은 38 이북에는 희망이 없으니 속히 이남으로 가라는 지시라며, 이남에 빨리 가셔서 전국을 복음화시키는 운동을 하라고 강권해서 이 목사는 그 길로 월남했다.

김종은 권사는, 한 번은 어떤 중환자를 위해서 기도하러 가서는 그 보고 먼저 죄를 회개하라고 권하니 죄가 없다고 거역해서 기도해 주지 않았다. 그는 나중에 회개해야 기도해 준다니 자기가 살인한 일이 있다고 눈물 흘리며 회개했다.

그러나 김 권사는 "또 있어! 더 회개해야 해!"라고 하며 추궁하니, 나중엔 그 남자는 자기가 만주에 다니며 사람 셋을 죽인 일이 있다고 또 자백했다.

96.

임순임 권사

병자와 가난한 이들을 위해서 자기 소유를 모두 준 사랑의 여종

임순임 권사는 전남 금성시(나주) 교회의 현직(집필 당시) 권사다. 남편은 세례교인이지만, 교회에 출석하지는 않고 부부 사이에는 자녀를 생산하지 못했다. 임 권사 하는 일은 매일 조반만 먹고 나면 책가방을 들고 나서서 교인 집들을 방문했다. 교회의 목사와 함께 다니는 때도 있으나, 그렇지 않을 때도 그는 혼자 집집을 찾아다녔다.

밤에 가야만 만날 이를 위해서는 밤에도 다녔다. 그가 주로 심방하는 집은 병자와 가난한 사람들의 집이다. 병자 집에는 미음이나 죽을 쒀서 가지고 문병갔다. 가난한 집에는 자기 할 수 있는 한 무엇인가 구제했다. 누구 집에 심방 가서 다른 권사들은 웃고 떠들고 세상 잡담하는 동안에도 임 권사는 방 한쪽 구석에 고요히 앉아 성경만 보다가 다른 이들 입에서 음담패설이 나오면 임 권사는 그들 무릎을 흔들며 "은혜받은 이야기나 합시다."라고 했다.

주일날 오전은 교회에서 예배드리고, 오후에는 불쌍한 노인들을 모아 음식 대접을 했다. 장날이 되면, 시골에서 장꾼들이 들어오는 길목에 서서 지나가는 이들의 손목을 잡고 흔들면서 진한 마음으로 눈물을 흘리면서 조용한 목소리로, "예수를 믿어야 삽니다. 예수 믿으십시오." 하며 전도했다.

그에게는 옷 두 벌이 없었다. 단 벌 옷을 저녁에 빨아서 밤사이 말렸다가 아침 일찍 일어나서 다려 입고, 또 심방과 전도하러 나갔다. 남편은 아내가 집안 살림은 돌보지 않고 밤낮 나돌아다니므로 때로는 머리채를 잡고 때릴 때도 있었다. 그럴 때면 임 권사는 반항하지 않고 맞고 있다가 정 놓지 않고 계속 때리면 한마디 하기를 "이젠 아프오. 그만 때리시오." 라고 할 뿐이었다.

교인들은 임 권사가 심방 다니느라 수고한다고 버선을 여러 개 만들어 주었지만, 그것도 다 남을 주고 한 짝 밖에 없었다.

어느 해 겨울, 교회 목사와 먼 마을 가난한 교인 집을 심방했는데, 추운 겨울인데도 이불이 없이 지내는 것을 보고 집에 돌아와서는 그날 저녁으로 자기 이불을 이고 가서 그 집에 전해 주고 왔다.

거지를 데려다 키우다가 병들어 임종하는 그 거지 코에 입을 대고 살려보려고 빨아주기도 했다. 한번은 불쌍한 거지 아이 하나를 길렀는데, 병들어 죽으니 임 권사는 교회 목사께 와서, "내가 내 딸처럼 사랑하지 않아서 그 아이가 죽었습니다." 라고 하면서 울며 회개했다.

그의 얼굴은 성모 마리아 같았다. 금성시의 불신자들까지도, "금성시에서 천당에 갈 사람 하나 있다."라고 하면서 다른 사람은 다 못 가도 임순임 권사만은 간다고들 했다. 그녀는 친오빠 댁에 농사가 바쁠 때면 가서 몸을 아끼지 않고 도와주어, 교회 장로인 오빠도 "우리 누이는 분명히 능력이 있다."라고 말했다.

교회 목사가 조금이라도 칭찬하면, "목사님, 왜 그런 말씀하십니까? 저를 위해 기도해 주십시오." 하고 겸손했다. 임 권사는 어떤 부흥회에 따라다니면서 은혜받은 것이 아니라, 교회에서 자기 혼자 기도하다가 몸이 진동하고 방언 은사를 받기도 했다.

97.

골뫼 정애 양

"기쁘다! 기쁘다!"하며 세상을 떠난 순결한 처녀

    정애 양은 전라도 어느 시골집의 다섯 번째 딸로 태어났다. 언니들은 모두 좋은 집에 시집을 갔지만, 정애 양만은 폐병이 심해서 결혼도 못하고 집에서 앓고 있었다. 병이 점점 더 위중해서 나을 가망이 없었는데, 어느 날 자기 집에 낯선 사람이 지게를 지고 와서 정 양을 보고 무조건 지게에 올라 앉으라고 했다. 시키는 대로 했더니 지게꾼은 정애 양을 메고 무등산 줄기 깊은 산중으로 자꾸 들어가고 있었다. "오냐, 내 병이 나올 가망이 없으니 깊은 산중에 갖다 버리려는 것이로구나"하고 짐작했다.

    무등산 줄기 어느 한적한 산 밑에 지게를 내려놨는데, 거기는 '골뫼'라는 곳으로, 여자 폐결핵 중환자들의 요양소가 있었다. 거기는 김천자 수녀가 환자들의 어머니로 봉사하고 있었고, 김 선생이라는 수도하는 분이 있었다. 김 선생은 새로 온 정 양의 신상 이야기를 듣더니, "정 양이 제일 행복합니다."라고 위로해 주었다.

    "내가 어떻게 행복한가? 분수없는 말이다."라고 생각하며, 그 말 듣기가 좀 못마땅했지만, 그래도 정 양은 거기서 예수 믿게 됐고, 신앙과 병고(病苦) 중에 성화되어 갔다. 정 양에게는 '예' 뿐이요, '아니요'가 없었다.

    어느 날, 펌프로 물을 푸다가 각혈해서 병원에 입원시켰지만 위독했다. 순결하고 어린애같이 순진한 정 양은 의사가 주사를 놔주려고 엉덩이를 내밀라고 하니, 생전 남에게 자기 속살을 보인 일 없는 그녀는 벋지 않으려고 머무적거리다가 의사의 책망을 받으면서 치료했으나 이미 회복될 가망이 없었다.

　어느 날 밤, 그는 병원 침대에서 숨을 거두었다. 사람들은 그가 죽은 줄 알고 시중하는 이들이 슬퍼하고 있는데 얼마 후 다시 살아났다. 그는 그동안 겪은 체험을 머리맡에 지키고 있던 김천자 어머니께 이야기했다.

　그동안 천사 두 분이 나타나서 정 양의 양쪽 손을 잡고 하늘나라를 구경시켜 주었다. 그 아름답고 찬란한 모양은 이루 형용할 수가 없었다. 그런데, 찬란한 천국에서도 유독 더욱 찬란하게 빛나는 성이 있었는데, 천사에게 저기는 어떤 곳이냐고 물었더니 천사는 그곳은 순결한 동정녀성(童貞女城)이라고 대답했다. 구경을 마치고 나서 정양이 다시 깨어난 것이었다.

　그러고는 자기가 동정녀성에 갈 것을 생각하니 너무도 기뻐서, 곁에서 간호하고 있는 김천자 어머니와 요양소 동료를 보고 찬송가를 불러달라면서, 특히 '먹빛 보다 더 검은'(통 213장) 찬송을 부를 때, 3절에 "세상 부귀 영화와 즐겨하던 모든 것 주를 믿는 내게는 분토만도 못하다."라고 부를 땐, 숨을 겨우 헐떡이고, 이마에는 구슬땀을 흘리고, 입술은 경련을 일으켜 곧 죽어갈 듯한 그녀는 손을 내밀어 곡조에 맞춰 저으면서 "기쁘다! 기쁘다!"라고 했다.

　김천자 어머니가 정 양의 땀을 닦아 주며, 머리를 빗겨 주고, 침대 판자에 상반신을 일으켜 가만히 기대어 눕게 하고, 잠시 간호하는 사람들이 곁에서 떠나 두어 시간 밖에 나가 볼일 보고 돌아와 보니 그사이 운명했다.

　하나님 나라 구경하고 나서 4시간 만에 운명하여 동정녀성으로 떠났다. 그때가 1974년 그녀의 나이 26세 때였다.

98.

노병재 집사

"천사 날 부르니……" 찬송 부르며 스스로 물에 빠져죽은 순교자

    1950년 한국의 6.25사변 때, 전남 영광군의 피해는 가장 막심했다. 영광에는 당시 여덟 개의 교회가 있었다: 백수읍교회, 묘량교회, 포천교회, 법성교회, 야월교회, 법성동부교회, 염산교회. 군내 전체 인구 10만여 명 중에서 공산주의자들에게 피살된 수는 3만 9천 9백 60명이나 됐다. 특별히 기독교인의 피해가 컸다.

    인민군 패잔병과 빨치산(partizan)이 서해안으로 탈주하면서 피해는 더욱 커서 영광군 내에서 살아남은 목사는 한 명도 없었다. 6·25동란 이 일어나기 얼마 전 법성교회의 종은 아무도 치지 않았는데 여러 날 계속해서 울렸다. 마을 먼 데서도 들을 수 있을 정도였다. 이상해서 사다리를 놓고 올라가 보아도 이상이 없었다. 그것은 6·25가 나고 영광군 일대와 교회가 전멸할 흉조였다.

    1950년 6월 25일 한국전쟁이 발발한 지 약 한 달 만인 7월 23일 북한 공산군이 염산교회에 들이닥쳤다. 예배당을 거처로 삼으려고 점령하자, 교인들은 어쩔 수 없이 주일 밤 예배를 목사 사택에서 가족과 몇 명의 교인들이 드리고 있었다. 그런데 공산군은 사택까지 강제로 점령하여 '미군 앞잡이 목사'라는 죄목으로 길거리로 쫓아내고 말았다.

    그러나 주변 사정이 살벌하여 더는 예배를 드릴 수 없었다. 그동안 교인들이 김방호 목사에게 피난 가라는 권유를 받았지만, 목자로서 양을 버릴 수 없

다고 하여 어느 교인 집에 숨어 있다가 중 어느 밀고자의 고자질로 결국 공산당 잔당과 지역 빨치산들에게 발각되어 끌려가서 논두렁에서 폭도들에게 몽둥이와 대창에 찔려 순교했다, 그의 아들 8형제는 신학 공부하던 김익만 남고 모두 순교했고, 김익은 가족의 참화에 충격을 받고 소경이 됐다. 염상교회 허장로도 끌려가는데 부인은 따라오지 말라는 데도 한사코 남편을 따라가 함께 순교했다.

김종인 목사는 낚시질하며 숨어 지내다가 붙잡혀 끌려가 무밭에서 순교했는데, 폭도들이 양잿물을 먹여서 그의 입술은 부르터 있었다.

백수읍 교회는 53명이 순교하고, 야월교회는 어린아이들까지 64명이 전멸했다. 원창권 목사는 11세 아들의 손목을 잡고 피난 가다가 잡혀 아들과 함께 순교했는데, 시체도 찾지 못했다. 목사님의 부인은 임신 9개월이었는데 배를 갈라 죽이고, 군인으로 나간 아들 하나만 남고 가족이 전멸했다.

염상교회의 노병재(盧炳在) 집사는 함께 붙잡힌 교우들과 같이 어두운 밤중에 서해 바닷가 수문에 끌려 나가 폭도들에 의해 한 사람씩 가슴에 큰 돌을 안겨 줄로 묶어서 수문에 물이 가득 찼을 때 바다에 던져 죽였다.

노병재 집사의 차례가 되어 끌려 나가 수문 위에 서니 폭도들은 그의 가슴에도 돌을 묶으려 하므로, "나는 돌을 묶지 않아도 된다. 나 스스로 물에 뛰어들어 죽을 테니 걱정마라"고 하면서 수문 위에 비장히 서서 마지막 찬송을 불렀다. "천당에 가는 길 험하여도 생명길 되나니 은혜로다. 천사 날 부르니 늘 찬송하면서 주께 더 나가기 원합니다." 그는 마지막 절 "야곱이 잠깨어…" 까지 부르고 스스로 바다에 뛰어들어 찬란한 순교를 했다.

그가 물속에 뛰어 들어간 뒤에도 한참 동안 찬송 소리가 계속 들렸다고 한다. 폭도들은 여자들을 끌어내어 바닷가에 꿇어앉혀놓고 한 사람은 머리채를 잡아끌고 또 한 사람이 일본도(刀)로 목을 쳐서 죽였고, 칼에 묻은 피를 폭도는 입으로 빨아 먹더라고 했다.

한 젊은 여자는 집에 젖 먹는 아기를 두고 끌려왔는데 젖이 퉁퉁 부어올라 아기를 못 잊으며 원한에 차서 맞아 죽는 모양은 눈 뜨고 볼 수 없는 장면이었다. 밤이면 으스름달밤에 사람들을 끌고 나와 방망이로 머리를 쳐 죽이는 소리가 멀리서 듣기에 "퍽! 퍽!" 떡 치는 소리 같았다고 한다.

지금도 영상교회 앞 바닷가에는 순교자들의 무덤이 가지런히 길게 뻗어 있다. 6·25 때 한동안 많은 사람이 죽어서 바닷가 물빛마저 피에 젖어 붉었다고 한다.

99.

김용기 장로

가나안 농군학교를 창설하고 국민 정신교육에 앞장선 이상촌 실현자

'농군왕'(王)이라고 불리는 김용기(金容基; 1909~1988) 장로는 경기도 양주 봉안리에서 태어났다. 1931년 경기도 양주군에 봉안 이상촌(理想村)을 건설하고, 1943년에 일제의 감시를 받았던 여운형이 이상촌에 참여하며 독립운동에 공헌했다. 봉안 이상촌을 세우면서 지상낙원을 꿈꾸기 시작하던 때부터 그 일생을 고스란히 바쳐 이상 농촌 운동에 헌신하는 분이다.

50년간 농촌 운동을 위해 근로, 봉사, 희생 정신을 실천해 왔다. 그의 주장과 신념은 "한 나라에는 삼군(三軍)이 있는데, 육군과 해군과 공군이 그것이다. 그러나 나는 한 나라에는 반드시 사군이 있어야 한다."라고 주장했다. "3군에다가 농군(農軍)을 더해야 4군이다."라고 강조했다.

그리하여 김 장로는 경기도 광주 풍산리에 가나안 농장을 설립하였다 (1955). 그 후 가나안 농군학교를 설립하여, 많은 농촌 일꾼을 길러내는 요람으로 만들었다(1962). 김 장로의 철학은 '일하지 않으면 먹지도 말라'처럼 노동과 삶의 연관성을 기독교적으로 해석하여 새마을 운동의 정신적 바탕을 세웠다. 가나안 농군학교를 창설한 이후 지금까지 수십만 청장년들이 그곳에서 국가와 농촌을 위해 정신 무장을 하고 일터로 나갔다.

김 장로는 그들에게 '농군의 사명,' '사람이 사람답게 사는 길,' '실패하지 않는 길'을 철저히 가르쳤다. 그에게는 자기 하는 일에 대하여 하나님이 자기와 함께 하신다는 굳은 신념과 사명 의식이 강철같이 투철했다.

김 장로에 대한 여러 가지 일화 중, 그가 전쟁 중에 피난하면서 다른 것은 다 버리고 가면서도 곡식 종자만은 보물처럼 귀중하게 가지고 다녔다는 이야기는 그가 얼마나 자기가 하는 농촌 운동에 집념을 가진 분인가를 증명하는 이야기다. 그만한 분이니 오늘날 그의 농촌 운동은 성공을 거두고 이제는 국가와 사회가 그의 공과 업적을 인정해 주게 된 것이다.

박정희 대통령은 친히 농군학교에 찾아가서 김 장로에게 훈장을 주었으며, 인촌 문화상을 받았을 뿐만 아니라, 필리핀 막사이사아 사회 공익상도 받았고, 세이버 대학에서는 명예박사 학위도 받았다.

김용기 장로는 그의 농촌 운동을 하는 데 있어서 강철 같은 의지만이 아니라, 일을 전개하는 데 실패가 없도록 배수의 진을 치며 진행하는 용의주도한 지혜가 있었다. 아무리 좋은 이상이요. 뜻을 같이한 동지일지라도 남남끼리는 일해 가다가 어려움을 겪을 때는 서로 의견 충돌과 분열이 있게 마련인 것이 우리 사회의 생리다. 그런데, 김 장로는 가나안 농군학교 직원들을 거의 자기 아들, 딸, 사위 등 여덟 명 자녀로 철저히 훈련하여 책임을 맡겼기 때문에 자녀들이 아버지를 모반할 수는 없는 일이다.

천호동에 있는 제1 농군학교 교장은 맏아들에게 맡겼다. 그는 아버지 뜻을 이해하고 성심으로 자기 일에 주력한다. 그는 또한 가나안 교회의 담임 목사이기도 하다. 맏며느리도 신학교를 졸업했는데, 농군학교에서 생활 개선에 관한 강의를 담당하고 있다.

강원도 신림에 15만 평 부지에 세운 제2 농군학교는 둘째 아들을 교장으로 세웠다. 그는 처음에는 아버지 노선을 따르지 않았지만, 지금은 아버지 정신을 받들어 농촌사업에 정진하게 됐다. 그도 신학교를 나온 분이어서 학교에서 복민운동 강의도 하고 있다. 둘째 며느리는 여자 대학을 졸업한 여자로서 농군학교에서 식생활 개선에 대해 강의하고 있다.

막내아들은 제1 농군학교의 총무과장이요, 가나안 개척사를 강의한다. 막내며느리는 이화대학을 나온 여자로서 여권 운동사를 강의한다.

맏사위는 제1 농군학교 교감이요, 인간 사회성 개발 강의를 맡았고, 맏딸은 식생활 개선을 강의한다.

이렇게 빈틈없게 짜놨으니 가나안 농군학교 운영이 든든할 수밖에 없다. 물론, 아버지 정신을 이렇게 따르는 자녀들도 훌륭하지만, 가족을 이렇게 철저하게 정신을 넣어주고 훈련한다는 일은 김용기 장로 아니고는 못하는 결실이다.

온 가족이 아버지 이상에 참여하여 일가가 조용한 절규의 복민운동을 하며, 땅의 복음을 실천하고 있다. 맨 처음에 천막을 치고 시작한 일이, 지금은 대강당, 숙사, 과수밭, 축사, 농산물 가공 공장 등이 즐비하다. 김 장로는 자기의 성공한 사례를 근거 삼아 전국에 153개소 가족 농군학교를 세우자고 제안한다.

한국교회가 양적으로만 발전하는 데 대하여 김 장로의 의견은 균형을 갖추지 못한 기형아 같다고 평(評)한다. 농군학교에서 그런 허점을 보충해서 내실(內實)을 다지는 훈련을 해보려는 것이다. 그의 농군학교에는 군 장교들도 와서 훈련받고, 수녀들도 와서 훈련받고 나간다.

누가 '하라'고 하기 전에 내가 먼저 '하는 것'이 잘사는 길이라고 가르치고, 누워서 먹는 버릇만 남긴 우리 조상의 죄를 씻고, 근본적 체질 개선하자고 그는 앞장선다. 흙은 우리의 모체요, 원천이다. 흙에 묻혀 사는 기독교 교리를 그는 몸소 실천하고 있다.

필리핀에 막사이사이상을 타러 갈 때도 김 장로는 삼베옷에 고무신을 신은 민족 고유의 옷차림이었다. 그 투철한 정신력, 강철 같은 의지, 그 집념이 그의 운동을 오늘의 성공으로 이끈 것이다.

김 장로는 근로 노동은 오히려 쾌락이라 한다. 앞으로 한국 인구가 1억으로 증가하더라도 이렇게 확고한 신념만 있으면 안 될 일이 없고 넉넉히 살아간다고 주장한다. 지금도 김용기 장로는 자기 신념을 책으로 엮으면서 "진실로 잘 사는 길이 여기 있다."라고 부르짖는다.

15만 평 부지의 최고 높은 산 위에 십자가 기도실을 짓고, 새벽 4시 기도하는 일을 1년 365일 빠지는 일이 없다. 농군학교는 새벽 4시 반 종소리를 신호로 그날의 일과가 시작된다. 그동안 깨진 종만 해도 세 개나 된다고 한다.

김 장로가 세운 업적의 기본 되는 힘은 그의 철저한 기독교 신앙이었다는 사실은 더 말할 필요조차 없다.

100.

성녀 줄리아

일본 궁중에서 위협과 유혹 앞에서도 신앙을 지킨 성녀

성녀 줄리아(Saintess Julia)의 일본 이름은 오다 주리아(大田 ジュリア)로 불리며, 영세명이 줄리아이다. 그녀의 한국 성씨와 출생 연도는 불확실하지만, 임진왜란 무렵에 어린아이였다는 점을 고려한다면 1580년 이후 출생한 것으로 짐작된다.

1597년 임진왜란 때, 일본 군인은 한국을 침략하여 가는 곳마다 닥치는 대로 불 지르고, 사람들을 죽이고, 아이들은 납치하고, 그 부모는 칼로 쳐 죽이고 포로로 잡은 남녀는 새끼줄로 목을 줄줄이 엮어서 끌고 갔다.

이렇게 포로가 되어 일본에 끌려간 한국 사람의 수는 5만 명가량 되었는데, 그중의 5천 명은 포르투갈 노예 상인들에게 팔려 동남아와 인도 등 노예시장으로 끌려가 그 후 영영 소식 없이 사라졌다.

임진왜란 때 한국 귀족의 어린 딸이 평양 부근에서 일본군에게 납치되었다. 이 아이의 부모는 전투 중에 살해, 또는 자살한 것으로 추측된다. 이 아이는 당시 세 살이나 다섯 살이었는데, 일본군 선봉장 고니시 유끼나가(小西行長)의 양녀로 들였다. 유까나가는 가톨릭 신자였는데, 그의 아내 주스타의 사랑을 받으며 귀염을 받았다. 양부모를 따라 이 아이는 어려서부터 천주교를 믿고 영세명으로 '줄리아'라고 불렀다.

양부인 고니시 장군은 세키가하라 전투에서 서군으로 참전하여 패배했으며, 이시다 미쓰나리와 더불어 교토 로쿠죠가와라에서 참수당하면서(1600) 그의 집안을 몰락했다.

그 후 어떤 경위를 거쳐서 줄리아는 당시 일본 천하를 지배하던 도쿠가와(德川家康)의 시녀로 들어갔다. 아마 처음에는 이에야스 부인의 시녀로 음식상을 시중하는 역할을 한 것 같다.

일본의 궁중 생활의 무법하고 부박(浮薄)한 음란 속에서도 줄리아는 부인의 시녀 역을 했기 때문에 정절을 지킬 수 있었다. 줄리아는 포로로 끌려온 한국 사람이요, 천주교의 독실한 신자였으나, 얼굴이 매우 아름답고 맘씨가 너그럽고 천성이 원만하여 궁중에서 몸가짐이 단정하니 주위 사람들에게 덕의 향기를 풍겼고, 그러면서 아무나 함부로 범할 수 없는 위엄이 있었다.

줄리아는 신앙에는 대단한 열심이어서 낮에는 궁중의 맡은 일에 종사했지만, 밤이면 성경을 읽고 기도하고 미사에 부지런히 참예했다. 한편으로는 궁중에 살면서 여러 사람에게 전도하여 예수를 믿게 했다. 그중에는 루치아, 클라라 등의 잘 믿는 여성도 있었다.

도구가와 이에야스는 당시 70의 노인이었지만, 호색가요 많은 여자 중에서도 줄리아가 천하의 미인이요 천성이 빼어났기 때문에 그녀를 자기의 일곱 번째 첩으로 삼으려고 애썼으나 줄리아는 듣지 않았다.

이에야스는 궁중에서 천주교를 믿지 못하게 금지령을 내리고 궁중에 천주교인들을 잡아 가혹한 고문과 추방과 학살을 했는데, 줄리아가 자기 첩이 되어 준다면 천주교 금지령을 해제하고 바로 궁성 안에다 천주교당을 지어주겠노라고 하며 쉰 가지의 방법으로 줄리아를 개심시키고 그의 사랑을 받아들이라고 강요했으나 줄리아는 끝내 거절했다.

줄리아는 박해받을 것을 알게 되자, 성당에 와서 고해하고 성체(성찬)를 받고, 유서를 쓰고, 돈과 쌀과 여러 가지 물건을 가난한 교인들에게 나누어 주며 마음의 준비를 했다. 그러면서 자기 결심을 신부에게 표명하기를 "나는 이에야스 장군의 요구를 듣느니 차라리 사형을 받겠습니다."라고 했다.

천하를 지배하는 자기 세도가 줄리아 한 여자를 굴복시키지 못한 이에야스는 대노하여 그녀를 사형은 못 시켰지만, 귀양 보내라고 명령했다.

1612년(일본 연호 게이초 17년) 금교령에 따라 슨푸에서 추방되어 귀양 갈 때, 어명을 배반하고 가는 죄수에게 이에야스는 특별히 선심을 써서 가마를 태워 보내려 했으나, 거절하고 도보로 70km 떨어진 아미시로 항구까지 그리스도께서 십자가를 메고 골고다 언덕 오르신 것처럼 자기도 맨발로 험한 길을 걸어갔다. 그녀는 한 곳에서 유배생활을 한 것이 아니라 이즈오시마(伊豆大島), 니지마(新島), 고즈지마(神津島) 등의 섬을 이동하며 유배생활을 했다. 가는 곳마다 기독교를 전파하고 병자를 간호하고 다른 유형수들을 격려하는 등 사회 선교를 하였다고 한다.

세 번씩 유배 처분을 받은 뒤 죄를 사면해 주는 조건으로 이에야스의 수청을 제의받으나 다시 거절했고, 니지마 섬에서는 슨푸 시대의 동료 시녀들인 루치아와 클라라 등과 다시 만나 일종의 수도생활에 들어갔다고 한다.

이즈오시마에 가서 30일 있다가 거기서 다시 니지마로 옮겨서 15일 지내다가, 그리고 마지막엔 고즈지마에서는 40년을 살다가 거기서 죽었다. 그녀는 매일 해변에 서서 멀리 고국을 그리워하며, 고독과 고통 속에서도 끝까지 신앙을 지켰다.

1651년 세상 떠났는데, 그 후 3백 80년이 지나 그의 무덤에 흙을 한국 서울 한강 변 절두산에 옮겨다 묻었다. 줄리아의 기록은 로마와 영국 예수회 기록에 남아 있다.

101.

마리 마들렌 수녀

포로로 끌려가 모진 고생을 하고도 다시 이 땅에 와서 수녀원을 창설한 수녀

마리 마들렌(Marie-Madeleine; 1898~1979) 수녀는 1898년 5월 27일 프랑스 남부 마르몽드(Marmonde)에서 태어났다. 마들렌 수녀는 1925년에 가르멜에 입회하여 순조롭게 착복, 서원, 종신서원을 하였다. 그리고 수련장을 하면서 가르멜의 좋은 일꾼으로 장래를 촉망받으며 지냈다 한다.

1939년 가르멜에서 메히틸드 원장 수녀와 마리 마들렌 수녀는 두 달 가까운 해상 여행을 거쳐 4월에 부산항에 도착, 제2의 고향이 될 한국 땅을 밟았다.

마들렌 수사는 1940년에 혜화동 작은 임시 수도원 건물에서 다섯 명으로 카르멜회 수녀원을 시작하여 그 후 수유리에서 터전을 잡게 되었다.

그녀는 6·25동란 때, 카르멜수도원 다른 수녀들과 함께 다섯 명의 수녀가 공산군에게 납치되어 마리 다른 계통의 수도회 신부와 수녀들과 함께 납북되어, 죽음의 행진을 하며 끌려가는 일반 민간인들과 미군 포로들과 함께 평양, 초산, 만포, 중강진 등지로 추운 겨울 동안 끌려다녔다. 그중에 많은 신부 수녀가 중도에서 죽었으며, 함께 끌려다니던 카르멜회 수녀 두 명도 중도에서 죽었다.

동란이 지난 뒤 3년이 지나 마리 마들렌 수녀는 용케 살아 석방되어 모스크바를 거쳐 프랑스 본국에 돌아갔다가 다시 서울에 되돌아와 『귀향의 애가』라는 그동안의 겪은 일을 책으로 출판했다.

그녀는 시력을 잃었으나, 암흑 속에서도 그 어려운 납치 생활을 견디고 이겨냈다. 그녀의 일생은 많은 사람을 감동케 하고 40년 동안 한국에서 수도원 안에서 봉사 생활을 하다가 1979년 12월 5일에 세상 떠났다.

6·25동란 때 1950년 10월 31일부터 11월 17일까지 납북된 포로들이 북한 중강진까지 가는 죽음의 행진은 참으로 인류의 비극이었다. 7백 명의 미군 포로가 선두에 서고 그 뒤로 신부 수녀들이 둘씩 짝을 지어 묵묵히 행진해 가면서 추운 밤에는 옥수수 밭에서 추수하고 남은 옥수수 마른 잎사귀를 주어 모이다가 깔고 자고 나면 아침에 남자들 수염에는 하얗게 서리가 붙어있었다.

밤 구석에는 밤새 지쳐서 얼어 죽은 미군 포로들의 시체가 여기저기에 버려져 있었다. 그들을 인솔하는 '호랑이'란 별명이 붙은 공산군 사령관은 포로 일행을 위협하면서, "행진 대열에서 낙오되지 말라. 병자뿐만 아니라, 시체까지도 끌고 가야 한다."라고 소리 질렀다. 도중에서 죽는 자가 늘어가니 할 수 없이 시체를 길가에 그냥 버리고 갔다.

수녀들은 서울에서 수녀원 안에서 신던 여름용 버선을 그냥 신은 채 끌려갔고, 어떤 수녀는 철사로 꿰맨 신을 신고 가면서 걸을 때마다 찔렸고, 어떤 이는 나막신을 신고 있어 얼어붙은 땅의 험한 산 고개를 넘다 미끄러졌다. 숨이 차서 헐떡거려 빨리 걷지 못하면 감시병이 총대로 등을 쿡쿡 찔러 짐승 떼 몰고 가듯 했고, 다소간이라도 명령에 반항하는 이는 즉석에서 총살했다.

77세 된 병든 수녀원장이 죽어가서 어느 민가에 들려 따스한 물 한 잔을 구걸했으나 거절당하고 실컷 욕만 먹었다. 너무나 지친 수녀들은 허리에 달고 있는 생명같이 소중한 묵주와 십자가도 무거워서 여러 수녀의 것을 모아다 길가에 묻고 갔다.

그러면서도 길가에 버리고 가는 미군 포로의 시체 앞을 지날 때는 신부는 기도해 주고 지나갔다. 카르멜 수녀원장 베아드릭스 수녀는 손발이 붓고 심장병 증세가 심해서 길가에 주저앉았다. 감시병이 일어나라고 재촉하니 평소의 온화한 태도 그대로, "나는 더는 못 가겠습니다. 정말 못 가겠습니다."라고 했다.

그의 온유한 미소를 뒤에 두고 일행은 떠났는데 그녀는 감시병에게 총살당했다. 우 신부는 영하 30도 속에서 죽으면서 기쁜 얼굴로 "오! 하나님, 당신께 가기 위해서는 얼마나 고통을 겪어야 하겠습니까?"라고 했다. 그의 임종을 지키던 공 신부도 그다음 날 별세했다. 참으로 이 민족이 영원히 잊어서는 안 될 비극이요 참극이었다.

102.

최희천 목사

청년들을 모아 공산주의에 대항하다가 후에 목사가 된 열혈 청년

최희천(崔熙天) 목사는 함경도 함흥 태생이다. 8·15 해방되자, 고향 함흥에서 교회 청년들과 함께 모의하여 신탁통치 반대 운동을 하다가 공산당과 소련군의 포위를 받고 함흥 감옥에서 옥살이했다. 그때, 주동은 김성원 장로(후에 전국대학 농과대학장)요, 함께 붙잡혀 옥고를 겪은 이로는 오약백, 전영영 등 피끓는 관북 청년들로서 한창나이에 물불을 가리지 않고 펄펄 뛰는 애국 신앙 청년들이었다.

그 후, 감옥에서 놓여난 뒤에도 교회 청년들은 공산주의에 대항하여 애국 활동을 계속하면서 북녘에 남아 있다가 전쟁이 터지면서 사태가 악화되자, 최희천 등은 공산당에게 잡혀 사형장으로 수레에 실려 끌려갔으나, 용감한 최희천은 손목이 묶인 채 수레에서 뛰어내려 탈출했다. 호송하는 인민군이 쫓으려 해도 함께 탄 다른 사람들이 소동을 일으키는 바람에 뒤쫓지 못해 간신이 살아났다.

최희천은 일단 38선을 넘어 남하하였다가 6·25 때 국군이 북진하면서 함흥이 해방되었다는 소식을 듣고는 친구 오약백 등 관북 애국청년 80명과 함께 도보로 함흥까지 북진해 갔다.

청년들은 수류탄 두 개씩 차고 떠났는데, 도중에서 적을 만나면 하나는 적에게 던지고 하나로는 자폭할 각오를 했다. 그들 일행이 북진해 가다가 국군

낙오병 30여 명을 만났다. 한 사람의 소령 지휘하에 그들도 북진하고 있었다.

키가 작고 당차게 생긴 소령은 수색 작전에는 자기가 언제나 솔선하여 선두에 나섰다. 도중에서 어떤 옹기점을 수색하는데, 그 안에서 미쳐 도망 못 가고 숨어 있던 인민군 하나를 발견했다. 그는 살려달라고 애걸하며 다가왔는데, 소령은 그의 궁둥이를 차서 휘청거리는 그를 쐈다. 그는 맴을 돌다가 쓰러졌다. 그의 주머니를 뒤지니 어머니 편지와 당원증이 나왔다. 참으로 같은 겨레끼리의 전쟁은 냉혹했다.

함흥에 이르러서는 유엔군에 협조하며 치안유지와 행방불명된 애국 인사들을 찾는데, 차마 인간으로서 볼 수 없는 참혹한 광경을 보았다.

국군 북진으로 겁을 먹고 도망치던 공산당은 함흥 감옥에 불을 질러서 갇혀 있던 애국 인사들을 태워 죽였는데, 감방에 갇혀 있던 애국자들은 문이 잠겨 나오지 못한 채 불타는 속에서 감방 창살을 붙잡은 채 죽어 있었다.

함흥 감옥 뒷마당 우물에 공산당이 후퇴하면서 애국 인사 남녀 70여 명을 무더기로 넣어 죽인 것을 발견했다. 마치 고등어 절이듯 우물 속에 차근차근 포개 넣고는 그 위를 돌로 눌러 놓았다. 그들의 시체는 총탄을 아끼느라고 쓰지 않고 도끼나 쇠뭉치로 뒤통수를 때려죽여서 두개골이 깨지고 모두 눈과 혀가 빠져나와 있었다. 인간 세계에서 다시 볼 수 없는 참혹한 광경이었다.

그 시체 중에 함흥교회 여성 지도자 김경순도 함께 있었다. 함흥에서 덕산으로 가는 니켈 광산 구덩이에도 애국청년들을 무더기로 끌어다 넣어 죽였는데, 시체를 건져내니 그사이 시체는 손댈 수 없이 부패하여 앙상한 해골만이 옷을 입은 채로 실려 나왔다.

그들을 묶었던 쇠사슬은 죽은 해골 손목에 그냥 감겨 있었다. 코를 들 수 없는 시체가 부패한 냄새로 시체 발굴 작업은 도망친 공산주의자들의 유가족들을 동원했는데, 그들도 이 참혹한 모양을 보고는 치를 떨면서 자기네 자식들은 죽어 마땅하다고 말했다.

그러나 최희천 등 애국청년들의 희망에 찬 이런 활동도 잠깐이었다. 또다시 인해전술로 위협하며 밀려온 중공군의 한국전 참전으로, 유엔군은 장전까지 전진했다가 후퇴하기 시작하면서 함흥도 철수하기로 계획을 세웠다. 또다시 피난민은 함흥과 흥남항구를 메웠다.

그때, 유엔군 사령관 아몬드 소장의 통역이요 민사 고문이었던 현봉학 의사(현항국 목사 둘째 아들)의 노력으로 공산당의 위협을 받는 기독교인만이라도 후송시켜 달라고 수차 부탁하여 5천 명 기독교인 후송이 가능하게 됐다.

이런 사정을 모른 함흥의 기독교인들은 유엔군 후퇴와 중공군 참전에 절망하여 함흥 남부교회에서는 채종욱 등 청년들이 최후로 죽을 각오를 하며 기도하고 있었고, 북진했던 오약백, 최희천 등 애국청년단은 행렬을 지어 함흥 황금정을 통해 흥남항으로 배 타러 내려가려 했으나, 헌병들이 길을 막고 후퇴하는 군 차량이 길을 메워서 일반 민간인은 도저히 빠져나갈 수 없었.

한때 기뻐서 일선에 나서 활동하다가 갑자기 절망한 많은 청년은 길은 막히고 중공군은 밀려오는데 잡히면 죽을 것이 뻔하므로 함흥 남쪽으로 흐르는 호련천 모랫바닥에서 자살하기도 하였다.

어느새 다른 피난민은 흥남 부두에 5만 명이나 집결하여, 부두에 산더미같이 쌓아 놓은 구호미를 마음껏 가져다 밥 지어 먹으며 기다리다가 미군 수송함을 타고 거제도로 철수할 수 있었다.

그 후 유엔군은 함포사격으로 함흥을 쑥밭으로 만들었고, 흥남 비료공장도 폭파했는데, 굴뚝들이 허공에 솟구쳐 올랐다가 산산조각이 됐다.

순진하고 씩씩한 청년 최희천은 서울에 와서 신학교를 졸업하고 목사가 되어 천호동 가무나리교회를 목회하다가 위암에 걸려 세상을 떠났다. 그는 유언하면서 자기는 괴로운 세상 버리고 천국으로 가는 것이니 장례식이라 부르지 말고 환송식으로 예배드려 달라고 하여 그의 유언대로 그의 장례식은 크게 '최희천 목사 환송식'이라 써 붙이고 많은 조객이 모여 예배를 드렸다.

103.

우치무라 간조

일본의 예언자라 불리는 타협을 모르는 독립 정신의 무교회주의자

일본의 예언자요 무교회주의자로 알려진 우치무라 간조(內村鑑三; 1861~1930)는 1861년 3월 26일 다카사키 하급 무사 우치무라 요시유키의 장남으로 태어났다. 무사(武士)인 부친은 유식한 분이었고, 아들에게 무사 정신과 함께 유교 윤리를 가르쳤다. 이런 영향 때문인지 우치무라의 기독교 신앙에는 그의 무사도(武士道) 정신과 청교도(puritan) 윤리가 얽혀서 그의 성격과 행동에 더욱 구체적으로 반영되어 있었다.

젊은 시절의 그에게 결정적 영향을 준 것은 북해도 삿포로 농업학교 시절이었다. 이 학교는 메이지(明治) 시대 정부가 서양의 근대 과학을 도입하여 북해도 개척자 양성을 위해 세운 학교인데, 이 학교에 미국인 어학 교사로 초청되어 온 이가 있었는데 '윌리엄 클락'이라는 크리스천이었다.

클락은 본국에서 떠날 때 가방에 영어 성경책을 잔뜩 넣어 들고 왔다. 그는 일본 학생들에게 영어를 가르치면서 기독교 정신을 넣어주고자 했다. 그는 학생들을 향하여 정신적 기상을 강조하면서 "젊은이들이여! 대망(大望)을 품으라"(Boys be ambitious)고 고취했다.

그의 인격과 신앙과 이 같은 정신적 격려 속에서 그때 그의 밑에서 배운 학생들은 큰 감명을 받고 기독교를 신봉하게 됐고, 또 모두가 출세하여 근대의 큰 인물이 됐다.

우치무라도 그중의 한 사람이다. 학교를 수석으로 졸업한 그는 북해도 어렵과(漁獵科)의 관리로 취직하여 근무하다가 동경에 돌아와 열성적인 신앙의 여성 '아사다'라는 여자를 알게 되어 결혼했다. 그러나 우치무라의 젊은 시절의 꿈이었던 직업과 결혼은 그의 내면에 어두운 그늘만 던져 주었다.

1884년 11월, 우치무라는 미국으로 건너가서 1888년 3월까지 미국 생활을 하면서 공부했다. 도미(渡美)한 처음에는 필라델피아 백치원(白癡院; 정신 박약아 양호원)의 간호인으로 일했는데, 그는 기독교를 믿고는 자선 사업에 관심이 있었기 때문이다.

그는 감상적 신앙보다는 그리스도 정신을 실천하는 것이 소원이었다. 미국에서 우치무라는 일본 교육계의 거물이요 진실한 크리스천인 니지마조(新島襄, 교육가, 종교가; 1843~1890)를 만나 그의 권유로 앰허스트대학(Amherst College)에 입학했다.

이 학교의 5대 학장인 줄리우스 호울리 실레(Julius Hawley Seelye)는 독일의 경건파의 영향을 받은 분으로 뉴잉글랜드 청교도 정통신학을 지키는 학자였다. 그의 온화하고 겸손한 인격과 견식은, 미국인을 싫어하고 목사를 싫어하던 우치무라였지만, 이 학장만은 존경하고 그의 감화를 받아 복음적 신앙을 받아 우치무라의 제2 회심이라 할 수 있는 계기가 됐다.

비정규생 간조는 1887년에 이학사 학위를 받고 앰허스트대학을 졸업했다. 그후 코네티컷주의 하트퍼드신학교(Hartford Seminary)에서 신학을 공부하였지만, 4개월 만에 건강상의 이유로 중단하고 귀국했다.

미국에서 귀국한 후 우치무라는 동경의 제일고등학교(지금의 동경대학 양학부)의 촉탁 교원으로 영문과 일본 헌법과 세계사 등을 가르쳤다. 이 학교에서 1891년 일본 천황의 교육칙어(敎育勅語; 1890년, 일본의 천황제 국가체제에 입각한 군국주의 교육 방침을 공표한 칙어)를 읽는 시간에 우치무라는 허리 굽혀 예를 하지 않았다고 하여 소위 '불경사건'(不敬事件)에 걸렸다.

그는 크리스천으로서 자기 양심은 인간 천황에 예배할 수 없다고 굽히지 않아 결국 학교에 쫓겨나 그 후 10년 동안 그는 계속 시련을 겪었다. 신문과 국민은 그를 국적(國賊)이라고 욕했고, 사회적 지위 상실과 함께 심한 폐렴, 그리고 2년 전에 결혼한 사랑하는 아내 가츠코의 죽음 등이 잇따랐다. 그래서 그는 "큰 타격을 받았으며, 옛날처럼 조국을 사랑할 수 없게 되었다."라고 고백했다.

이런 속에서 일본은 청일전쟁, 노일전쟁을 치르고 유럽에서는 제1차 세계대전이 일어났다. 전쟁의 참혹 속에서 세계에 대한 희망을 잃고, 그런 속에서 우치무라는 재림신앙 운동을 전개했다.

한편으로는 『성서 연구지』를 발간하여 문서 전도 운동을 하면서 관동 대지진과 사랑하는 딸의 죽음과 가중되는 모든 고통 속에서 "나는 지금, 이 세상에 살고 싶은 마음이 없다. 다만, 하나님의 노동원으로서, 이 세상에 살고 있을 뿐이다."라고 했다.

사랑하는 딸이 죽었을 때는 하관식을 하면서 딸의 관에 흙을 뿌리며 두 손을 들고 "루쓰꼬 만세!"를 불렀다. 그녀의 임종 시의 언행은 아버지 우찌무라를 놀라게 했다. "영혼 불멸은 신조가 아니라, 사실(fact)이라고 확신하게 되었다."라고 말했다.

우치무라는 기성교회의 성례전이나 직책을 반대했다. "교회 안에 감독이 있고, 장로가 있고, 신학자가 있고, 헌법이 있고, 신앙 조문이 있고, 정부나 정당 같은 교세 확장을 계획하는 이런 것을 오늘날 교회라고 부르기는 하지만, 그것은 그리스도가 세운 교회는 아니다. 우리들은 그러한 교회에 대항해서 공공연하게 무교회주의를 주장하노라"고 부르짖으며, 끝까지 무교회주의(無敎會主義)를 주장했다.

그의 무교회주의 모임에는 기성 교파 같은 교회조직은 없었지만, 그는 자기를 따르고 자기 사상에 공명하는 많은 유능한 학자와 제자를 거느리고 '성서연구회'를 조직하고 '하계간담회' '카시와기 형제단' 등을 조직하고, 정기적으로 계속 강연회로 모임을 가졌다.

1930년 3월 28일 아침, 그의 70세를 일기로 세상 떠났다. 그의 유해는 해부됐는데, 두뇌 중량이 보통 사람보다 100g이나 더했다. 묘비에는 영어로, "I for Japan; Japan for the World; The World for Christ; And All for God"라고 새겼다.

104.

가가와 도요히코

한 알의 밀알이 되고자 빈민굴에 들어가 생을 보낸 사랑의 실천자

1919년 기미년 삼일 만세 소리 속에서 태어난 나는 철들어 초등학교에 다닐 때부터 일본인 교장 밑에서 일본 교육을 철저히 받으며 자라났다. 내게 애국심을 가르쳐 준 사람은 아무도 없었고 애국자 이야기를 들어 본 적이 없었는데도 나는 일본이 원수라는 적개심을 버린 적이 없었다. 일본 군대가 중국에 쳐들어가 북경이 함락되었다고 거리에 축하 행렬이 깃발을 흔들고 소리 지르고 다니던 저녁, 나는 혼자 울었다. 나는 일본 왕이 사는 동방을 향해 침을 뱉으며 망하라고 소리를 질렀다. 모두가 머리를 삭발하고 다리에 각반을 치고 다녀도, 나는 일본이 패전하는 날까지 끝까지 삭발하지 않고 머리를 기르고 다녔다.

나는 평양 경찰 유치장에 두 번이나 끌려가 3개월이나 매 맞고 고문당했다. 이렇게 일본인을 미워하면서도 내가 가장 존경하는 일본인이 있었다. 그는 가가와 도요히코이다. 가가와 도요히코라면 무조건 존경했고, 그의 책은 얻을 수 있는 대로 다 얻어서 읽었다. 내가 읽은 가가와 선생의 책으로는 『사선을 넘어서』, 『새벽의 소리 들을 때』, 『태양을 쏘는 자』, 『지각(地殼)을 터치고』, 『지구를 무덤으로 삼고』, 『순교의 피를 계승하는 자』, 『한 알의 밀』 등이다.

일본의 신학자나 목사 중에는 내가 존경하는 사람은 한 사람도 없다. 평양 신학교에서 일본인 교수 다나까(田中)와 싸우다가 경찰에 끌려가 한 달 동안

유치장에 갇혀 매를 맞았다. "가가와 도요히코" 선생이 고향인 함흥 공회당에 와서 전도 강연할 때 구름떼같이 사람들이 모였다. 그때 가가와 선생은 시력이 나빠서 안내하는 이의 손목을 잡고 단상에 올라갔는데, 칠판이 아니고 큰 백지에다 먹으로 크게 쓰면서 강연했는데, 참으로 자랑스럽고 감격스러웠다.

그 후 나는 20세 전후해서 일본 동경에 건너가 고학했는데, 그때 동경 신주꾸(新宿)에 있는 일본인 교회를 빌려 쓰는 한국 유학생들의 쯔노하즈 교회에 매주 나갔다. 넓은 교회에 한국 남녀 유학생들이 꽉 차서 마당에까지 서서 예배를 보았다. 그때 목사는 김치선(金致善) 박사였다. 김 목사는 매 주일 설교하러 강단에만 나서면 "하나님, 이거 어떻게 하겠습니까!"라면서 목이 메어 울었다. 눈물의 선지자라 불렀다.

나는 낮에는 동경 무꼬지마(向島) 구에 있는 가가와 선생이 세운 소비조합에서 일했다. 그곳에는 공장 지대의 가난한 직공들을 위한 영양식 배급소가 있었다. 본소에는 산업청년회가 있었고, 산업조합도 있었다. 사무실 벽에는 가가와 선생의 사진이 걸려 있었다. 나는 가가와 선생을 한 번도 직접 만나보지는 못했다. 그러나 내가 존경하는 그가 동경 대지진 직후 이곳에 들어와 무산자, 빈민을 위하여 활동하던 자리였다. 가가와를 존경하고 그 감화를 받은 한국 사람은 나뿐이 아니다. 경북대학교 안에 가가와 기념실이 마련되어 있다.

생애

20세기 3대 성인의 한 사람으로 불리기도 하는 가가와 도요히코(賀川豊彦; 1888~1960)는 1888년 일본 고베(神戸)에서 태어났다. 위대한 인물이 기구한 운명에서 태어나는 경우가 많은데, 가가와도 그렇다. 그의 아버지는 준이치라는 분인데 일본 도꾸시마현(德島縣)의 상류층 인사로서 원로원 서기관까지 지냈고, 실업계에 나가서 고베에서 기선회사를 경영한 분이었다. 그런데 그는 도꾸시마에 본처를 두고 고베에 나와서는 다른 여자를 데리고 살았다. 그 여자는 "오가메"라는 게이샤(기생)였다. 그 여자와의 사이에 다섯 아이를 낳았는데, 그 중 둘째 아들이 가가와 도요히코였다. 위대한 일본의 성인 가가와 도요히코는 기생첩의 소생이다.

가가와의 부친은 사업에 실패하여 망하고, 가가와가 네 살 때 세상 떠나고, 모친은 그다음 해에 세상을 떠나고 말았다. 후일 가가와는 어린 시절을 회상하면서 얼마나 가난했던지 나막신 한 켤레 살 돈도 없었고, 기구한 운명에 울고 또 울어 자기가 흘린 눈물을 항아리에 담으면 한 항아리에 가득 찼을 것이라 했다.

고아가 된 가가와는 할 수 없이 부친의 고향인 도꾸시마 본가의 계모 슬하에서 자라났다. 마침 숙부가 현회의장(縣會議長)까지 지낸 분으로 부유했기 때문에, 그의 후원으로 중학교를 우수한 성적으로 졸업하고 고등학교에도 진학했다. 숙부는 조카인 가가와에게 기대를 걸고 돌봐 주었다.

가가와의 형은 방탕해서 재산을 탕진하고 여자 관계가 복잡했다. 가가와는 자기가 기생의 아들이요, 부친이나 형의 핏줄이 흘러 방탕해질 것 같아 두려워하던 중, 마침 도꾸시마에 와서 전도하고 있는 기독교 선교사 "로간"과 "마야스"를 알게 되어 그들에게 영어를 배우려고 다니다가 기독교를 믿게 되었다. 가가와는 성격이 차분해서 그들의 귀여움을 받고 잘 배웠다.

가가와는 자기가 첩의 아들이란 사실 대문에 무척 고민했으나 비굴해지지는 않고 모든 어려움을 믿음으로 극복하며 살아갔다. 그 후 빈민굴에 헌신해서도 모든 여성 특히 기생이나 창녀들도 존경하고 감동시켰다. 후에 사세보란 곳에서 강연할 때 심한 비판을 받으면서도 적서(嫡庶) 차별을 철폐하라고 주장했기 때문에 그 지방 모든 기생이 휴업하면서까지 그의 강연을 들으려고 몰려든 일도 있었다.

가가와의 일생을 좌우하는 데 가장 중요한 계기가 된 것은 기독교 선교사 "마야스"를 만난 일이다. 그에게서 복음을 들을수록 마음에 충동을 느껴 이대로 있어선 안 되겠다고 깨달았다. 16살 때 어느 날 그는 이불 속에서 기도를 드리면서 하나님을 따라 정직한 인간이 되겠다고 마음을 먹고 곧 교회에 두어 번 나갔다가 세 번째 주일날 마야스 선교사에게서 세례를 받고 크리스천이 되었다.

그는 태어날 때부터 기생첩의 아들이라는 숙명적인 설움을 맛보았다. 더구나, 형이 방탕한 생활을 하여 가산이 기울어 15세 되던 해에 가가와의 집은 파산했다. 너무 가난하여 35전짜리 성경 한 권 사기도 어려웠다. 그 무렵에 쓴 그의 일기에는 다음과 같이 쓰여 있다.

> "아주 절망이다. 절망이야. 인생의 가치라는 게 의심스럽다. 밤을 꼬박 울며 지새우다. 아! 생존의 가치는 근본부터가 의심스럽다. 인간은 왜 생존하는 것일까? 무슨 까닭으로? 해결은 다만 죽음이다. …죽음, 죽음… 인간은 모두가 무가치한 것이다. 가장 가치 있는 것은 죽음뿐이다."

가가와의 숙부는 도요히코에게 많은 기대를 걸고 후원해 주었는데, 어느 날 가가와로부터 "나는 메이지 학원 신학부에 들어가렵니다." 하는 말을 듣고는 대노했다. 숙부는 조카가 동경 제국대학을 나와서 공무원이 되어 앞으로 장관까지 되었으면 하는 기대가 컸었는데 조카가 신학교에 들어간다는 고백을 듣고는 "너 같은 노예에게는 더 이상 학비를 대줄 수 없다. 당장 나가라"고 호령했다.

숙부에게서 쫓겨나고 학비가 끊긴 가가와는 오갈 데가 없었다. 할 수 없이 마야스 선교사의 집에 들어가 살기로 하고, 마야스 선교사의 도움을 받아 메이지 학원 신학부에 입학했다. 사회고(社會苦)와 자기의 쓰라린 고통에 못 이겨 몇 번이나 자살하려 했는지 모른다.

마야스 선교사

마야스는 가가와의 은인이다. 가가와는 마야스 선교사를 존경하여 믿음의 아버지라 부르며 선교사를 추억하였다.

"마야스 선생은 내 신앙의 아버지이다. 내가 가난할 때 언제나 돈 구걸하러 간 곳은 마야스 선생 댁이었다. 후에 내가 폐병에 걸렸을 때 병원에 입원시켜 준 분도 마야스 선생이었다. 내가 15세 때 프린스턴 대학 총장 파튼이 쓴 『신학서론』을 영문으로 가르쳐 주신 분도 마야스 선생이었다. 내가 17세 때 폐병으로 앓는 나를 선생은 40일 동안이나 품에 안고 자고, 19세 때 내가 폐병으로 쓰러졌을 때 나를 어촌으로 데리고 가서 어부 집 돗자리도 없는 방에서 거적을 펴고 이틀 밤이나 나를 간병해 주신 이도 마야스 선생이었다. 내 성격에 가장 큰 영향을 끼친 분은 마야스 선생이다. …내가 너무 비관하여 울 때면, 내 얼굴을 들어 하늘의 태양을 향하게 하고 그날 석양에 내 눈물이 마르게 하는 법을 가르쳐 준 분 역시 마야스 선생이었다. 내가 예수 믿고 최초의 설교와 전도 여행 갈 때도 기도할 때도 모두를 마야스 선생과 함께했다. 내가 예수 믿은 것은 마야스 선생 감화 때문이다. 지금도 나는 피난처로서 마야스 선생님을 생각한다. 그분들은 언제나 맛있는 밥상을 준비하고 나를 기다리고 있으리라 생각한다."

마야스 선교사의 다른 행적은 자세히 알 수 없으나, 그가 일본에 와서 가가와 한 사람 길러냈다는 것만도 가장 큰 업적이라 하겠다. 학창 시절 가가와는 얼마나 독서하기를 즐겼던지 대중목욕탕에서 목욕하면서도 책을 읽었다. 그러다가 다른 학생들에게 "건방지다."라고 뺨을 얻어맞았다. 그가 메이지 학원 신학부에는 예과 2학년까지 다녔는데, 지금도 메이지 학원 도서관에는 가가와가 젊은 시절에 읽었던 책이 보관되어 있다. 가가와는 후일 자신의 장서 1

만 권을 메이지 학원에 기증하였고, 학원에서는 "가가와 도요히코 문고"를 만들었다. 대영 백과사전에 훌륭한 학생으로 소개된 사람은 가가와밖에 없다.

메이지 학원 2학년을 마치고는, 가가와는 생물학 공부를 하였다. 그의 학교 출석률은 형편없었다. 메이지 학원 때부터 가가와는 폐결핵에 걸려 고생했다. 그는 신설된 고베 신학교로 학교를 옮겼다.

가가와의 일생에 많은 영향을 끼쳐준 사람 가운데 한 분은 나가오마끼 목사이다. 그는 거지를 사랑하여 거지가 찾아오면 "얼마나 시장하오" 하면서 집 안에 불러들여 제일 좋은 음식 대접을 했는데, 그 소문이 퍼져서 거지들이 꼬리를 물고 찾아왔다. 가가와는 그 목사 밑에서 전도를 도왔다.

사선을 넘어서

가가와는 도요바시에서 40일 동안 무리하게 노방전도를 한 후에 심한 각혈을 하였다. 그때 나이가 19세였다. 그러고 나서 고베 신학교에 다닐 때 다시 각혈했다. 의사는 회복될 가망이 없다고 했다. 그 소식을 듣고 도꾸시마에서 마야스 선교사가 달려와서 가가와에게 고별의 말과 찬송을 불러주었다.

임종이 가까웠을 때, 가가와는 서쪽을 향해 누워 있었다. 석양빛이 얼굴을 비취고 있는데, 가가와는 황홀한 경지에 들어가면서 순간 자기와 하나님이 한 몸으로 일치되는 느낌을 체험했다. 그 순간 그의 목에서 혈담이 터져 나오더니 호흡 곤란이 멈추면서 몸의 열이 내렸다.

가가와는 이때가 자기가 첫 번째 사선을 넘긴 때라고 말한다. 가가와는 반년가량 미가와(三河)의 가마고오리(蒲郡)에 가서 휴양하고 약간 건강이 회복되었어서 고베 신학교에 복학하여 공부를 계속했으나 병이 다시 재발했다. 그의 용태를 진찰하던 의사는 "당신은 3년밖에 더 살 수가 없습니다."라는 사형 선고를 내렸다.

의사의 선고를 듣고 큰 충격을 받았겠지만, 가가와는 절망하지는 않았다. '3년밖에 더 못 사는 목숨! 그 3년 동안 무엇을 하다 보낼까? 그렇다. 좋은 일을 하다 죽자. 예수 교훈의 "한 알의 밀"과 같이 나의 남은 목숨을 어디다 심어야 하는가?' 그때 마음에 떠오른 것은 빈민굴에 몸을 던지자는 생각이었다. 일본에서 제일 비참하기로 소문난 후끼아이 신가와의 빈민굴에 들어가 하나님과 남은 생활을 보내자고 결심했다.

신가와 빈민굴은 인간쓰레기들이 모여 사는 곳이다. 깡패, 소매치기, 강도, 전과자, 창녀, 도박꾼, 마약, 가난한 자, 거지, 특히 어린이 청부살인자들이 우글거리는 죄악의 소굴이었다. 가가와는 그곳에 들어가 한 알의 밀이 되어 희생하자고 결심했다.

1909년 12월 24일 오후, 가가와는 고베 신학생 신분으로 빈민굴에 들어갔다. 그때 나이 21세였다. 전 재산인 침구와 옷 몇 벌, 대나무 상자 한 개, 책 보따리를 실은 헌 손수레를 가가와는 앞에서 끌고, 방금 감옥에서 출옥한 불량소년인 立木이 뒤에서 밀어주며, 후끼아이 신가와 빈민굴로 들어갔다. 리어카를 끄는 가가와의 손에는 찰스 디킨스의 『크리스마스 캐럴』이란 책이 들려 있었다.

빈민굴에 처음 들어가 거처한 곳은 낡은 집 다다미 5개짜리 방이었다. 현관이 2개 안쪽이 3개였다. 그 집은 얼마 전에 사나이들끼리 돈 20전 이해관계로 칼로 찔러 살인 사건이 난 집이어서 벽에 피가 묻어 있었다. 유령이 나타난다고 소문이 나서 아무도 들지 않는 집이었다. 집세가 하루에 70전이었는데, 월 2원을 내면 10전을 깎아준다기에 2원에 세 들었다.

가까와는 일부러 살인으로 사람이 쓰러져 죽은 자리에 자기도 누웠다. 이 집이 그의 살림집이요, 서재요, 개척교회였다. 거기에 들어가 전도를 시작했다. 원고를 쓰고, 학교에서 학생들을 가르치기도 하고, 한동안은 보험회사에 근무하며 생활비를 벌었다.

어떤 때 네거리에 상자를 놓고 서서 노방전도를 하다가 각혈하여 길가에 쓰러지면, 오가는 사람 아무도 그를 부축해서 일으켜 주는 사람이 없었다. 얼마 후 정신이 들어 보면 비가 내리는데 그냥 쓰러져 있었다. 그의 다다미 3개짜리 개척교회에 나와 예배 보는 사람이라곤 가난한 집 어린 딸 몇, 전과자 부랑 소년, 매춘부 몇이었다.

저녁 무렵에 가가와가 볼 일이 있어 거리에 나가면, 교회에 나오는 매춘부들이 길가에 손님을 끌려고 섰다가 가가와가 오는 것을 보고는 전신주 뒤에 숨으면서 가는 소리로 "선생님, 빨리 지나가십시오. 빨리"라고 했다. 부끄러워할 줄 아는 양심이 아직 있어서이다.

깡패들은 칼을 들고 들어와 협박했다. "이봐. 가가와, 외국인에게서 받은 돈이 있을 테니 내놔"라고 하기도 하고 "가가와, 돈 15원을 내놔. 그렇지 않으면 죽여 버린다"라면서 줄지어 협박하러 들어왔다. 어떤 때는 칼로 가가와를 찌르지 못하고 밥상을 내리쳤다. 그래도 가가와는 태연자약하여 조금도 두려워하지 않았다. 예수님의 산상보훈 교훈대로 그들을 대하였다. "이편 뺨을 치는 자에게 저편까지 돌려 대주라. 속옷을 가지고자 하는 자에게 겉옷까지 주어라."

빈민굴에 들어온 지 한 달 후에 가가와는 이렇게 시를 지었다.

　　미칠 만큼 열광적으로 생각하고
　　광란하듯 기도에 빠지고
　　귀신이 들린 것인가 나는
　　이중인격이란
　　이러한 것인가요. 아
　　계획대로 공부도 안 되고

마음 먹은 대로 전도도 못하고
임질 매독자, 다리 병신, 심장병 환자
살이 썩어 내리는 사내
처를 매춘굴로 내 보내는 사내
고리대금업자, 여인숙
끝없이 뇌를 뒤흔든다.
눈 앞을 어지럽게 한다
나는 신경과민, 노이로제에 빠진다.
아! 무서워 무서워
생각하면 미칠 것만 같구나.
빈민을 구제하는 길은 정녕 없을까?

가가와가 사는 신가와 빈민굴은 일본에서도 손꼽히는 큰 빈민굴이었는데, 싸구려 여인숙을 제외하고 7,500명의 인구를 가지고 있었다. 그들 2천 호의 직업에 관해서 가가와는 기록했다.

"직업 종류가 44.5종인데 나까시(仲士), 분뇨 인부, 날품팔이, 인력거꾼, 채소 장수, 바구니쟁이, 톱장이, 헌 가마니 장수, 토공, 안마사, 목수, 생선 장수, 청소부, 관상쟁이, 연탄장수, 우물 파기, 과자 장수, 헌 옷 장수, 장의사 인부, 땜장이, 엿장수, 점쟁이, 떡장수, 약사, 식육점, 강냉이 장수 등등"

때로는 깡패들이 칼을 들고 쫓아다니다가 돈이 없으면 가가와가 입고 있던 단벌옷까지 벗겨 갔다. 가가와는 할 수 없이 여자 옷을 입고 밖에도 못 나가고 있었다. 그들은 가가와에게서 뺏은 물건을 전당포에 갖다주고 돈을 얻어 도박했다.

매춘부들은 보통 볼 때 일반 처녀들이나 다름없었다. 가가와에 있는 곳에 자주 놀러 오고, 어떤 여자는 가가와를 사모했다.

빈민굴에서 가장 비참한 것은 어린애 청부 살해가 빈번한 일이었다. 가난한 빈민들이 문란한 남녀 관계에서 불의의 씨를 낳으면, 낳은 어린애를 청부 살해범에게 죽이게 한다. 청부 살해 상습범은 할머니들이었는데, 5원씩 받고 아기를 아무것도 먹이지 않고 죽여 버린다. 죽으면 장사도 지내지 않고 그냥 버려둔다. 가가와는 그렇게 죽은 아기를 위해 관을 짜고 장사 지내 주는 일부터 시작했다. 어느 날 어린애를 청부 살해하려 한 할머니가 경찰에 잡혀갔는데, 아기는 죽지 않고 살아 있었다. 경찰서장은 가가와에게 "가가와, 자네는 남을 위한 봉사 사업을 하고 있다는데 그 아기를 키워 주게"라고 말했다.

눈물의 이등분(二等分)

죽을 뻔한 그 아기를 키우면서 지은 시가 "눈물의 이등분"이란 유명한 시다. 병든 아기는 먹지도 못하고 우유도 안 먹고 울지도 못했다. 그때 아기를 안고 있는 가가와의 눈물이 아기의 눈을 적셨다. 그 순간 기적이 일어났다. 아기가 다시 울기 시작한 것이다. 이것이 "눈물의 이등분"이다. 그 아기가 자라 초등학교에 다닐 때 가가와는 나무 그늘에 숨어서 감개무량하게 바라보았다 한다.

눈물의 이등분

돌이가 잠에서 깨어 운다.
기저귀를 갈아주고
죽을 만들어 먹인 뒤
의자에 기대앉아서 나도 운다.
돌이를 데려다 놓은 뒤
사흘이나 꼬박
밤낮으로 일을 하고
잠시 눈을 붙이니 돌이가 일어난다.

아무도 차지할 사람이 없는 찌꺼기
제대로 익지 못한 꼴무리 하나,
배탈이 나서 45도로 열이 난다.
짧은 여름밤, 세상은 조용한데
근처의 시계가 한 시를 친다.
아, 돌이가 벙어리가 되었어
울질 않는군.
눈을 감았어, 죽어 버렸구나.
이봐, 이봐, 죽음은 아직 너무 일러
나는 장례비가 없단 말이야.
빈대가 내 다리를 물었어—
아! 가려워.

1909년부터 14년 동안 가가와는 빈민굴에서 가난한 사람, 괴로워하는 사람들의 친구가 되어 함께 지내면서, 메이지 학원으로부터 빈민굴 생활에 이르기까지 자기의 생활을 소설 형식으로 기록해서 출판했다. 3부작이었는데 첫째가 『사선을 넘어서』, 두 번째가 『벽의 소리 들을 때』 세 번째가 『태양을 쏘는 자』였다. 세계적으로 유명한 베스트셀러로, 거기서 나오는 인세를 받아 노동 운동에 투자했다. 가가와 도요히코가 인생의 밑바닥 쓰레기인 빈민굴에 헌신하여 14년 동안 겪으면서 쓰라린 생활에서 나타낸 정신이 "사선을 넘어서," "눈물의 이등분," "밑 닦는 정신"이었다.

항문 닦기 신학

의사가 2~3년밖에 더 못 살겠다던 시한부 목숨이었는데, 건강도 회복되어 1912년에는 고베 신학교를 졸업했다. 1913년에는 결혼하고, 그다음 해에 미국으로 가서 프린스턴 신학교에서 공부했다.

가가와가 미국에서 2년 9개월 유학하고 빈민굴에 돌아와 보니 사정이 너무도 변해 있었다. 가가와와 친하던 아이들은 소매치기가 되고 도박꾼이 되고, 깡패가 되었다. 어떤 아이는 천연두를 앓다가 죽어 버렸다. 아름답던 아이들이 그렇게 변해 버렸다. 처녀 아이들은 창녀로 팔려 갔다. 가가와의 개척교회 주일학교 학생이었던 "유기에"도, "히사에"도 창녀가 되어 버렸다. 빈민굴에서는 예쁘게 생긴 여자가 정조를 지킨다는 것은 불가능했다. 도박꾼들은 가난한 사람들이 돈 없는 기회를 엿보고 처녀들의 정조를 농락하고 다녔다. 도박꾼들은 돈이 돌아가니 제멋을 내면서 돈과 정조를 교환하는 것이다. 수십 명의 아름다운 처녀들이 그런 수법으로 타락해 가는 것을 그는 보았다.

어떤 남자는 부동명왕(不動明王) 신당에 1천 명의 여자의 정조를 더럽히게 해달라는 소원을 걸고, 그런 능력을 얻게 해달라고 기도했다. 신가와의 어느 사나이는 자기가 1천 명 여자와 관계했다고 스스로 자축했다. 와사(和佐)라는 사나이는 죽기 몇 해 전에 1천 명 여자와 관계하는 데 성공했다고 친지들에게 축하 선물을 돌렸다고 한다. 이런 독사들이 빈민굴에 있으니 처녀들 정조가 어떻게 지켜지겠는가.

가가와는 이렇게 기록했다.

"2년 9개월 동안 집을 비워둔 사이에 유곽(遊廓)과 요리점에 빼앗긴 세 사람의 친한 처녀 아이들, 그리고 감옥에 보내진 30명의 소매치기 아이를 위해 나는 슬퍼한다. 나의 기도는 그 33명이 다시 내 가슴에 돌아오게 해달라는 것이다. 아! 누가 저 새끼 비둘기 33마리를 내 가슴에서 빼앗아 갔는가? 돌려 달라. 돌려 달라. 그 33 영혼을 한 번 더 내 품에 돌려 달라! 오늘 세상은 참으로 나쁜 세상이다. 나의 가장 사랑하던 33 영혼을 산 채로 망쳐 버렸다. 나는 일생을 빈민굴에서 보내고 여기서 죽을 작정이다. 내 나이는 30세다 이제부터 노력하여 지금 여기서 자라가는 8백의 생령(生靈)만이라도 구원하려고 각오하고 있다. 나의 앞날을 축복해 달라."

일본의 기성교회 지도자들은 가가와 운동에 대하여 "가가와에겐 신학이 없다."라고 비판하며 공격했다. 그러나 가가와는 신학자와 같이 어려운 학문 체계를 세울 생각은 없었다. 가가와가 실천한 것은 그리스도의 속죄애(贖罪愛)이다. 아무도 돌보지 않는 곳, 사회에서 버림받은 인간의 밑바닥에 내려가 돌봐 주는 이 없는 폐결핵 환자의 용변 시중을 해 주기도 하고 청부 살해로 버림받은 아기를 맡아 기르면서 기저귀를 갈아 주는 봉사 속에서 "밑 닦기"란 말이 생겼다. 그러므로 가가와에게 신학을 붙인다면 "밑 닦기 신학"(Theology of wiping Anus), 즉 "항문 닦기 신학"이라고 할 것이다. 가가와는 물론 신학교 강의 같은 것은 하지 않았다.

결혼

가가와는 미국으로 유학하기 전인 1913년에 결혼했는데, 그 이야기는 다음과 같다. 신가와 빈민굴 인쇄 공장에서 일하는 "시바 하루꼬"라는 여성이 있었다. 그녀는 가가와의 집회소에서 강연을 듣고 감동을 받고 가가와를 존경하여 그의 빈민굴 운동을 돕게 되었다. 가가와는 그 여성을 유심히 보았다. 그녀는 다른 여성들과는 달랐다. 한번은 가가와가 기상천외한 모임을 계획했다. 그것은 거지대회란 것이었다. 거지대회란 것은 세상에 처음 있는 일이다. 가가와가 아니면 생각해 낼 수 없는 모임이었다. 고베, 오사까 일대에 있는 모든 거지에게 초대장을 보내니 거지들이 수없이 모여들었다. 그들은 배불리 대접을 받고 남은 음식은 집으로 가져가기도 했다. 그 거지 대회를 위해 고베 여자 학원의 여학생들이 자원하여 와서 도왔다. 그러나 가가와가 볼 때, 멋있고 명랑한 여학생들은 비교적 깨끗한 거지들에게는 봉사하려 했지만 더러운 거지들의 시중은 피하고 있었다. 그런데 시바 하루꼬는 달랐다. 아무도 접근하려 하지 않는 거지를 찾아다니며 시중들고 있는 모습을 가가와는 지켜보았다. "이 여성이다. 이 사람이야말로 나의 아내가 될 수 있는 여성이다."라고 느꼈다. 시바 하루꼬도 가가와의 기특한 활동을 보고 감격하여 "선생님, 저는 일생을 선생님 곁에서 빈민굴 전도를 돕고 싶습니다."라고 했다. 가가와는 기뻐서 "그렇습니까. 그러면 그냥 오시지 말고 나와 결혼합시다."라고 했다. 두 사람은 고베 부둣가를 함께 거닐면서 서로 약속을 다짐했다.

그 후 1913년 5월 고베 기독교회에서 결혼식을 올렸다. 주례는 유명한 아오끼 목사가 했다. 식을 올린 후 신랑 신부는 인력거를 타고 빈민굴로 돌아와 주민들을 모아 초밥으로 피로연을 열었다. 가가와는 "여러분, 오늘 여러분을 위하여 식모를 데려왔습니다. 이 자매는 나의 아내이면서 여러분들의 식모입니다. 어려운 모든 일을 부탁하십시오." 라고 했다. 자기 신부를 식모라고 소개한 사람은 가가와 뿐일 것이다. 사바 하루꼬는 진심으로 남편의 뜻을 순종해 봉사했다. 젊은 남녀 사이의 로맨틱한 분위기보다 하나님 중심의 결혼이었다. 고베의 어떤 신문은 가가와를 "빈민굴의 왕"이라고 소개했다.

빈민굴 생활

"고양이 할머니"라는 노인이 있었다. 그는 목을 매어 죽은 귀신이 나온다는 집에 살았는데, 귀신이 무서워서 고양이 13마리를 길렀다. 그 노인은 가가와를 좋아해서 크리스천이 되었는데, 쓰레기통을 뒤져 생계를 유지했다. 아침부터 저녁까지 가가와 곁에 있고 싶다고 하고, 나이 80세가 되어 경련이 일면 가가와를 불러 기도해 달라고 했다. 하루에 세 번씩 깊은 밤중에도 부르러 왔다. 쓰레기통에서 주운 그림을 가가와 집 벽에 붙이라고 가져왔다.

또 거지의 아내인 저능한 여자 오다마는 해변에서 주운 고구마나 석탄을 가지고 가가와에게 찾아왔다. 가가와는 마치 넝마주이 패거리가 된 듯싶었다. 그러나 가가와는 그들의 고마운 마음씨에 감격했다. 빈민굴 사람들은 잘 웃고 성격이 착했다. 술이나 자극적인 약을 먹지 않으면 악인이란 없었다. 살인한 사람과도 2년 이상 함께 살았는데, 착한 사람이었다.

몸을 파는 매춘부들도 보통 볼 때는 얌전한 처녀였다. 오시가라는 30세 되는 매춘부는 유명한 효녀였다. 아버지는 없고 어머니는 거지였는데, 세 식구가 도저히 살 수 없어서 매춘부가 되었다. 모친에게 대한 그녀의 노력과 효심은 존경과 동정의 눈물이 흐를 지경이었다.

빈민굴의 매춘부들은 가가와와 친했다. 그가 지나가면 인사하고 감사했다. 가가와가 길에 나가 그녀들이 지나가는 사람들 옷소매를 잡아끌고 가는 모양을 보고 있노라면 "선생님, 제발 집에 들어가세요. 부끄러워서 장사가 잘 안 되네요"라고 했다. 그들은 가가와가 미남이라고 칭찬하고 위대하다고 존경하고, 어떤 여자는 노골적으로 가가와 같은 남자의 아내가 되고 싶다고 하고, 그런 남자 품에 안겨서 하룻밤이라도 자고 싶다고 했다.

가가와는 1909년부터 14년 동안 고베 신가와 빈민굴에서 인생의 밑바닥 사람들을 위해 희생 봉사하다가, 1923년 가을 관동 대지진 복구 사업을 돕기 위해 동경으로 옮겼다.

관동 대지진의 피해는 대단했다. 완전히 무너진 가옥이 14만 호, 사망자가 10만 명, 부상자 10여만 명, 행방불명된 사람이 4만 명, 일본인에게 맞아 죽은 한국 사람만도 2만 명이나 되었다. 특히 무코지마(向島), 혼소(本所), 후카가와(深川) 지구에서는 5만 명이나 불에 타 죽었다.

후카가와(深川)에는 11만 명이 집단 판잣집에서 살았는데, 아이들이 1만 명이나 되었다. 학교도 없고 공부도 못하게 된 많은 아이는 가가와 있는 곳에 와서 놀았다. 아이들은 부랑 소년들이 되어가고, 많은 사람이 신경질적이 되고, 범죄는 증가해 갔다. 정부의 구제 사업도 신통치 않았다. 전염병이 퍼지고, 봉사하러 온 사람들도 일주일에 10여 명씩 쓰러졌다. 가가와는 오토바이를 타고 동경 거리를 분주히 돌아다니고 밤늦게야 혼소(本所) 집에 돌아왔다.

그의 기록을 인용해 보면 다음과 같다.

"이곳의 아이들은 학대받고 있다. 운동장도 없고 공원도 없고 좁은 길에서 놀고 있어 그 위험한 것, 풍기가 나빠지는 것은 상상 이상이다. 5만 명이 불타 죽은 자리에 빽빽이 또 집을 짓고 있다. 그렇게 되면 아이들이 부랑성을 띠게 되는 것은 당연한 일이다. 나는 부탁해서 구락부(俱樂部)를 일곱 개 지어 달라고 했다. 아이들은 거기서 저희끼리 희곡을 창작해서 연습하기도 했다. 부랑 소년을 선도하려면 주야로 길거리에서 지도할 각오가 없어서는 안 된다. 나는 이것을 길거리의 교육이라 부른다."

"여름이 되는데 개인 판잣집들이 증거하여 결국 혼소(本所)와 후카가와(深川) 일대는 커다란 빈민굴이 되었다. 비가 와도 걱정, 바람이 불어도 걱정인 판잣집에 모기장도 없고 수도와 하수도도 불완전하고, 장티푸스가 유행하고, 집집 주인들은 실업 상태여서 살아갈 방향을 잃어버린 민중은 비애의 밑바닥에 떨어질 것이 걱정이다."

대지진 직후, 가가와는 동경 후카가와의 싸구려 여인숙에서 지냈다. 당시는 어디 가나 만원이어서 다다미 한 장 위에서 세 사람이 수용되는 형편이었다. 싸구려 여인숙의 무절조(無節操)하고 불결함은 사람들에게 두려운 영향을 주었다. 남녀가 함께 자면서 공공연하게 성행위를 하는 것을 가가와는 묵묵히 보고 있을 수밖에 없었다. 그 정도는 초보적이고, 말로 형용할 수 없이 심한 일들이 자행되고 있었다.

가가와는 단순한 구빈(救貧) 운동보다 노동 운동, 사회교육 운동, 인격 운동의 필요를 절감했다. 구호 사업에 봉사하던 사람들도 지쳐서 계속 쓰러졌다. 가가와는 빈민굴의 고형화를 두려워했다.

노동조합 결성

1917년 5월에 미국에서 석사 학위를 받아서 귀국한 후, 빈민 문제에 대한 가가와의 생각은 달라졌다. 무조건적인 빈민 구호 운동은 효과가 없고 노동조합 운동의 조직이 필요하다고 느꼈다. "빵을 달라", "일터를 달라"는 사람들에게는 구원하라는 말은 소용이 없었다. 노동조합을 결성해야 한다. 노동자 스스로가 자기네 힘으로 스스로를 구제하도록 하는 것 외에 별다른 방법이 없다. 자선 주의로는 안 된다. 자선주의는 빈민을 늘어나게 할 우려가 있다. 노동조합의 건실한 발달을 밀고 가는 것이 급선무라고 깨달았다. 그래서 노동운동의 제일선에 섰다.

그는 노동 운동의 지도자가 되었다. 노동 동맹회를 창립했다. 우애회(友愛會) 회원이 전국에 3만 명이 되었는데, 1919년 여름에는 5만 명으로 증가했다. 노동 쟁의도 사방에서 일어났다. 한 달 동안에 12건의 파업이 일어났다. 가가와는 노동가를 작사했다.

> 깨여라, 일본의 노동자여
> 과거의 폐습을 때려 부수고
> 세계 개조가 되는 날까지
> 극기 면려 노력을 하자
> 땅을 파고 베를 짜고 배를 만들어
> 땅 속에 깊이 파고 들어 쇠를 캐고
> 땀 흘려 반죽하는 빵
> 노동자, 네 이름 존귀하구나.

이 노래는 관서 지방 노동자들이 즐겨 불렀다.

가가와를 일본의 기독교 사회주의자라고도 평한다. 그러나 노동 운동이 본래 쉬운 일이 아니었다. 총동맹이 크게 좌경으로 흐르는 것을 본 그는 "노동자 신문"에 마지막 글을 쓰고 관계를 끊었다.

"일본의 위기는 각일각(刻一刻)으로 박두하고 있다. 선의에 의한 개조 운동은 차츰 모습을 감추고, 협박과 공갈이 최후의 어둠을 일본에 불러오고, 일본은 암흑의 옛날로 되돌아가게 될는지도 모른다."

가가와는 노동 운동에 환멸을 느꼈다. 노동 운동은 이미 가가와를 필요로 하지 않았다. 그는 자기의 본래 사명이 복음 전도에 있었다는 사실을 다시 환기하지 않을 수 없었다.

1921년 10월 대회 직후에 동지들과 함께 종교 결사 "예수의 벗"이란 것을 조직하고, 1922년 1월부터 개인잡지 『구름 기둥』을 발행했다. 동시에 그의 사회적 관심은 노동운동에서 농민운동으로 전환했다. 가가와는 고향 도꾸시마(德島) 농촌을 회상했다. 일본 농촌의 비참이 그를 부르고 있었다. 그는 동지들과 함께 농민조합 운동을 시작하기로 하고, 신문에 "일본 농민조합 탄생"이라는 기사를 냈다. 전국에 호응을 얻었다. 농민조합은 기독교적 휴머니즘의 발로로서, 일본에서 가장 학대 받는 계층인 소작인들을 건지려는 것이었다.

"일본은 뭐라고 해도 아직 농업 국가이다. 일본의 무산자 계급은 아직 대부분이 농민이다. 우리는 토지에 대한 공평한 지배를 요구하지 않으면 안 된다."

1922년 4월 9일, 고베 기독교 청년 회관에서 농민조합 제1회 대회를 열었다. 농민 대표 150명이 참가했다. 『토지와 자유』라는 농민조합 창간호에서 가가와는 이렇게 부르짖었다.

"일본의 약 1천만 명의 농민이 가난한 농장 노동자라고 보아도 무방할 것이다. 토지 독점의 악풍이 차츰 나타나서 농민들 전원은 자본주의 침해를 받고, 소작인은 고통을 당하고 날품팔이 탄식을 하고 있다."

가가와와 그의 동지 스키야만을 중심한 일본 농민조합의 지도자들은 대부분이 기독교인이었다. 가가와는 농민조합을 선전하기 위해서 각처로 나갔다. 어느 마을에 가든지 1~2천 명이 모여들었다. 그들은 30~40리 길을 걸어서 왔다. 그러나 농민조합 운동은 나날이 어려운 시련에 부딪혀, 간부들이 감옥에 끌려가는 일이 빈번했다. 그래도 간부들이 열렬한 신앙을 지니고 인도적으로 일해 주었기 때문에, 가가와는 감격하여 눈물을 흘렸다.

그러나 가가와가 애를 써서 키운 농민조합도 결국 분열하고 말았다. 가가와가 반생을 바쳐 애쓴 노동 운동에도, 농민운동에도, 그리고 무산 운동에도 무엇인가 빠진 것, 결함이 있었다. 그는 이렇게 기록했다.

"일본의 노동조합은 정치 운동 때문에 산산조각으로 해체되고 말았다. 당분간 무산 정당의 운동에서 물러나 하나님 나라 운동에 열중해야겠다."

최후로 남은 사회운동은 협동조합 운동이었다. 그리스도 속죄의 실천으로서 사회운동에 헌신해 온 가가와는, 좌익 공산계 사람들이 계급 투쟁을 강조하면 할수록 인간과 인간과의 상호 부조를 기초로 하는 사회의 건설에 정열을 더 쏟으려고 했다. 이와 같은 그의 사회 철학에 가장 적합한 것이 협동조합 운동이었다. 1927년에 쓴 팜플렛에서 "사회구성과 소비조합"을 언급하면서, "소비조합을 만들지 않고는 노동자만이 무엇을 요구한다고 해도 소용이 없다."라고 했다. 1928년에는 강동 소비조합을 발족시켰다.

노동 운동에서 물러나고, 농민운동에도 한계를 느끼고, 무산 정당 운동에도 실망한 가가와가 협동조합 운동에 주력했는데, 협동조합 운동에도 좌익

세력이 침투해 들어와 가가와를 괴롭게 했다. 그는 이렇게 말했다.

"30년 가까이 나는 일본의 협동조합 운동을 위해서 싸워왔다. 좌익에게도 우익에게도 격렬한 압박을 받으면서 바보처럼 조합 운동을 위해서 노력했다. 종전 후의 일본을 재건하는 오직 하나의 길이 협동조합 운동이라 믿고 동지들과 함께 힘껏 투쟁했다."

가가와가 19세 때 다 죽어가는 몸으로 빈민굴에 투신하던 때부터, 그 후 노동운동, 농민운동, 무산정당 운동이나 소비조합 운동 모두는 가가와에게 있어선 사회악과의 싸움이었다.

"예수의 벗" 회

이 모든 것에 실망하고 그가 마지막으로 찾은 것은 "하나님 나라 운동"이었다. 그가 정신 운동으로 돌아갈 생각으로 조직한 것이 "예수의 벗(友)" 회였다. 그 취지가 발표되자, 일본 전국에서 입회자가 나타났다. 1922년 1월 중순에 86명이었는데, 반년이 지나 7월 초에는 501명이 되고, 1년 후에는 878명이 되었다.

그것은 당시 교회에 대한 혁신 운동이기도 했다.

"나는 현재의 교회와 그 의도가 다르다. 오늘의 교회는 작은 죄를 가지고는 무섭게 떠들면서도 큰 자본주의의 죄는 눈감아 주고 있다. 이런 관점에 있어서 나는 오늘의 교회가 가고 있는 쉬운 길을 가고 싶지 않다. 20세기의 전도는 지리적으로 넓은, 공간적 전도보다도 내면적인 전도가 필요하다. 그것은 자본주의에 대한 필사적이다."

가가와는 자기의 새로운 종교 운동의 이념을 보여 주면서 기성교회를 비판했다.

"나는 오늘날까지의 기독교가 가야 할 길이 잘못되었다는 사실을 지적한다. 그것은 사랑의 생활이 없기 때문이다. 교회에 가도 서로 돕는 일이 없어서 아주 차가운 것이다. 오늘날의 교회는 윤리적 그룹이 되어야 한다."

사랑이 없는 곳에는 교회는 없다는 것인데, 그것은 당시의 중산 계급을 기반으로 하는 교회의 중한 병이었다. 이와 같은 언동 때문에, 기성교회에서는 가가와에 대한 많은 오해가 야기되었다.

당시 일본 개신교 신도는 16만 명에 불과했다. 가가와는 적어도 100만 명의 신도가 없으면 기독교가 사회적 세력이 될 수 없다고 보고 "백만 명 구령 운동"을 제안하며, 교파를 초월하여 전도하자고 기독교 연맹협의회에 제안했으나, 일본의 기독교회는 움직이지 않아서 가가와는 교회에 대해 더욱 실망했다. 일본의 강단 기독교는 종말에 접근하는가 하며 우려했다. 가가와 말하는 "하나님 나라"는, 내면에서 오는 심적 혁명 없이는 어떤 개조 운동도 결국 허사이다. 혁명이 아니고 모든 사람이 회개해서 하나님의 나라로 들어가는 것이 아니면 안 된다. 참 내면의 회개 없이 사회는 구원되는 것이 아니다.

1929년 4월, 존 모 로트를 맞이해서 열린 기독교 연맹의 특별협의회에서 가가와가 제안한 "하나님 나라 운동"을 정식으로 의결하고, 30년부터 3년 동안 운동을 전개했다. 1930년 초 교또, 요꼬하마, 고베, 나고야 등지에서 "하나님 나라 운동 선언 대회"를 시작해서 3년 동안 가가와는 문자 그대로 동분서주하며 쉴 새 없이 활동했다. 1930년 1월, 동경 마쓰자와에 돌아온 가가와는 급성 폐렴에 걸렸다. 열이 좀 내리자 다시 관서 지방 오까야마에 가서 전도했다.

이 같은 가가와의 활동이 끝이 나게 되었다. 그는 모지(門司)의 쓰루하라 씨 집에 유숙했는데, 밤에 갑자기 시력이 급속도로 감퇴하여 보행에도 어려움을 느끼게 되었다. 피로 때문에 안질이 악화한 것이다.

말년

'하나님 나라 운동' 2년째 되던 해에 만주 사변이 일어났다. 1932년에 파시즘 운동이 차츰 활발해지더니, 일본은 군국주의에 열광해 갔다. 가가와는 반전론을 주장하다가, 1940년 8월 시부야 헌병대에 유치되었다가, 다시 스가모 구치소에 수감되었다.

1941년 봄, 일본과 미국의 관계가 험악해졌다. 가가와는 기독교인으로서 최후의 평화 사절단으로 미국에 갔으나 실패하고 돌아왔다. 그 무렵 그는 경찰의 감시를 받았으며 언행의 자유가 없었다. 일본 위정자들과 군벌은 너무나 어두웠다. 가가와는 우주악(宇宙惡) 문제에 대해 깊이 고민하게 되었다. 우주악의 문제는 불우한 환경에서 태어난 그가 16세부터 고민하던 문제였으며 일생의 연구 제목이었다. 고통, 죽음, 죄, 사회악, 빈곤, 고민, 악의 근원이 무엇이며 그 해결책이 무엇인가? 우주악을 생각하게 되니 자연 "우주 목적론"을 연구하지 않을 수 없었다. 가가와의 말년에 행한 필생의 마지막 연구가 "우주 목적론"이었다. 여행할 때는 한사코 삼등차를 타고 좁은 좌석에 앉아서 흔들리면서도 노트에다 계속 우주 목적론의 필생의 논문을 쓰고 있었다. 점점 하나님의 뜻을 깨닫게 되어 기쁘다고 말했다.

가가와는 프린스턴 대학에서 포유동물의 진화론을 전공했었다. 감옥에 갇혀서도 그런 책을 읽었다. "인간 사회는 물론, 우주 전체가 하나님의 의상이다."라고 그는 보았다.

우주악을 추구해 갔을 때, 그것을 극복하려는 힘이 예수 그리스도의 십자가였다. 우주의 법칙 중의 하나가 보상 작용인데, 예수 그리스도의 속죄는 인간 신체의 유독물을 방어하는 백혈구와 같은 것이다. 십자가는 우주를 완성하기 위한 십자가이다. 우주를 완성하기 위해선 인간을 완성해야 한다. 인간을 완성하기 위해서는 사랑을 완성해야 한다. 사랑을 완성하기 위해선 십자가를 완성해야 한다.

가가와 도요히코는 시인이요, 실천의 사도요, 성인이다. 그는 신학자가 아니요, 논리적 사상가도 아니다. 그의 마지막 저작『우주 목적론』에는 가가와의 전 생애를 총괄하는 사상 전모가 노출되었다.『우주 목적론』은 가가와가 죽기 2년 전, 1958년 6월에 매일신문사에서 출판되었다. 그러나 이 책은 많이 읽히지 않았다. 17세 때인 1955년에 가가와는 노벨평화상 후보로 추천되기도 했다.

1959년 1월, 관서 지방 전도를 마치고 시고꾸로 가는 도중 심근경색확장증으로 졸도하여 자택으로 돌아가 치료하다가, 1960년 4월 23일 72세로 세상을 떠났다.

가가와 도요히코는 평생 병이 많았다. 젊어서는 폐결핵으로 각혈을 자주 하고, 치질도 있고, 안질로 몇 번이나 실명했으며 소경처럼 남의 손을 잡고 강연하러 강단에 올라갔다. 축농증을 앓았고, 이는 치조농루가 되었고, 심장과 신장 그리고 간장도 나쁘고 척추도 병들어 있었다. 그런 몸으로 오랫동안 의자에 앉아 명상 생활을 하고 기도를 많이 했다. 그런 병든 약한 육체를 가지고도 조금도 자기의 고통을 남에게 말하지 않았고, 전 세계 미국으로 만주로, 한국으로 전 일본을 돌아다니며 전도했다.

기도문

"하나님 아버지시여! 가벼운 몸가짐으로 우리는 떠나렵니다. 몸부림치는 괴로움에 영혼은 타오릅니다. 이제 우리는 인류의 구원을 위하여 일어나야 할 때인 줄 압니다. 원하옵기는, 하나님 나라의 마음을 우리에게 밝히 내리시옵소서.

우리들의 생애가 가령 십자가의 길일지라도, 또는 목숨을 버려야 할 길이라고 굳건한 믿음으로 피하지 않겠나이다. 고난이나 폭풍 앞에서도 담대히 전진하렵니다. 각각 각자에게 필요 없는 것은 버릴 수 있는 길을 가르쳐 주옵소서. 간편하고 침착하고 여유만만이 하늘나라의 사명 다하기 위해 죽음도 두려움 없이 전진할 힘을 주옵소서.

우리들의 사명을 밝히 내리시사 병자나 나병자나, 또는 악귀 들린 자에게도 손을 얹고 가르침을 줄 수 있는 능력을 주옵소서.

당신의 제자들은 지금 출발하렵니다. 비록 소수이긴 하지만 모두가 한결같이 결사의 용사들입니다. 사나운 늑대굴에도 용감히 돌진하렵니다. 세계는 지금 뿔을 돋우고 기다리고 있나이다. 그러나 우리는 무저항의 태세로 출발하렵니다.

아버지여! 우리들은 다만 그릇일 뿐입니다. 당신이 친히 역사하여 주시옵소서. 주님의 이름으로 기도합니다.

…

은혜로운 하나님 아버지시여!

비록 태평양의 파도가 그 해안을 씻는다 해도 은혜의 파도가 이곳을 씻기워 주지 않으신다면 어찌 되오리까?

저 검푸른 바다 물결 따라 무한한 정결의 피를 소생시켜 주옵소서. 이 나라의 마지막 단 한 사람의 창녀도 남기지 말고 퇴폐한 더러움을 씻겨주옵소서.

아가씨들의 목엔 순결한 정조의 구슬을 걸게 하시오, 아이들의 가슴엔 온순을 달게 해 주시며, 겨레들은 영원히 스스로를 바치며 번영하는 발명의 겨레가 되게 하옵소서.

의에 바르고, 사랑에 넘치며, 온 세계에 빛을 비추는 겨레가 되게 하옵소서. 빛 되신 주님, 우리 아버지시여…

105.

후지이 다께시

일본아 망하라!" 부르짖으며 천국을 사모하던 경건한 예언자

후지이 다께시(藤井武; 1888~1930)는 1888년 1월 5일 일본 육군의 장교 아사무라 야스나오의 차남으로 태어나서, 1901년에 후지이 데쓰타로(佐藤 鐵太郞)의 양자가 되었다.

1907년에 제일고등학교를 졸업하고 도쿄제국대학 법과대학에 입학했다. 학창 시절에 수도원 안에서 고민하던 루터처럼, 주리고 목마른 것 같이 의(義)를 사모하면서 "신이여, 나에게 고난을 주시옵소서!" 하며 쉬지 않고 열렬히 기도했다. 그는 자기의 사명은 글을 써서 문서 전도하는데 두었다. 학교를 졸업하면 다른 친구들은 관직에 나가지만, 자기는 가난한 전도자로 문서 전도하기를 결심했다.

일본의 예언자라고 불리는 우치무라 간조 선생과 친교를 맺으면서 그의 영향을 많이 받았다. 후지이는 아내 노부꼬와 결혼해서 자녀 몇을 낳아 가정생활을 했다. 그의 아내 노부꼬는 미녀로서 착한 마음씨를 가져서 남편으로부터 극진한 사랑을 받았다.

후지이가 원고를 쓰면, 아내 노부꼬는 그것을 받아 출판사에 보내어 교정을 보고 인쇄하고 잡지가 나오면 각처에 발송하고 하는 모든 일을 도맡아 희생적으로 봉사했다.

남편이 몸이 약하여 먼 지방에서 요양할 때면 부부 사이에 편지가 매일 오

갔다. 그 편지 내용은 구약 성경의 아가서처럼 애정의 아기자기한 내용이었다. 그렇게 좋은 아내 노부꼬가 너무 지쳐서 병들어 병원에 입원했다.

좀 걱정이 됐지만, 후지이는 자기 아내는 자기에게 오른팔보다 더 필요한 내조자이므로 하나님이 꼭 낫게 해 주시리라 믿었다. 그리고 기도했다. 그러나 아내는 결국 세상을 떠나고 말았다. 29세 꽃 같은 나이였다. 사랑하는 아내가 죽었을 때 후지이는 너무도 슬프고 낙심이 되어 울면서 하나님을 원망했다.

내가 하나님 일하는 데 필요한 아내를 왜 불러가는가? 그런 하나님 믿는 것은 허공을 짚고 헤엄치는 것보다 더 허망하다 하면서 『저녁 무렵 내 아내는 숨지다』라는 애절한 고별의 글을 쓰고, "하나님이여! 당신은 큰 실수를 했습니다."라면서 절필하고 다시 글을 쓰지 않았다.

각처의 집회도 중지했다. 아내가 죽을 때, 그도 죽었다. 그의 생활은 일변했다. 그는 이 세상 행복에 대하여 죽을 뿐 아니라, 이 세상 사업에 대해서도 죽었다. 동경 한복판 강단에서 사자같이 부르짖던 그는 외로운 들에 쓸쓸히 서 있는 나무와 같이 서서 신의 이름을 부르는 고독한 사람이 되고 말았다.

아내를 천국에 보내고 나서 그도 현실보다 내세에 정신이 더 팔린 사람이 됐다. 그의 친구들이 그를 권면하여 다시 용기를 내라고 했다. "아내가 죽었다고 하나님과 다투는 사람이 어디 있느냐?"라고 했다. 그는 친구의 권면으로 다시 힘을 얻어 붓을 들었다.

죽은 아내를 화장한 유골을 조그마한 함에 넣어 매일 글 쓰는 자기 책상머리에 놓고 마치 살아있는 아내처럼 생각하고 『어린양의 혼인 잔치』라는 유명한 장편시를 썼다. "내 아내는 죽지 않았다. 내 아내는 하나님 나라에 살아 있다. 어린양의 혼인 잔치의 날이 오면 나는 내 아내와 만난다."라고 하면서 아내가 남기고 간 자녀들을 기르면서 9년 동안 재혼하지 않고 주의 일만 했다.

세상에 대해서, 국가에 대해서도 사자 같이 부르짖었다. 일본의 죄를 보고 "일본아, 망하라!"고 썼다. 그의 글을 읽는 자는 위험 분자로. 주목했다. 그는 국가의 환멸을 느끼고 분개하고 울고 책망했다. "망하라"고 한 것이다. 예언자였다.

성경도 외면적, 자구적(字句的)으로만 해석하지 않고, 성경의 '얼'을 자기의 '얼'로 체험해서 표현했다.

아내가 죽은 지 9년 만에 후지이도 위궤양으로 세상을 떠나면서 천국을 쳐다보는 듯 상반신을 일으키며 임종했다. 태양의 임종같이 장엄히….

106.

혼마 슌페이

자신의 공장 제품에 예수를 넣어 판 평신도 전도자

혼마 슌페이(本間俊平: 1873~1848)는 일본의 사회사업가로 기억된다. 그는 기독교 전도자로서 야마구치현의 대리석 채굴장에서 불량소년을 포함한 청소년과 공동생활을 하면서 젊은이들의 가르치는 일에 종사한 사람으로서 '아키요시대의 성자'라고 불린다. 또한 그는 감옥의 죄수들에게 전도하는 전도자였다.

그는 감옥을 찾아가 죄수들에게 전도할 때면 높은 강단에 서서 연설하지 않고 죄수 중에도 누구의 감화도 받지 않는 중죄인들 가운데로 뛰어 들어가 그들의 목을 안고 자기도 함께 엉엉 울기도 했다.

그는 울면서 "형제여, 내가 잘못했습니다. 이 예수 믿는 혼마란 이놈이 잘못했습니다. 내가 잘못했기 때문에 여러분이 이곳에 들어와 고생합니다."라고 했다. 그럴 때면 아무리 완악한 죄수들도 함께 얼싸안고 울면서 그의 감화를 받았다.

다른 누구의 말도 듣지 않던 죄수들이었지만, 혼마 슌페이의 진심 어린 문물과 사랑에 모두 녹아져 그를 아버지처럼 존경했다.

혼마 슌페이의 대리석 제품을 만드는 공장 직공들이 제품을 만들어 내면 시장에 내보내기 전에 공장주 혼마는 물건 하나하나를 친히 세밀히 검사했다. 물건 중에 직공들이 정성을 다해 만들지 않고 대충 만든 것이 눈에 띄면 그는 손에 들고 있던 망치로 직공들이 보는 앞에서 사정없이 깨부쉈다.

그리고 직공들을 타이르기를 "여러분이 아시다시피 나는 크리스천입니다. 크리스천 혼마 슌페이의 공장에서 만드는 물건에는 예수가 들어 있어야 합니다. 예수가 들어 있지 않은 제품을 세상으로 내보낼 수 없습니다. 여러분은 우리 공장의 제품 속에 예수를 넣어 주십시오."라고 했다.

이런 정신으로 물건을 만들었으므로 사람들은 그의 공장 제품은 누구나 신용하고 사들일 수 있었다.

그의 딸이 미국에서 살면서 포도 과수원을 경영하고 있었다. 그의 딸은 자기 아버지의 정신을 닮아 아버지는 대리석 제품 속에 예수를 넣으려 했지만, 자기는 농사하는 포도송이 한 알 한 알에 예수를 넣으려는 정신으로 과수를 재배하려 했다고 했다.

그래서 많은 미국인은 이 일본 여자의 과수원에서 나온 실과를 신용하고 사 갈 수 있었다.

오늘 우리 크리스천들이 하는 모든 일 속에 예수를 넣으려는 정신으로 한다면 기독교인 모이는 곳마다 얼마나 놀라운 기적이 일어 날 것인가!

107.

이시이 쥬지

기도의 응답만 믿고 고아들을 기른 위대한 신앙인

이시이 쥬지(石井十次: 1865~1914)는 1865년 5월 5일 하급 무사 이시이 만키치(石井萬吉)의 장남으로 태어났다. 가난한 사람을 돕는 자상한 성격인 어머니 노부꼬의 영향을 받아서 쥬지도 어려운 사람을 보면 저절로 돕는 성격으로 자랐다.

쥬지는 젊어서 의사가 되고자 의학 공부를 했다. 학교에서 의학 실습을 하던 중 오카야마현 오미야무라의 진료소 옆에 가난한 순례자의 숙소가 있었는데, 어느 날 거기서 어려운 입장의 한 여인이 아이 둘을 데리고 와서 큰 남자 아이만이라도 맡아달라고 간청하여, 이시이 쥬지는 아내 시나코(品子)와 의논하여 그 아이를 맡아 키우게 되었다. 그 후 두 명의 고아를 더 맡아서 양육하게 되는데, 자기가 사는 집이 비좁게 되었다. 이것이 계기가 되어 1887년에 고아 구제를 위한 「고아 교육회」라는 간판을 내걸었다.

이 무렵 영국에서 1만 명 이상의 고아를 구제한 브리스톨 고아원의 조지 뮐러 씨가 일본을 방문했다. 이시이 쥬지는 그의 삶에 감동받아 '일본의 뮐러'가 되기로 결심하지만, 의학과의 양립은 불가했다. 그는 생각하기를 "의사가 될 사람은 많겠지만, 나만이라도 고아 구제를 해야겠다."라며, 일생을 고아 구제에 바치겠다는 강한 각오를 표현하느라 당장 자기가 공부하던 의학 서적을 마당 한 가운데 내다 놓고 불질러 버리고, 자기도 뮐러를 본받아 고아원 사업을 시작했다.

그는 오카야마에 고아원을 세우고 누구의 도움도 기대하지 않고 신앙으로 하나님만을 절대 신뢰하고 기도하면서 수백 명의 고아를 길렀다. 이시이 유지가 날마다 기도하는 기도실은 그가 얼마나 엎드려 하나님께 기도하였던지 다다미에 무릎 꿇고 엎드린 자리가 우묵하게 패여 있었다고 한다.

만사에 그는 다만 기도만 했다. 기도하면 하나님께서 기도의 응답으로 고아들의 필요한 것을 보내 주셨다. 그는 기도는 반드시 응답하는 줄 믿었기 때문에 언제나 3년 동안의 일기책을 가지고 다녔다.

거기에다 기도드린 날짜와 무슨 문제로 기도한 문제를 기록했고, 그 기도가 응답이 되면 그 날짜도 기록해 두었다. 그의 경험으로는 대부분 기도는 3년 안에는 응답이 되는 고로 3년 동안의 일기책을 가지고 다녔다.

이시이는 또 말하기를, 그리스도 신자에게는 십자가가 신작로 좌우편에 세운 전신주처럼 닥쳐온다고 했다. 하나가 지나가면 또 다음 십자가가 계속 닥쳐온다고 했다.

한번은 고아원 뒷산에서 모든 고아를 모아 놓고 하나님께 기도했다. 그때 기도의 제목은 고아원에 필요한 브라스밴드(Brass Band, 금관악기) 한 벌과 고아들이 치고 잘 모기장과 풍금 등을 하나님께서 보내달라는 기도였다.

열심으로 기도하고 나서 이시이는 전체 고아들 앞에서 말하기를 "오늘이 어느 달 며칠이다. 오늘 우리가 기도한 물건들을 하나님께서 앞으로 1년 안에 보내주실 것이다. 여러분은 오늘 날짜를 잘 기억하고 있으라"고 했다.

그 후 1년 지나는 동안에 밴드대 악기도 생기고, 모기장도 생기고, 다른 것들은 모두 생겼는데, 1년 만기 되는 날짜가 다가오는데도 풍금만은 무소식이었다.

그때 동지사 신학교에 다니는 신학생 하나가 어느 미국 여자 선교사가 안

식년이 되어 본국으로 가는데, 그 짐을 꾸려주기 위해 여 선교사 집에 갔었다. 여 선교사는 그 학생을 보고 "내가 쓰던 풍금 하나가 있는데 어디 기증할 데가 없을까?"라고 물었다. 그 학생은 한참 생각하다가 오카야마(岡山)에 이시이 쥬지가 경영하는 고아원이 있는데 거기로 보내면 좋겠다고 대답하고, 풍금을 얻어서 포장하여 오카야마 고아원에 보냈다.

그 풍금이 배에 실려 오카야마에 도착한 날이 바로 1년 전 이시이가 고아들과 함께 기도하던 1년이 되는 날이었다.

하나님은 얼마나 정확하신가!

기도로 사는 일은 얼마나 재미있는가!

108.

김현봉 목사

물량 비대와 팽창주의 앞에 반기를 든 교회갱신의 선각자

김현봉(金顯鳳: 1884~1965) 목사는 1884년 경기도 여주군 가내면 건장리에서 태어났으며, 서울 서대문에서 성장했으며, 청년 시절에는 낙원동 무관에서 검도 및 유도로 체력을 단련했다. 그러던 중 처음으로 세친구와 함께 동대문 감리교회에서 예배를 보게 되었는데, 예배 후 목사가 손을 잡으면서 "다음 주에 꼭 오십시오."라고 말하자 "예"하고 대답한 것이 계기가 되어 교회를 다니게 되었다.

김현봉 목사라고 하면, 얼른 머리에 연상되는 것은 강단에서 파리채를 들고 설교하면서 파리 잡는 목사를 생각하게 된다. 그만큼 김현봉 목사는 모든 면에서 기인(奇人)이었다.

작은 키에 땅땅한 몸매, 언제나 검정 무명 두루마기에 고무신 신고 다니고, 머리는 중처럼 빡빡 삭발하였다고 해서 '중 목사'라는 별명이 붙었다. 한국교회 인물사에 이런 신기한 인물도 전무후무할 것이다. 그러나 그는 많은 사람에게 깊은 감화와 영향력을 끼쳤다.

이 책의 저자가 김현봉 목사를 본 인상에서 잊히지 않는 것은, 그의 나이 80 고령에 그로서는 마지막 집회였을 서울 관악산 벧엘기도원에서 여름 집회를 열었을 때이다.

좁은 장소에 자기 교회 교인들이 빈틈없이 꽉 차고, 그를 따르는 목사들도 많았고, 자리가 좁아서 일부는 문을 열어 놓고 마당까지 앉아서 설교를 듣는데, 언제나 두 시간 세 시간 동안의 긴 설교를 지루한 줄 모르고 듣고 있었다.

모인 군중의 모습은 나쁜 말로 거지 떼였다. 남자들은 대부분 머리를 삭발했고 여자들은 파마머리를 한 이라곤 한 사람도 없고, 검정 무명 치마저고리에 보따리 안고 있는 모양이 어느 피난민 수용소 같았다.

그때, 김 목사는 긴 시간 서서 설교하다가 지쳤든지 강대상 위에 올라가 앉아서 강의하였다. 그런 광경은 처음 보는 터라 모두 의아한 느낌에 들었는데, 이를 보다 못해 이병구 목사가 큰소리로 "김 목사님! 그렇게 하면 교인들이 시험받습니다."하고 소리 질렀다.

담차고 배짱이 두둑한 김 목사가 그 소리를 했다고 순순히 내려올 리가 없었다. 도리어 자기편에서 기분이 좀 언짢은 눈치였다. 그는 강대상을 가리키면서 "이것이 제단이요? 제단이라면 내는 내려가겠소. 이것이 설교하는데 편리한 책상에 지나지 않소. 늙은 사람이 설교하다 지쳐서 잠깐 이 위에 올라앉아 설교하기로 이것이 시험될 게 뭐요?" 그 기세에 눌려 사람들은 더는 아무 말도 못했다.

나(필자)는 김현봉 목사를 따라다닌 사람은 아니지만, 내 목회 생활이 어려움을 겪을 때마다 그 어른의 생각이 났고, 그 모습이 떠올랐다. 그분의 목회 방법을 본받아 보려고 경솔하게 덤비다가 실패도 했다. 그 어른은 필자가 사숙(私淑)한 위대한 스승이다.

김현봉 목사가 가장 많이 강조한 교훈은 "자기를 만들어 가라."는 것이다. "자기를 만들어야 남을 지도해 낸다."라고 거듭 가르쳤다.

그는 목사라기보다 도인(道人)이었다. 김 목사의 목회와 설교 방법은 마치 어린아이를 기르는 어머니가 굳은 음식을 자기 입에 넣어 충분히 씹은 후에 아기 입에 넣어주는 듯했다. 그의 설교는 처음에는 무슨 목적으로 저런 이야기를 하나 의심이 들기까지 여러 가지 이야기로 좁혀 가다가 마지막에 '노다지' 같은 정신을 교인들 귀에 쑥 넣어주었다. 그래서 그를 따라다니는 젊은 목사들끼리 주고받는 은어(隱語)는 "오늘 노다지가 있었나?" 하는 것이었다.

누가 찾아와서 젊은 제자나 교인 중에 누구의 비행을 예기하면 침통한 표정으로 "아깝다. 되다 말았지!"라고 했다. 김 목사는 이 소리를 참 많이 했다. 안길옹 목사는 미국 가려고 여권까지 다 얻어놨다는 소식 들었을 때도 역시 "아깝다. 되다 말았지!"라고 했다고 한다.

주변 이야기들

김현봉 목사는 23세 때 기독교를 믿기 시작하여 한동안 러시아령 해삼위(海參威)에 살다가 귀국하여 평양신학교에 입학했다. 그때는 일제 강점기였다.

학생 시절에는 키도 작고 말도 잘할 줄 모르는 존재가 나타나지 않은 분이었다. 총각이었기 때문에 웬만하며 여학생 중에 인기가 있음직도 했지만, 워낙 못생긴 분이라 여학생들도 김현봉이라면 "픽!"하며 외면해 버렸다.

졸업 후 경기도 과천 부림교회를 맡아 농촌 교회 일을 모는데 교인들이 농번기에 일하다가 예배 시간 늦게 교회에 찾아오면 "예배 다 봤어!" 하고 예배도 안 보고 가버렸다고 한다. 그러면서도 농촌 교인들이 병들면 세브란스 병원이 데리고 가서 무료 치료해 달라고 떼를 썼다. 그 맛에 교인들은 따랐다.

그 후 서울 공덕동에 와서 교회 일을 보다가 장로들 등쌀에 목회에 실패하고 염리동 굴레방다리 근처 고개에 자기가 손수 처음 교회를 개척할 때 닭장을 헐어 예배 처소로 만들고 소금 장사하면서 교회 일을 보았다.

처음 모인 교인 수는 자기 가족까지 해서 여덟 명이었다. 교인이 없어서 김 목사는 한길에 나서서 길 가는 사람들을 쫓아가 옷소매를 잡아끌면서 "한 번 와 들어 보시오." 하고 사정했다고 한다. 그때 끌려간 고등학생 중에 지금 목사가 된 이도 있다.

예배 처소의 벽은 미군 잡지를 뜯어 손수 발랐는데, 잡지 그림에는 서양 여자 나체사진이 많아서 예배당 벽에 나체 여인들이 사진이 여기저기 붙어서 장관이었다. 교회 같지도 않았다. 차마 눈 뜨고 볼 수 없었다.

어떤 외국이 선교사가 지나다니다 보니 너무 비참해 보여서 좀 도와주겠노라 하는 김 목사가 딱 거절하며 "아니요, 우리는 도움 받을 필요 없어요!" 해서 돌려보냈다. 독립 정신이 강한 분이다.

나이 40이나 되어서 세브란스병원 간호사로(간호과장?) 결혼 못 한 노처녀와 결혼했으나 자녀를 낳지는 못했다.

김현봉 목사의 정신은 기독교의 형식주의, 교권주의를 배격하는 동시에, 교회 건물을 크게 화려하게 짓는 일에 대해서 못마땅하게 여겼다. 교인이 늘어가면 손수 교회 벽을 헐고 교회를 넓히고 지붕도 벽도 손수 쌓았다.

건물의 미관에는 관심이 없었고, 창문을 많이 내어 다만 위생적으로 햇볕이 잘 들고, 예배에 편리하면 됐다. 건물을 크게 하든가 장식은 하지 않았다. 장소가 산비탈이므로 바닥의 바위를 정과 망치를 들고 일일이 깨며 언제 가서 보아도 김 목사는 늘 일하고 있었다.

교회 안에 다락을 매는 것도 손수 기둥을 받치고 마루를 깔아 그 교회는 기둥이 많고 볼품이 없어 별명이 '기둥교회,' '누더기 교회'였다. 얼마나 기둥이 많은지 어두운데 서는 이마를 자주 찧게 마련이었다.

교인 하나하나를 자기 손때를 묻혀 자기 정신을 넣어 훈련하고 길러갔는데, 그것은 세속의 수도원 같은 교회였다. 주일날이면 예배드리고 흩어져 나오는 교인들을 보면 어느 피난민 수용소나 거지 떼가 흩어져 나오는 광경 같았고, 서울 복판에 이런 교회가 있을 수 있는지 의심할 정도로 놀라운 광경이었다.

교회 이름은 '아현교회'라고 했지만, 그 교회는 없는 것이 너무도 많았다. 교회 간판도 없고, 종도 종탑도 없고, 십자가도 의자도 강대상도 없고, 성가대란 것도 없고, 장로도 없었다.

사치한 옷 입은 교인도 없었기 때문에 일제시대 교회를 귀찮게 들볶던 시절에도 아현교회만은 아무 일 없었다. 예배드릴 때는 모두 무릎 꿇고, 좌우로 정렬해 정좌해 앉아 드리는데, 보통 두 시간 이상의 설교를 필기하며 들었다.

이런 특수한 교회여서 교회를 개척하여 5백 명 교인이 되기까지는 24년이 걸렸고, 그 후 교인이 날로 증가하여 10년 후에는 1,200명이나 됐다.

처음엔 존재가 없던 김현봉이었지만, 이렇게 교회가 성장하고, 또 그렇게 잘 훈련된 교회가 되고 보니 당시에는 전국에서 영락교회 다음으로는 김 목사의 아현교회만한 교회는 없었다.

이로써 김현봉 목사는 교계의 관심을 모으게 되고, 그를 배우려고 따르는 목사들도 많아졌다. 이렇게 교회 부흥 4년 만에 그는 세상을 떠났다.

김현봉 목사는 자기 목회의 땅과 노력을 회고하면서 후배에게 교훈하기를 "목회자는 장기전(長期戰)으로 이런 교회를 만들도록 해야 한다."라고 했다.

그의 교훈들

"믿음 쓸 줄 알고, 양심 쓸 줄 알라." "자기를 만들어 가라." "일심정력(一心精力)을 다하라." 이것은 김현봉 목사가 끊임없이 가르친 그의 교훈이었다.

양심은 예수 믿는 밑천이다. 하나님께 대해서나 사람에 대해서나 물질 처리하는 일에 있어서나 양심을 바로 써야 한다. 잠시도 방심 말고 일심정력을 다해 믿는 일을 할 것이다.

성직자는 위대한 사상가여야 하는 동시에 철저한 도덕가여야 한다. 그리스도의 도(道)는 마음의 도이다. 그런고로 깨끗한 마음 성심(誠心)을 주님께 바치는 그만큼 그가 하는 일은 되어가는 것이다.

김현봉 목사만큼 양심 생활을 강조한 이도 드물 것이다.

"신앙도 본 밑천이 없이는 아무나 못 믿는다. 본 밑천은 양심(良心)이다."

"양심에 순종하면 하나님께 순종함이요, 양심을 거스르면 하나님께 거스름이 된다. 하나님은 내 영혼을 통해 일하시는데, 그 작용을 온전히 맡아 일하는 것이 양심이다. 하나님은 직접 이래라저래라하지 않으시고, 인간 영혼에 그 뜻을 알게 하시고 영혼이 양심에 순종하면, 그것이 곧 하나님을 순종함이 된다. 힘쓸수록 양심을 쓸수록 예수님이 점점 가까워진다."

"하나님의 일꾼은 의인이라야 한다. 의인이라야 교역자 되는 것이다. 신자는 의인이라야 한다. 불의인(不義人)이 무슨 신자냐. 성경만 잘 가르치는 것이 의인이 아니다. 그것은 성경만 가르치고는 악독한 사람이다."

"의인도 죄를 짓는다마는, 악인은 죄짓고 애통하지 않지만, 의인은 애통한다. 죄를 깨달을수록 이왕에 자기를 의롭고 착한 줄로 여겼던 일이 애통스러워진다."

"목사는 교인들에게 못할 일을 시키는 것이다. 이왕에 예수는 믿어 왔으니, 회개를 모르고 예수를 믿어 온 자들이 많다. 회개하고라야 예수 믿는 것이다."

"일심정력을 드려야 예수를 바로 믿는 것이다. 구원 얻으려면 일심정력 해야 한다. 믿음은 가만히 있는 것이 아니다. 자꾸 일하는 것이다. 천국은 침노를 당한다. 침노라는 말은 생명 내놓고 달려드는 일이다. 예수 믿고 천당 간다는 그것만 알고 있으니 탈이다. 예수 믿고 할 일 없으니, 세상일만 하고 있다. 바울이 '믿음을 지켰다'(딤후 4:7)라고 고백한 말은 '집 지키듯' 우두커니 믿음 지킨 것이 아니다. 믿음이 하자는 대로 해 갔다는 말이다."

"옛날에는 우리나라에도 좋은 신자가 많이 있었지만, 지금은 참 한심할 뿐이다. 오늘날 이런 꼴의 사람들도 기독교인인가? 어떤 교회든지 전부터 뿌리박고 내려오는 신자들은 여간해서는 좋은 신자를 만들어 내기가 불가능하다."

성(性) 생활에 관하여

김현봉 목사는 성직자들은 남녀의 성생활(性生活)을 초월하는 일이 바람직하다고 강조했다. 아무리 부부라도 별거하여 살며, 육신도 깨끗이 사는 것이 신앙생활에 좋다고 가르쳤다.

김 목사 자신은 가정에서 동거생활 10년 하고는 중단해 버렸다. 어떤 목사가 이북에 부인을 두고 혼자 내려와 고민하면서 김 목사에게 외로운 심정을 이야기하니 고민하는 그를 책망하면서, "아니, 부인을 일부러 떼기도 해야 할 판인데 그것 때문에 시험받는다는 소리가 무슨 소리야!" 하면서 사람을 의뢰하고 처자를 그리워하고 자기 자신을 사랑하는 것에 대해 책망했다.

그를 따르던 젊은 목사 중에서 부부생활을 여러 해 중단한 이들이 있었고, 여자들도 독신으로 산 이들이 많았다. 성직자만 아니라 평신도라도 성생활은 참을 수 있는 데까지 참아 끊으라고 권했다.

김 목사는 약혼식을 허락하지 않았는데, 어느 신학생이 학교를 졸업하고 결혼하려고 어느 처녀를 선보고는 한 달 뒤에 결혼하기로 하고 그사이 참지 못하여 두어 번 만난 일이 있었는데, 그 소식이 김 목사 귀에 들어가자 당장 불러다 앞에 앉혀놓고 "두 번 만났다지!" 하고 책망하면서 "이제는 만나지 마시오!"라고 엄명했다.

아담 부부가 무화과 잎을 엮어 하체를 가린 것은 그들이 선악과 따먹고 죄

지은 뒤의 일이다. 에덴동산에서는 남녀가 벌거벗고 살아도 부끄러운 줄 몰랐다(창 2:25). 성 프란치스코는 어느 때 제자와 함께 벌거벗고 아주 알몸으로 사람들 앞에서 가장 유명한 설교를 한 적이 있었다.

김현봉 목사도 어느 눈 오는 날 밖에서 소변을 보고 있는데, 제자가 곁에서 무슨 말을 물어보는 데도 보던 일을 중단하지도 않고 부끄럽다는 생각도 없이 제자 있는 쪽을 향하여 태연히 서서 용무를 끝까지 마쳤다. 천진난만한 어린애처럼.

그의 주장들

김현봉 목사가 일생 주장한 것은 '자기를 만드는 일'(自己完成)이었다. 그는 만나는 제자들에게 마다 이것을 강조했다.

어떤 청년이 25세에 신학교를 졸업하고 교회일 보려 할 때, 김 목사는 "좀 더 자기를 기르고 교역에 나서라"고 권했다.

김 목사 자신도 자기와의 투쟁에 전력을 다했다. 밤낮 '일심정력'(一心精力)을 강조하면서도, 자기는 그것을 잘못한다고 늘 스스로 탄식했다. 그것을 실천하고자 매일 10시간 애썼다.

> "급한 것은 자기 만드는 일이다. 누구든지 자기가 된 만큼 밖에 남을 만들지 못하는 법이니 요는 나 하나 만드는 일이 급선무다."

> "바울 한 사람이 10만 목사보다 낫다. 하나님은 한 사람 일꾼을 바로 기르시기 위해 애쓰시는 하나님이시다. 교회보다 일꾼이 더 크다. 교회를 바로 세우려면 일꾼을 바로 세워야 하고, 그러한 일꾼을 바로 길러내기 위해 하나님은 수십 년 두고 애쓰신다."

> "현대교회는 교인들이 얼마나 양심 쓰느냐, 얼마나 믿음 자리에 서 있느

냐, 얼마나 진리의 사람이 되어서 사느냐에 관심 두는 것보다 숫자만 높이려 한다."

이런 폐단 속에서 김 목사는 물질적으로나 신앙적으로 자립정신(自立精神)을 길러주려고 자기를 따르는 젊은 청년들을 약간의 밑천을 대 주어 소금 장사도 시키고 목수 일도 배우게 하고 리어카도 끌게 했다.

김 목사 자신이 절대 남의 신세를 지려고 하지 않았다. 그는 자기 육체의 몸도 일생 연단시켜 건강하게 만들어 갔다. 매일 냉수마찰을 하고, 동그란 돌을 가지고 피부를 마찰하면서 때를 벗겨 처음엔 거칠던 돌이 나중엔 반질반질하고 매끈해질 정도였다. 늘 몸을 깨끗이 씻고 목욕할 때면 자기 잔등의 때도 남의 신세 안 지고 자기 손으로 닦았는데, 김 목사는 자꾸 연습해서 오른손 팔꿈치를 굽혀 어깨로부터 등에 대고 왼손을 왼편 겨드랑 밑으로 굽혀 등에 대면 손끝이 서로 맞닿았다.

그의 피부는 젊은이 몸같이 단단했다. 새벽마다 아현동 자기 집에서 연세대학교 뒷산 기도실까지 10리나 되는 산길을 하루도 빠지지 않고 다녔다.

81세에 세상을 떠났지만, 자기 자신은 백 20~30년은 거뜬히 살 줄 짐작했다. 머리도 삭발이지만 이발소에 안 가고 스스로 깎았다.

가끔 집회를 인도하러 가서 마중 나온 교인들이 김 목사가 어깨에 메고 있는 보따리를 받아 메려면 냉정하게 "필요 없어!" 하고, 자기가 그냥 메고 갔다. 그분의 정신 속에는 자립정신이 꽉 차 있었다.

그를 따르는 이들이 김 목사의 생활을 세밀한 부분까지 연구하며 본받으려 애쓴 것은 자기네 사는 생활과 일일이 다르니 배우지 않을 수 없었다.

보수파의 박 모 박사와 손잡고 한동안 개혁신학교를 하려다가 교리상으로 중생 문제 등에 서로 의견이 대립하여 갈라졌다. 진리가 같지 않고 바르지 않으니 함께 할 수 없다는 고집이었다.

그러니 일생 교회도 어느 교파에 소속하지 않고 철저한 독립 교회였다. 그의 껍데기로부터 내장과 오장육부에는 '얼'로 꽉 차 있었다.

그의 생활에 관하여

김현봉 목사의 검소한 생활은 유명하다. 교인이 천 명이나 모이는 큰 교회요, 또 거의 모든 교인이 십일조 생활을 하여 교회 재정이 풍부하고 목사의 이름으로 염리동 일대에 수십 동의 집을 가지고 있었으면서도, 그는 철저히 검소하게 살았고, 또 남들에게 검소한 정신을 강조했다.

그 자신이 일생 검정 무명 두루마기에 고무신을 신고 머리는 삭발하고 다녔기 때문에 염리동 일대에서는 별명이 '중 목사'였는데, 그래도 그 별난 중 목사에게서 예수를 느꼈다.

그가 시무하던 아현교회 교인들은 목사를 닮아 남자들은 바지저고리에 삭발한 이가 많았고, 여자들은 화려한 색깔이나 좋은 옷은 못 입고, 검정 치마저고리에 검정 고무신을 신고 다녔다. 머리는 파마를 못 하고 옛날 누구 집 식모처럼 머리끝을 땋아 얹었다. "사치는 음란에서 나온다." 그는 늘 그렇게 가르쳤다.

김현봉 목사의 식단 계획은 미리 짜여 있어서 월, 화, 수요일마다 딴 메뉴로 했다. 어느 날 안 목사가 찾아갔더니 "오늘 우리는 모밀국수 먹는 날입니다. 밀국수 잡숫소? 못 잡수시면 밥해 드리겠소. 돈 없어서가 아니오"라고 했다.

그의 정식 밥상에는 밥 한 그릇(그는 팥밥을 즐겼다)에 무 배추김치 하나, 반찬이 세 가지 이상 놓인 예가 드물었다. 많아야 세 가지 밥, 국, 반찬. 그는 채식 위주인데 홍당무가 몸에 좋다 해서 늘 날것을 먹는 일이 많았다. 시금치 사과도 잘 먹었다. 그런 식사를 하고 어떻게 건강 유지를 하는지 의심스러울 정도였다. 그는 단것을 좋아해서 사탕을 많이 먹었다.

어디로 사경회 인도하러 가서도 사례금을 받는 일이 없고, 집회를 인도한 교회에서 선물을 드리면 은혜 못 받아서 그런 것을 한다고 나무라고 사경회 강사라고 음식상을 지나치게 잘 차린 것을 보면 책망하면서 은혜 못 받아서 그런다고 하였다.

한 번은 부산 어느 교회 집회를 인도하러 가서는 식사 때 음식상을 차려 나왔는데, 주방에서 강사 음식 준비 맡은 이가 하나님께 머리는 쓰지 않고 음식 차리는 데만 머리를 쓰면서 음식상에다 '김현봉 목사 음식'이라고 써 놓은 것을 보고는 "이거 어디서 배워 먹은 버르장머리요!" 하고 호통을 쳤다.

그는 직업적 부흥사들을 비난하면서, 부흥회하면 개를 잡아 개장국 먹으면서 집회한다고 비난했다. 누구 집에 가서도 꽃무늬 수 놓은 방석을 내놓으면 "이것도 사치 정신이 들었군!"이라고 했다.

그가 목회하는 아현교회 어느 집사 며느리가 머리를 파마했다고 해서 그 집사는 고민하여 김 목사 정신은 교인들이 사치하지 못하게 하고 파마머리를 금했는데, 자기가 교회 집사면서 며느리 하나 단속 못 하면서 어떻게 집사 노릇 하느냐고 목사님께 집사 사표를 냈더니 김 목사는 두말없이 사표를 수리해 버렸다. 김 목사는 그 후부터는 시무 집사 아닌 그를 다시는 집사라 부르지 못하게 했다. 집사에서 떨어진 자를 계속 집사라 부르는 것은 그 목사가 진실이 아닌 증거요, 그 해당자를 겸손하게 가르치지 못하는 일이 된다. 이런 것이 인본주의라고 교훈했다.

결혼에 관하여

결혼하는 청년에게는 새 양복을 입지 못하게 하고 보통 입던 평상복을 입고 식을 올리도록 하든지, 아니면 광목 바지저고리에 두루마기 차림으로 하게 했고, 약혼식은 폐지했다. 김 목사 정신을 따라서 처녀 총각이 처음 선을 볼 때 서로 물어보는 것은, "거듭났습니까?" 였다고 한다.

결혼식 때는 청첩장도 없이 조촐히 몇 사람이 모인 중에서 신부 측 담임목사께 알려 남자 손님 2명만 오게 하고 모두 20명도 못 되게 모이게 하고는 김 목사는 기도실에서 기도하다가 나와서 결혼하는 남녀를 앞에 앉혀놓고 기도해 주고는 "잘 살아라."라는 한 마디로 끝냈다.

너울이고 드레스고 그런 건 절대 못쓴다. 다만, 신부에게 옷 두 벌만 허락했다. 결혼 시간은 정각에 시작하고 5분 전에 도착하여 간단히 끝낸다. 결혼식 마치고 집에 가기까지 전체 30분 이내였다.

한번은 당신 본 교회에서 사경회를 하다가 중간에 쉬는 시간인데, 오후 1시경이었다. 어느 제자 목사가 보니 김현봉 목사가 강대 곁에 앉아 있는데 그의 앞에 젊은 남녀가 가지런히 앉아 있었다. 김 목사가 그 남녀보고 뭣이라고 말하고 있었다. 가까이 가서 보니 결혼식하는 중이었다.

사경회 도중에 그 자리에서 결혼식을 올린 것이다. 처녀는 어느 목사의 여동생인데 국민학교 교사였다. 신랑 신부 옷차림은 보통 때 입는 옷 그대로다. 드레스고 너울이고는 어디라고 감히 입고 나올 것인가.

"신랑 신부가 있으면 결혼식하는 것이지 돈 있어야 하나?" 김 목사는 그렇게 주장했다. 극히 간단한 식을 마치고 나서는 신랑 신부보고 "가시오. 가서 믿음 잘 지키시오!"라고 했다. 신혼여행이고, 택시 드라이브고 어림도 없다. 김현봉 목사식으로만 살면 사람 사는데 돈 몇 푼 안 든다.

또 한 번의 결혼식 때는 신부가 지방에서 올라와 김 목사 주례를 받게 됐다. 그런데 오후 3시 반으로 정했는데 기차가 연착하여 신부가 늦게야 도착했다. 김현봉 목사 사생활의 일과는 오후 5시면 취침하는 습관인데, 김 목사는 신부를 기다리다가 5시가 되자, 침실에 들어가 취침을 시작했다.

그 후에 신부가 오니 할 수 없이 사모님을 통해 잠자리에든 김 목사께 연락하여 양해를 구하니 김 목사는 할 수 없이 일어나 자기 침실에 그냥 앉은 채로 이불을 한쪽으로 밀어놓고 신랑 신부를 방에 들어오라 해서 곁에 몇 사람 더 들어와 앉게 하고 기도해 주며 "믿음 잘 지키시오."라고 권면하고는 끝났다.

서울 은광학교에서 누가 결혼식을 하던 날, 그 교회 목사가 따라와 곁에 있었더니, 김형봉 목사는 그 보고 "목사님은 뭐 하려고 왔습니까?"라고 해서 그 목사는 무안해서 못 견디었다는 이야기도 있다.

장례에 관하여

신자가 세상 떠났을 때 장례하는 방법으로 운명하고 24시간 지난 뒤에 시신을 놓고 예배드리고 나서는 김 목사가 손수 시신에 수의를 입혔다. 수의는 돈을 드려 새로 할 것 없이 세상 떠난 이가 평소 즐겨 입던 옷이나, 혹은 수의나, 옷을 갈아입히지 않고 그대로도 무방했다.

비싼 관(棺)을 쓸 것 없이 관 없이 송판만(칠성판) 하나 깔고 김 목사가 손수 묶었고, 처음에는 교인집 어린애가 죽으면 시신을 김 목사가 친히 지고 가서 염리동 산에 묻었다.

후에는 리어카를 크게 개조해서 거기다 손수 실어 김 목사가 친히 상여 리어카를 끌고 장지로 갔다.

아현동에서 서대문 지나 화장터까지 15리나 되는 길을 끌고 갔다. 남들이 도저히 본받기 어려운 분이었다. 후에는 김현봉 목사가 바빠서 김 조사나 다른 이들이 리어카 끄는 일을 대신하기도 했다.

젊은 교역자들에게 가르치기를, 교회가 커져서 장례가 자주 있고, 교역자가 바쁠 때는 그런 일에 교역자가 너무 시간 빼앗기지 말고, 자기는 한 번 가서 예배를 드리고, 그 후로는 다른 사람을 보내서 장례식을 해도 좋으나, 그

유가족들이 그렇게 하면 시험받을 염려 있는 사람들이면, 목사는 시간 뺏긴다는 생각만 말고 가서 친히 예배 인도해 주어야 한다고 가르쳤다.

김현봉 목사는 매장(埋葬)보다 화장(火葬)이 좋다고 대개 화장을 시켰다. 임종할 때 곁에서 찬송가를 많이 부르게 하고 임관할 때는 김 목사가 직접 하든지, 그렇지 않으면 처음에는 김 목사가 시작하고 "마지막으로 자손들이 하라"고 시키고 목사는 곁에서 감독했다.

출상할 때와 매장할 때는 예배를 드렸으나, 화장할 때는 대체로 기도만 했다. 주로 화장을 많이 했기 때문에 사람들의 비난을 받아 교회에 안 나오는 집사도 있었다. 화장을 반대하는 친척들은 그 유가족과 단교(斷交)하는 일까지 있었다.

시신에 대한 위생처리는 철저하고 면밀하게 하여 시신의 입, 코 등 모든 구멍을 솜으로 막고, 시신의 팔다리를 주물러 팔도 앞으로 모아 맞잡게 하고, 비닐을 깔고 시신을 똑바로 편안히 누이고, 향은 두 대 이상은 피우지 못하게 하고, 조문객들이 와서 시신에 절하지 못하게 옆에 써 붙이고는 곁에 사람을 세워 "교회식으로 합니다."라고 문상하러 오는 사람마다 말하게 했다.

망인의 사진을 놓지 못하게 했다. 세상 떠난 사람을 위하여 비용을 많이 드리는 일은 남에게 칭찬 듣고자 하는 산 사람들의 허영심으로 보았다.

장의사는 쓰지 못하게 하고, 그 비용을 교회에 연보하게하고, 상가에서 밤 새우는 것은 남 전도회에서 두 차례로 나눠 초저녁과 새벽을 담당하게 했다. 상갓집의 봉사는 여전도회에서 맡아서 하게 했다.

김현봉 목사 자신이 세상 떠났을 때는 장례식 방법에 대하여 제자들 간에 의견이 일어나서 대립이 생겼다. 김 목사의 시신을 관을 사다 입관하게 되니 일부 제자들의 주장은 관에 넣는 것은 김현봉 목사의 평소 정신에 위반되는 일이라고 했다. 그만큼 그를 따르는 교인들은 김현봉 목사 말이라면 철칙으로 여겼다. 1,200명의 대 교회의 목사였지만, 김 목사 시신도 리어카에 모시고 위에 포장을 쳐서 화장터로 끌고 가서 화장했다.

물질에 관하여

돈 문제에 대하여 어떤 이는 "돈을 보기를 돌멩이 보듯 하라."고 가르친 이도 있었고, 성 프란치스코는 어떤 기부도 거절하니 누가 돈주머니를 억지로 그의 수도원 창문 안으로 던져 넣은 일이 있었는데, 그는 놀라서 즉시 창밖으로 내던져 보냈다는 이야기도 있다.

이현필 선생 같은 이는 일생 손에 돈을 만지지 않았다는 이야기도 있지만, 김현봉 목사의 입장은 달랐다. 그의 주장은 참된 목자는 돈이 아무리 많이 생긴다 해도 하나님 뜻에 합당하게 쓰는 것이라면서 교회는 교역자에게 돈(물질)을 드릴 수 있는 데까지 풍부히 드려야 한다고 했다.

김현봉 목사는 교회 회계 관리를 자기가 친히 했다. 한동안 교회 재정을 회계 집사에게 맡겨 보았으나, 김 목사 눈에 그의 재정처리가 어딘가 눈에 거슬리고 교회 일 하는 데 지장이 많아서 사실 김 목사의 재정처리가 능숙하고 민첩하여 집사보다 우월했기 때문에 집사는 회계를 목사께 가지고 와서 "목사님, 맡아 주십시오." 라고 해서 두말없이 맡았다.

아현교인 중에 이 일에 불평하는 사람은 없었으나, 괜히 외부 사람들이 '독재'한다고 했다.

교인들은 김 목사의 인격을 절대 신뢰했기 때문에, 또는 김 목사는 고기도 안 먹고, 자녀 한 사람도 없는 분이기 때문에, 교인 중 여유가 있어 돈을 유용하게 쓰려는 이는 김 목사라야 돈을 쓸데 바로 쓴다고 그에게 돈 써 달라고 가져다 맡기는 이들도 많았다.

아현교인들은 목사님께 돈이 많이 들어가도 사사로이 쓰는 것이 없다는 점을 전 교인들이 공통으로 인식하고 있었다. 실제로 김 목사는 그 돈 가지고 가난한 교인들이 거처할 허술한 집을 수십 채나 사서 교인들이 살게 했다. 바른 일 하고 있으므로 목사께 수십만 원의 돈이 들어가도 의심도 하지 않았다.

그의 거실 벽장 속에는 돈뭉치들이 은행 금고같이 쌓여 있었다. 그리고 김 목사의 한복 조끼나 저고리 안쪽은 돌아가면서 전부 주머니로 되어 있었다. 저고리 안주머니에는 언제나 30만 원 정도 거액이 들어 있었다.

누가 와서 도움을 청하면 그가 신임할만한 사람이면 김 목사는 저고리 안주머니에 손을 넣어 짐작으로 손에 잡히는 대로 꺼내 주었다. 그런 경우 돈을 세는 일이 없었다.

교인들이 계를 하는 일은 내용으로는 돈놀이므로 하지 못하게 했다. 계를 하다가 실패하는 경우가 더 많고 그런 것 하면 마음이 신앙에서 떠나는 것이라 하여 김 목사는 개인의 돈놀이를 금지했다.

성경에서 에스겔 18장 13절에 "변(利子)을 위하여 꾸미거나 이자를 받거나 할진대 그가 살겠느냐 살지 못하리니 이 모든 가증한 일을 행하였은즉 정녕 죽을지라"는 구절을 인용하여 엄히 금했다.

어떤 사업을 하기 위해서 다른 사람에게 거액의 자본을 얻어 쓰는 일은 그가 먹을 것이 없어서가 아니고 더 돈 벌기 위한 것인데, 이런 경우 사업하는 이들이 이잣돈 꿔서 쓰는 일에 대해서는 김 목사가 명확한 의견을 말한 것은 없으나, 예배당 짓는 일에 이잣돈 얻어서 짓지 못하게 했다.

처음에는 이자 주기도 하고 쓰기도 했으나, 후에 깨닫고는 중지했다. 그러나 은행 이자는 성경에서도 허락되는 줄 알고 받아도 가한 줄 알았다(신 23:19, 15:1-3, 출 22:25).

안 모 목사가 김현봉 목사의 영향을 많이 받고 큰 교회를 사면하고 김 목사의 아현교회 같은 교회를 해보려고 새로 교회를 개척할 때 돈이 없어서 김 목사에게 부탁하니 그때 돈으로 3천 원을 주겠다고 약속했다. 김 목사가 돈 받으러 오라는 날에 정한 시간보다 5분 늦게 갔다. 김현봉 목사는 오후 5시면 취침하여 자정에 기상하는 것이 그의 일과의 철칙인데, 5시 5분에 가니 벌써 자리에 드르누으시고 사모님이 대신 나왔다. 개척하는 교회 일을 손수 하다가 늦었다고 사과하며 사모님께 전달하니 들어오라고 해서 주무시는 거실에 안내됐다. 옷을 다 벗고 주무시다가 일어나 안 목사 보고 앉으라면서 벽장문을 여는데, 들여다보니 벽장 속에 돈뭉치가 수두룩 쌓여 있었다. 그중에서 헐어서 쓰던 돈다발에서 5천 원을 세어 주었다. 그 후 사택 방을 짓다가 또 돈 구걸을 갔더니, "얼마 드는가?" "만 원입니다." "그럼 주지!"하고 척 내주었다.

김현봉 목사가 언제나 강조하고 몸소 주력한 것은, '똑바른 교훈', '구제하는 일에 위주하는 것', '복음 전도에 돈을 쓰는 일'이었다. 그가 다루는 많은 돈은 특히 구제와 전도에 많이 썼다.

가난한 교인이 있으면 자금을 대어주어 고무신 장사, 소금 장사, 생선 장사를 시켰고, 염리동 일대의 값싼 판잣집이 나면 사서 집 없는 교인들에게 거저 주어 살게 하다가도, 저희끼리 싸움하는 경우는 내쫓아버렸다.

예배에 관하여

예배드리는 형식도 전혀 달랐다. 김현봉 목사의 아현교회 예배는 주일 오전 예배는 3시간이나 길었다. 80 고령에도 부목사나 전도사도 두지 않고, 원고도 없이 하는 설교를 좌담식으로 하는데, 설교가 그렇게 길었다.

예배드리다가 중도에 30분 쉬었다가 계속하기도 했다. 오전 예배 본 후 점심은 교회에서 대접했는데, 간단한 밀국수를 모두 먹었다. 그것은 주로 김 목사 부인의 봉사로 이루어졌다.

주일날은 엄격하게 지켜서 국민학교 학생들이 주일날 학교에서 행사가 있어도 가지 못하게 했다.

김현봉 목사는 자기 강단에 다른 목사를 세워 설교시키는 일이 없었다. 교회에서 부흥회를 한다든지, 자기가 부흥회를 인도하는 일은 절대 없었다.

해마다 여름에 관악산 벧엘기도원에서 교인들을 총동원해서 특별사경회를 할 때도 그가 세상 떠나기 바로 전 해까지 자기가 혼자서 맡아서 했다.

김 목사의 설교는 제목 설교는 없었다. 대지 소지로 조직해서 하는 일도 없었다. 언제나 성경 본문을 가지고 해석하면서 차근차근 아이들 훈계하듯 해 내려가면서 어려운 문제를 질문하는 이가 있을 때는 그 자리에서 직답하기보다 좀 더 생각해 보고 대답하겠다고 했다.

그가 사용하는 성경 주석은 중국판의 한문 주석을 썼다. 설교해 가면서 강단 위에서 파리채를 들고 왔다 갔다 하면서 파리를 잡으며 했는데, 그것은 조금도 일부러 꾸며 하는 제스쳐가 아니요, 마치 자기 집안 식구들을 앞에 놓고 앉아 가장으로서 차근차근 일러 주고 또 일러주려는 모양이었다.

설교 도중에 울음이 나와 몇 번이나 눈물 흘리기도 했고, 그럴 때면 교인들도 함께 눈물을 흘렸다. 그는 분명히 이 나라의 선지자 중 한 사람이었다.

모든 형식을 무시하는 김 목사는 위에서 말한 대로 설교하다가 너무 지치면 강대상 위에 올라가 앉아서 계속 설교했다.

그에게는 예배당 건물 자체가 신성하다는 관념은 없었다. 김 목사는 집회 인도나 설교하는 때가 산에서 혼자 기도하는 때 비해서 자기 영감이 가장 메마르고 피곤을 느끼는 때라고 술회한 적이 있다.

김현봉 목사가 목회한 아현교회는 한창 부흥하던 시절은 교인 수가 1,200명이나 되었는데, 전체 교인의 80% 십일조 생활을 하고 있었다고 한다. 그러니 교회 재정은 풍부했다.

십일조 바치는 이 중의 최고 액수를 내는 이는 김 목사 부인의 이름으로 내는 것이었다. 김 목사는, 연보하는 방법은 목사가 친히 가르치지 않으면 안 된다고 했다.

"연보 광고는 목사 자신이 하지 않으면 안 된다. 가르치지 않으면 신자들이 그것을 모르는 것이다. 십일조를 바치므로 축복받는 법을 목사가 친히 가르쳐야 한다. 연보하는 법을 가르쳐 주는 일은 귀하다."라고 강조했다. 그러면서 십일조 바치는 방법을 설명하기를, 가령 누가 만 원 수입 했다면, 그중 10분 1인 천 원을 떼어 그중 5백 원은 봉투에 넣어 '사례금'이라고 써서 사례금 함에 넣는다. 남은 5백 원으로 가족들이 분배하여 주일 연보를 하도록 했고, 가령 십일조 속에서 다른 감사할 일의 감사 연보라든가 구제금을 떼는 일은 부당하다고 했다. 십일조는 내 것이 아니라, 하나님의 것이라는 정신을 강조시켰다. '사례금'이란 목사께 드리는 생활비 연보이니 사례금 함에 따로 넣게 했다.

목사가 사례금 받는 것은 교인들에게서 받는 것이 아니고 하나님께 받는 것이다. 하나님께서 그 일한 삯으로 주시는 것이다. 교인들은 하나님께 바치는 것이고, 목사는 하나님께 받는 것이라고 했다. 김 목사는 받은 사례금을 가지고 다시 양심껏 하나님께 바치고 유익된 일에만 썼다.

목사들이 연보 광고할 때면 괜히 미안해서 "죄송합니다만… 연보를 잘 바치시오." 라고 운운하는데, 연보는 누구에게 내는 것인가? 어디까지나 하나님께 바치는 것이 아닌가? "죄송합니다."라고 하는 말은 "내가 가지니 죄송합니다."라는 뜻이 내포된 것 아닌가. 그러니 그 인식이 잘못된 것이라는 것이다.

여전도사와 심방

김현봉 목사가 돌보던 아현교회에는 주일예배 때 '안내원'은 없다. 전도부인도 예배 시간에는 은혜받아야지 안내를 하지 않는다.

아현교회에는 전도부인(전도사라 부르지 않고, 전도부인이라 부르게 했다) 두 명과 수습생 여러 명이 있었다.

전도부인 다른 일은 일체 않고, 교인댁 심방만 하게 했다. 심방하는 방법은 한 집에 가서 몇 시간씩 머무르지 않고 제 맘대로 다니는 것이 아니라, 누구 집에 가면 안부부터 묻고 별일 없다면 기도도 하지 않고 가곤 했다.

하루 최고 3백 가정을 심방한 기록이 있다. 그리고 그 실태를 김 목사가 보고로 들을 수 있도록 했다.

전도부인 쉬는 날이 없었다. 일주일 내내 계속됐다. 김 목사도 쉬는 날이 없었다. 전도부인 점심을 도시락으로 싸서 다니면서 점심때(11시경) 교회에 들어와서 점심 먹으면서 목사에게 보고하도록 했다.

전도부인 빨래는 남에게 시켜서 했다. 자원해서 전도인으로 나선 이에게는 김 목사가 그의 식모를 자기가 대주겠노라 했다. 정식 전도부인 밑에 견습 전도인을 몇 사람 두어 심방과 노방전도도 시키면서 그들의 자격이 인정되면 전도부인으로 승격시켜 월급도 더 주었다.

심방이나 전도 다니는 일에 혼자 다니는 것을 금했다. 전도대는 여자들끼리인 경우는 두 사람이나 세 사람으로 하고, 남자들끼리 여럿이 다니는 것은 금하고 남자 혼자 심방 다니는 것도 금했다. 남자 한 사람에 여자 두 사람 짝지어 그것도 비슷한 나이로 말고 연령의 차가 많게 해서 다니게 했다. 지나치게 여럿이 심방 다니는 것도 금했다.

어느 젊은 목사가 여집사댁에 혼자 심방 가서 아랫목에 앉아 기도하는데, 믿지 않는 남편이 들어와 보고 오해하고는 삽을 들고 들어와 목사를 매질했다는 이야기가 있는데, 김 목사는 그런 일을 참작해서 심방대를 조심해서 운영했다.

그의 책망과 사랑

김현봉 목사는 누가 잘못할 때 보통은 책망하지 않았다. 그러나 그냥 두기 어려운 경우는 오래 생각하다가 기도하며 벼르다가 듣는 이가 감당할 범위 내에서 책망했다.

교인 중에 아름답지 못한 이야기가 들려오면, 그 교인을 불러다 앞에 앉히고 "요즘 믿음 지키시오?" 하고 물었다. 감히 누구 앞이라고 교인은 일체 사실을 고한다. 다 듣고 나서 "그러면 어떻게 할 것이오?" "조심하겠습니다." "안 되지. 집을 팔아라. 교회 가까이 이사할 것이지"라고 했다.

어느 명령이라고 그 교인은 당장 집 팔아 시키는 대로 이사했다. 김 목사는 교인들 집을 될 수 있는 대로 교회 가까이 모이게 했다.

서울 용산구 남영동에 있는 원성교회에서 김현봉 목사의 사경집회가 있었다. 김 목사의 집회는 대개 월요일 새벽부터 시작한다. 그의 집회 소식을 들으면 그를 따르는 교역자들은 모두 그 교회로 모여왔다. 당시 A 목사도 그 집회에 참여하여 오전 공부를 끝맺고 화장실에 갔다가 김 목사와 마주쳤다. "오후 예배에 오겠소?" "예!" A 목사는 오후에 명수대에 가서 볼일 보다가 오후 공부 시간에는 참석 못 하고 저녁 시간에야 집회에 참석했다. 다음 날 오전 공부 마치고 나서 김 목사는 "A 목사! 저 있는 방에 좀 오시오." A 목사가 따라가서 강사 방에 들어가니 방에는 그 교회 어느 장로도 곁에 앉아 있었다.

김 목사 거실에는 어느 때나 먹을 것이 많았다. 젊은 목사들이 들어가면 그것을 내놔 함께 먹는 것이 재미였다. 그런데 그날은 분위기가 달랐다. 김 목사는 곁에 앉아 있는 장로 보고 "장로님, 나가시오." 명해 놓고는 "A 목사! 어제 오후 예배에 참석했소?" "예 어제는 명수대 교회에 갔다가 그만 일에 잡혀서…" 김 목사는 A 목사 변명을 막으며, "아, 내가 그 소리 들으려는 것이 아니오." A 목사가 ·변명하려면 김 목사는 "아아~" 하며 못하게 막았다.

"A 목사님, 직업을 바꾸시오!" 김 목사는 확고한 태도로 단도직입적으로 충고하며, 얼마나 호되게 책망하는지, "목사가 제 입으로 말해 놓고 제가 지키지 않으면 그 목사가 교인 가르겠소? 그것이 목사요? 다른 직업으로 바꾸시오!" 이렇게 책망하면서 김 목사는 "내가 그 심정을 압니다. 그럴 때면 어제 내가 물을 때면 '예' 할 것이 아니라, '내가 참석하려는데 사정이 좀 있다'라고 하는 것이오. 그런 목사 교훈을 누가 받겠소?" "예, 고치도록 노력하겠습니다." "오늘날 교회 목사들이 책임 없는 말을 얼마나 하는지 압니까? 아무쪼록 죽은 목사 되지 마시오." 라고 했다.

그 후 김현봉 목사가 세상 떠났다는 소식을 듣고 A 목사는 뛰어가서 김 목사 시신 앞에 꿇어앉으니, 눈물이 앞을 가렸다. "아, 나를 책망해 주시던 어른이 돌아가셨으니, 이제는 누가 나를 책망해 주겠는가?"라고.

김현봉 목사는 "교회에서 사람을 칭찬하는 일은 독약을 먹이는 것이지"라고 했다(눅 6:26 참조).

김현봉 목사는 나이 80이 되어서도 사람들을 대할 때 20대 청년에게라도 반말을 안 쓸 사람에게는 언제나 존대했다. 그러나 처음에 반말 안 쓰다가도 자기 심복이 된 후에는 반말을 썼다.

사람 따라 대우가 달랐다. 그런 둥 만둥 하는 사람에게는 좋든 궂든 무관심했지만, 책망해야 할 사람에 대해서는 얼마나 호되게 책망하는지 그 사람이 그 교회에 다시 나올 마음이 없어지리만큼 책망했다. 언제 봤느냐는 듯이 사정 보지 않고 책망했다.

그러나 그 후 다시 불러서 쓰다듬고 위로해 줄 때는 얼음 녹듯 다 녹아지고 나오게 된다. 순종할 때는 자기 간이라도 빼 먹일만큼 지극히 사랑했다. 김 목사의 사랑받는 비결은 순종이다. 그 교회 교인들은 목사님께 사랑받는 경쟁을 했다. 그것은 첫째는 잘 믿는 일로, 그리고 순종하는 일로이다.

그래서 성현능지성현(聖賢能知聖賢)이란 말을 자주 사용했다. 목사들과 장로들도 아현교회에 많이 출석했는데, 김 목사는 양(￥)만 거느리는 덕량(德量)보다 이리도 거느리며 양을 만드는 덕량을 갖춰야 이리도 빠져나가지 않는다고 가르쳤다.

아현교회에서는 김 목사 말 한 번 떨어지면 어디라고 누가 한마디 말 못 했다. 신자 중에 김 목사를 하나님같이 여길 만큼 됐다. 김 목사는 들을 만한 사람에게만 충고했다. 충고해도 받을 것 같지 않은 사람에게는 아예 말하지도 않는다. 그러면서도 새로 나오는 교인은 사랑으로 특별 대우했다.

예배드리는 시간에 어린애들이 떠든다든지 울면 벼락이 떨어지나, 새로 나오는 교인의 어린애가 울면 아무 말도 안 했다. 그의 목회는 능수능란했다. 개개인의 처지를 잘 알아 그 처지에 알맞게 사랑도 하고 책망도 했다. 그렇게 하니 사람들은 그에게 심복(心服)하여 자기 머리도 깎고 전적으로 그를 따랐다.

아현교회에 다니던 교인 한 가정이 김 목사를 버리고 안식교회로 간 일이 있었는데, 그때 김 목사는 가난한 그에게 돈 8만 원을 주어 보내고는 그 교인이 자기를 떠난 것이 아쉬워 가끔 "아까운 것들!"하고 못 잊어 했다.

목사 사택을 찾아간 사람에게는 언제나 먹을 것을 내놨다. 그는 실과나 단 것을 좋아했지만, 된장국을 잘 끓여 주기도 했다. 어떤 교인이 된장국을 못 먹는다고 대답하면 "그래, 그래, 된장국에 영양이 많은데…" 하며 남의 자유를 존중했다.

크리스마스가 되면 교회에서 특별한 행사는 없지만, 김 목사는 털신 목도리 등을 몇 궤짝을 사다가 교인들에게 선물로 주었다. 교인들은 존경하는 목사님께 선물 받는 일이 기분 좋은 일이었지만, 다 일제히 준 것은 아니고, 주일날 예배보고 나서 김 목사가 교회 문에 섰다가 목사 앞으로 지나가는 교인에게 눈짓하면 그가 목사 방에 들어가면 거기 집사가 기다리고 있다가 신발 맞는 것 하나씩 골라서 신으라 해서 선물로 주었다. 못 받은 교인들이 불평도 했으나, 목사님이 골라 선물 주는 상대는 가난한 사람이 아니라, 믿음 좋은 사람을 골라 주는 듯했다.

그 밖에도 자기를 따르는 젊은 목사 중에서도 김 목사가 알뜰히 사랑하는 이가 있었고 되는대로 대하는 이도 그 차별이 있었다. 자기가 알뜰히 사랑하는 이들에게는 만날 때마다 "장 가져가거라" "쌀 가져가거라" 선심을 썼다. 교회 처녀들도 만나면 사과도 주고 병들면 약도 사 주고 했지만, 교회에서 월급 받는 사찰에게는 그러지 않았다.

김현봉 목사는 교회 재정을 자기가 관리하면서 아현교회가 있는 염리동과 연세대학 뒤 골짜기에 거의 200채나 되는 판잣집을 사두었다고 한다. 교인이 와서 어디에 집 팔려고 내놓은 것이 있다고 하면 "얼마나 되나?"라고 묻고는 곧 사도록 하고, 교인 목수를 시켜 수리하게 하고 큰 방은 중간에 간을 막아 두어 세대가 살도록 했다. 그러고는 집 없는 교인들을 입주시켰다. 그들은 의무적으로 아현교회에 출석할 수밖에 없었다. 그런 교인 수가 400명은 되었다고 한다.

김현봉 목사 세상 떠난 후, 아현교회는 분열하면서 이런 판잣집 입주 교인들도 거의 반반으로 갈렸다. 이 모 목사 측이 좀 더 많이 차지한 듯하지만, 양측에서 대표 3인씩 뽑아 협상하고 돈을 물어주기도 했다.

김 목사 생전에는 지방에서 새로 이사 온 사람들이나 가난한 교인들에게 이 집들을 무상으로 빌려준 것이다. 그러면서도 소행이 나빠서 아내를 때리고 못되게 구는 이들이 있으면 두세 번 타일러 훈계하다가 정 안 들으면 내보내고 말았다.

이런 많은 수효의 교회 집이 김 목사 세상 떠난 뒤에 교회가 분열하면서 재산 싸움의 화근이 되고 말았다.

그의 일과에 관하여

김현봉 목사의 일과는 시곗바늘처럼 규칙적이었다. 매일 오전 중은 사사로운 기도와 독경(讀經) 위주로 보내고, 오후는 교회 일에 보냈다. 초저녁 일찍이 5시에 잠자리에 들고, 자정에 일어나 명상하다가 새벽 통행금지 해제와 함께 집을 나서 아현교회에서 걸어서 연세대학교 뒷산에 가서 오전을 보냈다. 그 산 전체는 김 목사를 존경하는 어느 사람이 김 목사에게 내주어 맘대로 쓰게 하였는데 거기다가 조그마한 기도실을 지었다. 그러나 김 목사 세상 떠난 뒤에 아현교회가 분열로 싸움하는 것을 보고 산 임자는 철조망으로 울타리를 치고 출입 못 하게 했다.

김 목사는 그 산 기도실에 앉아 정좌하고 깊은 명상에 들어갔다. 길고 긴 명상이었다. 그 앉아 있는 모습은 지금 하나님 영접하는 듯 엄숙해서 보기에 감동스러운 모습이었다.

아침 해가 떠오를 때면 김 목사는 기도하던 움막에서 나와 떠오르는 태양을 향해 정면으로 마주 보며 실로 오래오래 깊은 황홀경에 잠겨 앉아 있었다. 그럴 때면 김 목사는 옛날 프란치스코가 자연을 통해 하나님을 느끼며 태양의 노래를 지어 부르듯, 김 목사도 똑같은 영감과 감격에 사로잡혀 지금 만물이 하나님을 찬양한다는 표현을 "만물이 어리어리하다."라고 했다.

이 기도하는 움막과 거기서 보내는 명상 시간이 김현봉 목사는 설교 영감과 그의 모든 활동의 산실(産室)이었다. 충분히 자기 내적 생활을 충실히 다지고 자기완성을 위하여 애쓰는 시간이었다.

김 목사가 스님 옷 같은 솜 넣어 누빈 두툼한 두루마기 입고 그 산 숲속에 나무 기둥을 의지하고 정좌하는 것을 보고 그를 따르던 많은 사람도 본을 받아 그렇게 했다. 마치 어미 닭 날개 아래 병아리들이 모이듯 많은 제자가 저마다 큰 나무 하나씩 택해서 뿌리 언저리에 돌로 좌대를 만들고 그 위에 앉아 흉내를 냈다. 그 산의 나무마다 그런 자리가 됐다.

김 목사는 그들의 명상을 지도하며, 소리를 내서 기도하는 것을 금하고 절대 정적(靜寂)하도록 했다. 김 목사는 정오까지 하고 하산해도 남아 있는 이들이 많았다. 낮 12시가 지나면 하산하여 교인들 집을 심방했다. 그 심방은 문전(門前) 심방이다. 교인 집집의 방문을 열어 보고 가난한 교인의 집 방바닥이 따스한가 손으로 짚어보고 부엌에 들어가 보기도 하고 어려운 사정이 없는가 묻고 별일이 없으면 그냥 지나갔다.

나이 80에도 그의 일과는 그대로 계속했고, 오전 중 산기도실에서 정좌하다가 집에 돌아와서는 너무 힘들어 쓰러지듯 자리에 누웠다가 다음 날 또다시 계속했다. 주일날은 아침 일찍이 주일학교로부터 공부와 대예배 인도, 그리고 오후 2시 예배까지 무려 7시간 반이나 자신이 독담(獨擔)해서 했다.

김 목사는 세속 교육의 효과를 높이 평가하지 아니했다. 세속적 교육이 중점 두는 점은 육신이 잘 살고 돈 벌기 위한 것이라고 결론짓고, 신도들이 육신적 축복을 장려하는 방향으로 나가는 것을 계속 배격했다.

마지막 사경회

1964년 12월에 김현봉 목사는 조금 감기 기운이 있은 채 아현동 집에서 목욕하다가 쓰러지면서 뒷머리를 바닥에 쳤다. 그때 마침 홍암교회로 사경회 인도차 떠나려던 참이었는데, 곁에서 몸이 불편하니 집회를 연기하도록 전보를 치려고 해도, 아니라고 예정대로 간다고 고집하고 떠났다.

그때 홍암교회에 노선 대립으로 내분이 있었는데, 김현봉 목사는 그 교회를 맡은 김 조사에게서 그 이야기를 다 들으시고 저녁 집회 후에 밤늦게까지 김 조사에게 훈계하고 어려워도 그 교회에 더 있으라 권면하며 함께 부둥켜 안고 울었다.

밤에 잘 때는 방문 안으로 걸이를 만들어 걸고 찼다. 김 목사 몸에는 언제나 저고리 안주머니에 수십만 원의 거액을 넣고 다녔기 때문이다.

이튿날 새벽 3시 반, 김 조사가 방문을 노크해 봤으나 숨소리는 들리는데 대답이 없었다. 문틈을 째고 손을 넣어 고리를 벗기고 김 목사를 보니 요 위에 앉아 베개를 의지하여 기도하시다가 베개에 의지한 채 쓰러졌는데, 코에서 피가 흐르고 있었다. 그 교회 문제를 걱정하며 철야 기도하다가 그렇게 된 듯했다.

김 목사 시중하기 위하여 늘 따라다니는 간호하는 처녀를 불러들여 응급 주사를 놓고 약을 쓰며, 한편 사람을 시켜 고장난 자전거를 타고 20리 밖에 있는 의사를 불러다 주사를 놓으니, 숨이 좀 순조롭고 가래가 나오나, 눈은 못 뜨고 말은 한마디도 못 했다. 반나절 그런 상태가 계속됐다.

할 수 없이 김 조사가 목사를 업고 택시 타는 데까지 찾아가는데 목사님의 몸이 어찌도 무거운지 간신히 차에 태우고 "안녕히 가십시오." 하니 김 목사는 손을 흔들고 있었다.

서울 아현동 사택에 돌아오니 문병객이 계속 찾아들었다. 도저히 안정할 수가 없어서 세브란스 병원에 입원시켰어도 김 목사를 아버지같이 따르는 교인들은 거기도 계속 줄을 지어 찾아왔다. 할 수 없이 아무도 오지 못할 비밀 장소로 옮기고 면회 사절하고 비대한 몸의 살이 빠지도록 계속 치료하니 좀 회복이 되어 그 후 사람의 부축을 받으면서 강단에 올라가 앉아서 설교하게 됐다.

처음 홍암교회서 졸도했다가 혼수상태에서 의식이 깨어났을 때, 아직 피를 흘리면서도 "참 기쁘다! 예수 잘 믿으라"는 말을 세 번이나 되풀이했다. 측근 사람들의 추측으로는 그때 김 목사는 혼수상태에서 낙원을 구경한 것이 아닌가 짐작했다.

김 조사는 그때 김현봉 목사가 기도하다 쓰러져 흘린 피를 볼 때. 성경에 그리스도의 피에 대한 뜻이 깨달아지더라고 소감을 말했다. 그는 자기를 위해 김 목사가 피 흘린 것 같이 느껴졌다.

홍암교회 집회는 흐지부지되고 말았으나, 김 목사의 피 흘려 쓰러지심을 보고 교회 문제는 저절로 풀리고 화해됐다.

홍암교회 집회 후 3개월 지나서 1965년 3월 12일 오전 9시 50분, 김현봉 목사는 기어이 세상을 떠나고 말았다. 그 석 달 동안 그의 몸은 살이 다 빠져서 임종한 그의 시신은 얼굴도 몸도 작은 소년만치 되어 버렸다.

장례식은 그를 따르던 이병구 목사 집례로 거행하고, 시신은 생전 김 목사 정신 따라 리어카에 실어서 갔다. 김 목사는 평소에 교훈하기를 예수 믿는 사람은 장례 때 울지 말라고 가르쳤어도 1,200명의 교인은 리어카 뒤를 따르며 통곡했다.

다시 누가 이런 지도자를 만나겠느냐는 아쉬움에서였다. 시신은 화장했다. 그것이 평소의 김현봉 목사 정신이었기 때문이었다.